Martin Luther, Gottfried Schütze

Briefe aus dem Zeitraum von 1541 bis 1546

Drei Schutzschriften für Luther zur Einleitung

AF131006

Martin Luther, Gottfried Schütze

Briefe aus dem Zeitraum von 1541 bis 1546
Drei Schutzschriften für Luther zur Einleitung

ISBN/EAN: 9783742897275

Hergestellt in Europa, USA, Kanada, Australien, Japan

Cover: Foto ©ninafisch / pixelio.de

Manufactured and distributed by brebook publishing software
(www.brebook.com)

Martin Luther, Gottfried Schütze

Briefe aus dem Zeitraum von 1541 bis 1546

Durchlauchtigster
Königlicher Erbprinz,

Gnädigster Fürst und Herr!

Luther, deſſen bisher ungedruckte Briefe ich
öffentlich mitzutheilen itzt den Anfang mache,

hat

hat vermöge der Reformation, zu deren vornehmsten Werkzeuge ihn die göttliche Vorsehung auserfehen hatte, einem ansehnlichen Theile des menschlichen Geschlechts, und in demselben auch den gesegneten Dänischen Staaten, viele wahre und baare Vortheile verschaffet: vielleicht aber ist in dem ganzen Lutherthume kein einziger Staat, der sich gegen Luthern und seine Verdienste erkenntlicher bezeugt hätte als Dännemark. Wenn Luther in seinem Leben seiner vollen Brust Luft verschaffen wollte: so wandte er sich mit Briefen nach Dännemark; und in Dännemark suchte und fand er Erleichterung; und nachdem er wegen seiner an die Verschwendung ziemlich nahe angränzenden Gutherzigkeit in

Dürf=

Dürftigkeit gestorben war: so erbat und er-
hielt seine bekümmerte Wittwe aus Dännemark
die thätigste Unterstützung.

Dies wäre nun schon ein Grund, Gnädigster Erbprinz und Herr, der mich vor den
Augen der Welt entschuldigen könnte, da ich
es wage, eine Sammlung von bisher ungedruckten Briefen dieses Mannes Ew. Königl.
Hoheit in tiefster Ehrfurcht zuzueignen. Allein ich habe noch nähere und stärkere Gründe. Ganz Europa weis es, und wie sollte
ich es nicht wissen? daß Ew. Königl. Hoheit der reinen evangelischlutherischen Lehre aus
Ueberzeugung zugethan sind, und daß Sie diese Lehre in ihrer Reinigkeit aufrecht erhalten
wissen wollen; daß Sie hiernächst würdige
und verdiente Männer, (und wahrlich! Luther
ist

ist ein sehr würdiger und verdienter Mann gewesen,) zu schätzen wissen, und daß Sie zu diesem edlen Gefühl schon in der ersten Kindheit durch einen Mann, den vortrefliche Kenntnisse und vortrefliche Empfindungen gleich stark unterscheiden, durch einen Guldberg gebildet worden sind. Wie könnten nun wol Briefe, die alle das Gepräge des stärksten Gefühls und der liebenswürdigsten Offenheit an sich tragen, mit einem mehreren Anstande öffentlich zugeschrieben worden? Hiezu kommt auf meiner Seite eine gewisse Verpflichtung, die ich aber besser empfinden als beschreiben kann. Ehe mich die göttliche Vorsehung nach Hamburg geführet hat, habe ich von dem drey und zwanzigsten Jahre meines Alters an, den beträchtlichsten Theil meines Lebens in Königlich Dänischen Diensten als ein berufener öffentlicher Lehrer zugebracht; und

von

von dem unvergeßlichen Könige Friederich dem
Fünften bin ich ausserordentlicher Königlicher
Wohlthaten, deren Andenken meiner Seele be=
ständig gegenwärtig ist, gewürdiget worden.
Wie groß meine Verpflichtung sey, das kann
ich dem verewigten Königlichen Vater nicht
mehr sagen; ich kann es aber dem Königlichen
Sohne sagen, der eben so wie Jener die Lust
und Freude seines Volks ist, und in dem je=
dermann das Ebenbild des frommen und
menschenfreundlichen Vaters in reizenden Zü=
gen erblicket. Und so habe ich es denn gewagt,
Gnädigster Erbprinz und Herr, Ew. Kö=
nigl. Hoheit die neueste Geschichte meines Her=
zens, und in derselben die unschuldige Veranlas=
sung zu dieser unterthänigen Zuschrift zu erzäh=
len; und diese begleite ich mit den feurigsten
Wünschen, daß unser guter und treuer Gott

den

den besten Lutherischen Fürsten seines Zeit=
alters und dessen Durchlauchtigste Gemah=
linn, die beste Lutherische Fürstinn bis auf
das späteste Ziel des menschlichen Alters erhalten
und mit allen Arten des göttlichen Segens er=
freuen wolle,

Euer Königlichen Hoheit

Hamburg,
den 25sten Septemb.
1 7 8 0.   unterthänig gehorsamster Diener
                           Gottfried Schütze.

Vorrede.

Die Anmerkung ist nicht neu, daß man **Luthers** Charakter aus seinen Briefen, seine Talente aber aus seinen übrigen Schriften kennen lernen müsse; und von der Wahrheit dieser Anmerkung kann man sich sehr leicht überzeugen. Denn hat jemals ein Mann in der Welt gelebet, der sehr viele Briefe geschrieben hat, oder vielmehr nach der Lage, in welcher er sich befunden, sehr viele Briefe hat schreiben müssen: so ist es **Luther** gewesen. Schon vor dem Anfange der Reformation war sein Briefwechsel sehr ausgedehnt. In einem noch vorhandenen Briefe an **Johann Langen** in Erfurt vom Jahr 1516 den 26sten Oktober versichert er von sich selbst, er sey fast den ganzen Tag hindurch mit Briefschreiben beschäftigt, und er würde beynahe zwey Schreiber oder Canzellisten in beständiger Arbeit unterhalten können, wenn sie seine Stelle vertreten sollten. Nichts ist begreiflicher, als daß die Reformation selbst, und die neue weit ausgebreitete Verbindung, in welche **Luther** durch dieselbe versetzet worden ist, die Veranlassung zum Briefschreiben nicht gemindert sondern vermehret habe; und daher kommen **Luthers** so oft und so laut wiederholte Klagen, daß er durch die vielen Briefe, die er schreiben müsse, nicht blos ermüdet, sondern auch an Kräften ganz erschöpft werde. Ein grosser Theil dieser Briefe ist bereits gedruckt, und so wol wegen des die Geschichte der damaligen Zeit sehr aufheiternden Inhalts, als auch wegen

der

der offenen und oft recht drolligten Treuherzigkeit, die alle Briefe **Luthers** unterscheidend kennlich machet, mit Nutzen und Vergnügen gelesen worden. In Absicht auf die lateinischen Briefe haben wir ausser einigen kleineren lange vergessenen Sammlungen die grösseren von **Aurifabern** und **Buddeus** erhalten, die bey allen in diesen Sammlungen herrschenden Nachlässigkeiten noch immer häufig gesucht und selten gefunden werden. Und wer hat die vielen Briefe gezählet, die in andern grösseren und kleineren zum Theil periodischen Sammlungen zerstreuet anzutreffen sind? **Luthers** deutsche Briefe machen einen ansehnlichen Theil des Inhalts der deutschen Werke dieses Mannes aus; und unter den verschiedenen Ausgaben derselben haben die neueren **Börnerischen** und **Walchischen** Ausgaben alle Vorhergehende an Vollständigkeit übertroffen. Ganz gewiß hat man um der Vollständigkeit willen auch deutsche Uebersetzungen von lateinischen Briefen in diese Sammlungen mit aufgenommen; und daß solches mit einer fast unbegreiflichen und die Leser oft wirklich beleidigenden Flüchtigkeit geschehen sey, davon hat noch erst jüngsthin Herr Pastor **Strobel** einige Proben mitgetheilet, die auch wol einen steifen **Cato** zum Lachen bewegen können. Bey allen diesen vorhandenen Sammlungen ist doch der reiche Vorrath von **Luthers** Briefen noch nicht erschöpfet worden. Ein so ausserordentlich merkwürdiger Mann, als **Luther** wirklich gewesen ist, hat so wol in seinem Leben als auch nach seinem Tode häufige Freunde und Verehrer gefunden, die seine Briefe aus allen Winkeln aufgespägespähet, und als Reliquien aufbewahret haben. Und so sind nach und nach theils öffentliche, theils Privatsammlungen bekannt worden, die mit Luthers ungedruckten Briefen als mit gelehrten Heiligthümern prangen. Vielleicht ist die von Briefen dieser Art auf der öffentlichen Stadtbibliothek zu Hamburg vorhandene Sammlung eine der zahlreichsten, die in dem ganzen Lutherthume angetroffen wird. Denn ausser den vorhandenen Originalen sind sehr richtige Abschriften aus allen übrigen bekannten Sammlungen in dieselbe zusammengeflossen; und diesen Zusammenfluß kann ich meinen Lesern leicht begreiflich machen. Der selige Pastor Johann Christoph Wolf, ein Mann von grosser Gelehrsamkeit und noch grösserer Wirksamkeit, war in den lezten Jahren seines Lebens entschlossen, den Abdruck einer vollständigen Sammlung aller Briefe des Mannes, dessen Verdienste er in ihrem ganzen Umfange zu schätzen wußte, zu besorgen. Und weil gerade zu derselben Zeit Wolfens sehr geschwächte Gesundheit nach dem Urtheile der Aerzte eine etwas weit ausgebreitete Reise nothwendig machte: so wußte er dieser Reise eine gelehrte Gestalt zu geben, indem er sich von damals bekannten Besitzern ungedruckter Briefe Beyträge und Abschriften zu seiner Sammlung erbat, die er alsofort mit den Originalen sorgfältig verglich und in Ordnung brachte. Ausser diesen auf der Reise selbst gemachten gelehrten Eroberungen wurden ihm aus allen Gegenden so viele Abschriften von ungedruckten Briefen Luthers mitgetheilet, daß die Erwartung, die man sich von seiner Sammlung gemacht hatte, durch das in dem Conspectu

spectu supellectilis epistolicae et litterariae manu exaratae 1736. vorgelegte Verzeichniß über= troffen wurde. In der That war es traurig, daß Wolfs Reise auf die Wiederherstellung seiner Ge= sundheit nicht den gewünschten und gehoften Einfluß hatte. Er befiel nach seiner Wiederkunft nach Ham= burg mit einer Schlaflosigkeit und Schwermuth, die sein Ende beförderte; und so wurde die Ausgabe von Luthers Briefen vereitelt. Zwar der Bruder des würdigen Mannes, der eben so arbeitsame Professor, Johann Christian Wolf, hatte an dem Entwurf zur Ausgabe von Luthers Briefen gemeinschaftlich gearbeitet; und von diesem hätte man die Vollendung des angefangenen Werks erwarten können: allein dieser fühlte die Unbequemlichkeiten des herannahenden Alters so stark, und war bey der Einverleibung seiner und seines verewigten Bruders Bibliothek in die öffentliche Stadtbibliothek so geschäftig, daß er die von dem s. Börner in der Vorrede zu dem lezten Bande von Luthers Schriften nach der Leipziger Ausgabe geäusserte Hofnung nicht erfüllen konnte. Schon bey Lebzeiten des s. Prof. Wolf, der mich als seinen Landsmann, mehrere Jahre hindurch zu seinem Gehülfen bey der öffentlichen Bibliothek erbeten hatte, war ich mit der Wolfischen Sammlung von Lu= thers Briefen bekannt, und diese von Zeit zu Zeit vertraulicher gewordene Bekanntschaft hat zulezt mei= ne Aufmerksamkeit auf die Ausgabe von Luthers ungedruckten Briefen gelenket. Ich mache izt den Anfang, einen Theil derselben herauszugeben, und den ersten Band füllen diejenigen Briefe, welche Luther

in

In den lezten Jahren seines Lebens von 1541 bis
1546 geschrieben hat. Mit Vorbedacht ist meine
Wahl auf diese Briefe zuerst gefallen, weil in allen
vorhandenen Sammlungen gerade in den lezten Jahren von Luthers Leben die grösseste Lücke von Briefen anzutreffen ist, und weil ein Zeitraum, in welchem
schon Luthers ganze Seele in die Vorstellung von
seinem nahe bevorstehenden Uebergange in die Ewigkeit eingehüllet war, die fruchtbarsten Bemerkungen
zur Aufklärung und Berichtigung der Reformationsgeschichte in sich fasset. In der Wolfischen hand-
schriftlichen Sammlung werden alle diese Briefe unter die Ungedruckten gerechnet: es ist aber doch auch
möglich, daß einige Wenige derselben bereits in andre
Sammlungen aufgenommen worden sind; und auf
den Fall werden die Leser von diesen Briefen dadurch
schadlos gehalten, daß sie sich von Abschriften, die
Wolf durch Vergleichung mit mehreren berichtiget
und ergänzet hat, alle mögliche Zuverläßigkeit versprechen können. Ich liefere aber diesmal grösten-
theils lateinisch geschriebene Briefe, und ich liefere sie
mit aller Treue eines ehrlichen Herausgebers, der
sich weder bey Schönheiten noch bey kleinen Nach-
läßigkeiten, welche leztere ohnedem in Briefen sehr
verzeihlich sind, eigenmächtige Veränderungen er-
laubet. Blos für Leser, die der lateinischen Sprache nicht mächtig sind, und sich doch gern von dem
Wesentlichen desjenigen, was Luther gedacht und
geschrieben hat, unterrichten wollen, habe ich den
Inhalt eines jeden lateinischen Briefes in einen för-
nigten deutschen Auszug zu bringen gesucht; und

den

den Briefen selbst sind drey kleine Schutzschriften für Luthern anstatt einer Einleitung vorgesetzet worden. Diese haben vormals das Gepräge der Einladungsschriften an sich gehabt; und folglich ist ihre Bestimmung sehr eingeschränkt gewesen. Man hat es mir gesagt, und wo ist der Schriftsteller, der sich kleine Schmeicheleyen von der Art nicht gern sagen liesse? daß es nicht schaden könne, wenn sie durch einen neuen Abdruck gemeinnütziger gemacht würden. Mir soll es lieb seyn, wenn so wol diese kleine Schutzschriften für Luthern, als auch Luthers ungedruckte Briefe etwas dazu beytragen, daß Luthers grosse und weit ausgebreitete Verdienste, die ihm selbst seine Feinde in seinem Leben und nach seinem Tode zugestanden haben, bey meinen Zeitgenossen in einem neuen und nicht unvortheilhaften Lichte erscheinen. Hamburg den 25sten Septemb, 1780.

D. Gottfried Schütze.

Etwas

Etwas zum Lobe

über

Luthers bidern Karakter

gegen neuere Misdeutungen.

In drey Abschnitten.

Der erste Abschnitt.

Ueber Luthers heftige Schreibart,
gegen neuere Misdeutungen.

Inhalt.

§. 1.

Nicht zu allen Zeiten mache ich mir eine traurige Freude daraus, die Unschuld der alten nordischen und deutschen Völker wider die gehässigen Beschuldigungen unnatürlicher Feinde zu vertheidigen: wenigstens habe ich diesmal meine zureichende Gründe, warum ich eine Abwechselung zu treffen entschlossen bin. Meine jezige Schuzschrift soll dem Andenken unsers verewigten Luthers, eines in mehr als einer Absicht grossen und verehrungswürdigen Mannes, gewidmet seyn. Es ist wahr, die Welt, im Ganzen betrachtet, ist bey aller ihrer Unbilligkeit noch immer so billig, daß sie den häufigen Verdiensten eines Mitbürgers, durch

A 2   wel-

welchen die göttliche Vorsehung einem grossen Theile des menschlichen Geschlechts viele wesentliche Vortheile verschaffet hat, alle Gerechtigkeit wiederfahren lässet. Allein man müßte ein Fremdling in den Geschichten seyn, wenn man nicht wissen solte, daß Luther zufälliger Weise ganze Schaaren unbilliger Feinde wider sich erreget hat, welche ihn zum Vorwurf des tödtlichsten Hasses gemacht, und Beschuldigungen mit Beschuldigungen gehäufet haben. Die Natur hätte uns fürwahr! mit einem sehr phlegmatischen Temperamente bestrafet, wenn wir nicht wünschen solten, daß man unsere gekränkte Ehre sowol in unserm Leben als auch nach unserm Tode retten mögte. Was wir wollen, das uns die Leute thun sollen, das laßt uns ihnen auch thun. Wie billig ist es nicht, daß wir die beleidigte Unschuld nach unserm besten Vermögen zu schützen suchen!

§. 2.

Nicht nur eine gegenseitige herrschende Religionspartey macht sich, aus leicht begreiflichen Ursachen, ein wirkliches Verdienst daraus, Luthern aus dem gehäßigsten Gesichtspunkte zu betrachten, und ihn bis in die unterste Hölle zu verdammen: sondern Luther hat auch mitten unter seinen falschen Glaubensbrüdern alle Unterscheidungszeichen eines Märtyrers an sich nehmen müssen. Wenn jene, auch in unsern Tagen, nicht leicht eine Gelegenheit vorbeylassen, da sie ihren Gift sowol heimlich als öffentlich mit einer Weislingerischen und Bandelischen Fertigkeit versprützen können *): so äussern diese eine hämische Freude, wenn

*) Noch vor kurzer Zeit, als man einen geistlichen Orden wegen fürchterlicher Beschuldigungen mit den schwärzesten Farben schildern wollte: so mußte die Vergleichung mit

wenn sie Luthers ungezählte Verdienste mit einer neidischen Arglistigkeit verdächtig zu machen, vermögend sind *) Man hat Ursache, jene öffentliche Feinde mit mehrerer Geduld und Nachsicht zu ertragen: und diese heimliche Renegaten mit mehrerm Eifer und Unwillen zu verabscheuen. Jenen kann man, zu ihrer Beschämung, so viel rühmliche Zeugnisse ihrer eigenen Glaubensgenossen mit Freudigkeit entgegensetzen: diesen aber solte man billig die Larve der Heucheley vom Gesichte ziehen, damit sie in ihrer natürlichen Blösse dargestellet würden.

§. 3.

Hat jemals ein Sterblicher, so lange die Welt gestanden hat, die heftigsten Stürme der Verleumdungen und Lästerungen über sich ergehen lassen müssen: so ist es gewiß Luther gewesen. Die Beschuldigungen, welche man beynahe bis ins Unendliche ausgedehnet hat, lassen sich füglich in zwen Klassen abtheilen. Luther ist in der Gestalt eines Wechselbalges vom Teufel gezeuget, und von einer Bademagd geboren

mit Luthern in einer bittern Schrift den ärgsillchsten Anstich geben: *Problème historique si les Jesuites ou Luther & Calvin ont le plus nui à l'Eglise Chretienne. Rom 1759.*

*) Vielleicht ist es eine ganz übertriebene Bescheidenheit, wenn ich Bedenken trage, die Namen der neuren, sanssvitanischen Theologen im Lutherthum zu nennen, welche unter dem blendenden Scheine einer strengen Unparteylichkeit Luthers Fehler mit freundlicher Sorgfalt aufgedecket, und seine Tugenden mit hinterhältischer Bosheit verschwiegen haben. Schande genug, daß unser Jahrhundert durch unnatürliche Apostaten geschändet wird, welche, indem sie wider ihr eigenes Eingeweide wüten, ihnen selbst das Brandmahl des niederträchtigsten Undanks vor die Stirnen setzen!

horen worden; den Teufel hat er zum Lehrmeister gehabt, und auf dessen Eingeben hat er alle Ketzereyen des Alterthums erneuret: er ist ein aufrührischer und blutdürstiger Rumorgeist, und dabey der Völlerey und dem Saufen ergeben gewesen; als ein Meineidiger hat er seine Gelübde gebrochen; als ein Weichling hat er mit einer entlaufenen Nonne Unzucht getrieben; als ein Jdiote hat er allen hohen Schulen und allen Wissenschaften Hohn gesprochen; und als ein zweyter Judas Jscharioth hat er sich zuletzt selbst erhenket, und die höllischen Poltergeister haben über seinem Grabe erschrecklich getobet: das alles sind Lästerungen, welche man zwar in öffentlichen Schriften häufig lieset, die aber dennoch unter der Geissel einer jeden Satyre erniedriget sind; und von denen man zur Ehre des menschlichen Geschlechts zuverläßig glauben kann, daß eine billige Nachkommenschaft sie als ungeschrieben betrachten wird. Von einer ganz andern Beschaffenheit sind diejenigen Beschuldigungen, welche, so ungegründet sie auch wirklich sind, dennoch einen Schein der Wahrscheinlichkeit an sich nehmen können. Luther ist von schlechter Herkunft gewesen, und die Folgen einer schlechten Erziehung haben sich durch sein ganzes Leben verbreitet; aus Neid gegen den Dominikanerorden hat er sich zuerst wider den Ablaß empöret; aus Stolz hat er die Kirchenversammlungen verachtet, und aus Eigensinn hat er alle Zurechtweisung vereitelt; seine Schreibart ist nicht gemäßigt, sondern heftig und pöbelhaft gewesen; und an dem grossen Beyfälle, den seine Lehren durch ein blindes Ohngefähr gefunden, haben die politischen Fehler des Päbstlichen Hofes und die eigennützigen Absichten der Fürsten den stärksten Antheil genommen; das alles sind seine Verleumdungen, die man erst nach vorhergegangenen

nä=

näheren Prüfungen, obgleich mit leichter Mühe, ent-
kräften kann.

§. 4.

Unter allen Beschuldigungen, womit sich Luthers
heimliche und öffentliche Feinde brüsten, scheinet mir
diejenige die meiste Aufmerksamkeit zu verdienen, welche von seiner allzuheftigen Schreibart hergenommen
ist. Zwar man solte glauben, daß eine Kritik von
dieser Art in unserm, dem allgemeinen Ruf nach, so
erleuchtetem Jahrhunderte die allerentbehrlichste und
zugleich die allerunerheblichste sey, nachdem so viele
Kenner der wahren Beredsamkeit den ächten Werth
der natürlich schönen Schreibart Lutheri schon bis
zur Ermüdung bestimmet haben. Denn diese haben
in Luthers Schriften nicht nur die wesentlichen Eigenschaften eines untadelhaften Styls, die Reinigkeit,
die Deutlichkeit und die Zierlichkeit angetroffen: sondern sie haben ihm auch eine männliche und heroi-
sche Beredsamkeit zugeschrieben, deren feuriger Nachdruck sich besser empfinden als beschreiben lässet. Noch
mehr. Sie haben ihn als einen der glücklichsten
Schriftsteller seines Jahrhunderts gepriesen; und sie
haben mit vieler Zuversicht behauptet, daß man von
ihm und von seinen dargelegten Mustern gleichsam
eine neue Epoche anfangen könne. Allein, sind auch
wol die Gelehrten jemals einerley Meynung gewesen?
Es klügelt, und es klügelt sonderlich in unsern so sehr
aufgeklärten Tagen, eine trotzige Gattung von ge-
gelehrten Geschöpfen in der gelehrten Republik, welche sich das Recht anmaßen, daß sie die Stimme
der Vernunft durch ihr ungestümes Geschrey über-
täuben dürfen. Diese weise Herren, stolz auf das
Etwas, welches sie mit dem Namen einer freyen
Denkungsart zu belegen frech genung sind, statten

Lu-

Luthero für die Freyheit, die sie ihm größtentheils zu danken haben, eben dadurch den freymüthigsten Dank ab, daß sie sich über seine Schreibart lustig machen. Kaum haben sie sich in ihren kindischen Spöttereyen, womit sie die Schriften der göttlichen Offenbarung zu schänden pflegen, erschöpfet: so müssen ihnen Luthers Schriften neuen Stoff zu frostigen Einfällen verschaffen; und nichts ist possierlicher, als wenn ein blödsinniger Edelmann, den die Vorsicht auf eine Zeitlang im Zorn zum Schriftsteller unsers Jahrhunderts gemacht hätte, seine pöbelhafte Schreibart damit lächelnd entschuldigen will, daß er sie von Luthern und in seiner Schule erlernet hätte. Was soll man zu dem allen sagen? Die Werke der Beredsamkeit gehören sonst eigentlich vor den Richterstuhl einer gelehrten Kritik; und zu richtiger Beurtheilung derselben wird wahrlich etwas mehr als die Lesung einiger witzigen Romanen und einiger oberwitzigen Buhlenlieder erfordert. Wenn jene tadelnde Klüglinge einer Ueberzeugung fähig wären: so würde man sie bald überzeugen können, daß sie nicht sowol eine ernstliche Widerlegung, als vielmehr eine wahre Verachtung, oder höchstens ein bejammerndes Mitleiden verdienen. Denn wenn sie den Beweis ihrer kümmerlichen Beschuldigungen führen sollen: so schöpfen sie theils aus trüben Quellen, und theils verrathen sie so wüste und wilde Vorstellungen, daß man ihnen nichts weniger als eine aesthetische Fähigkeit, um von Werken des Witzes richtig urtheilen zu können, zutrauen darf. Allein, das ist ja, leider! das Schicksal der gelehrten Republik, daß die allerunfähigsten Mitglieder derselben die allerkühnsten Richter sind. Die Zunft der Gelehrten hat in unsern Tagen alle Unterscheidungszeichen des Handwerksmäßigen an sich genommen. Allein noch immer äussert
sich

sich ein wesentlicher Unterschied. In einer jeden andern Zunft ist es die pflichtmäßige Beschäftigung der Meister, daß sie die Meisterstücke der Zunftgenossen beurtheilen: die Meisterstücke der Gelehrten aber müssen sich nicht von Meistern, sondern oft von solchen Anfängern beurtheilen lassen, welche bloß ein hungriger Magen zu Kunstrichtern gemacht hatte. Gründe genung, warum wir eine nähere Zurechtweisung unbefugter Richter als überflüßig betrachten könten.

§. 5.

Indem ich behaupte, daß Lutheri unreife Tadler sich von seiner heftigen Schreibart sehr verwirrte Begriffe machen: so leugne ich damit nicht, daß Luther bey seiner heroischen Denkungsart sich öfters einer heftigen Schreibart bedienet habe; und daß er nach Melanchtons und Calvins Ausdruck ein wirklicher Perikles seiner Zeit gewesen sey. Denn warum will ich dasjenige leugnen, was Luther selbst niemals geleugnet hat *)? Wir wollen ihn gleich Anfangs selbst reden lassen **): Ich scheine vielen, sagt Lu=

---

*) Bey richtiger Beurtheilung der heftigen Schreibart Lutheri kommen hauptsächlich drey Schriften in Betrachtung, aus welchen wir in dem Folgenden einige Zeugnisse entlehnen werden. 1) Antwort und Erbieten an Churfürstl. Durchl. wegen seines harten Schreibens, im zweyten Bande der Lutherischen Schriften, nach der Altenburgischen Ausgabe, S. 349. f. 2) Warum er König Heinrichen so hart geantwortet habe, eben daselbst S. 207. f. 3) An Claus Stormern, warum er die großen Prälaten so hart antaste, B. 2. S. 158. f.

**) Opp. Luther. lat. Ienens. Tom. I. f. 311: Videor multis paullo durior in aduersarios, et velut modestiae theologicae oblitus. Hic si qua et alia vitia mea inueniantur, non magnopere deprecor culpam; quod hoc ma-

alia

Luther, gegen meine Widerſacher allzuhart zu ſchrei=
ben, und ſo, als ob ich der theologiſchen Beſchei=
denheit nicht eingedenk wäre. Wenn dieſe und
andere ähnliche Fehler bey mir angetroffen werden:
ſo bitte ich wegen dieſer Verſchuldung nicht ängſt=
lich um Verzeihung, weil ich mir bewußt bin,
daß ich es aus keiner andern Urſache thue, als
aus ſehr groſſem Unwillen und Verdruß, mich
öffentlich einzulaſſen; als worin mich jene ver=
wickeln, und mir noch dazu die ſehr koſtbare Zeit
rauben. Hiernächſt habe ich es mit halſtarrigen
und hartnäckigen Widerſachern zu thun, welche
mir eine jede Syllbe zu meiner Schmach und zu
ihrem Triumph in der chriſtlichen Lehre auf eine
hämiſche und ſtörrige Weiſe zu verdrehen ſuchen;
daher mir, nach dem gemeinen Sprüchwort,
auf ein grobes Holz eine grobe Keule nöthig zu
ſeyn ſcheinet. Wiewol mich deucht, daß ich mir
ſelbſt viele Gewalt anthue, um nicht ſo zu han=
deln, als ich ſonſt wol könte. Ich weiß überdie=
ſes beynahe nicht, ob man wider diejenigen ſäu=
ber=

alia cauſſa facere non ſum mihi conſcius, quam nimio
publici taedio et odio, in quod me mergunt illi, plurimum? pretioſiſſimi temporis ſuffurantes. Deinde quod
tam praefractos et obſtinatos oblatratores patior, vt e qua-
uis ſyllaba mihi ignominiam, ſibi triumphum nominis
chriſtiani inſidioſiſſime et pertinaciſſime quaerant, vt malo
nodo malus mihi cuneus neceſſarius videatur. Quamquam videor mihi ſtomacho meo multam ſemper feciſſe
vim, ne facerem quae poſſem. Et neſcio, ſi molliter
ſimul et vtiliter tangi queant, qui inueteratiſſima iamdiu
conſuetudine opprobrandi haeretici nominis ita in iudican-
dis aliorum ſcriptis obſtupuerunt, et ad audiendam veritatem obduruerunt, ſuisque opinionibus obſurduerunt,
vt vix caduceo diuino quopiam excitari poſſe videantur.

berlich und zugleich mit Nutzen verfahren könne,
welche, bey ihrer ihnen gewöhnlichen Fertigkeit,
durch Verschwendung des Ketzernamens andern
einen Schandfleck anzuhangen, sich in Beur=
theilung fremder Schriften so albern aufführ=
ren, sich gegen die Stimme der Wahrheit so ver=
härten, und zugleich bey ihren vorgefaßten Mey=
nungen so unbiegsam beweisen, daß es scheinet,
als ob selbst ein himmlischer Heroldsstab sie kaum
zu erwecken vermögend sey. So offenherzig hier
Luther die Heftigkeit seiner Schreibart bekennet: so
gewiß bin ich der wahren Meynung, daß man eben
diese heftige Schreibart aus guten Gründen entschul=
digen könne, wenn man theils Lutheri cholerisches
Temperament, theils den Inhalt seiner polemischen
Schriften, theils die ungleich grössere Heftigkeit seiner
vielen Feinde, theils aber auch den herrschenden Ge=
schmack der damaligen Zeiten in eine nähere Be=
trachtung ziehet, und zuletzt ohne Zurückhaltung be=
kennet, daß Luther ein Mensch, und folglich von
menschlichen Leidenschaften und Fehlern nicht gänzlich
frey gewesen sey. Laßt uns diese einzelne Gründe zu zer=
gliedern, und sowol durch Lutheri eigene, als auch
durch andrer größtentheils gleichzeitiger Schriftsteller
glaubwürdige Zeugnisse aufzuklären suchen.

§. 6.

Es gehöret zu den ersten Grundsätzen einer ver=
nünftigen Rhetorik, daß die Beschaffenheit des Tem=
peraments bey einem Schriftsteller in die Beschaffen=
heit seiner Schreibart den stärksten Einfluß zu äussern
pflege. Wer wolte aber leugnen, daß die Natur
Luthero bey Austheilung der Komplexionen eine star=
ke Mischung des cholerischen und sanguinischen Tem=
peraments mitgetheilet habe? Alle die grossen Eigen=
schaf=

schaften, welche man aus dieser Mischung abzuleiten
gewohnt ist, hatte die Gnade bey Luthern geheiliget,
um durch ihn die grossen Erfolge wirklich zu machen,
welche die Reinigung der Glaubenslehren begleiten sol=
ten. Luther war, vermöge dieser geheiligten Natur=
gaben, im eigentlichsten und strengsten Wortverstan=
de, ein ehrlicher und offenherziger Mann, der aus kei=
ner Sache ein Geheimniß machte, und immer mit
der Sprache des Herzens redete. Wenn Melanchton
von gleichzeitigen Geschichtschreibern eben so mürrisch
und hinterhältisch im Reden, als fein und zierlich im
Schreiben : so wird im Gegentheil Luther eben so ge=
fällig und einnehmend im Reden, als munter und kurz
von Entschliessungen im Schreiben geschildert. Man
kann von seiner oft rauh scheinenden Schreibart auf
eine gewisse Rauhigkeit seines Gemüths im geselligen
Leben schlechterdings keinen Schluß machen.*). Sein
                                                    gan=

*) *Phil. Melanchton ad Erasm. l. III. ep. 66*
Vir melior, quam qualis videtur facienti de eo iudicium
ex violentis scriptionibus illius. Id. in serm. funebr.
Iam quis est, cui quidem notus ille fuit, qui nesciat,
quanta humanitate praeditus, quanta huius in congref=
fibus familiaribus suauitas, quam minime hic contentio=
fus aut rixator fuerit Et adiunctam tamen omnia
grauitatem habuerunt eam, quae in tali viro effe de=
beret. Luthers ganzen Charakter schildet mir Erasm.
Alberus in einer Schrift wider Carlstadt (Brandenb.
156) am vollständigsten und zuverläßigsten entworfen
zu haben : Er war ein Mann ohne Falsch, Lügnern
und Zweyzünglern war er gram, Aufrichtigkeit hatte er
lieb, den Geiz haßte er, dem Hoffart war er feind,
Trunkenheit und Unzucht war ihm unbekannt. Man
spürete an ihm keinen Zorn, ohne wenn er zu Felde lag
gegen die Papisten und Schwärmer, da sahe man des
heiligen Geistes und nicht eines Menschen Zorn. Ein
fein, klar und tapfer Gesicht und Falkenaugen hatte er,
                                                    un=

ganzes Leben war ein Zusammenhang von Handlun=
gen eines Menschenfreundes: und es gereicht ihm
zum wahren Ruhme, wenn selbst Erasmus ihm das
ungezwungene Zeugniß ertheilet, daß sogar die unver=
söhnlichsten Feinde sein Leben unsträflich befunden hät=
ten *). Sein Umgang mit andern Menschen wur=
de durch eine wahre Demuth geadelt; und Petrus
Mosellanus versichert ganz zuverläßig, daß man
nichts Stoisches und nichts Trotziges an ihm wahrge=
nommen habe. Wir wollen abermals seine eigene
Worte hören: Meiner Lehre halben bin ich dem
Teufel, Kayser, König, Fürsten und aller Welt
viel, viel, viel zu stolz, steif und hoffärtig: aber
meines Lebens halben bin ich auch einem jeglichen
Kinde demüthig und und unterwörfen. Bey die=
ser Gemüthsfassung war es ihm ein wirklich frembdes
Werk, wenn er heftig zu schreiben gezwungen wurde.
Ich mag mit gutem Grunde schreiben, dies sind
seine eigene Worte, daß mein Gemüth und Mey=
nung, ohne Ruhm zu schreiben, laut auch etli=
cher meiner vorigen öffentlichen Erbietungen nie
gewesen, auch noch nicht ist, jemand von hohen
und niedrigen Stande zu schmähen. Daß ich
aber bisher gegen und wider etliche mancherley
                                        Stan=

und war von Gliedmaßen eine schöne Person. Und
abermals: Er war ein feiner, wohlberedter, freundli=
cher, holdseliger, ernsthafter, wahrhafter, beherzter,
züchtiger, kostfreyer, frölicher Mann, konnte in allen
Dingen Mäßigkeit halten, redete kein vergeblich Wort;
den Halstarrigen war er schrecklich, den Blöden tröst=
lich.

*) *Lib II. ep 1: Hominis vita magno omnium consensu
probatur; iam id non leue praeiudicium est, tantam esse
morum integritatem, vt ne hostes reperiant quod ca=
lumnientur.*

Standes Leute so hart und ernstlich geschrieben habe, ist nicht ohne Ursache, und doch ohne allen Haß und unchristliches Herz von mir geschehen; wiewol ich fast wohl weiß, daß solches mein hartes Schreiben vielen meinen Freunden und Feinden, auch E. C. F. G. selbst allewege zuwider und entgegen gewesen, und noch ist, und E. C. F G. mir mehrmals hat wehren und einreden lassen, mich des zu enthalten. Wäre auch von Herzen wohl geneigt, mich ferneres Schreibens zu enthalten, zumal harten Schreibens. Dieweil aber etliche meiner Mißgünstigen wider mich geschrieben mit mannigfaltiger Lästerung nicht allein meines christlichen Namens, sondern auch des heiligen Evangelii: will mir je schwer seyn, wie E. C. F. G. und alle christliche Menschen wohl ermessen können, daß ich solches GOttes meines HErrn Lästern erdulden, und daß meiner Widerwärtigen muthwilliges Schreiben ehrlich, und mein nöthiges von ihnen erzwungenes Widerschreiben so böse, unehrlich und verboten seyn solte. Denn GOtt Lob! ich meiner Handlungen ganz keinen Scheu habe, und mich der Sachen und Worte Gottes meines HErrn nicht weiß zu schämen; es gehe mir darüber, wie mein frommer GOtt will. Denn an meiner Lehre und Schriften ich so gar keinen Zweifel habe, daß sie aus GOtt sey, daß ich durch seine göttliche Gnade, als meines frommen GOttes Wort, vor allen Teufeln verhoffe zu erhalten. Wenn wir billig urtheilen wollen, so kann uns nicht einmal der Gedanke einfallen, als ob Luther seine eigene Ehre gesuchet habe. Er soll aber zum Ueberfluß der Ausleger seiner eigenen Ge-

dan-

banken seyn *): In Absicht auf meine Schreibart
bin ich wirklich bisweilen alzunachläßig und mir
selbst ganz unähnlich; welches ich aber mit Vorbedacht thue, weil ich auf einen grossen Namen
und auf ein dauerhaftes Angedenken keine Rechnung mache, auch solches niemals gesuchet habe;
sondern, so wie ich mit Gewalt in diese öffentliche
Streithändel bin gezogen worden: also gedenke
ich mich, so bald als es möglich ist, in meinen
Winkel wieder zu verkriechen, in so ferne es ohne
Nachtheil meines Christennamens geschehen kann.
Denn ich bin der Meynung, daß meine auf der
Schaubühne der Welt zu spielende Rolle ihr Ziel
habe, und wenn dieselbe abgespielet ist, so wird,
ob GOtt will, schon ein anderer folgen. Bey
dieser Ueberzeugung, welche Luther von der Lauterkeit
seiner Gesinnungen und von der Gerechtigkeit seiner
guten Sache hatte, konte er in Absicht auf die Freudigkeit des Gemüths ein Exempel ohne Exempel darstellen: Summa, spricht er, warum ich so hart
bin, soll zu seiner Zeit wol klar werden. Wer
nicht will glauben, daß es aus gutem Herzen und
wohl gethan ist, der mag es lassen; er wird es
doch wol dermaleinst bekennen müssen. Es hat
mich wol auch mein gnädigster Herr schriftlich,
und viele andere Freunde desgleichen ermahnet;
　　　　　　　　　　　　　　　　　　aber

---

*) Opp. lat. Ienenſ. Tom. I. f. 311: Sum plane aliquan-
do ſordidior penitusque mei diſſimilis, quod de induſtria
facio, quod mihi non ſit ſpes nominis et memoriae diu-
turnae, nec tale quidpiam vmquam quaeſiui. Sed ſicut
vi in publicum tractus ſüm: ita cogito ſemper, quam
poſſim citius redire in meum angulum, ſaluo chriſtiano
meo nomine. Habere enim puto theatrum meum ſuam
horam; poſt me alius ſequetur, ſi Dominus volet, vbi
ego tempori meo ſatisfecerim.

aber meine Antwort ist allezeit, daß ich es nicht
lassen will noch soll. Mein Handel ist nicht ein
Mittelhandel, der etwas weichen oder nachgeben,
oder sich unterlassen soll, wie ich Narr bisher ge=
than habe. Mit Freudigkeit getröstete sich also Luther
des göttlichen Schutzes wider seine Feinde, und mit
Freudigkeit ging er allen Stürmen der Verfolgung
entgegen: Wohlan! alle zusammen, welche zusam=
men seyn und zusammen gehören, Teufel, Papi=
sten und Schwärmer auf einem Haufen, nur
frisch auf den Luther; ihr Papisten von vor=
nen her, ihr Schwärmer von hinten zu, ihr
Teufel von allen Enden dran, hetzet, jaget, trei=
bet getrost, ihr habt das rechte Wild vor euch;
wenn der Luther liegt, so seyd ihr genesen und
habt gewonnen. Ich sehe doch wol, daß alles
verlohren ist, es hilft kein Lehren, kein Schelten.
Wohlan! so gelte der Trotz im Namen GOt=
tes, wen es gereuet hat, der lasse ab; wer sich
fürchtet, der fliehe; Mein Rückenhalter ist stark
genung, das weiß ich, ob mir schon die ganze
Welt anhienge und wieder abfiele, das ist mir
eben gleich, und denke, ist sie mir doch zuvor
auch nicht angehangen, als ich allein war.

§. 7.

Nicht nur die Verschiedenheit des Tempera=
ments, sondern auch die Verschiedenheit der Mate=
rie, bestimmet die verschiedene Schreibart eines
Schriftstellers. Soll die Schreibart nach dem In=
halte des Vortrages abgemessen werden: so muß man
bekennen, daß Luther diese Regel in allen seinen
Schriften mit vieler Beurtheilungskraft beobachtet
habe. Es herrschet bey ihm durchgehends eine männ=
liche und gesetzte Beredsamkeit, die den Leser zu rüh=

ren

ren und einzunehmen vermögend ist. Allein die ei=
gentlich so genannte heftige Schreibart wird man in
seinen dogmatischen und exegetischen Schriften vergeb=
lich suchen. Sie herrschet vielmehr in seinen polemi=
schen Schriften, welche ihrer Natur und Wesen
nach mehr Feuer und Nachdruck erfordern. Luther
trieb nicht seine eigene Sache, sondern die Sache der
Religion; und der heftige Schaden Josephs erforder=
te damals, nach dem Ausdruck des Erasmus, hef=
tige Arzeneyen *). Das eigene Bekenntniß Luther=
ist keiner Zweydeutigkeit unterworfen **): Ich pflege
auch

*) *Melanchton* in ferin. funebr. „Aliqui, non mali tamen, questi sunt, asperiorem fuisse *Lutherum* quam
debuerit. Nihil disputo in alterutram partem, sed
respondeo id, quod *Erasmus* saepe dixit: Deus dedit huic postremae aetati propter morborum magnitudinem acrem medicum. *Matth. Dresser.* de fest.
Christ. p. 180: Aduersus fanaticos, pertinaces et
sophistas durus et acer fuit. Quamquam autem moderationem in eo multi sapientes et eruditi desidera-
runt; tamen res caussaque, quam egit, vehementiam
aliquam postulauit. Nam vt in medicatione morbis
grauioribus remedia valentiora adhibere necesse est:
ita in hac ecclesiae reformatione non absque acriore
stylo refutari et prosterni tam dira ecclesiae romanae
fulmina, torque virulenta aduersariorum scripta potuerunt. Exstat epistola amici cuiusdam ad *Melanchto-
nem* scripta, qua peritum est, vt is ab acerbitate styli dehortaretur *Lutherum.* Sed respondit *Philippus:* absit a me, vt talem huius viri spiritum mea voce vel
infringam vel imminuam; quo diuinitus regi atque
impelli *Lutherum* ad tanti negotii gestionem heroico
quodam animo siue spiritu, satis indicauit."

**) Opp. *Luther.* germ. Altenb. Tom. VI. fol. 784. *Dan.
Maichel.* de moderat. theol. p. 5. 8: „Si iam ab anti-
quis ecclesiae christianae fundatoribus ad eiusdem re-
stauratores progrediamur; occurrit nobis exemplum
magni

auch wol hart zu ſeyn mit Schelten und Stra-
fen, beyde in Schriften, auf der Kanzel und Ka-
theder. Doch iſt mein Herz, das weiß GOtt,
mein HErr, nicht bitter, neidiſch, noch rachgie-
rig wider meine Widerſacher. Daß ich aber die
Sache, darin ich ohne allen meinen Willen kommen bin, ſo groß und hoch mache, daß ich ihr
im geringſten nicht will abbrechen laſſen, ſchelte
die, ſo ihr zuwider ſind, ſo geſchwinde und heftig: das machet, daß es nicht meine, ſondern
GOttes und des heiligen Geiſtes Sache iſt. Bin
aber den Papiſten und andern irrigen Geiſteen
ja

magni *Lutheri*, quem moderationis limites in reformatione ſua ttanſiliiſſe, ſunt, qui affirmare haud dubitant ; inprimis *Erasmus*, qui licet monachis numquam pepercerit, & ſuorum temporum mores graui-
ter caſtigarit : tamen *Lutherum* ſaepius obiurgarat, quod
nimis feſtinis paſſibus in iſto negocio properet, et pe-
riculoſae plenum, opus aleae magna importunitate
tractet, de quo epiſtolae eius paſſim teſtantur. *Erasmus* enim, quaſi medius inter eccleſiam romanam et
proteſtantem mitioribus conſiliis rem gerere, atque ita
velut vna fidelia duos dealbare parietes malebat. At
certum eſt, ſi *Lutherus* veſtigiis *Erasmi* inſtitiſſet, reformationem eccleſiae vel nullum vel non niſi lentum
ſucceſſum habituram fuiſſe, dum ſtatus eccleſiae cor-
ruptiſſimae et furioſa hominum, vel belluarum potius, cum quibus ei dimicandum erat, rabies heroicum
Spiritum, quali a Deo praeditus erat *Lutherus*, deſide-
rabant. Ergo tantum abeſt, vt moderationis limites
exceſſerit *Lutherus*, vt eius potius ſpecimen ediderit,
quum iudicium eius de eccleſia reformanda, et modus, quo diuinum opus tractarat, circumſtantiis rerum
exacte reſponderent. Et ſane memini apud eumdem
Erasmum locum exſtare, vbi *Lutheri* moderationem ex
iſtorum temporum conditione defendit, duroque me-
dico opus fuiſſe adſerit, qui corruptiſſichi aeui vlcera cu-
raret.„

ja so feind nicht, daß ich ihnen Arges wünschen
wolte zu ihrem Verderben, sondern mir wäre
viel lieber, sie nähmen die Wahrheit an, und
würden allesamt selig mit uns. Da Luther einen
innren Beruf bey sich fühlte, wider den damaligen
unleugbar grossen Abfall von der ersten Lauterkeit zu
zeugen: so konte man, auch in Absicht auf die Art
des Vortrages, keine Gleichgültigkeit oder Kältsin-
nigkeit von ihm erwarten. Er soll sein eigenes Bekenntniß hierüber ablegen: Wer seine Lehre, Glauben und Bekenntniß für wahr, recht und gewiß
hält, der kann mit andern, so falsche Lehre führen, oder derselben zugethan sind, nicht in einem
Stalle stehen, noch immerdar gute Worte dem
Teufel und seinen Schuppen geben. Ein Lehrer,
der zu den Irrthümern stille schweiget, und will
gleichwol ein rechter Lehrer seyn, der ist ärger
denn ein öffentlicher Schwärmer, und thut mit
seiner Heucheley grössern Schaden denn ein Ketzer; und ist ihm nicht zu vertrauen, er ist ein
Wolf und ein Fuchs, ein Miethling und ein
Bauchdiener, und darf Lehre, Wort, Glauben,
Sacrament, Kirchen und Schulen verrathen und
übergeben; er liegt entweder mit den Feinden heimlich unter einer Decke, oder ist ein Zweifler und
Windfaher, und will sehen, wo es hinaus wolle,
ob Christus oder der Teufel obsiegen werde, oder
ist ganz und gar bey sich selbst ungewiß, und nicht
würdig, daß er ein Schüler, will geschweigen ein
Lehrer heissen soll, und will niemand erzürnen,
noch Christo sein Wort reden, noch dem Teufel
und der Welt wehe thun. Vermöge dieser Grund-
sätze, die Luther äussert, kann man ihn mit keiner Art
der Billigkeit beschuldigen, daß er lieblos gehandelt

B 2   habe.

habe. Die Liebe, so erkläret er sich selbst *), soll alles leiden, und jedermann weichen: dagegen aber soll und kann der Glaube gar nichts leiden, und kurzum niemand weichen. Wenn es in Sachen ist, so die Seligkeit belangen, und die Schwärmergeister ihre Lügen und Irrthum unter dem Schein der Wahrheit lehren, und damit viele Leute betrügen und verführen, da muß man wahrlich! keine Liebe erzeigen, ihren Irrthum auch nicht billigen und recht sprechen. Darum, wenn sie uns lange und viel beschuldigen, daß wir die Liebe nicht achten, als wir billig thun solten, antworten wir ihnen mit diesem Spruch Pauli: ein wenig Sauerteig versäuret den ganzen Teig. Item, mit der Ehre, Glauben und Augen ist böse scherzen. Verflucht sey die Liebe in den Abgrund der Höllen, so erhalten wird mit Schaden und Nachtheil der Lehre vom Glauben, der billig alles zumal weichen soll, es sey Liebe, Apostel, Engel vom Himmel, und was es seyn mag. Es war ihm also ohnmöglich, daß er der Wahrheit durch sein Stillschweigen etwas hätte vergeben sollen: Ob aber gleich andere schweigen, und dieses alles leiden wollen: so ist mir doch nicht länger zu schweigen, oder stille zu sitzen gewesen; denn diese Sache gehet mich vom Anfange her am allermeisten an. Wenn ich nun zu dieser öffentlichen Verdammung meiner Lehre stille schwiege: so schiene es, ich hätte selbige selbst fahren lassen oder verleugnet; ehe ich aber dieses thun solte, so wolte ich ehe aller Teufel und der ganzen Welt, nicht nur der Kayserlichen Räthe, Zorn auf mich laden. Ja, vielleicht ist seine Vermuthung nicht ganz ungegründet, daß er in gewisser Absicht allzu nach=

*) Opp. Luth. germ. Altenb. Tom. VI. f. 835.

nachgebend gewesen sey *): Sie geben mir Schuld,
ich sey beißig und rachsüchtig. Ich habe Sorge,
daß ich ihm viel zu wenig gethan habe. Ich solte den reissenden Wölfen baß in die Wollen gegriffen haben, die nicht aufhören, die Schrift zu
zerreissen, vergiften und verkehren, zu grossem
Verderben der elenden, armen Schäflein Christi.
Die Unschuld Lutheri, welche aus so aufrichtigen Be-
kenntnissen hervorleuchtet, wird sich noch mehr rechtfertigen, wenn wir seine ersten und letzten polemischen
Schriften mit einander vergleichen. Wenn man die
ersten Schriften mit Aufmerksamkeit lieset: so entdecket man eine Bescheidenheit und Mäßigung, die
beynahe der guten Sache selbst nachtheilig gewesen
wäre. Mit was für einer demüthigen Unterwerfung
sucht nicht Luther den ersten drohenden Sturm von
sich abzuwenden **): Ich werfe mich deiner Heilig-
keit zu Füssen, mit allem was ich bin und habe;
du magst mich lebendig oder todt haben wollen,
hin oder herrufen, verwerfen oder annehmen: ich
werde in dir die Stimme Christi, der in dir
wohnet und durch dich redet, erkennen. Und wie
wenig war das seine erste Absicht, den Römischen Bischof aus dem Besitz seiner Macht zu verdrängen ***)?

Mit

*) Opp. germ. Altenb. Tom I. f. 469.

**) In epist. ad *Leon. Pontif.* „Prostratum pedibus me of-
fero Beatitudini tuae: cum omnibus, quae sum et habeo: viuifica, occide, voca, reuoca, damna, ad-
proba: vocem tuam Christi in te praesidentis, et lo-
quentis agnoscam.

***) Ap *Selneccer.* in vit. *Luther.* p. 75: „Numquam
fuit in animo, vt voluerim discedere; vocetur sane
et sit pontifex, dominus omnium, quid ad me? dimittant mihi euangelium, et omnia alia rapiant,
prorsus pilum non mouebo.

Mir ist niemals, spricht er, der Gedanke eingefallen, daß ich hätte abtrünnig werden wollen; er mag immerhin Pabst und ein algemeiner Herr seyn und genennet werden: was geht mich das an? Man lasse mir nur das reine Evangelium, und nehme mir alles übrige; ich werde keinen Finger weiter regen. Luther fand in den folgenden Zeiten selbst Ursache, seine Leser wegen seiner übertriebenen Mäßigung sehr ernstlich um Verzeihung zu bitten *). Allein wie schlecht war der Vortheil, den Luther von seiner nachgebenden Bescheidenheit hatte. Eine betrübte Erfahrung überzeugte ihn, daß

*) Opp. *Luther.* lat. Ienens. Tom. I. in praefat.: „Ante omnia oro pium lectorem, et oro propter ipfum Dominum noftrum Iefum Chriftum, vt ifta legat cum iudicio, imo cum multa miferatione. Et fciat, me fuiffe aliquando monachum et papiftam infaniffimum, quum iftam cauffam aggreffus fum, ita ebrium imo fubmerfum in dogmatibus Papae, vt paratiffimus fuerim, omnes, fi potuiffem, occidere, aut occidentibus cooperari et confentire, qui Papae vel vna fyllaba obedientiam detrectarent. Tantus eram Saulus, vt funt adhuc multi. Non eram ita glacies et frigus ipfum in defendendo Papatu, ficut fuit *Eccius* et fui fimiles, qui mihi verius propter fuum ventrem Papam defendere videbantur, quam quod ferio rem agerent; imo ridere mihi Papam adhuc hodie videntur, velut Epicuraei. Ego ferio rem agebam, vt qui diem extremum horribiliter timui, et tamen faluus fieri ex intimis medullis cupiebam. Ita inuenies in iftis meis fcriptis prioribus, quam multa et magna humillime concefferim Papae, quae pofterioribus et iftis temporibus pro fumma blafphemia et abominatione habeo et exfecror. Dabis ergo hunc errorem, pie lector, vel, vt ipfi calumniantur, antilogiam, tempori et imperitiae meae. Solus primo eram, et certe ad tantas res tractandas ineptiffimus et indoctiffimus; cafu enim, non voluntate nec ftudio, in has turbas incidi. Deum ipfum teftor.

daß er bey aller seiner Mäßigung nichts gewon=
nen; sondern vielmehr den Verdacht einer Ungewiß=
heit in seiner Sache und einer alzuängstlichen Furcht=
samkeit erreget hätte. Es ist in Wahrheit wider=
sprechend genug, wenn eben diejenigen, welche Lu=
thers alzugrosse Heftigkeit verdammen, ihn mit
gleicher Fertigkeit einer unanständigen Furchtsamkeit be=
schuldigen können. Er selbst kann uns seine Erfahrun=
gen am zuverläßigsten erzehlen: Ich habe zu Worms
guten Freunden zu Dienste, auf daß ich nicht zu
steiffsinnig angesehen würde, meinen Geist gedäm=
pfet, und nicht härter und strenger mein Bekennt=
niß vor den Tyrannen gethan: wiewol mich doch
die unglaubigen Heyden sint der Zeit hochmüthig
in Antworten gescholten haben; mich hat meine
dieselbe Demuth und Ehrerbietung vielmals ge=
reuet. Und abermals: Daß ich mich vor Herzog
Georgen zu Sachsen auch so gedemüthiget, kam
daher, daß grosse und feine Leute seiner Landsassen
mein Gewissen ersäuften mit grossen Futtern voll
Vertröstung, als solte es dem Evangelio förder=
lich seyn das er bisher verfolget Da fuhr ich
daher, ein einfältiger armer Mensch, ließ mich mein
gemachtes Gewissen dringen, daß ich ja nicht Ursa=
che wäre solches Schadens und Hindernisse. Da traf
ich auch aus der Massen fein an. Zu Augsspurg
muste ich mich auch demüthigen, da meynte der
Kardinal, ich kröche zum Kreutz, und rief schon Jo
Triumph! Je mehr ich mich demüthigte, je weni=
ger daraus ward. Es war kein Wunder, daß Lu=
thers Mäßigung zuletzt erschöpfet wurde, wie er selbst
an einen seiner Freunde schreibet: Daß ihr begeh=
ret Ursache, warum ich so hart geantwortet habe,
damit ihr meinen Widersachern könnet begegnen:
lasse ich euch wissen, daß ich es aus wohl bedach=
　　　　　　　　　　　　　　　　　　　　　tem

tem Muthe gethan habe, und will auch hinfürder die Lästerer und Lügenmäuler mit keiner Sänfte mehr handeln: denn mein Predigen und Schreiben ist aufs höchste und ans Ende kommen. Und bald darauf: Also hab ich nun, wie ihr wisset, manch fein Büchlein ohne alle Schärfe, freundlich und sanfte geschrieben, dazu mich auf das allerdemüthigste erboten, ihnen nachgezogen, erschienen mit vieler Kost und Mühe, und ihrer Lügen und Lästerung über die Massen viel ertragen. Aber je mehr ich mich gedemüthiget habe: je mehr sie toben, mich und meine Lehre lästern, bis daß sie verstockt sind, weder hören noch sehen können. Indessen blieb Luther auch alsdenn, wenn er zur Heftigkeit gereizet wurde, in einer gesetzten Gemüthsfassung. Viele Schriften seiner Gegner ließ er gänzlich unbeantwortet, wenn es ohne Nachtheil der guten Sache geschehen konte. Ich halte viel zurück, schreibt er an Spalatin, um des Churfürsten und der Universität willen, welches ich, wenn ich anderswo wäre, ausschüttete wider die Verwüsterinn der Schrift und Kirchen Rom, oder besser zu geben, Babel. Es läßt sich, mein lieber Spalatin, die Schrift und Wahrheit nicht handeln, man erzürne denn dieses Thier; darum hoffet nicht, daß ich ruhig und ungekränkt bleiben werde, ihr wollet denn, daß ich mich gar der Theologie begebe. Lasset demnach die guten Freunde dafür halten, ich sey närrisch. Diese Sache, wo sie aus Gott ist, wird kein Ende haben, es verlassen mich auch, wie Christum, seine Jünger und Bekannte, und alle meine Freunde, und die Wahrheit sey alleine, die sich durch ihre, nicht meine, nicht eure, nicht eines Menschenrechte hilft; und dieses habe ich im Anfange gesehen. Fand sich aber auch Luther in

sei

seinem Gewiſſen gedrungen, die göttliche Wahrheit zu
vertheidigen: ſo äuſſerte er doch immer eine über=
wiegende Neigung, von dem Kampfplatze je eher je
lieber wieder abzutreten; und man kann an ſeiner
wirklich friedfertigen Geſinnung um deſto weniger
zweifeln, da er ſie ſo oft und ſo feierlich zu erkennen
gegeben hat: Nun weiß Gott, ſo erklärt er ſich ge=
gen den groſſen Churfürſt Friedrich, daß es mein
ganzer Ernſt geweſen, und frohe war, daß das
Spiel alſo ſolte ein Ende haben, als viel an mir
gelegen, und ich mich deſſelben Pakts ſo ſteif ge=
halten, daß ich Herr *Sylveſter Prieraz* replicam ha=
be laſſen fahren; wiewol ich darinn groſſe Urſache,
dazu vieler meiner Widerſacher trotzigen Spott
verachtet, auch wider meiner Freunde Rath ge=
ſchwiegen habe: ſo doch unſer Schluß, wie Herr
Carolus wohl weiß, alſo geſtanden iſt, daß ich ſchwei=
gen wolte, ſo ferne meine Widerpart auch ſchwiege.
Denn ſolte man mir das Maul zubinden, und ei=
nem jeglichen andern aufthun, kann E. C. F. G.
wohl ermeſſen, daß alsdann auch der wol an mich
fallen würde, der ſonſt vielleicht mich nicht anſe=
hen durfte. Nun bin ich noch von Herzen geneigt,
E. C. F. G. treuen Rath gehorſamlich zu folgen,
und allewege ſtille zu ſtehen, ſo ſie auch ſtille ſte=
hen: wann ich wol mehr zu ſchaffen habe, und
meine Luſt darinn nicht geſuchet wird. Und in ei=
nem andern Briefe: Es hat mein lieber Herr und
Freund in E. C. F. G. Namen an mir geſonnen,
daß ich mich hinfort des ſcharfen Schreibens, ſon=
derlich was Herzog Georgen betreffen mögte, ent=
halten wolte. Aber auf daß ſie ſehen, daß ich
auch Luſt zum Frieden habe, und meine böſe Bü=
cher nicht aus Vorwitz pflege zu ſchreiben: ſo
will ich ſolches alles fahren laſſen und geſchenkt
ha=

haben, so ferne Herzog Georg auch hinfort mich
zufrieden lasse, und keine neue Unlust anrichte.
Und noch einmal: Ich wolte verheissen, bei dieser
Materie hinfort stille zu stehen, und die Sache sich
selbst lassen zu Tode bluten, so ferne der Widerpart auch schwiege. Denn ich es dafür achte,
hätte man mein Schreiben lassen frey gehen, es
wäre längst alles geschwiegen und ausgesungen,
und ein jeglicher des Liedleins müde worden. Be-
sorge auch, so diesem Mittel nicht Folge geschiehet, und weiter werde angefochten mit Gewalt
oder Worten: so wird das Ding allererst recht
herausfahren und aus dem Schimpf ein Ernst werden; denn ich meinen Vorrath noch ganz habe.
Darum ich es das beste achte, so man mögte stille
stehen in der Sachen. Da nun alle diese so billige
Erbietungen fruchtlos waren: so blieb Luthern kein
ander Mittel übrig, als eine solche ernstliche Sprache
zu führen, die, seiner Einsicht nach, so wol der Wichtigkeit der Sache am gemässesten war, als auch ihm
zur Erreichung seines Endzwecks am bequemsten schien:
Wo mir Friede und Ruhe nicht will gelassen werden, so bitte ich, daß ihm niemand vornehme, mich
müde oder matt zu machen; denn mein Geist,
mir von Gott gegeben, also stehet, daß ich ehe die
ganze Welt vertraue müde zu machen. Mein Felß,
darauf ich baue, stehet fest, wird mir auch nicht
wanken noch sinken, obgleich alle höllische Pforten
dawider streiten; des alles bin ich gewiß. Und
abermals: So böse sollen sie es nicht machen, ich
will es noch ärger mit ihnen machen; und so harte Köpfe sollen sie nicht haben, ich will noch einen
härtern Kopf haben, wenn sie gleich nicht allein
den Kayser Karl sondern auch den Türkischen
Kayser für sich hätten. Sie sollen mich nicht ver-
jagt

zagt noch erschrocken machen, sondern ich will sie
verzagt und erschrocken machen; sie sollen mir
hinfort weichen, ich will ihnen nicht weichen; ich
will bleiben, sie sollen untergehen, sie haben es zu
weit versehen. Denn mein Leben soll ihr Henker
seyn, mein Tod soll ihr Teufel seyn; das und kein
anders. Das sollen sie erfahren, und laß sie nur
jtzt des getrost lachen.

§. 8.

Noch nicht genung. Die heftige Schreibart, welche man in Luthers polemischen Schriften nicht ver-
kennet, wird den Namen einer sehr gemäßigten Schreibart verdienen, wenn man sie mit den ungleich heftigern
Schriften seiner vielen Gegner in Vergleichung stellet.
Auf Luthern ruhete, nach dem scherzhaften Ausdrucke
des Erasmus, eine zwiefache schwere Sünde, indem er
die dreyfache Krone des Römischen Pabstes und die
fetten Bäuche der Mönche angetastet hatte; und eine
Verschuldung von dieser Art muste nothwendig sehr
heftige und sehr unangenehme Folgen haben. Man
ist bishero gewohnt, so urtheilet Luther selbst, die
Prälaten zu loben und zu schmeicheln, dieweil das
Evangelium unter der Bank lag; nun es aber
hervorkommt, und straft die hohen Köpfe als Narren und Blinden, dünkt es uns wunderlich zu seyn.
Es war ganz natürlich, daß ein rechter Schwarm von
gelehrten Klopffechtern sich wider Luthern empörte,
und wider einen so gefährlichen Feind Himmel und
Erde zu erregen suchte. Luther selbst soll uns die Menge seiner Feinde beschreiben: Hilf Gott! wie genau
und mit geschwinden Griffen suchet man mich! Bin
ich nicht ein theurer Mann? Ja freylich, in tausend
Jahren ist kaum ein edler Blut denn der Luther.
Wie so? rechne du selbst. Es sind nun drey Päb-
ste

ste gewesen, so viele Kardinäle, Könige, Fürsten,
Bischöfe, Pfaffen, Mönche, grosse Hansen, Gelehr=
te und die ganze Welt, die allzumal an des Luthers
Blut Verräther, Mörder oder Henker sind, oder
ja gerne wolten seyn. Wenn man die häufigen
Schriften so vieler Gegner auch nur mit einem flüchti=
gen Blicke übersiehet: so wird man leicht überzeuget,
daß Luthers Feinde theils aus sehr unlautern Absich=
ten, und theils mit sehr ohnmächtigen Waffen gestrit=
ten haben. Einige Schriftsteller liessen sich bloß durch
den Strom wilder Leidenschaften hinreissen; und sie
wurden lebendige Kopeyen von demjenigen Original,
dessen Erasmus in seinen Briefen Erwähnung thut,
da ein Dominikaner vom ersten Range öffentlich be=
kannte, wenn er Luthern mit seinen Zähnen zerreissen
könte, so wolte er unmittelbar darauf mit blutigem
Munde die geweyhte Hostie geniessen. Wie reizend
stellet sich im Gegentheil das Bild des versöhnlichen
Luthers unsern Augen dar, dessen mit Mitleiden er=
fülltes Herz auch seinen ärgsten Feinden offen stand! *)
Andre Schriftsteller, welche durch Luthers Bestrei=
tung ihr Glück zu machen suchten, äufferten den nie=
derträchtigsten Eigennutz, und gaben zu der losen

Spöt=

*) War es nicht Tetzel, der den ersten und heftigsten Sturm
wider Luthern erregte? Und dennoch hat dieser ein wirk=
lich großmüthiges Mitleiden gegen den unglücklichen Tetzel
bewiesen Tom I. epist. p. 146: „Doleo *Tezelium* et sa=
lutem suam in eam necessitatem venisse, et sua reuelari;
multo mallem, si posset seruari cum honore praestita
emendatione quapiam; sua ignominia nihil mihi accrescit,
sicuti nihil decreuit mihi sua gloria. Luther hat so gar
kein Bedenken getragen, den trostlosen Tetzel in einer tödt=
lichen Krankheit schriftlich zu trösten: Quem ego, vbi
hoc resciui, ante obitum litteris benigniter scriptis con=
solatus sum, ac iussi animo bono esse, nec mei memo=
riam metueret, in praef. ad Tom. I. Opp. latin. Ienens. „

Spötterey des **Erasmus** Gelegenheit, daß der arme
Luther vermögend gewesen wäre, viele Schwätzer
reich zu machen. Welche Unschuld schmücket nicht
im Gegentheil den uneigennützigen Luther, über welchen selbst seine Feinde in der ihnen gewöhnlichen ungesitteten Sprache die Klage führeten, daß sich diese
deutsche Bestie weder durch Geld noch durch Ehre
gewinnen lasse!*) Beyde Parthenen, so sehr sie auch
sonst in ihren Grundsätzen von einander abwichen, so
stimmeten sie doch darin überein, daß man einen so
gefährlichen Feind ohne Barmherzigkeit zu Boden
schlagen, und selbst den weltlichen Arm zu Hülfe nehmen

*) Das sind Worte des Päbstlichen Nantius *Alexander* ap.
Solneccer. in vit. *Luth* Lutherum etiam pecunia non posse
emolliri, et hanc bestiam non spectare largitiones et honores, alioqui dudum millia multa ei de Pontificis voluntate per *Fuggeros* numeranda fuisse. Zwar einer von
Luthers Feinden *Sylvester Prierias* sucht Luthers Uneigen-
nützigkeit und Verleugnung verdächtig zu machen ap.
Seckendorf in hist. Lutheranism. L. I. p. 32: Si tu, Luthere, a domino nostro habuisses bonum Episcopatum
cum plenaria indulgentia ad ecclesiae tuae reparationem,
certe dulcioribus verbis abundasses, et quibus detrahis,
venias extulisses. Allein wie unerschrocken ist Luthers Ver-
antwortung: Forte et tu spectas me ex animo tuo, quod con-
jicio ex eo, quod tam molliter adularis. Si ego ad episcopatum adspirarem, certe ea non loquerer, quae tu impatien-
tissime audis. An ignorare me credis, qua via episcopatus
et sacerdotia in vrbe obtinentur? quando hanc pueri in
omnibus plateis vrbis cantant:

Denique nunc facta est rerum foedissima Roma.

Wir müssen uns im übrigen an dem sonderbaren Ausdrucke einer deutschen Bestie nicht stossen. Auch der Kardinal Cajetan hat sich dessen in lateinischen Redensarten,
die ich niemand zur Nachahmung empfehle, bedienet:
„Ego nolo amplius cum hac bestia loqui; habet enim
profundos oculos et mirabiles speculationes in capite
suo. „

men muͤſſe.   Wenn ſie auf der einen Seite es durch
ermuͤdende Vorſtellungen dahin brachten, daß der in
den Kirchenbann und in die Reichsacht erklaͤrte Luther
im Bildniſſe zu Rom verbrannt, und ſeine Schriften
zu Loͤwen ins Feuer geworfen wurden: ſo ſtrotzten
auf der andern Seite ihre Streitſchriften von unna=
tuͤrlichen Schmaͤhungen, aus welchen man mit leichter
Muͤhe ein ganzes Lexicon von ungeſitteten Woͤrtern
und Redensarten zuſammen tragen koͤnte.   Luther
verlangte nichts mehr, als daß man ihn von den Ir=
thuͤmern, deren man ihn mit ſo vielem Ungeſtuͤm be=
ſchuldigte, deutlich und gruͤndlich uͤberzeugen;*) oder
ihm doch wenigſtens kein unbilliges und der Sache der
Religion nachtheiliges Stillſchweigen zumuthen moͤg=
te. **)   Allein iſt ihm auch wol jemals eine andre
Be=

*) Ap. *Selneccer.* in vit. *Luther* p. 63. „Non dicant ſolum,
erraſti, male dixiſti, ſed in ſcriptis ſignent errorem, pro-
bent male dictum, rationem quam habent reddant, diſſol-
vant ſcripturas a me adductas, doceant ſicut iactant verbis ſeſe feciſſe, inſtruant doceri cupientem, exſpectan-
tem, quae nec Turcus homo mihi negaret. Vbi videro
aliter intelligenda quam intellexi: ſi tunc non reuoca-
vero et me ipſum non damnavero, Illuſtriſſime Princeps, tua Celſitudo ſit prima, quae perſequatur me, ex-
pellat me, obruant me viri academiae noſtrae, denique
coelum et terram contra me inuoco, perdatque me ipſe
Dominus Ieſus Chriſtus. Loquor ex certa ſcientia et
non ex opinionibus. Nolo mihi Dominum Deum ipſum,
nolo vllam creaturam Dei mihi fore propitiam, ſi edo-
ctus meliora ſecutus non fuero. Item mira res eſt, quod
erraſſe arguor, et obtinere non poſſum, nec per tantum
Principem, in quibus et quare me erraſſe putent. Habent papyrum et calamos et atramentum Romae, habent
infinitos notarios, facile erit in papyrum ſignare, in quibus et quare errauerim. „

**) In ep. ad *Spalatin.* ap. *Selneccer.* in vit. *Luther.* p. 102.
Quid amplius faciam rogo; „Si non permittor ab officio
do-

Bedingung als ein unbedingter Widerruf zugeſtanden worden? *) So wol der Römiſche Abgeſandte von Miltitz als auch Erasmus, müſſen Luthers Schutzredner werden. Was kan uns mehr überzeugen, als wenn der

docendi et miniſterio verbi liber eſſe, certe liber ero in miniſterio fungendo. Sat multis peccatis ſum onuſtus, non addam etiam hoc irremiſſibile, vt in miniſterium poſitus miniſterio deſim, et reus inueniar impii ſilentii, neglectae veritatis et tot millium animarum. Illuſtriſſimus Princeps ſe prorſus alienum gerat a mea cauſſa, ſicut hucusque fecit. Paratus ero quieſcere, ſed ſalutis viam chriſtianis permittant eſſe liberam. Hoc vnum peto et praeterea nihil. Non peto galerum, non aurum, nec quicquid Roma hodie in pretio habet; non etiam timeo minas, nec ſuſpicio pollicitationes. „

*) *Iac. Perizon.* hiſt. ſaec. XVI. p. 100. „Cardinalis nihil vrgebat aliud, niſi vt *Lutherus* palam reuocaret ſuam de indulgentiis potiſſimum ſententiam. Quod quum ille recuſaret, quumque, licet per litteras polliceretur, de Papa modeſtius dein et reuerentius etiam publice ſe locuturum, nec de indulgentiis verba amplius facturum, modo et adverſariis imponeretur ſilentium, nihil tamen a Cardinali impetraret : tum vero ſibi metuens ſummo mane abiit, equo vectus, relicta Auguſtae prouocatione ad Papam rectius edoctum. p. 101 : Omnia *Lutherus* *Miltitio* promiſit, modo ne reuocare ſuam cogeretur ſententiam. Dedit etiam epiſtolam denuo ad Papam, in qua reuocationem diſſuadet, futuram quippe prorſus inutilem eccleſiae romanae, cuius poteſtatem iam eſſe ſuper omnia, neque ei praeferendum quidquam ſiue in coelo, ſiue in terra praeter vnum Chriſtum ait: polliceturque iſtam de indulgentiis materiam ſe deinceps plane relicturum penitusque taciturum, modo et aduerſarii ſuas ampullas continerent; editurum denique ea in vulgus, quibus moneantur homines, vt romanam eccleſiam pie colant, neque ſuam aduerſus eam aſperitatem imitentur. Verum licet in eamdem fere ſententiam dein iterum ſcripſerit, niſi quod tunc diſertius multo in romanae vrbis et aulae vitia fuit inuectus; tamen, quum

Papa

der Erſtere die Beſcheidenheit Luthers der Unbeſchei=
denheit ſeiner Widerſprecher entgegen ſetzet:*)   Ich
befind, daß GOtt noch will ſein Genad geben, daß
die Sach noch zwer guten Endtſchaft reichen werdt,
wiewol der Tewfel das Spiel durch unmeßige
Leute gern verderbt her, ſo hat doch D. Marti=
nus durch Eingebung des H. Geiſtes ſich dieſes
nicht angenommen noch anniembt, ſy ſchrewen oder
publiciren Bullen wie ſy wollen, und iſt erbüettigk
an Bebſt. Heyl. in aller Demuht zw ſchreiben.
Und bald darauf: Ew. Churf. Gn. ſtell darnach
ſolchen Brieff uff mein ſeiner Heyl. weiter Unter=
richt, ſo wollen wir, genedigſter Herr, dem Eckio
und ſeinem Anhank dieſer maſſen begegen, das ſies
nicht gedacht hetten.   Und was iſt weniger einer
Zweydeutigkeit unterworfen, als wenn der Letztere Lu=
thers Feinde als wirkliche Friedensſtörer verdam=
met:

Papa ante omnia illibatam vellet ſuae ſedis poteſtatem,
atque ſaluos et integros ſibi indulgentiarum-reditus,
ſed et ab *Eccio*, ea gratia Romam profecto, reliquisque
aduerſariis contra *Lutherum* incitaretur, et hic ab iisdem ſubinde longius in arenam prorractus, atque vndique conſulto prouocatus, immodicam illam Papae auctoritatem acrius oppugnaret; tum vero miſſa eſt in Ger-
mahiam ſententia contra eum Romae lata, qua libri
eius ad incendium, ipſe etiam ad ſupplicium damnaba-
tur, niſi palam et ſollemniter intra LX. dies ſuam re-
tractaſſet doctrinam, ſuosque ipſe libros aboleuiſſet. „

*) Ap. *Cyprian.* ad *Tenzel.* hiſt. reform. p. 447. 450. Ueber
die alzumerkliche Heſtigkeit des Römiſchen Pabſtes äuſſert
der ſonſt behutſame Thuanus ſeinen Unwillen in hiſt. ſui
temp. Tom. I. L.I. p. 53: „Quum praecipiti et incon-
ſiderata *Leonis* X. ſeueritate irritatus *Lutheri* animus
omnino ſe ab eccleſia romana ſeparaſſet: plerique per
Germaniam, qui ab eo admoniti multa non in diſciplina
ſolum, vt aiebat, ſed etiam in doctrina ſacerdotum am-
bitione et auaritia introducta corrigi debere cenſebant,
cum *Luthero* pariter ſeceſſionem fecerunt.„

met: *) Es waren einige Mönche und Abgeord-
nete, deren Einnahme geschmälert zu werden schien,
welche so schrien. Durch dieser ihr unbändiges
Gepolter ist es vornehmlich geschehen, daß aus einem so kleinen Funken eine so grosse Feuersbrunst
entstanden ist. Laßt uns doch billig urtheilen. Wie
war es möglich, daß sich Luther einer sanften und
gelinden Schreibart bedienen konte, da er sich mit
Feinden umringet sahe, die keiner sanften Empfindungen fähig waren? Er soll sich selbst bey uns entschuldigen: Mein Schelten ist noch nie so giftig gewesen, wie des Königes von Engelland, sondern ich
habe mit Schriften Ursache erzeiget, frölich und
frey drein gehauen, wie die Propheten, Christus
und

---

*) L. XXI. ep. 7: „Monachi quidam et commiſſarii vocife-
rabantur, quorum quaeſtui videbatur aliquid decedere.
Horum inſanis tumultibus potiſſimum effectum eſt, vt
ex parua ſcintilla tantum ſurgeret incendium. L. XIII.
ep. 30: Magni refert, qui manum admoueant huic malo, et quibus remediis curetur. Admiſcent enim ſeſe
huic negotio quidam, qui ſaeua ſedulitate malum ex-
aſperant atque conduplicant, non tam Pontificis aucto-
ritati quam ſuis commodis conſulentes. L. XIX. ep. 71:
Succeſſere quorumdam monachorum vociferationes apud
populum, nihil habentes in ore praeter haereſes, blas-
phemias et ſchiſmata. Viſa narro. Nulla res magis con-
ciliauit omnium fauorem *Luthero*. Quod ſi de condo-
nationibus ſobrie, ſicut erant propoſitae, diſputatum
fuiſſet, nunquam haec lues ſic occupaſſet orbem. L. XIX.
ep. 71: Horum intemperiis *Lutherus* oppoſuit ſua pro-
blemata; indignabantur, quorum res agebatur; miſſa
ſunt ad *Leonem* X. quae reſpondit *Sylveſter Prierias* tam
feliciter, vt ipſe pontifex indixerit illi ſilentium. In
apol. ad *Albert. Carpenſ.* ap. *De Hardt* hiſt. lit. P I p.
168. Nulli magis adiuuerunt cauſſam *Lutheri*, quam
qui vel ſtolide clamarunt vel frigide ſcripſerunt in *Lu-*
therum.

und die Apostel thun, daß freylich niemand an der
Frucht meinen Haß möge erkennen, er wolle denn
die Propheten, Christum und die Apostel auch also tadeln. Und an einem andern Orte: Sie sprechen,
die zweyen Büchlein seyen scharf und geschwinde,
und das ist auch wahr: sie solten auch nicht stumpf
und gelinde seyn, und ist mir leid, daß sie nicht
schärfer seyn. Wer des Gegentheils Bitterkeit
in Acht nimmt, wird über meine Schriften nicht
klagen. Und noch einmal: Meine Schriften werden für scharf gehalten, wer siehet aber auf der
Widersacher Schärfe? Wenn hat jemals der
Kayser die schändliche und scharfe Schriften, so in
dessen Erblanden in und ausserhalb Deutschland
immer herauskommen, verboten? Wenn hat König Ferdinand des Fabri, wenn die Herzoge
von Bayern Eckens und andere giftige, verlo-
gene, lästerliche Bücher für zu geschwinde gehalten? Wenn hat Herzog Georg Emsers,
Cochlaei und viel anderer in seinem Lande ge-
druckte Bücher, die eben so scharf und lästerlich, in
welchen auch der tapfere, fromme Churfürst Friederich und Ew. Churfürstl. Gnad. angetastet und
gelästert worden, gestraft? Hat doch Herzog
Georg selbst wider mich also geschrieben, daß sich
die Buben Emser und Cochlaeus dessen schämen solten; das habe ich ihm noch nicht vergeben. Ew. Churfürstl Gn. siehet hieraus, daß
wenn gleich ihres Theils 100000 schreiben, und alle Blätter und Kräuter in lauter Zungen verwandelt würden, wodurch ich auf das schärfste, schänd-
lichste und verlogenste geschändet würde: so müste
es doch alles recht und wohl gethan bey ihnen
heissen. Wenn aber ich einiger armer Mann wider so viele Unthiere und Teufel ein einig mal

schreye:

schreye: so muß ich allein und sonst niemand
scharf geschrieben haben. Ihnen ist alles erlaubt,
uns nichts; sie dürfen allein reden, wir müssen
schweigen. Sie sind wahrlich keine Narren, son=
dern haben ihre Sachen gescheut genung gehandelt,
wenn sie dieses erhalten. Die Billigkeit selbst re=
det Luthern das Wort, wenn ihm einige harte Dro=
hungen entfahren sind, daß er seinen so sehr heftigen
Feinden mit Donnern und Blitzen zu Grabe läu=
ten wolle. Meine Gedult und Demuth, spricht er,
habe ich schon alzuviel erzeiget. Ich habe geflehet
und gebeten: ich bin ihnen nun dreymal nachge=
zogen, und habe mich allezeit unterthänig erboten,
wie alle Welt weiß. Daß nun etliche Weltweise
solch mein mannigfaltig Erbieten und Demuth
nicht wollen ansehen, sondern fassen allein das, da
ich hart und ernst bin, und sich daran ärgern, de=
nen geschiehet eben recht.

§. 9.

Indem ich hiernächst meine Leser mit ihren Ge=
danken in denjenigen Zeitraum, in welchem Luther
gelebt hat, zurück führe; so weiß ich beynahe nicht,
was ich ihnen antworten soll, wenn sie alle meine bis=
herige Vorstellungen zur Entschuldigung der heftigen
Schreibart Lutheri als überflüßig betrachten. Denn
ist nicht die Schreibart eben so, wie andre Moden, vie=
len Abwechselungen unterworfen? Ob es gleich so
wenig in diesem als in dem nächstverflossenen Jahrhun=
derte an streitsüchtigen Schriftstellern gefehlet hat, die
in ihrer Schreibart eine recht Burmannische Heftig=
keit verrathen: so schmeicheln wir uns doch damit,
daß der helle Glanz der Wissenschaften sich auch über
den Stil der Schriftsteller verbreitet, und alles Rau=

he

he aus bemſelben verbränget habe. In jenen noch
nicht recht ausgebildeten Zeiten aber, da kaum die
Morgenröthe der Wiſſenſchaften angebrochen war, iſt
die Heftigkeit der Schreibart mehr ein Fehler des herr-
ſchenden Geſchmacks als der Perſonen geweſen. Selbſt
Perizonius, der doch ſonſt nicht abgeneigt zu ſeyn
ſcheinet, Luthern wegen ſeiner heftigen Schreibart in
die Claſſe der Fanatiſchen Schwärmer zu ſetzen, *)
muß dieſe Entſchuldigung gelten laſſen. **) Ob aber
unſre

*) In hiſt. ſaec. XVI. p. 170: „Conſtantiam longe maio-
rem et qualem requirebant haec tempora, praeſtitit *Lutherus* ſuis in conſiliis ac litteris ad Electorem ex arce
Coburgenſi, in qua tunc agebat, ſubinde datis, niſi quod
nimis cauſſae conſideret, quaſi abſque omnium hominum ope aut cura feliciter ſatis proceſſurae. Proceſſit
tum quidem, ſed praeter omnium fere ſpem, et ſecus
vtique ceſſit *Huſſo* et Bohemis, ſecus Albigenſibus, ſecus
tot aliis vario tempore veritatis chriſtianae aſſertoribus.
Neque vero ipſi nec aliis datum fuit, explorata habere
Dei O M. conſilia ac tempora, quibus ille ſuam ſit cauſſam vindicaturus, vt adeo tales tanta cum confidentia
adſeuerationes *Temeritatis Fanaticae* multum, vt ego
certe arbitror, praeferant. Sed tamen vtiles tunc for-
ſan fuerunt ad confirmandos Proteſtantes, qui quum vi-
derent obſtinatos adverſarios in iſtis colloquiis ad nihil fere remittendum, nullis neque ipſi ſeu blanditiis
et promiſſis, ſeu minis et obiurgationibus de ſua ſententia dimoueri ſe paſſi ſunt, licet Caeſar ſingulos variis tentaret modis. „

**) In hiſt. ſaec. XVI. p. 339: „Quod ad cetera, quae
nunc minus decora aut honeſta videntur eius dicta, in
iis, licet modum quoque exceſſiſſe non negauerim, aliqua tamen eſt habenda ratio temporis, quod priſcam
et ferocem aliquantulum ſpirabat adhuc libertatem, atque adeo ſcapham ſimpliciter ſcapham vocabat, nec vera amiſerat rerum vocabula; ſecus ac nunc, quando
mores hominum dicuntur quidem magis eſt politi, ſed
re vera in omnem magis aſſentationem, fallaciam, men-
da-

unsre Zeiten dadurch wirklich gebessert sind, daß wir
an statt der vorigen Ernsthaftigkeit mehrere Mäßi=
gung oder vielmehr mehrere Kaltsinnigkeit, auch in
Vertheidigung der allerwichtigsten Wahrheiten, bli=
cken lassen : das gedenke ich itzt nicht, auszuma=
chen *).

§. 10.

Was hindert es endlich , daß wir nicht noch
zuletzt offenherzig bekennen , Luther sey ein Mensch,
und folglich nicht ohne menschliche Leidenschaften und
Schwach=

dacium, ambitionem et cupiditatem funt compositi, nimio itidem in alteram et deteriorem partem excessu,
quo veritas ipsa penitus negligitur.

*) *Ioach. Mörlin.* de lect. script. *Luther* p. 21' : Laß dich
auch nicht irren, daß viele schreyen, er sey allzugeschwin=
de, hitzig und heiß gewesen, ein zürniger, hastiger, zänk=
scher Kopf. Solche Schuld geben ihm gewißlich die am
allermeisten, welchen es um die Religionssachen kein
rechter Ernst ist, sondern darinnen temporisiren und hans
deln, nachdem es die Zeit, Personen und andere ihre Ge=
legenheit giebet. Luthero ist Gottes Wort, der Kirchen
Sache, Heil und Seligkeit ein gottseliger eifriger Ernst
gewesen; dieselbigen hat er von ganzem Herzen für sein
Leib und Seele mit allen Treuen gemeynet, darum bren=
net er, wie es zwar *Paulus* von ihm selber auch rüh=
met, wo man ihm an die hohen Sachen gegriffen hat;
und ist wahrhaftig beydes an ihm erfahren und wahr
worden. das der Prophet Esaias saget: *Posuit os meum*
quasi gladium acutum, das soll kein Fuchsschwanz seyn,
et sub umbra manus suae protexit me. Darum ist es
Gottes Werk gewesen, in welchem er auch hindurchge=
rissen, in freudiger frölicher Beständigkeit, der theure
Mann Gottes, darüber andere getaumelt und jämmer=
lich bey ihrer gedichteten Mäßigkeit gefallen , Gott er=
barme es !

Schwachheiten gewesen *). Natur und Gnade hatten ihn wirklich mit unleugbar grossen Talenten ausgerüstet; und ich muß bekennen, daß ich allemal gerühret werde, wenn ich an das recht großmüthige Urtheil gedenke, welches Kalvin in einem seiner Briefe an Marpachen gefället hat: Luther ist ein vornehmer Diener GOttes und getreuer Lehrer der Kirche; wenn mich ein so grosser Mann auch einen Teufel nennen solte: so wolte ich es doch von einem so würdigen Diener GOttes willig ertragen. Luther selbst aber hat niemals auf eine Untrüglichkeit Anspruch gemacht, sondern er hat von dem Bewußtseyn menschlicher Unvollkommenheiten die unverdächtigsten Zeugnisse abgeleget. So wie er die unschuldigsten Ehrenbezeugungen mit einer gewissen Art der Verleugnung angenommen **); und so wie er fürwahr! unschuldig daran ist, daß wir von ihm noch täglich mit einer unschuldigen Hochachtung den Namen entlehnen, wenn wir uns von andern Religions-

*) *Ioach. Camerar.* in vit. *Melancht.* p. 32: „Fieri omnino nequit, quin monendo et docendo, dum errores notantur, minus etiam clementer dicatur interdum aliquid, vt qui sordida loca expurgant, solum inquinatum non possunt non attingere et scalpere verrendo."

**) Ein Beyspiel dieser Verleugnung, das Luthern sehr ähnlich siehet, beschreibet Mathesius in der 12ten Predigt vom Leben Lutheri S. 137: Herr Philippus schaffet an, daß alle Zuhörer im Kollegio aufstunden, wenn Doctor kam und lesen wolte. Ob wol solches eine alte und ehrliche Schulzucht ist, hatte es doch der demüthige Doctor ungerne, und läßt sich vernehmen: Ich wolte, daß M. Philippus mit seiner Ordnung ein gut Jahr hätte; ich muß allemal, des Aufstehens halber, etliche Vater Unser mehr beten; und wenn ich dürste, gienge ich biweilen ungelesen davon.

gionsparteyen unterscheiden müssen *): so hat er auch
in Absicht auf die Schreibart eine Armuth des Geistes geäussert, die ihn in unsern Augen nothwendig
zwiefach schätzbar machen muß **). Eine unbesonne-
ne Nachahmung seiner heftigen Schreibart hat er
sehr ernstlich verbeten; und es wäre in der That ein
ganz

*) Luthers eigene Worte sind so deutlich, daß sie keiner
  Erklärung bedürfen, im 2ten Bande der Altenburg.
  Schriften S. 119. f. Zum ersten bitte ich, man wolle
  meines Namens schweigen, und sich nicht Lutherisch, sondern Christen heissen. Was ist Luther? Ist
  doch die Lehre nicht mein, so bin ich auch für niemand
  gekreutziget; wie kame ich armer, stinkender Madensack
  darzu, daß man die Kinder Christi soll mit meinem
  heillosen Namen benennen. Ich bin, und will keines
  Menschen Meister seyn.

**) *Luther.* in praefat. ad *Io. Brentii* Comment. in
  Amos. proph. a 1530: „Spiritum praedico, qui in te
  suauior, placidior, quietior est, deinde dicendi artibus
  instructus purius, luculentius, nitidius fluit, itaque magis adficit et delectat. Meus vero, praeterquam quod
  artibus dicendi imperitus et incultus, nihil nisi syl-
  uam et chaos verborum euomit, tum etiam eo fato
  agitur, vt turbulentus et impetuosus, et velut luctator
  cum monstris infinitis semper congredi cogatur. Itaque si licet paruis componere magna, mihi de qua-
  druplici spiritu Eliae ventus, motus et ignis, qui montes subuertit et petras conterit: tibi autem et tui
  similibus sibilus ille blandus aurae tenuis, quae refri-
  geret, contigit. Ita fit, vt etiam mihi ipsi, nedum
  aliis, aliorum gratiora sint scripta et verba vestra.
  Solor tamen me ipsum, quod existimem, imo sciam,
  partem illum familias coelestem pro magnitudine suae
  domus etiam opus habere vno aut altero seruo duro
  contra duros, et aspero contra asperos, veluti malo
  cuneo in malos nodos. Et tonanti Deo opus est non
  tantum pluuia irrigante, sed etiam tonitru concutiente
  et fulgure auras purgante, quo felicius et copiosius
  terra fructificet."

ganz unbändiger Stoß, wenn diejenigen, welche die Hoheit der Schreibart Lutheri niemals erreichen können, ihren fleiſchlichen Eifer mit ſeinem Exempel entſchuldigen wolten *). Matheſius ſoll uns dieſes alles erzehlen, und mit ſeinen treuherzigen Anmerkungen wollen wir dieſe Schutzſchrift beſchlieſſen **): GOtt und ſeine Leute haben auch ihren hitzigen Eifer und brennenden Zorn; wie es zwar unſerm Doctor oftmals auch herzlich wehe gethan, daß ſeine Schriften ſo rauſchten wie der Platzregen, und wünſchte vielmals, daß er ſo fein ſachte und lieblich könte regnen wie Herr Philippus und Brentius. Aber einerley Geiſt hat mancherley Wirkung. Wir, die wir die Landſtraſſe oder gemeinen Fußpfad reiſen, können und ſollen denen nicht nachſetzen, die aus der Fuhrſtraſſe und gebähntem Wege ſetzen, und querfeld durchs Ge-

*) *Luc. Oſiander* de rat. concion. p. 54: „Videndum concionatori, quid ſuam perſonam deceat, ne intempeſtiua imitatione ea coram ſuis auditoribus proferat, quae vera quidem ſunt, ſed ſublimiora, quam vt vulgarem concionatorem, praeſertim in iuuenili aetate, quam in primis modeſtia ornat, deceant. Multa enim *Lutherus* in ſuis ſcriptis habet vere heroica, quae ab ipſo recte et appoſitiſſime dicta atque ſcripta ſunt; quippe a tanto viro, qui ſingulari auctoritate diuinitus erat circumdatus. Quare videndum eſt, ne, dum tanti viri zelum et in dicendo heroicam libertatem imitari intempeſtiue ſtudemus, in temeritatis ſuſpicionem incidamus. *Frid. Balduinus* in praefat. hypomn. hom.: Fulmen et flumen *Homeri* nullam inueniſſet gratiam in *Chaerilo* quodam; nec ſpiritus Megalandri *Lutheri* in quouis habitat, ac proinde ſtolide in imitationem raperetur ab eo, quem natura non ducit.

*) In der 7ten Predigt vom Leben Lutheri S. 69. und in der 12ten Predigt S. 137.

Gemsß. Wasser, Wälder, Berg und Thal ihre Wege nehmen   Viel minder sollen wir von grosser Leute Ernst, Brunst, Eifer und Heftigkeit leichtlich urtheilen; sie haben ihren Seigersteller und Schirrmeister bey sich im Herzen, der geräth oft über sie, und bringt sie auf, treibet sie fort, und führet sie oft, dahin sie nicht gedenken; wie denn GOtt auch zu ihren Wegen Glück und Segen spricht, und führet ihre Reise wunderbarlich hinaus, daß sich jedermann darüber zu kreuzigen und zu segnen hat.   Als Doctor von der Rebecca Gen. 27. im 41 Jahr lase, die wider ihres Mannes Willen und Befehl ihme ihren jüngern Sohn, den Jacob, einschleichet, habe ich diese Worte von ihm gehöret: Rebecca fängt es unordentlich an, aber sie führet es hinaus.   Also habe ich oft auch aus der Fuhrstrasse gesetzt, und ein stark Vater Unser vorgelegt, oder zur Brücke gebraucht, hinaus bin ich mit GOtt kommen: aber ich rathe es euer keinem, bleibet auf dem gebahnten Wege, und handelt nach der Regel, so verzäunet man euch nicht. Und in einer andern Predigt vom Leben Lutheri: Man muß nicht allein sanfte und gelinde Regen und sammete Lüftlein, sondern auch Sturmwinde und Platzregen haben, wie unser Doctor von Herrn Brentio und Philippo pflegte zu sagen, wenn Laub und Gras, Bäume und Stängel sich rammlen und ausspriessen sollen. Wir schwachen und blöden Werkzeuge im Tabernakel und Hütten GOttes, und wir kleine Lichtlein und Aempelein müssen den grossen Kerzen und Lampen ihr Lauschen zum besten deuten und verglimpfen helfen. Denn GOtt hat grosse und

klei-

kleine Lichter am Firmament; und Feuer, Ha-
gel, Dampf und Sturmwinde richten auch sein
Wort und Befehle aus Ob nun wol unsers
Doctors Platzregen und Wolkenbrüche den Mön-
chen, Schwärmern, Tyrannen, falschen Brüdern und Weltweisen bisweilen den Weg zerreissen, und er zerzauset sie bisweilen in seinem Eifer, wie Christus die Pharisäer, Schriftgelehrten
und Gesetzlehrer: so lasse man es GOttes und
Gideons Hand, Mosis und Elias Mund seyn.
Lauft bisweilen was mit unter, wie alle Heiligen
ihre Fehler und Gebrechlichkeit gehabt; und allein aus Gnaden Vergebung der Sünden bekommen: das gehöret ins Vater Unser und
Elias Mantel, welchen er seinen Schülern hie-
nieden auf Erden ließ, damit er hülfe zu decken,
da bisweilen zu viel oder zu wenig geschehen wäre. Man vergreift sich wol so hart im Amte
mit übriger Gelindigkeit und Sanftmuth, als
mit hitzigem Eifer und Heftigkeit, wie man im
Saul und Aaron merket. Ich habe den Doctor
mehr als einmal warnen hören, wir sollen die
Fürstenstrasse nur halten, und nach der Regel
fortfahren, und nicht leicht querfeld hinein setzen; es gehören sonderliche Reiter dazu.

§. 11.

Es kommt mir selbst so vor, als ob ich zur
Entschuldigung der heftigen Schreibart Lutheri noch
nicht alles das gesagt habe, was ich billig hätte sagen sollen. Allein habe ich nicht ohnedem schon eine Ausnahme von der Regel gemacht; und konten
wol die engen Grenzen einer kurzen Beurtheilung

et-

etwas mehr als ein mageres Skelett verstatten?
Was ich aber überhaupt von Luthers Schreibart gesagt habe: das gilt auch insbesondre von seinen
Briefen; und es gilt von diesen um desto mehr, je
mehr Luther in seinen Briefen die Sprache des Herzens redet, und je mehr man in denselben allemal
die reineste Geschichte seines Herzens lesen kann.
Wer dies tadeln will, der muß alle die tadeln,
welche Anleitungen zum Briefschreiben geschrieben
haben.

Der

Der zweyte Abschnitt.

Ueber

Luthers deutsche Bibelübersetzung,

aus welcher einige veraltete deutsche Wörter mit
Unrecht verdränget worden sind.

Inhalt.

§. 1.

In unserm schalkhaftwitzigen Jahrhunderte, da so
mancher Judas Ischarioth öffentlich auftritt,
und die wider das ganze menschliche Geschlecht in
Vorrath gesammlete widerwärtige Nachrichten bis zur
Verschwendung verbreitet: in diesem unsern an un=
billigen und frostigen Spöttereyen so sehr fruchtbaren
Jahrhunderte ist der gesittete Theil der Welt doch
noch immer so billig, daß er den wahren und
häufigen Verdiensten Luthers, eines in der That
grossen Mannes, alle Gerechtigkeit wiederfahren läs=
set. Die entbehrlichen Anmerkungen einiger wenigen
neueren Witzlinge, über deren kindischen Tadel Luthe=
rus unendlich erhaben ist, verdienen kaum einige
Aufmerksamkeit, und sie verrathen bey einer unpar=
teylschen Prüfung nichts anders, als eine höchst un=
rich=

richtige Beurtheilung desjenigen Zeitraums, in welchem Lutherus gelebet hat. Insbesondre bleibt Lutheri Deutsche Uebersetzung der heiligsten Schriften der göttlichen Offenbarung ein würdi-
ges Meisterstück, man mag sie entweder in Absicht
auf die nach der Beschaffenheit der damaligen Zeiten
fast alle Erwartung übertreffende Richtigkeit, oder
in Absicht auf die kluge und glückliche Wahl der nach-
drücklichsten Wörter und Redensarten, oder auch endlich in Absicht auf die Reinigkeit der Sprache betrachten. Ist es also wol zu bewundern, daß Lutheri Freunde diese Uebersetzung fast mit Lobsprüchen
ersticken, und daß der Glanz der Wahrheit auch den
Feinden Lutheri mehr als einmal die vortheilhafte-
sten Bekenntnisse abgedrungen hat? Wahrlich! so
wahrhaftig ist der Werth wahrer Verdienste, daß er
Freunde und Feinde, und die letzteren wider ihren
Willen, zum Beyfall bewegen kann!

§. 2.

Da Lutheri deutsche Uebersetzung der Bibel mit
so vielen unleugbaren Vollkommenheiten pranget, als
sie in ihrer Art zu besitzen fähig ist: wie heilig, wie gewissenhaft muß nicht die Verpflichtung eines jeden
Herausgebers derselben seyn, um die Lauterkeit und
unverfälschte Richtigkeit eines so sehr schätzbaren Klei-
nodes sorgfältigst zu bewahren! Und dennoch hat
mich der Augenschein überzeuget, daß in vielen neueren Bibelausgaben einige eigenmächtige Veränderungen anzutreffen sind. Ich muß bekennen, daß ich
auf die ersten Urheber dieser kühnen Verwandlungen
einen kleinen theologischen Zorn geworfen habe; ich
bin aber auch, als ein Freund des ganzen menschlichen Geschlechts, geneigt zu glauben, daß man diese
eigenmächtige Veränderungen in der unschuldigsten

Ab-

Absicht, vorgenommen hat. Man hat in einigen deutschen Wörtern, welche zu Lutheri Zeiten sehr gebräuchlich waren, in unsern Tagen aber, nach dem allgemeinen Schicksal einer jeden lebenden Sprache, das Bürgerrecht wieder verlohren haben, ohnfehlbare Hindernisse der Deutlichkeit besorget; und man hat geglaubet, daß man diese besorgliche Dunkelheit bey Lesern, welche aus der Sprachkunde nicht ihr Hauptwerk machen, dadurch verhüten könte, wenn man die veralteten Wörter mit mehr gewöhnlichen vertauschen würde. Allein eine Unternehmung von dieser Art scheinet mir wider die Treue und Ehrlichkeit eines gutherzigen Herausgebers fremder Schriften gar zu offenbar zu streiten. Es ist höchst wahrscheinlich, daß eine ungeheure Menge von deutschen Wörtern und Redensarten, deren wir uns in dem jetzigen Jahrhunderte mit völliger Zufriedenheit unserer Leser bedienen, bey eigensinnigen Lesern, die nach zweyhundert Jahren gebohren werden sollen, einen wirklichen Ekel erwecken werden. Ja, zur Noth kann man ohne Bedenklichkeit die Bürgschaft übernehmen, daß eine undankbare Nachkommenschaft unsre jetzigen liebsten Schooßwörter in die Klasse der unbequemen und veralteten Wörter ohne Mitleiden, ohne Barmherzigkeit verstoßen wird. Denn warum wollen wir unsern Enkeln und Urenkeln das Recht absprechen, die deutsche Sprache eben so zu mißhandeln, als unsre jetzige Deutschen, welche mit einer schöpferischen Fertigkeit, und, wie es scheinet, mit einem nicht ganz unglücklichem Erfolge, ganz Deutschland mit einer Sündfluth von neuen Wörtern überschwemmen, unter deren Last die alten nothwendig ersticken müssen? Wie würde es aber uns gefallen, wenn wir zum Voraus wissen solten, daß man nach zweyhundert Jahren, um welche Zeit die Anzahl der deutschen

Schrif=

Schriften schon bis ins Unzählbare, ja bis ins Unendliche vermehret seyn wird, unsre Schriften in ein fremdes Deutsch übersetzen würde? Man müßte den kleinen Eigensinn, der die Schriftsteller zieret, nicht kennen, wenn man zweifeln wolte, daß blos eine Vorstellung von dieser künftigen Schändung unserer Schriften alle Leidenschaften rege zu machen vermögend sey. Jedoch, was haben wir gesündiget, daß wir solche unerträgliche, oder, nach der heutigen schöpferisch witzigen Art zu reden, solche unausstehbare Unglücksfälle auch nur als möglich betrachten wollen?

§. 3.

Es ist wahr, in der deutschen Bibelüberseßung Lutheri sind wirklich einige deutsche Wörter anzutreffen, mit welchen unsre neuere Deutschen entweder gar keine, oder doch sehr dunkle Begriffe zu verbinden wissen. Sie können füglich in zwey Klassen eingetheilet werden. Einige derselben sind als gelehrte Kunstwörter anzusehen, welche alle Unterscheidungszeichen der Dunkelheit so lange behalten, bis sie die nöthige Erläuterung aus den jüdischen Alterthümern bekommen haben. Nisan, Abib, Thißri, Caßleu, Adar, Mina, Seckel, Stater, Gera, Drachma, Cor, Bath, Cab, Hin, Log, Homer, Epha und unzählige anders: das sind Wörter, die nothwendig einem jeden Leser, mehr der Sache als den Worten nach, fremde seyn müssen, dem es an den nöthigen Hülfsmitteln einer richtigen Erklärung fehlet. So gewiß ich mich nun mit den griechischen und römischen Alterthümern bekannt machen muß, wenn ich die griechischen und römischen Schriftsteller aus den Zeiten des vorigen Weltalters verstehen will: so gewiß werde ich mich auch um die jüdischen Alterthü

thümer bekümmern müssen, wenn ich mit denen aus
denselben entlehnten Wörtern deutliche und vollständi=
ge Begriffe zu verknüpfen gedenke. Andere Wörter
hingegen verdienen den Namen der Veralteten im ei=
gentlichsten Verstande, weil sie entweder gar nicht
mehr im Gebrauch, oder doch wenigstens im gemeinen
Leben nicht mehr gewöhnlich sind. Den zureichenden
Grund einer solchen Veraltung kann man ohne Tief=
sinnigkeit errathen. Eine jede lebende Sprache muß
sich dieses gefallen lassen, daß sie mit neuen Wörtern
und Redensarten bereichert wird, welche, nach dem
Maaße ihres Entstehens, die alten Wörter bis zum
Ersterben verdrängen. Auch diese lassen sich wieder
in zwey Nebenklassen abtheilen. Von einigen muß
man offenherzig bekennen, daß sie auf die neuere
deutsche Sprache, so wie sie in diesem Jahrhunderte
geredet wird, keinen fernern Anspruch machen können,
sondern gleichsam ausgestorben sind. Von andern
aber kann man behaupten, daß sie zwar ihrer Ver=
wesung nahe sind, jedoch aber im gemeinen Leben ih=
ren Werth noch nicht gänzlich verlohren haben. Denn
ich glaube es zuversichtlich, daß viele deutsche Wörter
schon längst veraltet wären, wenn sie nicht die Er=
haltung einiger Gültigkeit der deutschen Bibelüber=
setzung Lutheri zu danken hätten.

§. 4.

Diejenigen Wörter, welche aus Lutheri deut=
scher Uebersetzung mit Unrecht verdränget sind, ge=
hören zu der Anzahl der wirklich veralteten Wörter;
und wer wolte leugnen, daß solche wirklich veral=
tete Wörter in der deutschen Bibel häufig anzu=
treffen sind? Ferge, geilen, Koller, Kolter, le=
tzen, löcken, löhren, raunen, Scheme, Schewer,
Schröter, Söller, schlottern, Ströter, vergeu=
den,

den, widern, Wiederung, Würderung, Winds=
braut, zauhen, und unzählige andere: sind das nicht
Wörter, welche in den zärtlichen Ohren unsrer jetzi=
gen Deutschen sehr veraltet, sehr barbarisch klingen?
vielleicht eben so veraltet und eben so barbarisch, als
unsere jetzigen Fähigkeiten und Empfänglichkeiten,
Möglichkeiten und Wirklichkeiten, Vorwürfe und
Unterwürfe in den verwöhnten Ohren unsrer künfti=
gen Enkel klingen werden. Soll ich nun erschrecklich
weit ausholen, und durch ein langes alphabetisches
Register solcher veralteten Wörter einige Bogen fül=
len? oder soll ich durch einen Wust von kritischen
Anmerkungen die an sich schon dunklen Wörter in eine
noch grössere Dunkelheit verhüllen? Ich will es
nicht thun, weil ich meine Leser zugleich als aufmerk=
same Liebhaber der heiligsten Schriften der göttlichen
Offenbarung betrachte, denen ich von veralteten Wör=
tern nichts Neues zu sagen weiß. Zum Ueberfluß
kann ich sie auf die Arbeit eines gelehrten Mannes
verweisen, welcher diese Wörter mit vieler Sorgfalt
gesammlet, dabey aber seinen Nachfolgern eine reiche
Nachlese übrig gelassen hat. *)

§. 5.

In dem Reiche der Unbilligkeiten würde diese
Unbilligkeit eine der allerunbilligsten seyn, wenn man
Lutheri deutsche Bibelübersetzung wegen der vielen
in derselben vorkommenden veralteten Wörter ver=
dammen wolte. Wäre es aber nicht billig, daß man
die

*) Diederichs von Stade Erläuterung und Erklärung
der vornehmsten deutschen Wörter, deren sich D.
Martin Luther in Uebersetzung der Bibel in die
deutsche Sprache gebrauchet hat. 3te Auflage. Bremen
1737. 8.

Luth. Briefe. D

die aus den veralteten Wörtern entstehende Dunkel=
heit zu heben suchte? Ich bin wirklich dieser Mey=
nung. Nur muß es nicht auf die Art geschehen,
daß man die veralteten Wörter mit einer frechen Ver=
wegenheit verdränget, und andere an deren Stelle
setzet. Daß dieses in sehr vielen neuern Ausgaben
der deutschen Bibel widerrechtlich geschehen sey: das
muß ich durch unleugbare Beyspiele beweisen *)

Das Wort äffern Spr. Sal. 17, 9. wird in
allen bewährten Ausgaben Lutheri gelesen, und bedeu=
tet, seiner Abstammung nach, so viel als etwas, das
schon vergessen ist, wieder rege machen; wodurch
Lutherus den Nachdruck der Grundsprache sehr glück=
lich erreichet hat. Wie unglücklich aber ist die Ver=
besserung, wenn die meisten neueren Ausgaben eifern
an statt äffern lesen?

Das Wort börnen Hiob 30, 28. ist zu Lutheri
Zeiten sehr gebräuchlich gewesen, und ist von der Son=
nenhitze ganz bequem gesaget worden. Die neueren
Ausgaben aber haben börnen in brennen verwandelt.

Das Wort durstig, durstiglich bezeichnet in
einer leicht begreiflichen Metapher die Zuversicht,
Kühnheit und Herzhaftigkeit, und wird in dieser Be=
deutung 1 Mos. 34, 25. und Hiob 12, 5. von Lu=
thero mit einer edlen und beyfallswürdigen Kühn=
heit gebrauchet. Ist es aber nicht eine tadelnswür=
dige

*) Meine Leser müssen es mir zu gute halten, daß ich die=
jenigen Herausgeber der deutschen Bibel, welche gesün=
diget haben, schlechterdings nicht nennen werde. Viel=
leicht ist es ein Temperamentsfehler, dem ich niemals zu
verleugnen und niemals abzulegen gedenke, daß ich die
kleinen Schwachheiten würdiger Männer, deren übrige
Verdienste ich zu schätzen weiß, allemal sorgfältig zu ver=
schweigen suche.

dige Kühnheit, wenn so viele neuere Ausgaben das
Wort durstig 2 Kor. 10, 1. 2. in kühn, und das
Wort durstiger Phil. 1, 14. in kühner verkehret
haben?

Das Wort eindächtig 1 Thess. 2, 5. ist in der
That eben so veraltet, als eindenken werden Matth.
5, 23. Weil aber doch ein jeder Deutscher die Be=
deutung dieser Wörter ohne Mühe errathen kann:
so ist es ein wirklicher Fehler, daß sehr viele neuere
Abdrücke das eindächtig und eindenken mit einge=
denk vertauschet haben.

Das Wort flotzen Hiob 14, 19. ist ein gutes
ehrliches deutsches Wort, dem das Alterthum eine
Art der Ehrwürdigkeit billig beylegen solte. *Wil-
lerami. paraphr, in cantic. canticor. p.* 90. Ich havo
thaz stubbe thes erthescon gethancon af mir mit
wirthegaro ruowon trahene geflotzet: d. i. Ich ha=
be den Staub der irdischen Gedanken mit wür=
digen Bußthränen abgespület. Wer hat nun den
neueren Herausgebern der deutschen Bibeln das Recht
gegeben, daß sie das Wort flotzen ausgemerzet, und
ihr neueres flössen eingeschoben haben?

Das Wort Kipfen Hiob 39, 28. bedeutete zu
Lutheri Zeiten die Spitze und den Gipfel einer er=
habenen Sache; und selbst das Wort Kopf wird
glücklich davon abgeleitet. Unglücklich aber ist die
Veränderung, wenn in den neueren Ausgaben nicht
von Kipfen, sondern von Klippen, die Rede ist.

Das Wort undeutsch hat Lutherus 1 Kor. 14, 11.
angebracht; und es wäre etwas Ueberflüßiges, wenn
ich meinen Lesern die Gründe sagen wolte, warum
dieses geschehen sey. Allein alle Weisheit wird ver=
eitelt, und der völlige Nachdruck verschwindet, indem

Viel=

viele neuere Ausgaben nicht mehr undeutsch, sondern undeutlich lesen.

Das Wort wähnen Matth. 5, 17. und Ap. Gesch 2, 15 ist in einigen neueren Ausgaben in meynen verwandelt worden. Diese Verwandlung ist besto unverantwortlicher, je unrichtiger der Wahn ist, daß das Wort wähnen schon veraltet sey.

Das Wort wankel Hebr. 6, 12. haben einige neuere Herausgeber mit wankend vertauschet. Dieser Tausch aber war unnöthig, weil ein jeder deutscher Leser mit dem Worte wankel und wankelmüthig eben so richtige Begriffe als mit dem Worte wankend verknüpfen kann.

Das Wort weben Hiob 37, 21. und Jac. 1, 6. hat Lutherus von den gottesdienstlichen Gebräuchen der Juden entlehnet. Weben wurde von freywilligen Opfern gebrauchet, und bezeichnete die wirkliche Heiligung derselben, wenn sie gegen alle Himmelsgegenden in die Höhe gehoben, und dabey gottgeheiligte Gebete ausgesprochen wurden. Alle diese Begriffe verlieren sich, wenn wir in den neueren Ausgaben nicht mehr webet, gewebet, sondern wehet, gewehet lesen.

§. 6.

Das angeführte Zehend von Wörtern, welche aus Lutheri deutscher Bibelübersetzung mit Unrecht verdränget worden, scheinet mir hinreichend zu seyn, meine Leser von eigenmächtigen Veränderungen zu überzeugen. Indessen könte es doch nicht schaden, wenn ich ungläubige und mißtrauische Leser mit einer zweyten Decurie bedrohen würde. Die Wörter Achtschreibung, beleiten, brochen, einleiben, gierig, gluu,

gluu, hehr, riſch, Schmack und ſühnen könten mir
den nächſten, den beſten Stof dazu verſchaffen. Allein warum will ich drohen, da ich entſchloſſen bin,
dieſe Drohung niemals zu erfüllen? Es ſtreitet überhaupt wider meine Denkungsart, daß ich mich durch
einzelne Wörter ermüden laſſen ſolte. Am allerwe-
nigſten werde ich dies bey der Ausgabe von einigen
ungedruckten Briefen Luthers thun, in welchen veraltete Wörter nicht nur leichter zu entſchuldigen ſind,
ſondern auch oft bey der Ergieſſung eines vollen Herzens die Stelle wirklicher Schönheiten vertreten.

Der

Der dritte Abschnitt.

Ueber die

hämische und ungesittete Beschuldigung,

als ob Luther in den lezten Jahren seines Lebens alle
Kraft des Glaubens verlohren, und was er im
Geiste angefangen, im Fleische vollendet habe.

Vorrede.

Einen ansehnlichen Theil meiner müssigen Stunden habe ich in meinem Leben damit zugebracht, daß
ich Schutzschriften für die alten Deutschen und
Nordischen Völker geschrieben habe. Man hat
es mir gesagt, daß man aus der kleinen unschuldigen Heftigkeit, mit welcher ich meine ehrliche
Vorfahren so uneigennützig vertheidiget, auf die
Beschaffenheit meines patriotischen Herzens zurück
geschlossen hätte; und vielleicht hat man mir es
aus Gefälligkeit nicht sagen wollen, daß man Mitleiden mit mir gehabt hat, wenn ich mich mit allen meinen jetztlebenden Mitbürgern so oft gezan-
ket habe, als es zum Vortheil unsrer gemeinschaftlichen Väter hat geschehen können. Fürwahr!
beydes ist ein Ruhm, der bey mir mehr gilt als alle Opfer der Eitelkeit, die man einem Schriftsteller bringen kann; und wenn es auch Hekatomben
wären. Seit einigen Jahren habe ich zur Abwechselung den Anfang gemacht, kleine Schutzschriften
für unsern grossen Luther zu schreiben. Soll ich
nun meinen Lesern die Verbindung meiner vorigen

und

und jetzigen Bemühungen begreiflich machen? Ich
will es nicht thun, weil sie diese Höflichkeit mit
Recht von mir fordern können, daß ich sie mit einer Begreiflichmachung von dieser Art verschone.
Sie wissen es eben so gut, als ich es weiß, daß unser Luther ein alter, ehrlicher Deutscher, ein wirklicher Biedermann in dem eigentlichsten und strengsten Verstande gewesen sey. Indessen muß ich
mit der Sprache des Herzens reden. Es kommt
mir selbst so vor, als ob man in dieser dritten
Schutzschrift für Luthern eine gewisse Ordnung
der Gedanken, und eine gewisse Leichtigkeit und
Lebhaftigkeit der Ausdrücke vermissen werde. Allein das ist nicht meine Schuld. Denn warum
haben Lutheri hämische Feinde bey ihrer tückischen Beschuldigung so wüste, wilde und verwirrte
Vorstellungen verrathen, die in einem gesunden
Gehirne beynahe Unheil anzurichten vermögend
wären? Und warum haben sie ihre undeutliche
Begriffe in einer Lapländisch-deutschen Schreibart
vorgetragen, deren geheimnißvollen Nachdruck ich
vielleicht nicht einzusehen fähig bin? Dazu kommt
noch dieser Umstand, daß ich vorhin unsern redlichen Luther aus dem Gesichtspunkte der Kritik
und Beredsamkeit beurtheilet und vertheidiget habe. Nunmehro aber trete ich auf ein theologisches
Feld, welches mehr gemäßigte Schritte zu erfordern scheinet. Mögten nur jene Klüglinge, wenn
sie sich fühlen, daß sie sich bisher durch hämische
und ungesittete Sprudeleyen an Luthern versün-
diget haben, sich schämen lernen, daß sie die Asche
eines Mannes entweihet, dessen Andenken einer gesittetern Nachwelt immer heilig bleiben wird, wenn
ihr eigenes Andenken längst erloschen ist. Ihnen
selbst muß ich zu ihrer billigen Demüthigung die
uns-

unangenehme Wahrheit sagen, daß sie, bey aller
ihrer Einbildung, unter Luthern gar zu tief erniedriget sind, als daß sie mit ihm auch nur in dem
allerausgedehntesten Verstande verglichen werden
könnten; und daß sie von ihrem jetzigen Daseyn
bey unsern Enkeln keinen andern Beweis als diesen hinterlassen werden, daß sie ihre Väter aus
mitleidigem Hasse bis zur Verachtung geliebet,
und ihre Brüder aus bitterer Liebe bis aufs Blut
gehasset haben.

Inhalt.

§. 1.

Man sage mir nur nicht mehr, daß wir in gesitteten
Zeiten leben, und daß man die verflossenen Jahrhunderte, in welchen mehr Unschuld und weniger Bosheit
ge-

geherrschet hat, als ungesittet verdammen müsse. Es
ist wahr, jene noch nicht völlig ausgebildete Zeiten unterscheiden sich durch eine gewisse männliche und gesetzte
Ernsthaftigkeit, oder wenn man es ja so nennen will,
durch eine gewisse Rauhigkeit der Sitten, die vielleicht
unsre Tage nicht so kenntlich machet. Allein das menschliche Geschlecht bleibt sich selbst immer ähnlich, und man
wird in unserm Jahrhunderte allenthalben eben so häufige Originale einer ungesitteten Rauhigkeit antreffen
können, als man in den Geschichten des vorigen Weltalters bemerket zu haben glauben mögte.

— *hodieque manent vestigia ruris.*

HORAT.

Man verstehe mich nur recht, was ich sage. Ich rede
hier nicht von demjenigen Theile des menschlichen Geschlechts, den man selbst dem Buchstaben nach den Ungesitteten zu nennen pfleget. Es ist ohnedem begreiflich, daß noch ganze Jahrhunderte verfliessen müssen,
ehe wir bey der Hofnung besserer Zeiten auch auf bes-
sere Sitten hoffen können. Ich rede vielmehr hauptsächlich und zunächst von der feineren Gattung der
Menschen, von welchen man glauben sollte, daß der
Glanz der Wissenschaften sich auch über ihre Sitten
verbreitet, und alles Rauhe von denselben abgesondert
hätte. Wahrlich! eine jede Klasse der Gelehrten kennet noch itzt ihre Scioppen und ihre Burmanne,
diese Antipoden gesitteter Gelehrten, die in allen ihren
Schriften eine mehr als ungesittete Rauhigkeit verrathen. O! wie viele Aufmerksamkeit wird nicht erfordert, wenn man den Hefen des menschlichen Geschlechts
von denenjenigen unterscheiden will, die sich mit dem
widerrechtlich angemaßten Namen eines feineren Pu-
blikums zu brüsten pflegen.

§. 2.

§. 2.

Bin ich aber nicht ein alzustrenger Sittenrich=
ter, indem ich die angeblich so wohl erworbene Vor=
züge unsers, dem algemeinen Rufe nach, so aufgeklär=
ten Jahrhunderts einschränken, oder wol gar eben die=
ses Jahrhundert mit dem Gepräge des Ungesitteten
bezeichnen will. Nein, gewiß, das bin ich nicht. Ich
bekenne es, wenn wir ein Vergnügen daran finden, daß
wir unsere Augen durch einen falschen Schein blenden,
oder unsere Ohren durch die Stimme der Sirenen be=
täuben lassen wollen: so habe ich wider die Feinheit
der Sitten unsrer Zeiten nichts einzuwenden. Denn
wirklich haben es unsre Landesleute in der Kunst der
Verstellung sehr weit gebracht; und man würde eine
Todsünde begehen, wenn man eine mehrere Aufklärung
dieser vermeynten Feinheit der Sitten wünschen wol=
te. Unsere neuere Deutschen haben bereits den Cha=
rakter ihrer Vorfahren, welche bey ihren, dem Schein
nach, etwas raueren Sitten allemal redliche und offe=
ne Herzen zeigten, so sehr stark verleugnet, daß diese,
wenn sie aus ihren Gräbern wieder erstehen solten, in
jenen schwerlich ihre Nachkommen erkennen würden.
Allein laßt uns doch so viele Achtung für den hohen
Werth der Wahrheit haben, daß wir uns hüten, damit
wir nicht den Schein mit dem Wesen, und eine buh=
lerische Schminke mit der wahren Schönheit vermischen
mögen. Laßt uns vielmehr den Heuchlern, auch den
gelehrten Heuchlern, die Larve freymüthig vom Gesichte
ziehen, damit wir sie in ihrer natürlichen Gestalt, das
ist, als ungesittete Geschöpfe, erblicken können. Wir
werden von ihnen sagen müssen, was ein neuerer latei=
nischer Dichter, auf welchem der Geist der alten römi=
schen Dichter ruhet, von den Sitten der Helden in

den

den nächstverflossenen Jahren aus einer betrübten Erfahrung gesungen hat:

Verba audi, blando nihil est humanius ore;
Facta vide, asperius dixeris esse nihil.

RICHTER.

Wollen wir uns von dieser traurigen Bildung unsers Jahrhunderts überzeugen: so laßt uns nur das ganze weitläuftige Feld der Gelehrsamkeit mit einem flüchtigen Blicke übersehen; und laßt uns die Maaßregeln bemerken, nach welcher die Grenzen eines jeden Theils des Reichs der Wissenschaften bald von ganzen gelehrten Freypartheyen, bald von einzelnen gelehrten Klopffechtern vertheidiget werden. Wir wollen bey den Sprachlehrern und Kunstrichtern anfangen, und es nicht vergessen, bey den Weltweisen aufzuhören. Jene Aristarchen werden es selbst nicht leugnen, daß sie noch bis itzt in dem ruhigen Besitze des Vorrechts geblieben sind, daß sie kunstmäßig schimpfen können; und daß der Rang auf ihrem Parnasse nach der in dieser Art der Fähigkeit und Empfänglichkeit erlangten männlichen Stärke, und nach der in kritischen Executionen bewiesenen unerbittlichen Strenge bestimmet werde. Diese neuern Scholastiker aber werden uns mit einer Sündfluth von barbarischen Kunstwörtern und Kunstschlüssen überschwemmen, wenn sie beweisen, daß die Bescheidenheit und die Beobachtung des Wohlstandes zu dem grossen Umfange ihres kleinen Systems gehören. Je weiter diese trockene Demonstranten aushohlen, um uns die sanften Sitten in wortreichen Definitionen, wobey sie selbst nichts denken, anzupreisen: desto weniger wollen wir es wagen, ihnen auch nur im Scherz zu widersprechen, weil wir sonst ihre ganze Galle rege machen würden. Wir wollen sie aber nur von weitem auf ihren Wegen begleiten,

und

und ihre ungesittete Handlungen prüfen. Wir werden finden, daß ihre Lehren, oder vielmehr die gaukelnden Schattenbilder willkührlich angenommener Lehrsätze, in ihre Sitten nicht den allergeringsten Einfluß haben; und wir werden bekennen, daß der durch gute und böse Gerüchte bekannte Bürger zu Genf, Herr Rousseau, unter gewissen Einschränkungen nicht ganz unrecht hat, wenn er behauptet, daß die Sitten der Menschen durch die Wissenschaften, obgleich zufälliger Weise, verschlimmert worden sind. Warum wollen wir uns also mit unserm Urtheile übereilen, daß wir jene unwürdige Plauderer für gesittete Freunde des menschlichen Geschlechts halten wolten? Sie sind ungesittete Feinde des menschlichen Geschlechts, wenn sie die abscheuliche Fertigkeit besitzen, daß sie wider das ganze Heer der Sterblichen widerwärtige Nachrichten in Vorrath sammlen, und die erste, die beste Gelegenheit mit einem tückischen Vergnügen ergreifen, da sie ihre gesammlete Nachrichten auf eine ungesittete Art verbreiten können.

§. 3.

Man solte glauben, daß derjenige Theil der Gelehrsamkeit, welcher sich mit Erforschung und Beurtheilung der heiligsten Wahrheiten der Religion beschäftiget, eine ohnfehlbare Ausnahme von dem, was ich itzo gesagt habe, verstatten würde. Und wahrlich! die Religion hat in ihrer Art der Ausbreitung dieses wahrhaftig Göttliche an sich, daß sie die Sitten der Menschen, mehr als irgend eine andre Wissenschaft, zu bilden vermögend ist. Allein man wolle doch so gut seyn, und einen Unterschied zwischen demjenigen machen, was billig geschehen solte, und was wirklich geschiehet. Die Lehrsätze einer jeden Religion erfordern von allen auch nur billig denkenden und nicht ganz unge-

ge=

gesitteten Menschen eine ernsthafte und von allen kindischen Luftsprüngen entfernte Beurtheilung; am allermeisten aber die Wahrheiten einer solchen Religion,
welche nun schon seit so viel tausend Jahren alle auch
noch so heftige Prüfungen der Vernunft längst über-
standen, und ihren Sieg in vieler Millionen Menschen
Herzen bewähret hat. Und dennoch ist keine Brut
von gelehrten und ungelehrten Misgeburten in unsern
Tagen ungesitteter, als die aufrührische Rotte der Re-
ligionsspötter, welche mit einer in den vorigen Zeiten
unerhörten Frechheit daher fahren, das Gehege des
Reichs der Wissenschaften durchbrechen, und uns in Ungewisheit lassen, ob wir mehr ihre Unwissenheit oder
Vermessenheit, mehr ihre Unwahrhaftigkeit oder Scham-
losigkeit verabscheuen sollen. Der Nahme Christi ist
mehr als jemals ein Vorwurf der unanständigsten
Spöttereyen, wodurch der Versöhner des menschlichen
Geschlechts unter einem Volke, das sich äusserlich nach
seinem Nahmen nennet, täglich gekreuziget wird; und
es ist seltsam genug, daß erst nach siebzehnhundert
Jahren mitten in der Christenheit ein vertheidigter
Glaube der Christen geschrieben werden muste. Wie
ungesittet handeln nicht solche Schwärmer, die durch
Spielwerke des vermeynten schönen Geistes den gründ-
lichen Geist zu verbannen suchen, wenn sie eine Religion durch frostige Einfälle und Anspielungen bestür-
men, die sie mit ihrem verschleimten Gehirne zu begreifen entweder von der Natur oder durch die Erziehung sind verwahrloset worden; wie ungesittet, wenn
sie so viele rechtschaffene Bekenner der Religion bey aller ihrer erweislichen Scharfsinnigkeit und Redlichkeit
durch die niederträchtigsten Beschuldigungen einer Blöd-
sinnigkeit oder Heucheley verdächtig machen wollen; ja
wie ungesitter handeln sie nicht, wenn sie eine Religion blos
durch läppische und ungesittete Sprudeleyen bestreiten, die
schon

ſchon längſt bey allen auch noch ſo heftigen Stürmen in un-
widerſprechlichenGründen nach den ſtrengſten Regeln der
menſchlichen Gewisheit unumſtöslich erfunden worden
iſt. So lange dieſes ungeſittete Geſchlecht der Thoren
ſich das Recht anmaſſen darf, die Stimme der Vernunft und Religion ſo frech zu überſchreyen: ſo lange
wird wenigſtens bey unſern Nachkommen das Urtheil
ungewis und zweifelhaft bleiben, ob wir, dem herr-
ſchenden Geſchmacke nach, mehr in ungeſitteten oder
geſitteten Zeiten gelebet haben.

§. 4.

Ich habe noch nicht das alles geſagt, was ich
bey dieſer Gelegenheit zu einiger Erleichterung meiner
vollen Bruſt zu ſagen entſchloſſen bin. Es iſt ſo fern,
daß wir unſre Zeiten, aus dem Geſichtspunkte der Religion betrachtet, die Geſitteten nennen könnten, daß
wir ſie vielmehr als recht ungeſittet beſchreiben müſſen. Es iſt ungeſittet genug, wenn die offenbaren
Feinde der Religion, oder vielmehr die offenbaren
Feinde des menſchlichen Geſchlechts, ſo ungeſcheut es
wagen dürfen, einen kühnen Scherz mit demjenigen zu
treiben, was der Menſchheit den Vorzug vor andern
Geſchöpfen verſchaffet: es iſt aber noch weit ungeſitteter, wenn ſo gar öffentliche Lehrer der Religion gleichſam wider ihr eigenes Eingewelde wüten. Jene handeln nach hobbeſianiſchen Grundſätzen, ſie handeln als
offenbare Feinde nach dem Natur- und Völkerrechte:
dieſe aber tragen das Bild der ziſchenden Schlangen an
ſich, welche die Religion in ihrem eigenen Buſen näh-
ret. Wir leben ja, leider! zu einer Zeit, da der Aus-
ſpruch der Schrift ſelbſt dem Buchſtaben nach erfüllet
wird: es müſſen Rotten unter euch ſeyn, auf daß
die, ſo rechtſchaffen ſind, offenbar unter euch werden. Ich gebe es zu, die wahre Religion iſt zu allen

Zeiten

Zeiten durch irrige Lehrer beunruhiget worden, welche
von dem Vorbilde der heilsamen Lehre abgewichen sind,
und die Mauren des evangelischen Zions entweder öffentlich bestürmet, oder die Grundfeste desselben heimlich erschüttert haben. Sie triefen noch, ja gewiß sie
triefen noch die Wunden, die man uns von Jahrhunderten zu Jahrhunderten geschlagen hat. Allein man
vergleiche die Geschichte aller Zeiten und aller Völker
mit einander, in welchen und bey welchen die Kirche
unglücklicher Weise den Zänkereyen zum Raube geworden ist. Kein Jahrhundert in dem ganzen Umfange der Geschichte kennet diejenige ehebrecherische Gattung von hämischen Verräthern, welche in unsern Tagen die heiligsten Wahrheiten mit dem freventlichsten
Muthwillen gemißhandelt haben. Fürwahr! mein
ganzes Herz empöret sich, wenn ich an solche Lehrer der
Religion gedenke, welche unter dem verrätherischen
Vorwande, daß sie die äussersten Schanzen der Religion als unbrauchbar verlassen, und die inneren Fe-
stungswerke desto muthiger vertheidigen wolten, den
ganzen Lehrbegrif der Christen untergraben, damit sie
nur ihrem unbändigen Stolze und ihrer unsinnigen
Neuerungssucht die giftigste Nahrung verschaffen können. Jene ungeschminkte Redlichkeit, welche die Schriften unsrer alten Gottesgelehrten adelte, wird von diesen samaritanischen Neulingen als eine Witkung der
Einfalt betrachtet; und sie selbst, diese Sonderlinge,
wenn sie die rohen Ausgeburten ihrer unausgearbeite-
ten theologischen Gelehrsamkeit in den öffentlichen
Buchläden, gleich als im Triumph, dargeleget haben,
sie selbst sind die Richter, deren entscheidenden Beur-
theilungen sich der ganze Lehrbegrif der Christen un-
terwerfen muß. Wo ist ein Zeugniß in den Schriften der göttlichen Offenbarung des alten Testaments,
welches von dem Messias handelt, das diese Stumpfe
Exe-

Exegeten nicht verdrehet; und wo iſt ein Wunderwerk, welches die Göttlichkeit unſrer heiligſten Lehre bewäh= ret, wider deſſen Wirklichkeit ſich dieſe Apoſtaten nicht empöret hätten? Scheinet es doch faſt, als ob ſie blos deswegen mit dem Nahmen der Theologen pran= gen, damit ſie den Glanz der Religion verdunkeln, die göttlichen Schriften und deren Zuverläſſigkeit verdäch= tig machen, kühne Auslegungen vermehren, die Anzahl der Wunderwerke vermindern, die Gewiſſen verwirren, und zuletzt auf den eitlen Ruhm, daß ſie neue Wahr= heiten erfunden, und bey der poſſierlichen Seltſamkeit und Vermegenheit ihrer Gedanken alle ihre Vorgän= ger an Scharfſinnigkeit unendlich übertroffen hätten, deſto ungeſtrafter pochen können. O! wie mögen nicht die Feinde der Religion darüber frohlocken, und wirklich ſie frohlocken darüber, daß ihnen die Waffen geſchmiedet werden, die ſie mit einer unbändigen Wild= heit zu gebrauchen wiſſen. Auch in dieſer Abſicht ha= ben wir Urſache, eine ungläubige Nachkommenſchaft zu wünſchen, wenn wir nicht erwarten wollen, daß un= ſre Enkel unſre Zeiten als ungeſittet ſchildern werden.

§. 5.

So wie die herrſchende Neigung unſrer Zeitgenoſ= ſen, die Wahrheiten, auch die heiligſten Wahrheiten, auf eine ungeſittete Art zu ſchänden, unſerm Jahrhunderte zu einem ſehr unrühmlichen Vorwurfe gereichet: ſo macht auch dieſer herrſchende Geſchmack unſern Zeiten wenig Ehre, daß man die erhabenen Tugenden ſolcher Männer mit einer recht ungeſitteten Scheelſucht ver= kennet, die vor unſern Zeiten gelebet, und ſich die kennt= lichſten Verdienſte erworben haben. Man ermüdet zwar unſre Ohren mit der ewigen Wiederholung eini= ger nichtsbedeutender und zuletzt ekelhafter Redensar=

. ten

ten von billig seyn und Gerechtigkeit wiederfahren
laffen: allein das gehöret mit zu den unglücklichen
Vorrechten der neueren Zeiten, daß unsre Deutschen angefangen haben, einigen Wörtern und Ausdrücken in
ihrer Sprache das Bürgerrecht zu ertheilen, wobey sie
entweder gar nichts, oder doch gewis das Gegentheil
zu denken pflegen. Es ist billig, daß wir uns die Ent-
deckungen unsrer Väter zu Nutze machen, und gleichsam auf die Schultern der Riesen treten, wenn wir
das weitläuftige Feld der Wissenschaften übersehen
wollen: es ist aber eine ungesittete Unbilligkeit, wenn
wir eben diejenigen Riesen, auf deren Schultern wir
stehen, von einer gewissen Höhe und mit Verachtung
betrachten. Es ist billig, daß wir die Regeln einer gesunden historischen Kritik, welche die Geschichtskunde
in unsern Tagen so ehrwürdig machet, auf jede Fälle
und auf jede Personen mit strenger Unpartheylichkeit
anzuwenden suchen: es ist aber eine ungesittete Unbilligkeit, wenn wir uns durch den Strom der Leidenschaften hinreissen laffen, daß wir wahre Verdienste
verleugnen, oder wol gar aus tadelsüchtiger Neuerungssucht in die Stelle der Volkommenheiten wirkliche Un-
volkommenheiten erdichten.

§. 6.

Unter allen Sterblichen, deren sich die göttliche
Vorsehung als brauchbarer Werkzeuge bedienet hat,
um über einen ansehnlichen Theil des menschlichen Geschlechts die wesentlichsten Vortheile zu verbreiten, leuchtet Luther als ein Stern der ersten Grösse hervor;
und die durch ihn glücklich ausgeführte Reformation
bleibt nach allen, auch blos politischen, Betrachtungen
eine der grösten Handlungen in der Welt, seitdem die
Welt gestanden hat. Wir mögen entweder Luthers

Leben, oder seine Wissenschaften, oder seine Arbeiten,
oder auch die Folgen seiner Bemühungen überdenken:
so verdient er eines jeden billigen und gesitteten Rich=
ters aufrichtige und ungezwungene Hochachtung. In
seinem Leben erblicken wir zuvörderst das wahre Eben=
bild eines redlichen Menschenfreundes in mehr als rei=
zenden Zügen; und es muß nothwendig ein günstiges
Vorurtheil für ihn erwecken, daß Freunde und Feinde
ihre Zeugnisse von der Unschuld seiner Sitten mit ein=
ander vereiniget haben. *) Man müßte hiernächst von
dem=

*) Da Luther in unsern Tagen seinen eigenen Glaubens=
genossen immer unbekannter wird: so sind gewis die
Zeiten darnach, daß ich mich auf richtige historische Bewei=
se gefaßt halten muß. Ich will aber blos solche Zeugnisse
erwählen, von welchen ich glaube, daß sie auf das Ge=
müth nachdenkender Leser den stärksten Eindruck machen
können. *Erasm.* ad Thom. Cardin. a. 1518. L. XI. ep. 1.
p. 543. Hominis vita magno omnium consensu proba=
tur; iam id non leue praeiudicium est, tantam esse mo=
rum integritatem, vt ne hostes reperiant quod calum=
nientur. Und abermals: Certe vitam hominis nemo,
qui nouit, non probat, quae quum longissime absit ab
omni suspicione auaritiae atque ambitionis, et morum
innocentia vel apud ethnicos fauorem inuenit. Es ist
mit Vorbedacht geschehen, daß ich mich zuerst auf das
Zeugniß eines hämischen Feindes Luthers berufen ha=
be. Ich will demselben das Urtheil eines andern gleich=
gültigen Zeitgenossen an die Seite setzen. *Petr Mosellan.*
in ep. ad Iul. Pflug. a. 1519. ap. *Io. Schilter.* de libert.
ecclef. Germ. L. VII. c. 2. p. 847: *Martinus* statura
est mediocri, corpore gracilento, curis pariter ac studiis
exhausto, sic vt propius intuenti omnia paene ossa liceat
dinumerare. Aetate virili adhuc ac integra, voce acuta
et clara. Doctrina vero et Scripturae cognitio in eo
admirabilis, adeo, vt omnia paene in numerato habeat.
Porro in vita ipsa ac moribus ciuilis et facilis, nihil stoi=
cum, nihil superciliosum prae se fert, immo omnium
horarum hominem agit. In congressibus festiuus et iu=
cun=

demjenigen Zeitraume, in welchem Luther gelebt hat,
entweder gar keine oder doch sehr unrichtige Begriffe
haben, wenn man leugnen wolte, daß Luther ein klaſ=
ſiſcher Schriftſteller ſeiner Zeit, und zugleich ein eifri=
ger Vertheidiger der damals in ihrem erſten Glanze

rundus nugator. Alacris et securus vbique et semper
laeta facie florens, quantumuis atrocia comminentur ad-
versarii, vt haud facile credas, hominem tam ardua sine
numine Diuum moliri. Und nun kann ich ohne Beten=
ken einen gleichzeitigen Freund Lutheri, den Erasmus
Alberus, reden laſſen aus einer Schrift von der verkehr=
ten Lehre der Corlſtädter 1565: Luther war ein feiner,
wohlberedter, freundlicher, holdſeliger, ernſthaftiger, wahr=
haftiger, beherzter, züchtiger koſtfreyer fröhlicher Mann,
dem alles wohl anſtund, was er thäte, konte in allen Din=
gen Mäßigkeit halten, redete kein vergeblich Wort; den
Halsſtarrigen war er ſchrecklich, den Blöden tröſtlich.
Wenn er gefragt ward um den rechten Verſtand eines
Worts oder Spruchs in der heiligen Schrift, alsbald war
er mit der Antwort fertig. Wenn er um Rath gebe=
ten ward, von Stunde an gab er ſo guten Rath, als hät=
te er ſich eine lange Zeit darauf bedacht, und war ſo wohl
gerathen, daß man leichtlich ſpüren konte, der heilige
Geiſt wäre der Meiſter und Rathgeber geweſen. Er war
nicht ſtörrig, fuhr niemand mutriſch an, gab freundliche
Antwort und guten Bericht, war kein Spötter, ſondern
hatte Mitleiden mit der Einfältigen Thorheit oder Un=
verſtand, half gern, gab gern, leihete gern, dienete jeder=
man gern, beyde mit Rath und That, Worten und Wer=
ken. Aus ſeinem Geſpräch über Tiſch lernte man ſo
viel als aus einer Predigt. Und bald darauf: Er war
ein Mann ohne falſch, Lügnern und Zweyzüngigen war
er gram. Aufrichtigkeit hatte er lieb, den Geiz haſſete er,
dem Hoffart war er feind, Trunkenheit und Unzucht wet
ihm unbekant. Man ſpürete an ihm keinen Zorn, ohne
wenn er zu Felde lag gegen die Papiſten und Schwär=
mer, da ſahe man des heiligen Geiſtes und nicht eines
Menſchen Zorn. Ein fein, klar und tapfer Geſicht und
Falkenaugen hatte er, und war von Gliedmaſſen eine
ſchöne Perſon.

wieder hergestellten Wissenschaften gewesen sey.*) Es
ist ferner beynahe unbegreiflich, wie ein Mann, dessen
ganzes Leben eine Kette, ein Zusammenhang von äusserst

*) Ich will abermals um der Unpartheylichkeit willen zuerst
die Feinde und hiernächst die Freunde reden lassen. *Florim.
Raemund* de orig. et progr. haeres. l. i. c. 5. Ingenio
promto fuit et viuo, felici memoria, singulari et facili
vernaculae linguae eloquentia nemini suae aetatis ce-
dens. E suggestu declamans velut oestro percitus, ac-
commodata verbis actione, auditorum animos mirifice
percellebat, et velut torrens, quocunque vellet, abripie-
bat. Quae dicendi gratia et vis paucis apud septentrio-
nales populos concessa est. *Anton. Varillas* hist. haeres.
L. III. p. 225. Natura videbatur corpori Germano ingenium Italicum immisisse, tantam habebat viuacitatem,
industriam, vigorem, sanitatem. Nemo eum in studio
philosophiae et theologiae scholasticae superauit, nemo
in arte concionandi aequauit. Perfectissima in eo erat
eloquentia rationis humanae et robur et debilitatem penitus detexerat, noueratque aditus, per quos penetrari
posset. Denique elegantia styli germanici triumphabat
in eos, quos eloquentia sua commouere coeperat, aut
conuersationis amabilitate veluti incantauerat. Nemo
lingua patria nec viuo eo, nec post illum melius aut de-
licatius loquutus est aut scripsit. Mit diesen beyden Urtheilen der Feinde will ich die Zeugnisse zweyer Freunde
vergleichen. Das erste ist des Urbanus Regius,
welches auch blos um der altkörnigten Schreibart willen
verdienet, daß es mehr als einmal gelesen werde, aus einem Briefe an seine Freunde in Augsburg 1530: Zu
Coburg habe ich einen ganzen Tag mit dem Manne
Gottes zugebracht, derselbe ist mir in diesem Leben der
fröhlichste und lustigste gewest. So ein gewaltiger Theologus ist er, daß die Welt seines gleichen keinen hat. Ich
habe allezeit von Doktor Martino viel gehalten, aber
itzo halte ich noch mehr von ihm. Denn ich selbst gegenwärtig habe gesehen und gehöret, daß man mit Schreiben nicht begreifen noch ausreden kann. Ich, der ich vielleicht kein truncus im judiciren bin, halte dafür, daß niemand

ferst mühsamen Beschäftigungen gewesen ist, so viele
öffentliche Denkmähler seines unermüdeten Fleisses hinterlassen können. *) Wir geniessen endlich noch itzt
die

mand D. Martinum hassen könne, der ihn kennet.
In seinen Büchern spüret man wol seinen Geist, aber
viel baß wird derselbe erkannt, wenn man ihn selbst von
göttlichen Sachen höret reden: da wird man müssen bekennen, daß er viel ein grösser Mann ist, denn man von
ihm schreiben oder sagen kann. Ich habe gesehen, wie
grosse Gnade in dem Menschen ist. Ich sage, wie mirs
ums Herz ist, und lüge nicht, unser viele schreiben Bücher,
was sind wir aber gegen diesen Mann? Schüler sind
wir, er ist und bleibt wol ein Meister, das weiß ich.
Ich kenne ihn nun baß, denn zuvor, ehe denn ich ihn gesehen habe. Ich verachte niemand, will auch lieber verachtet als gelobet werden; aber ich lasse mir Lutherum,
das auserwehlte Rüstzeug des Heiligen Geistes, nicht verachten; er bleibt noch wol ein Theologus vor der ganzen
Welt. Das zweyte ist des Selneccers in dem Leben
Lutheri: Seit der Apostel Zeit ist in christlichen Kirchen und Schulen kein Lehrer, was Geist, Muth, Richtigkeit, glücklichen Fortgang und Beständigkeit, Gebet und
Kraft anlanget, dem Herrn D. Martino zu vergleichen;
und wenn man jetzt alle geistliche und hochgelahrte Theo-
loges und viel andere in einen Klumpen schmelzete: könten sie nicht einen halben Lutherum erreichen, wie die
Erfahrung durchaus an allen Orten und in allen Handlungen darthut und bezeuget; ob gleich viele ihre grosse,
trefliche Gaben auch haben, darum sie billig lobenswerth
sind, und Gott dafür zu danken ist. Wie viel insbesondre die geistliche Beredsamkeit Luthers Heroismo zu danken habe: das hat unser in seinen grossen Verdiensten
verehrung würdige Herr Pastor Götze in der Vorrede
zu dem 8ten Theile auserlesener Kanzelreden so bündig
als angenehm bewiesen.

*) Paul Seidel in der Historie und Geschichten Lutheri.
Wittenb. 1582. S. 96: So kann Luthero auch das nim-
nermehr kein Mensch nachthun, daß er bey so viel Anfech-
tun-

die reiſten Früchte von Luthers gemeinnützigen Bemühungen; und ſelbſt diejenigen, welche einen innern
boshaftigen Beruf bey ſich fühlen, daß ſie in Luthers
Erniedrigung ihre Erhöhung ſuchen wollen, würden
ſich von ihrer Verpflichtung nicht losſprechen, wenn
ſie nur mit der Sprache des Herzens reden wolten. *)

Sol-

tungen. Gefahr, Streiten und Kämpfen, ſo viel Bücher
könte laſſen ausgehen und ſchreiben, als wie er gethan. Ja,
wenn ſich ein junger Menſch darüber ſetzte und ſolte nichts
anders thun, denn allein die Bücher, die Herr Lutherus
hat laſſen ausgehen, nachſchreiben: ſo würde es ihm
faſt unmöglich ſeyn. Eraſm. Alber. in der vorhin ge-
nannten Schrift wider die Carlſtädter: D. Martinus
iſt ein rechter deutſcher Cicero. Er hat uns nicht allein die wahre Religion gezeiget, und alle Stände mit
Gottes Wort gezeret, ſondern auch die deutſche Sprache
reformiret, und iſt kein Schreiber auf Erden, der es ihm
nachthun kann. Und noch einmal: Unſer HErr Gott
hat auch die deutſche Sprache durch D. Martinum
erleuchtet, daß ſo lange die Welt geſtanden, nie kein Menſch
beſſer deutſch geredet noch geſchrieben hat denn er. Wenn
er ein Buch ex tempore ſchrieb: ſo ließ ers nicht wieder
abſchreiben; war es darnach gedruckt los, der muſte bekennen, wenn alle Schreiber zuſammengethan, und viel
Zeit mit höchſtem Fleiß darüber zubracht hätten: ſo wäre es doch nicht halb ſo wohl und fein geſetzt geweſen;
deßgleichen wenn ihm ſeine Lectiones und Predigten nach-
geſchrieben und gedruckt waren: wer dieſelbige las, der
konnte ſich nicht genug verwundern, ſo meiſterlich war es
ex tempore geredet. Alle ſeine Bücher hat er mit eigener Hand geſchrieben, darzu ihm Gott ein ſo gut Gedächtniß gegeben, daß man ſeines gleichen wenig fand.

*) Wie viel der Staat und die Wiſſenſchaften durch Luthers
Bemühungen gewonnen haben: das werden wir lieber
aus dem Munde zweyer neuerer berühmter Rechtsgelehr-
ten als aus dem Munde eines Theologen hören wollen.
Der erſte iſt der Hr. Syndic. Dreyer zu Lübeck in
notit. libror. manuſcript. hiſt. Cimbric. 1759. c. 4. §. 1.
p. 48.

Solte ein Mann von der Art es nicht verdienen, daß
alle unsre Tempel und alle unsre Hayne von seinem
würdigen Nachruhme ertöneten? Und dennoch genies=
set Luther nicht die Vorrechte, die man unter gesitte=
ten Völkern wohlverdienten Männern zuzustehen pfle=
get. Viele kennen ihn kaum dem Namen nach, und
wie mancher Witzling wird uns weit eher den Held in
der

p. 48. Fac itaque, opus reformationis religionis pontificiae nunquam extitisse; fac, ante ducentos annos *Lu-*
therum et heroes reformationis ingenii et fortissimi animi integrae vitae scelerisque puros religioni pontificiae
laruam non detraxisse obicemque ponere coepisse sacro
insultui, superstitioni, dolo et dominatui: nonne putas, iam actum fore de humana ratione, fide et libertate hominum laicorum et ipsorum Principum, qui iam
tum ante ducentos annos sub iugo papali coacti sensim
agere et credere coeperunt, quicquid ambitioni et auaritiae cleri pontificii placuerat. Certe effectui saluber-
rimae reformationis ecclesiasticae tribuendum est, quod
tantus, qui ante ducentos annos eminuit dominatus pon-
tificius et clericalis, non vltra perrexerit, deflorescere
coeperit, hodieque ipsi pontificiae religioni addicti tum
laici tum sapientiores Principes perfruantur multis emo-
lumentis et libertatibus, ratione et ratiociniis, fide, religione, iuribus et possessionibus longe rectius et securius,
quam quidem factum erat tempore coeptae nondum et,
ringentibus licet papicolis, feliciter perductae reformationis ecclesiasticae. Ipsi emunctioris naris et erectioris
ingenii Catholici, quibus veritas et ratio, non fucus et
pia fraus placet, horum beneficiorum omnino gnari sunt
et bene memores. Der zweyte ist der Herr Justizrath
und Prof. Hübner zu Kopenhagen de immortalibus
Lutheri in imperia meritis 1761. p. 32. Fugatae sunt
hodie spissae illae, quae intellectum humanum obfusca-
bant, tenebrae. Rediere ad pristinam dignitatem mortalium ingenia. Ex quo feliciter christiano coetui illu-
xit ille dies, quo saniora renasci coeperunt dogmata:
renatae etiam sunt atque excultae magis magisque hu-
maniores litterae, quas mox exceperunt, licet lento pro-
cede-

der Oper und die Hauptperſon in der Komödie als den=
jenigen Mann beſchreiben können, dem er ſo viele wah=
re und baare Vortheile zu danken hat! Sollte man
nicht unſre ausgeartete Lutheraner mit jenen Wellüſt=
lingen vergleichen können, welche ſich in dem vollen Be=
ſitze und Genuſſe eines ererbten groſſen Vermögens be=
finden, und dabey leichtſinnig vergeſſen, mit welcher ſau=
rer Mühe, Klugheit und Gefahr dieſes Vermögen, das
ſie verpraſſen, erworben und bis auf ſie erhalten wor=
den ſey? Undank und Verſchwendung und Verach=
tung gränzen ſehr nahe an einander; und man wird
ſchwerlich unter der geringſten Sorte der Menſchen ſo
kenntliche Beiſpiele der Unerkenntlichkeit gegen die Ret=
ter und Wohlthäter antreffen, als man, leider! Exem=
pel der Undankbarkeit gegen Luthern mitten unter den
Lutheranern findet.

§. 7.

eedentes gradu, rebus gerundis accommodatae ſcientiae.
Hodie non amplius in cortice haeremus, non amplius
licet ſolis operam dare verbis. Re vera ſapere inçipi-
mus, diſcendo quae gentibus ſunt proficua, quae patriam
beatiorem reddere queunt. Ita ex parua ſcintilla ingens demum ac luminoſa exoritur flamma, modo foueā-
tur. Dum demta quaſi erat mortalibus verum indagan-
di et concepta mente cum aliis communicandi facultas:
obbrutuerunt neceſſario ingenia. Dum nefas putabatur
ratione vti, dumque vilibus ſcholaſticorum tricis irreti-
tos tenebat ſeruiles hominum animos religioſa vecordia:
ipſas litteras paſſim neſciebant ipſi eccleſiarum antiſti-
tes. Iam vero, reſtaurata cogitandi libertate, ita cieue-
runt pedetentim intellectus humani, vt ita loquar diui-
tiae, vt etiam noſtris diebus pulcherrimam illam atque
longe vtiliſſimam artem, quae regere ſapienter docet
populos et feliciores reddere vniuerſas ciuitates absque
vllius iniuria, in ſcientiae formam redactam cernamus
talem, qualem ne nomine quidem tenus cognouerunt
maiores.

§. 7.

Und nun noch einmal. Man sage mir nicht mehr, daß wir in gesittetern Zeiten leben, so lange wir die Verdienste unsrer patriotischen Väter, und insbesondre die vielen Verdienste unsers verewigten Luthers nicht besser zu schätzen wissen. Es ist nur gar zu gewiß, daß Luther in den nächstverflossenen Zeiten alle Unterscheidungszeichen eines wirklichen Märtyrers an sich genommen habe. Daß die Feinde der Religion ein grimmiges Vergnügen darin suchen, wenn sie bey einer jeden ängstlich gesuchten Gelegenheit einen Platzregen von ungesitteten Schmähungen und Spöttereyen über Luthern fallen lassen können: das ist unbegreiflich; und Luther wäre zu beklagen, wenn er den Beyfall solcher Menschen, bey denen die menschliche Bosheit ins Kleine gebracht ist, durch ein unglückliches Verhängniß finden solte. Unwissenheit und Bosheit, das sind die Ingredienkien, woraus diese feine Herren zusammengesetzet sind; und an ihren Plaudereyen scheinet mehr die Eitelkeit als ihr Gewissen Antheil zu haben. Es fällt mir auch nicht einmal der Gedanke ein, daß ich diese Gelegenheitswitzlinge in ihrem tobenden Vergnügen stören, oder die Quelle ihres wild rauschenden Witzes verstopfen wolte. Sie handeln ihren Grundsätzen ganz gemäß, nach welchen sie bey allen ihren unendlich verschiedenen Denkungsarten dennoch darin übereinstimmen, daß sie geschworne Feinde gottesdienstlicher Personen, oder, wie sie sich mit einer ihnen eigenthümlichen und schlechterdings unnachahmlichen Höflichkeit auszudrücken pflegen, daß sie geschworne Feinde der Pfaffen, und folglich auch Luthers Feinde sind *). Daß hiernächst

*) In der That würde eine reiche Quelle des Witzes bey den

nächſt eine gegenſeitige herrſchende Religionspartey
noch immer alle nur mögliche ſchwarze Farben zuſammen miſchet, um Luthern von der unangenehmſten
Seite zu ſchildern: das iſt gar nichts unerwartetes,
weil ſie in der Unterbrückung eines öffentlich erklärten
Feindes ein wirkliches Verdienſt zu finden glaubet *).

Daß

den Spöttern der Religion verſtopfet werden, wenn ſie
ſich der Anſpielungen auf Luthers Perſon und Verdienſte gänzlich enthalten ſolten. Sie ſind wirklich eine von
den beyden Sekten, welche Luther als ſeine gefährlichſte
Feinde im Geiſt vorausgeſehen hat : Ich fürchte mich,
ſagt Luther, für zwey Sekten, dem Epicureiſmus und
Enthuſiaſmus ; die beyde Sekten werden noch die ganze
Welt regieren. Sie ſind es, welche ein Gelehrter der
vorigen Zeit ſehr genau zuvor beſchrieben hat, *Cornel a La-*
pide comment. ad 2 Cor. 3 : Wir werden in kurzem ſehen, daß das Lutherthum und Calviniſterey veraltet,
und bey vielen erſtirbet, bey andern aber ſich in den
Atheiſmum verwandelt, und daß deſſelben Anhänger
Politici und Libertiner werden. Sie ſind es aber auch,
welche ihr eigener Liebling **Bayle** zurecht weiſen kann,
wenn er in ſeinem Wörterbuche unter dem Artikel Luther
von ecrivains redet, qui n'avoient aucune reputation à
perdre, und dabey von Luthern das vortheilhafte Urtheil fälle : Ses plus grands ennemis ne ſauroient
nier, qu'il n'ait eu des qualités eminentes.

*) Daß unſre Tage, in welchen die Flamme des Krieges
gewütet hat, in Hervorbringung der heftigſten Schriften
ſchmähſüchtiger Gegner ganz auſſerordentlich fruchtbar
geweſen ſind : das iſt eine Anmerkung, welche die Herren Verfaſſer der Göttingſchen gelehrten Anzeigen mehr
als einmal zu machen Gelegenheit gehabt haben ; eine
Anmerkung, von deren betrübter Richtigkeit uns ein
jedes theologiſches Journal überzeugen kann. Ueber Luthers ganzes Verbrechen hat ſich **Eraſmus** auf eine
ſpöttiſche Art erkläret : *Lutherus* peccauit in duobus,
nempe quod tetigit coronam Pontificis et ventres Monachorum, ap. *Spalatin.* in annal. *Luther.* in *Seckendorf.*
hiſt.

Daß aber ſelbſt diejenigen, welche in Luthers Gröſſe
ihren Ruhm ſuchen ſolten, ſo ſehr ausarten, daß ſie
in

hiſt. Luther. l. 1. §. 81.   Es iſt dieſes eine Entſchuldigung, die Luthers erſten Feinden zu ſtatten kommt,
wenn ſie, nach dem Ausdrucke ihres eigenen Glaubens-
genoſſen, des Ludw. Maimburg, die allerunwahrſchein-
lichſten Verleumdungen erdichtet haben, um nur Luthern
recht verhaßt zu machen, pour le rendre plus odieux,
ſans aucune apparence de verité, in hiſt. da Luthera-
niſm. p. 24.   Kann aber auch wol dieſe Betrachtung die Heftigkeit der neueren Gegner entſchuldigen? Dreyer. in notit. libr. manuſcr. Cimbr. p. 49:
Miror aliquando, qui fieri potuit, quod hodieque ſint
inter Pontificios, qui optimo *Luthero* eiusque venerando reformationis negotio inſultent.   Quod enim tempore reformationis et currente Saeculo XVI Catholici
cleri et ſcriptores id operis acerbiſſime tulerint, et
ad manifeſtiſſimas calumnias, quin ad nugas aniles
vsque proceſſerint, id mirum quidem videri non poterit, partim etiam indulgendum eſt hominibus, emo-
lumenta ſua e craſſo papatu capientibus, vel ipſo ze-
lo, quem vocant, ſacro, rectius vitiis animi, ſuper-
ſtitione et praeiudicio maiorum occoecatis.   Nicht ſo
wol um der Wichtigkeit als vielmehr um des hiſtoriſchen
Wohlſtands willen muß ich einige von Luthers neuern
Feinden nennen: *Franc. Seb. Nonhard* in oppugnata
nunquamque expugnata veritate, *Euſebius Engelhard*
in Lucifer. Witteberg. Joh Krauſe in ſeinem wunder-
baren, wunderthätigen und wunderſamen Luther,
Marc. Schönemann im katholiſchen Zeughauſe, Franc.
Seedorf in ſeinen wichtigen Briefen, Joh. Nic. Weiß-
linger in ſeinem Friß Vogel oder ſtirb, das iſt, Examen
und Tortur mit den Prädicanten vorgenommen, und
der ungenannte Verfaſſer der Schrift: ſchöne Ra-
tät, ſchön Murmelthier. Dieſen allen iſt der mit dem
Titel eines päbſtlichen Waffenträgers prangende Herr
Ritter Joſeph Anton von Sandel, I. V. D. Com. Pal.
Caeſ. Ritter des heil. Petri Ordens, und Mitglied der
Geſellſchaft der Wiſſenſchaften zu Rom, recht vorzüglich
bey-

in der Zerſtörung von Luthers Ehrentempel einen
heroſtratiſchen Nachruhm zu finden meynen : das iſt
eine ungeſittete Bosheit, die durchaus keine Entſchuldigung verſtattet *).

§. 8.

Es iſt eine harte Beſchuldigung, wenn man ſa-
get, daß Luther von ſeinen eigenen vermeynten Freunden noch ungeſitteter, als von ſeinen offenbaren
Feinden, gemißhandelt werde ; es iſt aber doch eine
nur alzuwahre Beſchuldigung. Ich kenne einige
ſtrenge Sittenrichter, welche ſich das Anſehen zu geben wiſſen, als ob ſie alle auch noch ſo verborgene
Schlupf-

beyzuzählen. Daß ich den leztern mit einer Art der Un-
terſcheidung nenne, das iſt eine Höflichkeit, die der Herr
Ritter als einen Zoll, den ich ſeinen Bemühungen ſchul-
dig bin, mit Recht von mir fordern kann. Denn da er
ſich nach ſeiner Art, das iſt, mit einer überaus poſſierli-
lichen Ernſthaftigkeit, die unnöthige Mühe gegeben hat,
meiner Schutzſchrift für die heftige Schreibart Lutheri
eine Ehrenrettung der h. römiſchkatholiſchen Kirche in
ſeinem polemiſchen ſtummen Advokaten 1760. S. 409 f.
entgegen zu ſetzen, ſo iſt hier die Anzeige, daß ich ſeinen
ſtummen Advokaten überhaupt, und ſeine Ehrenrettung
insbeſondre geleſen habe; und das iſt auch die ganze Antwort, die ein Schriftſteller von ſeiner Gattung von mir
zu erwarten hat.

*) Man kann dieſe heimliche Feinde aus der Zuſammen-
haltung folgender Schriften einigermaſſen kennen lernen:
Io. Henr. Acker de *Lutheri* diſcipulis chamicis, von hä-
miſchen Schülern Lutheri. Altenb. 1715. 8. Merſeb.
1727. 4. *Io. Imman. Schade* de Lutheraniſmo dege-
nere. Schleuſ. 1717. 4. *Georg. Henr. Goetze* de *Lutheri*
amicis ex inimicis et inimicis ex amicis, in quinar. comment. hiſt. theol. Lübeck. 1724 8. *Io. Henr. a Seelen* comment. de ingrato quorundam Pſeudolutheranorum
erga *Lutherum* animo in ſtromat. Luther. Lübeck.
1740. 8.

Schlupfwinkel und geheime Falten des menschlichen
Herzens ausgespähet hätten. Wenn man ihnen glauben will; so ist die menschliche Natur bey einigen
menschlichen Bastarten der allerabscheulichsten Bosheit fähig. Sie wollen geheime Wünsche der un-
dankbaren Stolzen entdecket haben, welche auf nichts
wenigers und geringers als auf die Entfernung der
gütigsten Wohlthäter, oder wenigstens auf die Ver-
nichtigung des Andenkens der genossenen Wohlthaten
gerichtet sind. Ich muß es bekennen, daß ich diese das menschliche Geschlecht gar zu sehr demü-
thigende Vorstellung für unnatürlich und übertrie-
ben halte. Und wenn ich hierin irre: so irre ich aus
Hochachtung für die Menschheit, weil ich nicht gern
in den Menschen das Bild der Unmenschen erkennen
wolte. Indessen, da die schöne Voraussetzung, daß
die Menschen menschlich denken würden, mich nun
schon so oft in meinem Leben betrogen hat: so kann es
seyn, daß ich die Tiefen der möglichen menschlichen
Bosheit noch nicht recht ergründet habe. Wenigstens
muß ich mir von vielen Lutheranern die mir selbst annoch dunkle Begriffe machen, daß sie aus einer stolzen Undankbarkeit das Andenken Luthers, dieses ihres
grossen Wohlthäters, und das Andenken seiner Verdienste, dieser Vormauer ihrer Gewissensfreyheit, nur
gar zu gern aus den Geschichtsbüchern vertilgen mögten; und daß sie es zur wohlverdienten Strafe werth
wären, daß sie in jene Zeiten, da Finsterniß das
Erdreich, und Dunkel die Völker bedeckte, zurückge-
setzet würden. Denn warum suchen sie Luthers Fehler mit so vieler frevenlicher Sorgfalt aufzudecken,
und dagegen seine unleugbare Tugenden mit so vieler
hinterhältischer Bosheit zu unterdrücken *)? warum
ist

---

*) Niemand wird leugnen daß Luther ein Mensch, und
folg-

nen Luthers Schriften so ekelhaft *) ? und warum
wiederholen sie die unzählige mal vorgebrachte , und
schon

offendi vsque adeo laudibus exaggeratis singularium do-
norum Dei, nedum comparationibus , si vel maxime
essent hyperbolicae, in Viro, cui prae millenis aliis
tam magna Deus tribuit, et cui tam multa debent
etiam hostes.

*) Luther selbst hat von seinen Schriften mit einer Bescheis
denheit geurtheilet, die ihn in unsern Augen zwiefach
schätzbar machen muß. Meinethalben , sagt er , mögte
ich wohl leiden, daß alle meine Bücher untergingen,
als der ich damit nichts gesuchet habe, denn daß die heis
lige Schrift und göttliche Wahrheit an den Tag käme ,
welche nun, Gottlob! so helle und gewaltig allenthalben
scheinet, daß man meiner und meines gleichen, vielmehr
aber meiner ungleichen Schriften, wohl errathen könte;
in dem eigenen Verzeichniß Lutheri von seinen Schriften
in den Unschuld. Nachr. 1738. S. 11. Und nach Amsdorfs glaubwürdigem Zeugnisse hat Luther oft gewün-
schet, daß seine Schriften untergehen, und alle Menschen
zur Bibel, als zur Quelle geleitet werden mögten. Des
sto ungezwungener aber ist der Beyfall gewesen, mit
welchem man die in einer männlichen und heroischen
Beredsamkeit abgefaßte Schriften Lutheri in den vorigen
Zeiten gelesen hat. Froben, ein berühmter Buchhänd-
ler, versichert in einem Briefe an Luthern, daß nicht
nur seine Bücher mit allgemeiner Zufriedenheit gelesen
würden, sondern daß er auch von allen Gelehrten in
Frankreich Lobgedichte auf Luthers Schriften herbeyzu-
schaffen vermögend wäre. O Luthere , sagt ein gleichzeitiger Schriftsteller, audiebam Germanos impense tibi sa-
uere, Gallos plurimum tribuere, Italos te plena manu
laudare, sustollere Hispanos, admirari Scotos, suspicere
Britannos, Pannones plenis buccis nihil aliud crepare
praeter vnum Lutherum, Bohemos Sarmatasque te coelo delapsum opinari, in den Unschuld. Nachr. 1743.
S. 818. Selbst Erasmus macht die türkische Anmerkung, daß Luther beynahe angebetet worden wäre, wenn
er nicht zu heftig geschrieben hätte l. XVII. ep. 18. p.
763.

ſchon unzählige mal, widerlegte Muthmaſſungen, ver‐
möge welcher das ganze Werk der Reformation ent‐
weder in ein wildes Ohngefehr, oder in eine natür‐
liche Folge der damaligen Zeitumſtände verwandelt
wird. *)? Entweder ich irre, oder hier geben ſich
die

763: Ea res effecit, vt initio tantum vndique fauoris
habuerit *Lutherus*, quantum non arbitror faeculis iam
aliquot vlli mortalium contigiſſe. Wie verwöhnt iſt
alſo nicht der Geſchmack unſers lüſternen Jahrhunderts,
da ſelbſt viele Lutheriſche Gottesgelehrte den Werth der
Lutheriſchen Schriften verkennen! *Georg. Fabric.* ep. ad
Hier. Weller. ap *Olear* fragm. antiqu. p. 137: Tu *Lu‐
therum* virum Dei ſuſcitas, quèm alii aut deformant
aut ſepeliunt, immemores eius mèriti, quod quidquid
vident per ipſum vident, quidquid ſciunt ipſo mon‐
ſtrante cognouerunt. Du heißt Klein Hans oder Groß
Hans, was du weißt in Theologia, das haſt du dem
Luther zu danken, dicebat in quadam concione *Paulus
Fagius*, quum eum defunctum nuper publice commen‐
daret. *Io. Chriſtfr. Sagittar.* ad Men. Hanneken. ap.
Io. Henr. a Seelen in delic. epiſt. p. 174: Plerisque
vetera ſordent, citiusque inuenies Pontificii aut Calui‐
niani alicuius ſcripta apud quosdam, quam *Lutheri,
Chemnitii, Hunnii* aliorumque. Hinc apud multos
craſſa illa ignorantia, hinc ille in religione tepor.

*) Alles, was ich zur Beurtheilung ſo vieler, theils wiz‐
ger, theils aberwiziger, durchaus aber unwahrſcheinlicher,
Muthmaſſungen zu ſagen habe, das ſoll mit den Worten
des Verfaſſers der geretteten Ehre Lutheri wider die An‐
ſchuldigung derer, ſo die Reformation aus gottloſen und
fleiſchlichen Abſichten herleiten, Frankf. 1752. 8. S. 21.
22. geſchehen: Wir leben vorizo in dem glücklichen
Zeitpunkte, da Männer vom Gewichte die Geſchichte aus
den Quellen hergeleitet, und das, was in der Kirchen‐
hiſtorie unrichtig, zweifelhaft und übel angebracht war,
glücklich entdecket, auch diejenigen, welche ſich bisher auf
eine tolle Fabel und einfältige Erfindung etwas zu gute
gethan, ausgeziſchet und lächerlich gemacht haben. Um
ſo

die falschen Brüder bloß, die der guten Sache Lutheri weit mehr als alle öffentliche Feinde geschadet
haben *).

§. 9.

so viel mehr ist es zu bewundern, daß dieses nichtswür-
dige Gewäsche noch immer und bis zum Ekel in Bewe-
gung kommt, und seine Vertheidiger findet. Unsre leicht-
gläubige Feinde sind es nicht allein, welche mit dieser
Mißgeburt spielen: man findet auch unter den Prote-
stanten übersichtige, spitzfündige und sich selbst gelassene
Männer, welche sich in ihre Klauen verliebet, und
meynen, wenn sie die Wahrheit unterdrücken oder verdächtig machen, scharfsinnig gedacht, und sich einen
grossen Namen bey der Welt gemacht zu haben. Diese geben sich alle Mühe, die Quellen trübe, und die
bewährtesten Geschichtschreiber der damaligen Zeit, den
Thuan, Sleidan und Seckendorf, verwerflich zu machen, und aus den Schriften unsrer Gegner alles, es
mag auch noch so rohe, abgeschmackt und unordentlich
seyn, für bekannt anzunehmen, damit sie nur etwas
Neues sagen, und den Unerfahrnen ein Blendwerk annehmlich machen mögen. Wie denn die Pressen und Ka-
theder von diesem fortgepflanzten Unkraute zeugen, und
die Vertheidiger der Fabeln sich auf Unkosten der Einfältigen so lustig machen, als wenn sie ihnen mit einem
Schauspiele aufwarten wollten.

*) Luther selbst hat über diese falsche Brüder schon zu sei-
ner Zeit die ernstlichsten Klagen geführet in dem 3ten
Th. der Altenb. Schrift. S. 689: Aber was soll ich
auf die Papisten hinfürder fast zornig seyn, welche
meine öffentliche abgesagte Feinde sind, und was sie an
mir thun, das thun sie nach Feindes Recht, wie sichs
gebühret. Aber das sind mir erst die allerrechtschuldi-
gen, meine zarten Kinder, meine Brüderlein, meine
güldene Freundlein. Und bald darauf: Ey! wie fein
streite ich doch und liege zu Felde wider die Papisten,
und denke, meine Brüderlein sind hinter mir und helfen: so zünden sie mir dieweil die Stadt an, und mor-
den alles, was drinnen ist, und rühmen dennoch dazu,
daß solches ein gering Ding sey. Ich hätte nicht gemey-

Luth. Briefe.   F   net,

§. 9.

Sehr mannigfaltig sind die Beschuldigungen, woburch Luthers Ehre in unsern Tagen von seinen eigenen Glaubensgenossen gekränket wird. Keine Beschuldigung aber schändet mehr den ganzen Charakter Lutheri, und keine verstümmelt mehr das Werk der Reformation, als die recht arge und tückische Beschuldigung, daß Luther in den letzten Jahren seines Lebens alle Kraft des Glaubens verlohren, und was er im Geiste angefangen im Fleische vollendet habe *). Es ist dieses die Sprache eines Volks, das bey

net, daß S. Pauli Worte so ernst wären, und so viel gelten, da er von falschen Brüdern redet; ich mußte es auch erfahren, was es für ein Kräutlein wäre. In der That sind diese heimliche Feinde weit gefährlicher, als alle offenbare Widersacher. *Seb. Kortholt* de nat. *Luther.* 1702: Melius sane caussae suae consulunt, magisque Lutheranae nocent, qui ab incredibilibus narratiunculis contumeliisque insanis prorsus atque omnino abstinent. *Io. Henr. a Seelen* stromat. Luther. p. 773: Experientia docuit, fuisse et esse magno numero homines in coetu Lutherano educatos et viuentes, qui non solum omnem horum beneficiorum memoriam deponant, sed luculenta etiam ingratissimi aduersus *Lutherum* animi indicia prodere haud vereantur. Peiores sane Pontificiis, quos non adeo miramur, *Luthero* ob sacra ipsorum labefactata, doctrinas impugnatas atque destructas superstitiones esse infensos, et licet ex emendatione sacrorum ab eodem instituta non parum emolumenti perceperint, labores eius improbasse, impudentissimis eum conuitiis onerasse, scriptisque eius solidis et omni laude maioribus scripta putidis mendaciis, anilibus fabulis et acerbissimis criminationibus referta opposuisse.

*) Ist es betrübt, daß offenbare Schwärmer, Adam Bernd, Johann Conrad Dippel, Tobias Eisler, Christian Hoburg, Bernhard Peter Karl, Oliger Pauli,

bey aller seiner Unwissenheit äusserst stolz ist, und einen brausenden Beruf bey sich fühlet, mitten in dem
Lutherthum das Lutherthum immer aufs neue zu verwirren. Dies Volk, das die Sprache Kanaans zu
reden weiß, hat seine scheinheilige Beschuldigung in
alle nur mögliche Formen eingekleidet. Es hat das
ganze Schiboleth erschöpfet, und es hat die heilige
und weltliche Geschichte geplündert, um durch sinnliche
Ausdrücke und Anspielungen einen ganzen Kontrast
von Verleumdungen in einer Beschuldigung zu vereinigen. Der Schwindelgeist dieses Volks hat ein Ge-
schlechtsregister zusammen gewebet, das vielleicht das
einzige in seiner Art ist, so lange die Welt gestanden
hat. Die Urheber des Babylonischen Thurmbaues
unterhalten mit Saul, mit Simson, mit Demas
und mit Nero eine freundschaftliche Bekanntschaft,
wenn sie den Stoff zu frostigen Vergleichungen mit
Luthern verschaffen sollen, deren Entwickelung ein
Meisterstück des schwärmerischen Witzes bleiben wird.
Obgleich diese Beschuldigung häufig gelesen, und noch
häufiger gehöret wird: so hat sich doch niemand voll-
ständiger und deutlicher darüber ausgebreitet, als der
berüchtigte Verfasser einer Schrift, die in ihrer Art

F 2 gif-

Pauli, Otto Lorenz Strandiger, Johann Tenhard,
Christian Trabe, und warum will ich nicht Gottfried
Arnolden hinzusetzen? auch Gottfried Arnold sich
durch diese hämische Beschuldigung an Luthern versün-
diget: so ist es noch weit betrübter, daß selbst öffentliche
und in anderer Absicht verdienstvolle Lutherische Lehrer
ihre sonst so brauchbare Schriften mit dieser Beschuldigung beflecket, und eben dadurch den Werth derselben
sehr erniedriget haben. Es sey aber immerhin eine übertriebene Bescheidenheit: so geschiehet es doch mit Vorbedacht, daß ich nur die ersteren und nicht die letzteren
mit Namen nenne.

giftig und schädlich genug gewesen ist *). Es ist
nöthig, daß ich diesen hämischen Verleumder selbst re=
den lasse: Daß Lutherus ein recht theurer Mann,
und ein wahrhaftiges, vortrefliches, ja auser=
wähltes Rüstzeug Gottes in vorigen Zeiten gewe=
sen, wird kein wahres Kind Gottes leugnen oder
nur in Zweifel ziehen. Grosse Gaben, hohe Er=
leuchtung, unerschrockener tapferer Muth und
unüberwindlicher Eifer, Kraft und Stärke
des Geistes war ihm von seinem GOtt verliehen,
daß er mit Mund und Feder den ganzen Bau
des grossen Antichristischen Babylons, wie dort
Simson das ganze Haus seiner Feinde der Phi=
lister, hätte umstossen und übern Haufen werfen
können; wo nur nicht hernach theils die heftige
Disputen und elende Zänkereyen ihn nach der
Hand unvermerkt von seiner ersten Liebe und
Kraft, und von seinem ersten lautern Sinn, von
der Freyheit des Evangelii von Christo in uns
abgebracht, theils auch die lose Delila mit
welt=

*) Die Aufschrift des Buchs ist: Lutherus ante Luthera-
nismum, oder die uralteste evangelische Wahrheit aus
D. Mart. Lutheri Schriften und eigenen Worten wie
derholet von Ieremia Heraclito Christiano, nunmehro
wieder aufs neue aufgelegt, und mit einem Anhange
vermehret von der gesunden Vernunft, denen zum Be=
sten, die sich selbst verblenden und andre blind zu ma=
chen trachten, aus Lutheri Schriften vernunftmäßig
ans Licht gestellet von G. P. J. H. ohne Benennung
des Druckorts und der Jahrzahl, 207 Seiten in 8.
Es ist sehr wahrscheinlich, daß Gottfried Arnold und
Bernhard Peter Karl an dieser Schrift gemeinschaft=
lich gearbeitet haben, von deren Schicksalen uns die
Herren Verfasser der Unschuldigen Nachrichten weitläuf=
tig unterrichten 1706. S. 637. 1707. S. 539. 570.
1728. S. 547. 1729. S. 1284.

weltlicher Ehre, Ansehen, Ruhm, Gunst, Gewalt u. s. w. ihn nachgerade geschwächet, und
seinen anfänglich freudigen Eifergeist grossentheils
gedämpfet hätte. Denn da er noch gar in Be-
drückung, Noth, Verfolgung und Gefahr stack, und
sich noch auf der Welt keines so grossen und mächtigen Anhanges, welcher ihn nachmals mit Ruhm
bis an den Himmel erhub, und gleichsam für seinen Pabst hielt, ja auch ihn und sein Vorneh-
men mit Macht unterstützete, erfreuen konnte,
sondern er noch unter stetigem, eifrigem und kräf-
tigem Gebet und Wachen, bey so vielen innerlichen
so wol als äusserlichen Anfechtungen und Versuchungen, allein an GOtt und dessen Gnade, aber
als zwischen Himmel und Erde, hangen mußte:
was that er nicht unter den Feinden Gottes für
herrliche Schlachten? wie siegete da nicht aller
Orten, wo er nur hinkam, das Schwerdt des
HErrn in seiner Faust? Trug er nicht selbst die
Thore Gaza, oder des Antichristischen Babels,
samt ihren Pfosten, wie ein andrer Simson,
hinweg auf den berühmten Weissenberg, durch
gründliche Aufhebung und Verlegung der vornehmsten Grundseulen oder Artikeln des Pabst-
thums? Daß dadurch so vielen Seelen ein offener Weg gemacht wurde, mit ihm aus Babel,
darinn sie so lange zuvor verschlossen und so sorgfältig bewahret, ja gefangen gewesen waren, aus-
zugehen? Und bald darauf: Wie hat er nicht anfangs unter seinen vielfältigen Verfolgungen und
zugleich innerlichen Anfechtungen, davon er oft
seinen Freunden geklaget, welche ihn immer ins
Gebet und ins Inwendige getrieben, wider alles
äusserliche und abergläubische Ceremonienwesen
geeifert, allen Menschentand übern Haufen ge-
schmis-

schmiſſen, und die Seelen lauterlich allein auf
Chriſtum und deſſen Inwohnung oder inwendi=
ges Reich und gnadenreiche Vereinigung mit
groſſer Kraft und Nachdruck gewieſen, und da=
bey, wie ein rechter Simſon, oft tauſend verzag=
te Philiſter und Pfaffen auf einmal geſchlagen?
Aber da ihn hernach die falſche Delila mit
weltlicher Ehre und Anſehen, mit Ruhm und
Gunſt der Menſchen, auch ſelbſt der Groſſen in
der Welt, begunte zu ſchmeicheln, und er groß
Anſehen und Kirchengewalt wieder erlangete, ja
ſelbſt ein geiſtlich Haupt, daß ich nicht ſage ein
Pabſt, über ſo viel Menſchen und Länder wurde,
daneben auch viel Streitigkeiten ſein Gemüth von
der Einfalt und Lauterkeit des Glaubens und der
Liebe auf Zankſucht, Wortkriege, Aemulation,
Haß, Zorn und Schelten verleiteten: geſchahe
es bald, daß bey ihm die evangeliſche Lauterkeit
und das Licht, wie in dem Monde, nachgerade
wieder abnahm, und ſein Muth und Eifer aus
GOtt, und die erſte Kraft und Stärke ſeines
Geiſtes nach und nach immer mehr und mehr
geſchwächet wurde.

§. 10.

Was ſoll ich nun zu dieſem Wuſt von theils
niederträchtig ſchmeichelnden, theils giftig läſternden,
im Ganzen aber betrachtet durchaus unbilligen und
ungeſitteten Vorſtellungen ſagen? Wenn ich glaub=
te, daß ein bloſſer Schwerdtſchlag den Gordiſchen
Knoten löſen könnte: ſo würde ich gleich anfangs ſa=
gen, daß die ganze Beſchuldigung bey allen tückiſchen
Abſichten derer, die ſie ſchriftlich und mündlich ver=
breiten, dennoch ganz unerheblich und nichts weniger
als entſcheidend ſey. Denn Luther hat uns niemals
auf

auf seine Person, sondern auf die durch ihn in der er=
sten Lauterkeit wieder hergestellte Lehre, verwiesen,
und seine Aeußerungen sind nicht der geringsten Zwey=
deutigkeit unterworfen *). Er ist zugleich der Ver=
leumdungen schon in seinem Leben so sehr gewohnt
gewesen, daß wir nur seine Großmuth nachahmen
dürfen, wenn wir ihn gleichsam auf eine Zeitlang
vergessen, ohne daß das göttliche Werk der Reforma=
tion im geringsten dabey leidet **). Ich würde hier=
nächst

*) In dem 2ten Th. der Jen. Schrift. f. 81: Die Chri=
sten glauben nicht an den Luther, sondern an Christum
selbst. Das Wort haben sie, den Luther lassen sie fah=
ren, er sey ein Bube oder heilig. GOtt kann so wol
durch Bileam als durch Esaiam, so wol durch S. Pe=
trum als durch Caipham reden. Und damit halte ichs
auch, denn ich kenne auch selbst nicht den Luther, will
ihn auch nicht kennen, ich predige auch nichts von ihm,
sondern von Christo. Und abermals f. 92: Wahr ists,
daß du ja bey Leib und Seele nicht sollt sagen, ich bin
Lutherisch oder Päbstisch: denn derselben keiner ist für
dich gestorben, noch dein Meister, sondern allein Chri=
stus, und sollt dich für einen Christen bekennen. Aber
wenn du es dafür hältest, daß des Luthers Lehre evan=
gelisch, und des Pabstes unevangelisch sey, so mußt du
den Luther nicht so gar hinwerfen, du wirfst sonst seine
Lehre auch mit hin, die du doch für Christi Lehre er=
kennest; sondern also mußt du sagen: der Luther sey ein
Bube oder heilig, da liegt mir nichts an, seine Lehre
ist nicht sein, sondern Christi selbst. Denn du siehest,
daß die Tyrannen nicht damit umgehen, daß sie nur den
Luther umbringen, sondern die Lehre wollen sie vertil=
gen, und von der Lehre wegen tasten sie dich an, und
fragen dich, ob du Lutherisch seyst. Hie mußt du wahr=
lich nicht mit Röhrworten reden, sondern frey Christum
bekennen, es habe ihn Luther, Klaus oder Georg geprer
diget; die Person laß fahren, aber die Lehre mußt du be=
kennen.

**) Luther. ad Spalatin. Tom. II. epist. p. 110: Ferdi=
nandi

nächst beweisen, daß Luthers unbefugte Richter gar keine neue Beschuldigung ersonnen, sondern nur eine alte Verleumdung durch mühsam zusammengeraffte und übel angebrachte biblische Redensarten und durch läppische Vergleichungen, bey deren Entwickelung sich nichts vernünftiges denken läßt, neu ausgeschmücket hätten *). Ich würde endlich wider die Gültigkeit der

nandi siue legatus, siue quid aliud, apud me fuit, visurus, quid hominis essem, et quid agerem. Aiebat, apud Dominum suum mihi famam esse paratam, quod armatus stipatusque procederem, scortis, alcis, tabernis vacarem, ac nescio quibus aliis honoribus in aula eadem fulgerem. Sed ego mendaciis satis sum adsuetus. Es gehöret in der That eine gesetzte und männliche Gemüthsfassung dazu, wenn man Beweise der Großmuth geben will, dergleichen Luther wirklich gegeben hat. Selbst Bayle in seinem Wörterbuche unter dem Artikel Luther hat einen Beweis von dieser Art bewundert, als Luther eine Wälsche Schmähschrift von seinem Tode in Deutschland wieder auflegen lassen, und die Anmerkung hinzugefüget ap. *Melch. Adam.* in vit. Theol. German. p. 152. 153: Fateor et testor hac mea manu ego *Martinus Lutherus*, me d. 21 Mart. 1545. figmentum hoc iracundiae et furoris plenum de morte mea accepisse, laetaque mente et hilari vultu legisse; sed detestatum istam blasphemiam, qua impudens mendacium diuinae maiestati adscribitur, in ceteris me non posse non gratulabundum ridere satanae eiusque squamarum Papae et complicum eius odium, quo me infectantur. Conuertat eos Deus a diabolica ista malitia. Sin autem decretum est, preces meas pro peccato in mortem irritas esse: tum faxit Deus, vt mensuram peccatorum compleant, et libellis huiusmodi mendaciis scatentibus se ipsos inuicem ad satietatem vsque oblectent.

*) Schon Mathesius führet einige gleichzeitige Schwärmer, welche er Däumler nennet, redend ein in der 6sten Predigt vom Leben Lutheri S. 50: Luther sey der rechte

der sich so unruhig überhebenden Richter sehr vieles
einzugeben haben; und ich würde zuversichtlich behaupten, daß Luthers wahre Größe durch ihren Tadel nichts verlieren könne. Es ist wahr, sie haben ge-
lösete Zungen, wenn sie uns begreiflich machen wollen,
daß das Werk der Reformation noch lange nicht
vollendet sey; und sie haben alle Gesichtszüge in ihrer Gewalt, wenn sie uns auf eine geheimnißvolle
Art zu verstehen geben, daß sie sich selbst fühlen,
wenn nur Zeit und Umstände günstig wären. Allein wir würden uns sehr betrügen, wenn wir diese
auf die Nothwendigkeit einer neuen Reformation so
ungesittet pochende Sonderlinge für grosse theologische
Helden halten wollten. Sie sind bey einer genaueren
Prüfung nach ihrem Verstande die allerungelehrigsten,
und nach ihrem Willen die allerunbiegsamsten Geschöpfe; und wenn die nicht ganz zu verachtende
Drohung so vieler unsrer gelehrten Zeitgenossen von
der baldigen Wiederkunft der barbarischen Zeiten dahin erfüllet werden sollte, daß die theologischen Wissenschaften gleichsam durch einen gelehrten Raub der
Welt entwendet würden: so kann man mit dem stärksten Eide betheuren, daß jene unberufene Reformato-
ren

te Saul, der zwar wohl im Geiste angefangen und etliche Schlachten und Scharmützel vom Pabst erhalten:
nun aber, weil er die Aufrührer hätte helfen todtschlagen,
sey der Geist von ihm, wie von Saul, gewichen. Ja,
Luthern selbst ist diese Verleumdung nicht unbekannt geblieben, nach dem 3ten Altenb. Th. S. 689: Ja, daß
sie, die falschen Brüder, nicht vergessen: so preisen sie
sich selbst, wie grosse Märterer sie sind, und so viel leiden
müssen, auch vom Luther; der Luther aber leidet gar
nichts, habe auch den Geist verlohren, und gehe auf
eitel Rosen. Ich meyne, das sey ein recht Erzlücklein,
und das allernärrischste Stücklein, das mir der leidige Teufel beweisen könne.

ren an einem Diebſtahle von dieſer Art völlig unſchul-
dig geweſen ſind. Indeſſen muß man bekennen, daß
ſie bey ihrem geſchäftigen Stolze in ihrer Art weiſe
genug ſind, weil ſie Mittel und Endʒwecke ſehr gut
ʒu verbinden wiſſen. Sie ſuchen Luthern von der hohen Würde eines Reformators herabʒuſtürʒen, weil
ſie ſich ſelbſt auf dieſe Höʒe entweder im Ganʒen,
ʒen, oder in dem kleinen Beʒirke, worinn ſie ʒum guten Glücke eingeſchloſſen ſind, herauf ʒu ſchwingen ſuchen *). Auch bloß die Entwickelung dieſer meiner

all-

---

*) Laßt uns noch einmal die eigenen Worte des Verfaſ-
ſers der Schrift *Lutherus* ante Lutheraniſmum aus der
Vorrede hören: Es iſt alſo geſchehen, daß, nachdem
Luther durch ſolche Verſuchungen von ſeiner erſten Kraft
kommen, er hernach das ganʒe Haus ſeiner und Gottes
Feinde, ob ers wol im Anfange gewaltig geſchüttelt gehabt, doch nicht hat mögen vollends niederwerfen, ſondern, ſo ʒu reden, nur eben das Oberdach und einige
Säulen, darauf daſſelbe ruhete, umgeſtoſſen, und im
übrigen es ſtehen gelaſſen und laſſen müſſen. Und iſt
wol recht alſo eingetroffen, was er dort bey ſeinem Gruß
an den Römiſchen Stuhl unwiſſend gepropheʒeyet, da es
geheiſſen: Meine Gnade und Gruß ʒuvor, allerheiligſter
Stuhl ʒu Rom, knack und brich nicht. Ja allerdings,
meyne ich, habe er ʒwar geknacket, ſey doch aber noch
nicht gar gebrochen. Denn das muß ein verſtändiger,
und ſonderlich ein erleuchteter Chriſt ja geſtehen, daß Lutherus die Kirche, wie man redet, lange nicht völlig
wieder ʒu ihrer erſten und apoſtoliſchen Reinigkeit und
Lauterkeit gebracht, oder gänʒlich reformiret habe. Zwar
hat ers, wie gedacht, in göttlicher Kraft treflich angefangen, und in ſeinen erſten Jahren alle Menſchenſaʒun-
gen, und ohne Ausnahme alles, was bald nach Chriſti
und der Apoſtel Zeiten, unter dem Verfall, dem freyen
Chriſtenvolk des Neuen Bundes nach Art des Alten Teſtaments von der verführiſchen Kleriſey wieder aufge-
bürdet war, auch das, was noch hin jeʒo bey den heutigen Lutheranern und Reformirten im Schwange iſt,

nach-

allgemeinen Betrachtung würde vermögend seyn, die ganze Beschuldigung zu vereitlen, wenn ich hier meine Schutzschrift für Luthern beschliessen wollte.

§. 11.

Jedoch die Verleumdung, welche Luther von seinen falschen Brüdern erdulden muß, mag in der Hauptsache so unerheblich und so unentscheidend seyn, als sie immer will: so hat sie doch in der Art ihrer Ausbreitung so viel Befremdendes und zugleich so viel Schleichen-

nachdrücklich widerleget, und mit Paulo sonderlich lauterlich allein auf Christum den Gekreuzigten geführet, und auf das rechtschaffene Wesen, das in ihm ist, zu Beförderung der neuen Kreatur, und Herwiederbringung des göttlichen Ebenbildes, als worinn eigentlich, nach dem Inhalt des ganzen Neuen Testaments, das Christenthum bestehet, insonderheit auf die Freyheit der Christen im Neuen Bunde von allem Ceremonialischem Satzungsjoche, woran sich sonst der alte Adam endlich gern binden läßt, wenn er sonst nur in seinem Neste ungestöret bleiben mag, getrieben. Aber es hat sich, leider! vorangezeigter maßen, der liebe Mann hernach durch mancherley Versuchungen von solchem lautern Evangelischen und Neutestamentischen Sinn wieder lassen abwendig machen, daß er von neuem wiederum alles an äusserliche Satzungen und Kirchengepränge, wider die rechte Art des Neuen Bundes, und wider die Praxin der ersten und Apostolischen Kirche, gebunden, und also selbst schon das Päbstische Opus operatum, o Jammer! welches er vorhin mit grossem Eifer als zur Vorderthür hinausgestossen, hernach wieder zur Hinterthür hineingelassen: daher denn das Werk des HErrn, welches im Anfange unter seiner gesegneten Hand so trefflich fortgegangen, bald ins Stecken gerathen; daß ich nicht sage, wie seine Nachfolger, so sich von ihm genennet, hernach seine ersten Grundlehren, in specie von der Rechtfertigung, vollends verloren, ja dazu noch an andern als Ketzerey geschollten und verworfen haben.

chendes an sich, daß eine nähere und unpartheyische
Prüfung derselben nicht überflüssig scheinen kann. Denn
obgleich zuvorderst das Werk der Reformation selbst
wenig oder nichts dabey verlieret, wenn wir auch die
Schmähungen des vornehmsten Werkzeuges derselben
verschmerzen wollten: so erfordert es doch die natürli=
che Billigkeit, daß wir die gekränkte Ehre eines unschul=
digen und dabey so sehr um uns verdienten würdigen
Mannes nach unserm besten Vermögen zu beschützen
suchen. *)   Ob gleich hiernächst die Beschuldigung ein
grosses

*) Einen frommen und unschuldigen Menschen zu hassen,
sagt Luther in dem 5ten Th. der Altenb. Schrift. S. 998.
ist eine mehr als menschliche Bosheit.   Er selbst hat
vermöge seines guten Herzens nichts Böses geargwohnet,
und er hat die Verdienste seiner Zeitgenossen so hochge=
schätzet, daß er uns oft in Ungewisheit läßet, ob wir mehr
seine Bescheidenheit, oder die Andern ertheilte Lobsprüche
bewundern sollen.   Wie sollten wir als erkenntliche Nach=
kommen nicht ein Missvergnügen empfinden, wenn wir
seine Weissagung erfüllet sehen: die Welt erkenne es
nicht, werde es auch nicht erkennen, jener Tag aber wer=
de es offenbaren, was für Mühe und Arbeit er um des
Evangelii willen ausgestanden habe.   O! wie richtig ist
die Anmerkung, welche Cyprian in der Vorrede zu Tens
tzels Reformationsgeschichte gemacht hat: Es giebt heut
zu Tage Leute, welche zwar erkennen, daß die Reforma=
tion nöthig gewesen, jedoch dabey Lutherum aufs bit=
terste durchziehen, und also die Arzeney loben, aber den
Arzt ohne Beschimpfung nicht nennen mögen.   Wie ge=
lehrt sich nun solche Männer dünken dürfen: so müssen
sie doch die Geschichtbücher nicht mit Bedacht gelesen,
noch die Gefahr und unbeschreibliche Schwürigkeit des
Werks unpartheyisch ermässet haben, sonst würde sie we=
nigstens die Billigkeit veranlassen, zu bedenken, daß sie
selbst die Freyheit, damit sie jetzo reden und schreiben,
und an welcher sie ihr innigstes Vergnügen finden, der
Reformation Lutheri zu danken hätten; ja sie würden
mit Händen greifen, Gott müsse diesen Mann wider so
ent=

großes Alterthum vor sich hat: so wird sie doch immer aufs neue unter Zusammenfaltung scheinheiliger
Gesichtszüge neu übertünchet, und bey denen, die aus
der Kenntniß der Reformationsgeschichte, eben nicht
ihr Hauptgeschäfte machen, wahrscheinlich gemacht. *) Ob
sich gleich endlich zwischen Luthern und seinen Verleum-
dern ein ungeheurer Abstand befindet, und die Vernunft
der

entsetzliche Gewalt durch seinen Geist mit besonderm Muthe ausgerüstet haben, da ihnen oft von Herzen angst
und bange zu werden pfleget, wenn sie nur einen einzigen mächtigen Politicum als ihren Feind bey Hofe ver-
ehren und fürchten müssen.

*) Von den traurigen Folgen dieses immer aufs neue gege-
benen Aergernisses unterrichtet uns Joh. Friedr. Bertram,
und beruft sich dabey auf das Zeugniß eines öffentlichen
Lehrers, der von sich selbst bekennet, Luther habe ihn zum
Theologen gemacht, in dem 2ten Th. der vermischten theologischen und philosophischen Betrachtungen S. 10: Es
ist eine nicht geringe ob gleich unerkannte Sünde, wenn
man den sel. Lutherum so unbillig und unglimpflich beurtheilet. Diese Sünde ist um so viel grösser, wenn sie
von solchen begangen wird, die in der evangelischen Kirche gebohren und erzogen sind, und also die edeln Früchte seiner gesegneten und treuen Arbeit selbst genossen haben. Sie ist um so viel schwerer, wegen des grossen und
unausbleiblichen Aergernisses, welches damit denen in der
Römischkatholischen Kirche gegeben wird, als welche von
der Erkenntniß und Annehmung der evangelischen Wahrheit eben dadurch abgehalten werden. Sie ist um testo
unverantwortlicher, je weniger Grund dabei ist, und je
mehr Schaden, Zerreissung und Verwirrung unter uns
selbst damit verursachet und unterhalten wird. Ich werde der nachdrücklichen Worte lebenslang nicht vergessen,
die ich aus dem Munde des in Gott ruhenden sel. Prof.
Aug. Herm. Frankens gehöret habe: Ich ermahne sie
in dem Namen unsers Herrn Jesu Christi, diejenige für
falsche Geister zu halten, welche Lutherum unnöthig meistern und immer tadeln wollen.

der Letzteren gemeiniglich da zu schliessen anfängt, wo
die Vernunft anderer Menschen zu schliessen aufgehö-
ret hat: so besitzen sie doch Unverschämtheit genug, die unerweislichsten Ungereimheiten mit der gröf-
sesten Zuverlässigkeit vorzutragen. *) Würden sie schweigen, und ihre schwarze   Galle nur im Verborgenen
über-

*) Noch einmal bediene ich mich dieser Gelegenheit mit ei-
nem traurigen Vergnügen, um Luthers unberufene Richter von ihrer Unbilligkeit zu überzeugen, und mit Ueberle-
gung wähle ich zu diesem Endzweck die Worte des Joh.
Aurifabers aus der Zueignungsschrift zu dem 8ten Th.
der Altenb. Schrift. Lutheri: Nun haben wir zu unsrer
Zeit auch einen Joseph gehabt, Gott hat dem deutschen
Lande einen theuren Propheten und Lehrer, als Doctorem
Martinum Lutherum heiliger Gedächtniß, gegeben, welcher das göttliche Wort, so durch das Pabstthum gar ver-
dunkelt und verfinstert gewesen, wieder an Tag gebracht,
erkläret und ausgebreitet, und von den Hauptstücken der
christlichen Lehre viel herrlicher und nützlicher Bücher geschrieben hat, auch hin und wieder viel schöner Kirchen
und christlicher Gemeinen angerichtet. Aber es kommt,
leider! die Zeit auch, daß man von diesem Joseph
nichts mehr wissen will: denn seine Lehre und Bücher
werden nicht viel mehr geachtet oder gelesen, sondern in
Wind geschlagen, seine Lehre schmeckt den Leuten nicht
mehr, man hat daran verfürwitzet, man gaffet jetzt nach
der Philotheologie, und es muß die alte Scholastica Theologia wieder hervor auf die Bahn gebracht werden.
Man verlästert und schändet noch wol dazu Lutheri Lehre und Bücher, als der vom freyen Willen zu hart geschrieben, und die Lehre vom Abendmahl des Herrn Christi nicht verstanden habe, und von andern Artikeln nicht
gründlich gelehret, noch ein corpus doctrinae christianae
in seinen Büchern verfasset habe, viel Dinges selbst nicht
verstanden.   Auch sey er ein zorniger Mann gewesen,
und mit seinem Stürmen die Leute vor den Kopf ge-
stossen, und vom Evangelio abgeschreckt. Item man führet
noch wol zu, Lutheri Lehre den Leuten verdächtig zu machen, wie M. Eisleben in der Mark in einem öffentlichen

überfliessen lassen: so mögten sie immerhin ihre eigene Schuld tragen. Da sie aber aus ihren tückischen
Gesinnungen so wenig ein Geheimniß machen, daß sie
vielmehr ein Verdienst darinn suchen, wenn sie andre
in ihrer besseren Ueberzeugung irre machen, oder zu
gleichen nachtheiligen Urtheilen verleiten können: so
zürnen sie mit Unbilligkeit, wenn wir uns unsers Rechts
bedienen, und die nicht nur unerweisliche, sondern auch
erweislich falsche Beschuldigung von unserm unschuldigen Luther abzulehnen suchen.

§. 12.

Laßt uns also einen Versuch machen, ob wir den
unordentlichen Schwarm der verwirrten Vorstellungen,
die sich Luthers unbefugte Tadler von seinem Abfalle
von

den gedruckten Büchlein vorgiebet und saget: viel leben
itzt, die da nicht wissen, wo man Lutheri Lehre nehmen
oder geben solle, das ist, wo man derselbigen glauben und
folgen solle oder nicht. So fahren auch die Rottengeister
zu, und wollen ihre Verfälschungen und Korruptelen mit
Lutheri Schriften beschönen, vertheidigen und weiß brennen, er muß eine Stürze oder Deckel über ihre Töpfe
seyn. Letztlich so wird seine Lehre noch dazu verfolget, nicht
zwar von den öffentlichen abgesagten Widersachern, als den
Papisten, die nun darwider zu toben fast aufhören, sondern von den falschen Brüdern, die sich doch für die besten Christen rühmen; dieselbigen hassen, plagen, verfolgen und verjagen diejenigen, so über der reinen Lehre des
göttlichen Worts, durch D. Luther an den Tag gebracht,
feste halten, und solche Lehre Lutheri auf die Nachkommen gerne unverfälscht bringen wollten. Dahin will es
in Deutschland kommen, daß, gleichwie man in Egypten
von Joseph nichts mehr wuste: also wird man von D.
Luthers Lehre auch nichts wissen, und endlich dieselbige
nicht lesen, hören, wissen, dulden noch leiden wollen.
Was nun darauf im deutschen Lande für ein Jammer
und Herzeleid kommen werde, das ist droben erzehlet.

von der ersten Lauterkeit machen, in einige Ordnung bringen können. Wir müssen uns von dieser Bemühung nicht so gleich dadurch abschrecken lassen, daß ihre Zeugnisse schlechterdings nicht mit einander übereinstimmen wollen. Denn das gehöret mit zu dem Wesen der Schwindelgeister der neueren Zeiten, daß sie alle ohne Ausnahme in dem Zustande der dunklen Begriffe leben. Neuerungssucht, Tadelsucht, Verfolgungssucht: das sind, im Ganzen betrachtet, die Bestandtheile, woraus sie zusammen gemischet sind; dabey aber wissen sie doch durch gewisse Unterscheidungssätze sich von einander sehr weislich abzusondern. Und das war auch nothwendig, wenn sie nach dem wilden Ausdrucke eines neueren hochgebohrnen Schwärmers eine Parade in der neuesten Kirchengeschichte machen wollen. Einige sind so barbarisch ungesittet, daß sie Luthern einen erleuchteten Verstand und einen geheiligten Willen, ohne die geringste Einschränkung, gänzlich absprechen. Von den Wörtern Sünde, Fleisch, Geist, Glaube, Gesetz, Tod, Leben, Gerechtigkeit, Erlösung soll er nichts verstanden; und von der bearbeitenden göttlichen Gnade soll er niemals eine Heimsuchung erfahren haben. Andre wollen etwas säuberlicher verfahren, indem sie den angeblichen Verfall Lutheri blos auf die Lehrsätze desselben eingeschränket wissen wollen. Alle aber kommen am Ende darinn überein, daß Luther anfänglich rechtschaffen und lauter gewesen sey, zuletzt aber die Kraft des geistlichen Lebens verloren, und als ein zweyter Demas die Welt wieder lieb gewonnen habe. Indem wir uns aus übertriebener Nachsicht in die tiefste Schwäche der Sonderlinge herabzulassen gedenken: so müssen wir die ganze Beschuldigung nach den Regeln einer gesunden Auslegungskunst in zween Hauptsätze zergliedern. Luther hat als ein erleuchteter und von Gott begnadigter Christ das Werk

der

der Reformation im Geiste und Glauben angefangen: Luther hat aber auch als ein aus der göttlichen Gnade zurückgefallener Mensch das Werk der Reformation im Fleische und Unglauben vollendet. Laßt uns beyde Säße prüfen, und sie in ihr gehöriges Licht zu seßen suchen.

§. 13.

Den ersten Saß wird ein jeder aufrichtiger Verehrer von Luthers grossen Verdiensten mit Mund und Herzen zugeben: es ist wahr, daß Luther als ein erleuchteter und von Gott begnadigter Christ das Werk der Reformation im Geiste und Glauben angefangen habe. Zwey historische Wahrheiten sind in diesem ersten Hauptsaße enthalten. Luther ist zuvorderst ein erleuchteter, und von Gott wirklich begnadigter Christ gewesen. Den Beweis von dieser Wahrheit finden wir in dem ganzen Umfange der Reformationsgeschichte, und Luthers eigne Zeugnisse von den göttlichen Gnadenwirkungen, die er an seiner Seele erfahren hat, sind so unschuldig, daß sie ihn von allem Verdachte der Heucheley völlig befreyen können. Man sahe zwar nicht in seinem Gesichte die schwermüthige und gekünstelte Finsterniß, die der wahren Religion Christi so wenig natürlich ist: allein desto unverdächtiger war das innere Gefühl, das er von der Bearbeitung der göttlichen Gnade hatte. Schon in seiner Jugend ist seine Seele eine Werkstatt des Geistes Gottes geworden, und die Aeusserungen hievon sind so wenig unbekannt geblieben, daß sie selbst dem Bossuet das Bekenntniß abgedrungen haben, Luther habe in seiner Jugend etwas von wahrer Andacht gekostet. *) Wenn nach dem wahren Ausspruche unsrer ihm=

---

*) Wie richtig und praktisch Luther schon vor der Reformation

symbolischen Glaubensbücher der wahre Glaube unter
den Schrecken des Gewissens gebohren wird: so kann
man dieses selbst dem Buchstaben nach von Luthers
Beyspiel behaupten; und wenn man so gar die ersten
Wirkungen der zuvorkommenden und bearbeitenden
göttlichen Gnade mit gewissen Kunstwörtern von Buß-
kampf und Durchbruch belegen will: so hat schon
ein neuerer Schriftsteller dafür gesorget, daß es uns
an einem Beweise von dieser Art nicht fehlen mögte. *)

Lu-

mation in der Lehre von der Rechtfertigung gedacht hat:
davon unterrichtet uns ein noch vorhandener Brief desselben an Georg Spenlein, einen Augustinermönch in Memmingen, von 1516: Was macht deine Seele? ich möchte
es gerne wissen, ob sie endlich, ihrer eigenen Gerechtigkeit überdrüssig, lerne in der Gerechtigkeit Christi sich erquicken, und auf dieselbe ihr Vertrauen setzen. Denn zu
unsrer Zeit ist in sehr vielen eine eitle Einbildung, zuma-
len in denen, die gerne fromm seyn wollen, aber nichts
wissen von der Gerechtigkeit Gottes, welche uns in Christo reichlich und umsonst geschenket ist. Sie suchen so
lange gute Werke zu thun, bis sie vermeynen, sich vor
Gott mit guten Werken und Verdiensten darstellen zu
können, welches doch nicht geschehen kann. Du bist bey
uns in eben dem Wahn gewesen, und ich auch, aber nun
streite ich wider diesen Irrthum, habe ihn aber noch nicht
ausgestritten. Luther selbst hat sich in seinem ganzen
Leben mit der stärksten Rührung seines Gemüths der
Worte eines frommen Augustinermönchs erinnert: Es
ist nicht genug, daß du insgemein glaubest, Gott vergebe
etlichen als dem David, Petro, und andern die Sünde,
denn einen solchen Glauben haben auch die Teufel: sondern Gottes beständiger Wille ist, daß du glaubest, Dir,
Dir werden die Sünden vergeben, und daß du gewiß
seyst des Glaubens, der Gerechtigkeit und deiner Seligkeit. Eine recht rührende Erzehlung läßt uns Luther
von seinen Erfahrungen lesen in dem 6ten Altenb. Th.
S. 1314.

*) Joh. Friedr. Bertram in einer Abhandlung, welche die
Aufs

Luther hat hiernächst das Werk der Reformation
im Geiste und Glauben angefangen. Auch diese hi=
storische Wahrheit leugnen wollen, hieſſe eben ſo viel,
als alle Wahrheit der zuverläſſigſten Geſchichte leug=
nen. Als Luther wider einige öffentliche Aergerniſſe
mit der ihm gewöhnlichen Offenherzigkeit und Frey=
müthigkeit öffentlich zu zeugen anfing: war der Scha=
den Joſephs, nach dem einmüthigen Geſtändniſſe aller
Zeitgenoſſen, ſchon beynahe unheilbar worden. *) Je=
dermann erkannte die Nothwendigkeit der Reforma=
tion; jedermann wünſchte die Beſchleunigung derſel=
ben: Luthern ſelbſt aber fiel auch nicht einmal der

G 2   Ge=

Aufſchrift hat: Pietas *Lutheri*, das iſt, Lutherus als
ein ſchönes Muſter und Vorbild einer aufrichtigen wah=
ren und evangeliſchen Gottſeligkeit, aus unverwerflichen
Zeugniſſen ſeines in und vor der Welt geführten Wan=
dels und Lebens, in ſeinen vermiſchten theol. und philoſ.
Betrachtungen Th. 2. S. 21. 38. ſ. Man vergleiche mit
dieſer in ſeiner Art ganz methodiſchen Schrift Seb.
Schmids Lutheriſche Frömmigkeit, *Martin. Statii* Luther.
rediu. das iſt, Chriſtenthum *Lutheri*, darinn der wahre
lebendige Glaube mit Lutheri geiſtreichen Worten vor
Augen geleget wird; *Alb.* de *Krakewitz* examen nouae
hypotheſeos de *Luthero* ante Lutheraniſmum, i. e. de
Luthero prioribus tantum reformationis temporibus an=
tiquiſſimo veritatis euangelicae aſſertore, und *Chr. Henr.*
Zeibich electa hiſtoriae, vitae et mortis *Lutheri*, Viteb.
1746.

*) Zwey Zeugniſſe eines Römiſchen Pabſtes und eines Kar=
d.nals der Römiſchen Kirche ſind zureichende Beweiſe.
Hadrian VI. in inſtruct. ad Legat. ap. *Georg. Coeleſtin.*
hiſt. aug. conf. T. I. p. 4: Scimus in hac ſancta ſede
aliquot iam annis multa abominanda fuiſſe, abuſus in
ſpiritualibus, exceſſus in mandatis, et omnia denique in
peruerſum mutata. Nec mirum, ſi aegritudo a capite
in membra, a ſummis Pontificibus in alios inferiores
Praelatos deſcenderit. *Rob. Bellarmin.* conc. 28. Domin.

Lu=

Gedanke ein, daß er zu einem so grossen Werke be=
stimmet wäre, ob gleich viele in ihm die dazu nöthi=
gen Fähigkeiten erkannten. Die bescheidene Demuth,
welche alle seine Handlungen schmückete, begleitete ihn
bei seinen Schritten; und wirklich hat er keinen
Schritt gethan, der uns nicht von seinen lautersten
und uneigennützigsten Gesinnungen überzeugen könn=
te. *) In der That! man müste entweder in der Un=
wissen=

Laetare Tom. VI. Opp. ed. Colon. 1617. pag. 296:
Einige Jahre vorher, ehe Luthers und Kalvins Ketze=
rey entstunde, war fast gar kein Ernst mehr in geistlichen
Gerichten, keine Zucht in Sitten, keine Gelehrsamkeit in
der heiligen Schrift, keine Ehrfurcht vor göttlichen Din=
gen, ja es war fast keine Religion mehr.

*) Luthers eigene Erzehlungen sind so ungekünstelt und
dabey so deutlich, daß sie gar keiner Erklärung bedürfen.
Im 4ten Th. der Jen. deutsch. Schrift. f. 540: Du
weist, o Gott, daß ich mich selbst zu solchem Amte und
Werke wider den Pabst und meine Feinde nicht einge=
drungen noch dasselbige gesucht habe, sondern du hast mich
hinein gebracht über und wider meine Gedanken und
Wissen. Im 1sten Th. der Altenb. Schrift. S. 350:
Was soll ich denn nun thun? eigenen Nutzen und Ge=
winn suche ich nicht; und wenn ich ihn gleich suchte:
könnte ich ihn nicht finden, weil meiner Widerwärtigen
so viel sind, die mich aufs äusserste neiden und hassen.
Vielweniger kann ich nach Ehre streben in meiner gros=
sen Schande, ich wäre gewißlich unter allen, die je gewe=
sen sind, der unbedächtligste, ja unsinnigste Mensch, wenn
ich mich unterstehen wollte, nach diesen Dingen zu trach=
ten, die ich nicht erlangen könnte, ja um welcher willen
ich Schaden für Gewinn, Schande für Ehre, Strafe,
Gewalt und Tod, anstatt Mitleidens, Schutzes und Le=
bens ohne Unterlaß erdulten müste; und so ich irrete,
müste ich über das alles im höllischen Feuer meine Quaal
und Marter in Ewigkeit haben. Und ob vielleicht ein
solcher verstockter Mensch mögte erfunden werden: hoffe
ich doch, ich sey anders gesinnet, welches daran zu spüren
ist,

wissenheit oder in der Bosheit eine recht männliche Stär-
ke besitzen, wenn man das Göttliche in dem Werke der
Reformation verleugnen, oder Luthern der geringsten
Unlauterkeit und Eigennützigkeit beschuldigen wollte. *)

§. 14.

ist, daß ich ungern lehre und dem Dienste des Worts
vorstehe; die aber als verstockte Leute thun, eigene Ehre
suchen, die sind unbeschwert zu lehren, ja thun es mit Lust
und Freuden. In dem 5ten Th. der Altenb. Schrift.
S. 169: Ich will nichts heissen, auch nichts befehlen, will
auch nicht Autor genennet werden. Und ob man gleich
eine bequeme Deutung finden mögte: so will ich doch das
Wort nicht. In der Vorrede zur Auslegung des Proph.
Daniel: Es kann niemand mit Wahrheit sagen, daß aus
seinem Kopfe oder bedachtem Rath und Willen solche Lehre sey hervorgebracht. Wir sind alle ohngefehr und
plumpeweise dazu gekommen; und ist uns geschehen, wie
Jesaias sagt: ich bin funden von denen, die mich nicht
suchten, und erschienen denen, die nach mir nicht frag-
ten. Denn auch ich, der ich einer bin von den Ersten,
gar viel ein anders suchte, und dachte im Anfange meines
Schreibens vornemlich allein des Ablasses Misbrauch,
nicht den Ablaß selbst, vielweniger den Pabst oder ein
Haar am Pabst, verstund weder Christum noch den Pabst
recht. Und in einem Briefe an Spalatin von 1520: Was
kann ich doch ehrlichers begehren? ich begehre kein Car-
dinal zu werden, trachte auch weder nach Gold, Ehre, Geld
noch Gut, Summa auch nach alle dem nicht, das Rom
itzt zur Zeit hoch, theuer und werth hält. Kann ich aber
von ihnen solches nicht erlangen noch erheben: so ent-
setzen sie mich meiner Lehre und Doktoramts, und lassen
mich mit Frieden im Kloster oder einsam in einem Winkel mein Leben zubringen und sterben. Ich elender Mensch
lehre und predige ungern, und werde doch gleichwol darüber verfolgt, so doch andre, die Lust haben zu lehren und
zu predigen, dagegen geehret, gelobet und gepriesen werden. Und weil mein Gemüth also stehet, kann ich mich
nicht weder für Drohungen fürchten, noch mich gute
Worte und Verheissungen bewegen lassen.

*) Meine Leser mögen hieraus urtheilen, mit was für einer

gro-

§. 14.

So richtig und erweislich der erſte Satz iſt: ſo unrichtig und unerweislich iſt der zwente Satz, daß Luther als ein aus der göttlichen Gnade zurückgefallener Menſch das Werk der Reformation im Fleiſche und Unglauben vollendet habe. Hier iſt der Scheideweg, wo ſich Lutheri hämiſche Feinde von ſeinen aufrichtigen Freunden trennen. Die letzteren glauben es in aller Unſchuld, und ſie glauben es aus zuverläſſigen Merkmahlen, daß der natürlich ehrliche Menſchenfreund und der wiedergebohrne Chriſt bey Luthern in einer Perſon bis an den letzten Odem ſeines

groben Unwahrſcheinlichkeit Chriſtian Thomaſius, ein Rechtsgelehrter, für deſſen gleichen mehreren Gott die Lutheriſche Kirche in Gnaden bewahren wolle. Luthern eines brutalen Glaubens, und eines Reformationskützels beſchuldiget hat. Seine Worte ſind ſo ungeſittet und mit der Wahrheit der Geſchichte ſo wenig übereinſtimmend, daß ſie anzuführen, eben ſo viel heißt, als ſie ernſtlich widerlegen aus der Anzeige ſeiner Wintervorleſungen N. 28: Wie herrlich ging alles, ſo lange der Churfürſt Gott reformiren und alles ſein piano gehen ließ, wenn gleich Luther noch ſo ſehr ſchalt, und ſeinen Kützel zu reformiren für einen ſtarken Glauben, des frommen Fürſten Klugheit aber für eine politiſche Kleinglaubigkeit ausgabe. Wie gings aber, ſo bald als Luther aus ſeinem Pathmo auslief, und ſich in das Reformationswerk einmiſchete, auch die Händel mit Carlſtadt und ſonſten anfieng? Iſt nicht daraus das Unglück entſtanden, das die Proteſtirenden im Römiſchen Reiche, ja in Europa, noch nicht verwinden können. Was hindert es, daß wir bey einer ſo diktatoriſchen Unwiſſenheit nicht mit einer diktatoriſchen Wiſſenſchaft die Worte des Auguſtinus gebrauchen, die ſchon *Georg Lamus* in Hermathen. ſiu. orat. paneg. Lipſ. 1682. 8. orat. 3. p. 94. auf die Reformationsgeſchichte angewendet hat? Haec quisquis non videt, coecus eſt; quisquis videt nec laudat, ingratus eſt; quisquis laudanti reluctatur, infanus eſt.

nes Lebens vereinigt geblieben sind. Ja, ihre Liebe
hoffet und glaubet noch ein mehreres. Sie halten sich
überzeuget, daß das Maaß der göttlichen Gnade bey
dem biegsamen Luther stufenweise vermehret, und sein
Verstand immer mehr aufgekläret, und sein Wille immer mehr geheiliget worden sey. Bey dieser ihrer
Denkungsart finden sie in Luthers Denkungsart gar
nichts widersprechendes. Die edelste Grösse ohne krie-
chendem Stolze, die stärkste und schnelleste Vernunft
bey der feurigsten und glücklichsten Einbildungskraft,
das zärtlichste Herz bey den männlichsten Empfindungen, und eine treue Arbeitsamkeit des Geistes, die nicht
ermüdet werden konnte; das alles finden sie in Luthers
Original, das zur Heuchelen gewiß nicht geschaffen
war. J deßen ist es ihnen sehr begreiflich, daß
Luthers schneller, starker und geschäftiger Geist sich
von Jahren zu Jahren gleichsam mehr entwickelt habe; und sie sind um desto geneigter, Luthers letztern
Einsichten noch mehr als den ersteren zuzutrauen, da
sich Luther selbst diese Nachsicht mit sehr rührenden
Ausdrücken erbeten hat. *) Die ersteren hämischen
Feinde

*) In dem 1sten Th. der Jen. Schrift. S. 2: Vor allen
Dingen bitte ich den christlichen Leser, und bitte ihn um
unsers Herrn Jesu Christi willen, daß er meine erste Bücher ganz bedächtlich, auch mit grossem Mitleiden wolle
lesen, und wissen, daß ich vor dieser Zeit auch ein Mönch,
und der rechten unsinnigen, rasenden, für grosser heuchle-
rischer Andacht und Geistlichkeit, Papisten einer gewesen
bin, da ich die Sache wider den Ablaß anfinge, so voll
und trunken, ja so gar ersoffen in des Pabstes Lehre, daß
ich für grossem Eifer bereit gewesen wäre, wenn es in
meiner Macht gestanden, zu ermorden, oder hätte zum
wenigsten Gefallen daran gehabt, und dazu geholfen, daß
ermordet wären worden alle die, so dem Pabst in den
geringsten Sylben nicht hätten wollen gehorsam und unterworfen seyn. Und abermals: Du wirst, christlicher
Leser,

Feinde aber unterhalten uns mit einem Galimathias
von übel zusammenhangenden Vorstellungen, um uns
ser unschuldiges Vertrauen zu schwächen; und sie
stellen sich recht ungeberdig an, wenn sie zuletzt mit
dürren Worten sagen wollen, daß Luther Glauben
und gut Gewissen wieder von sich gestoßen, und folg=
lich das Werk der Reformation, wozu sie selbst einen so
merklichen Hang verrathen, bey weitem nicht vollendet
habe. *)

§. 15.

Leser, in meinen ersten Schriften und Büchern finden,
wie viel Artikel ich dem Pabst dazumal mit grosser De=
muth nachgelassen und eingeräumet habe, welche ich her=
nachmals für die schrecklichsten Gotteslästerungen und
Greuel gehalten und verdammet habe, und in Ewigkeit
gehalten und verdammet haben will, Amen. Wollest de=
rohalben diesen meinen Irrthum, oder, wie es die Wi=
dersacher giftig deuten, ungleiche Rede, der Zeit und mei=
ner Unwissenheit und Unerfahrung beymessen. Ich war
erstlich gar allein ohne alle Gehülfen, und dazu, die Wahr=
heit zu sagen, aller Dinge ungeschickt, und viel zu unge=
lehrt, solche hohe, wichtige Sachen zu handeln. Denn
ich bin ja ohne allen meinen Vorsatz, Gedanken und Wil=
len ganz ohnversehends in diesen Zank und Hader ge=
rathen, des nehme ich Gott, aller Herzen Kündiger, zu
Zeugen.

*) Es ist ein wirklicher Kontrast von tückischen Cavillatio=
nen, wodurch der Verfasser des *Lutheri* ante Lutherani=
mum Luthers klare und deutliche Worte verdrehet hat:
Zwar wird man überhaupt wider diesen *Lutherum* ante
Lutheranismum wollen einwenden, es sey Lutherus eins
mal nicht ganz unfehlbar gewesen, so daß er nicht auch
irren können; so müsse man auch wissen, daß er im
Anfange noch nicht erleuchtet genug gewesen, die Sachen
recht einzusehen, darum er auch noch eine Zeitlang einige
Irrthümer und Misbräuche, so er hernach rechtmäßig
verworfen, beybehalten, und daher selbst gebeten habe, sei=
ne erste Schriften mit grossem Mitleiden zu lesen. Aber
was das Erste betrift, dienet darauf zur Antwort, solche

Uns

§. 15.

Da Luthers strenge Richter mit so sehr gelöseten Zungen reden, wenn sie ohne Zurückhaltung und ganz zuverlässig behaupten, daß Luther am Glauben Schiffbruch gelitten, und sich dadurch zur Fortsetzung des Werks der Reformation unfähig gemacht habe: so

so sollte

Unfehlbarkeit traue auch niemand dem Herrn Luthero zu, denn sonst müßten seine letztern Schriften mit den ersteren besser übereinstimmen. Was aber das Andre anlanget, so kann ja ein erleuchtetes Kind Gottes aus dem, was zuvor angeführet, urtheilen, Lutherus müsse freylich im Anfange, nach der Beschaffenheit seines damalligen Zustandes, unter dem Drucke, in der Demüthigung und Verleugnung, ein grösser Licht des Geistes gehabt, und vielmehr und tiefer gesehen haben, als in nachfolgenden Zeiten, da es mit ihm, so bald er sichtbarlichen Schutz und Trost gemerket, und sich die Grossen selbst auch an ihn gehänget, und für ihn interessiret, gar ein anders worden, und er sich oft in dem Ausbruche seines Hochmuths selbst nicht gekannt, sondern angefangen seinen Eifer und Feder, auch nur um blosser Meynungen und Wortkriege willen, wie seine Nachfolger es ihm bis auf diesen Tag treflich nachthun, mit dem Grimme der Eigenheit häßlich zu besudeln, und dem alten Adam in grausamen Schelten und Hassen freyen Zügel zu lassen, über andre seine Mitknechte zu herrschen, sich selbst aber allein groß zu machen; und das meistens unter dem grösten Schein des göttlichen Eifers für die reine Lehre, und lauter heilsamer Absichten: wie solches alles aus der unpartheyischen Kirchenhistorie nicht unbekannt seyn kann. Und bald darauf: Wenn aber Lutherus bittet, man solle seine ersten Bücher mit grossem Mitleiden lesen: so sagt er solches blos allein NB. in Ansehung derjenigen Punkten, darinn er anfangs noch Päbstischer Meynung gewesen. Aber es ist dies keinesweges zu ziehen auf dergleichen Dinge in seinen ersten Schriften, wovon hier die Rede und Handlung ist, als darinn er sich damals viel weiter vom Pabstthum gethan, als man hernach geblieben. Denn daß er nur allein auf jene, nemlich Päbsti-

sche

sollte man glauben, daß sie ihr breistes Vorgeben durch
eine Menge von Gründen wenigstens wahrscheinlich
machen würden. Allein, weit gefehlt. Sie sind unsern
heutigen gemächlichen Schriftstellern nur gar zu ähnlich. Diese besorgt, daß man sie für gelehrte Gibeo-
niten oder für Sprößlinge von dem Stamme Isa-
schar halten mögte, verwandeln entweder die Geschichte in Romanen, oder sie wissen den Beyfall der Leser
durch unerwartete Wendungen ohne Beweis und folglich auch ohne Mühe zu erschleichen. O! wie oft werden nicht in unsern Tagen diejenigen Schriften für Ge-
setzbücher der Wahrheit ausgegeben, worinn offenbare
Irthümer und erweisliche Ungereimtheiten enthalten sind,
wenn sie nur mit zuversichtlicher Feder vorgetragen, und
mit dem Gewande einer strotzenden Schreibart umhül-
let werden. Die letztere Eigenschaft ist allein schon vermögend, Weltweise und Geschichtschreiber nach dem
neuesten Geschmacke, oder vielmehr neblichte Sterne und
blasse Lufterscheinungen zu bilden. Und das sind die
schönen Geister, die eine Gattung des Bündnisses unter
sich errichtet haben, daß sie keinen andern Witz gelten
lassen wollen, als der dem ihrigen ähnlich siehet. Fürwahr! man muß ein jedes Thier in seiner Art beurtheilen. Luthers Tabler haben ebenfalls einen Witz in ihrer Art und sie lassen sich das Vergnügen, das sie an
sich selbst haben, und die Ehre, die sie von ihren Anbe-
tern geniessen, und die sie sich wechselsweise erzeigen, gewis nicht rauben. Heuchlerische Gesichtszüge, orakel-
mässige Aussprüche und gaukelnde Vergleichungen vertreten bei ihnen die Stelle ernsthafter Beweise. Laßt
uns

---

sche Punkte gesehen, wenn er gebeten, seine erste Schriften mit Mitleiden zu lesen, ist daher gewiß, weil er so
fort als eine Ursache dessen hinzusetzet, man solle wissen,
daß er auch vor der Zeit ein Mönch, und der rechten unsinnigen und rasenden Papisten einer gewesen sey.

uns also nur nicht sicher werden. Jener unwürdige Verfasser des *Lutheri* ante Lutheranismum hat aus Luthers eigenen Schriften die Waffen geschmiedet, womit er uns bestreitet. Wir wollen noch einmal seine Worte hören: Es ist, leider! offenbar genug, wie **Lutherus** selbst hernach in statu contradictionis dasjenige mannigmal in Zweifel gezogen, oder gar verworfen, was er zuvor wider die Päbstischen und Päbstenzenden Dinge selbst gelehret hatte. So hat er auch noch in seinem letzten Werke, nemlich in seiner andern Auslegung über das erste Buch Mosis, manche Dinge geschrieben, welche auch nach den gemeinen principiis in der Theologie schlechten Wachsthum an **Luthero** zeigen, wie einer redet; zu geschweigen, was die Thaten selbst ausweisen. Zum Exempel: er setzet ausdrücklich von dem H. Apostel **Jakobo** und dessen Kanonischer Epistel, man solle mit dem Text nicht so kalt umgehen, wie **Jakobus** thue in seiner Epistel. Ja noch verfänglicher: darum schleußt **Jakobus** nicht recht. Item, daraus folgt nicht, wie **Jakobus** närrisch schleußt. Und ist merklich, was er selbst unter andern noch kurz vor seinem Tode über Tisch bekannt, daß er nemlich nicht wüste, ob er noch so stark und freudig wäre, als er auf dem Reichstage zu Worms gewesen. Drey Scheingründe sind es, welche Luthers Verleumder mit einer scheinheiligen Arglistigkeit zusammen gekettet hat. *) Er beruft sich zuvörderst auf die,
seiner

---

*). Niemand wird mich mit Recht beschuldigen können, daß ich die Scheingründe meiner Gegner verstümmelt, oder sie nicht in ihrer ganzen Stärke vorgetragen hätte. Es ist wahr, der Verfasser des *Lutheri* ante Lutheranismum hat Luthern auch durch die Warnungen zweyer Zeitgenossen, des David Joris und des Erasmus, den er den bescheidenen Erasmus nennet, verdächtig zu machen gesuchet.
Und

seiner Meynung nach, schlecht gerathene Auslegung des
ersten Buchs Mose, welche Luther in den letzten Jahren seines Lebens verfertiget hat, und findet nach der
Meynung eines, aller Wahrscheinlichkeit nach, ihm gleich
gesinnten Schwärmers, den Beweis darinn; daß Luther
sich

Und meinetwegen hätte er immerhin die dritte Zahl voll
machen und auch den Thomas Münzer hinzusetzen mögen. Denn auch dieser Aufrührer hat Luthern eines Ab-
falles und der Unlauterkeit beschuldiget, und ihn mit den
Namen eines Schmeichlers, Brandfuchses und Leisetritts
beleget. Allein, was würden wir gewinnen, wenn wir
mit den Vorurtheilen des Ansehens streiten wollten. Zu
allem Ueberfluß kann ich meinen Gegnern ebenfalls einen
recht tobenden Schwärmer der neueren Zeiten entgegen
setzen, der Luthern mit einer so ausserordentlich polternd-
den und pochenden Beredsamkeit vertheidiget hat, daß man
aus seinen Schriften ein ganzes Wörterbuch von nieder-
trächtigen Schimpfwörtern zusammen setzen kann. Es ist
Joh. Michaelis, ein Schwindelgeist, der in der Gabe zu schelten und zu schimpfen keinem einzigen seiner Brüder etwas nachgegeben, die meisten aber weit übertroffen
hat. Meine Leser mögen es mir Dank wissen, daß ich
aus verschonender Höflichkeit nichts weiter als den Titel
hiehersetze: *Lutherus* rediuiuus, der wiederlebende Lutherus, in vier Theilen 1) als ein Apostolischer Luther,
der Babylonischen Christenheit nach, allen ihren Sekten
zum Beyspiel fürgestellet, 2) als ein sich verantwortender
Luther, nicht gegen seine Feinde, die Papisten, sondern gegen seine falsche Brüder, und lose Christen, 3) als ein
verketzerter und verquackerter Luther, theils von seinen
Feinden, den Papisten, theils von seinen Namenegenossen
und Kalvinisten, 4) als ein streitender Luther wider den
weltlichen Regenten und Antichrist, der ganzen Babylonischen Christenheit, derer Fall und Untergang nahe ist,
nach allen ihren Sekten und Ständen fürgestellet, zu einem Zeugniß über sie. O Gott, zu deiner Ehr allein soll
diese Schrift gerichtet seyn. Ohne Benennung der Jahrzahl und des Druckorts in 8. Der zweyte Theil ins-
besondere, der beynahe zwey Alphabete stark ist, hat folgen-
de

ſich ſelbſt zuletzt ganz unähnlich geworden ſey. Es
iſt dieſes ein Beweis von einer ganz ſonderbaren Art.
Er enthält einen bloſſen Machtſpruch, deſſen Beantwortung ſo lange ohnmöglich bleibet, bis man uns
das Bedenkliche und Anſtößige in Luthers gewiß
vortreflicher Auslegung gezeiget hat.   Bey mir ſelbſt
vertritt dieſer Beweis die Stelle eines wirklichen Ge-
genbeweiſes.   Denn wahrlich! Luther müßte recht
arg geſündiget haben, wenn er ſich durch ſeine letzte
Arbeiten den Beyfall eines Schwindelgeiſtes hätte er-
werben ſollen *).   Der zweyte Scheingrund ſtreitet
wi-

de Aufſchrift: Ichouah Moderante! *Lutheri* rediuiui,
anderer Theil, ſtellet Lutherum für als einen ſich ver-
antwortenden Luther gegen ſeine Momiſten und Tadler.
welches nicht ſind die Papiſten, die elenden Blendlinge,
ſondern die nach ſeinem Namen ſich ſektiriſch und falſch
nennende Lutheraner, rectius Philippiſten. Den Beſchluß
macht ein Anhang, deſſen Inhalt ebenfalls der Titel zu
erkennen giebet: Bildniſſe und Ehrengedächtniſſe des
Grosfürſten Michaelis Jeſu Chriſti, und derjenigen Offici-
rer, ſo unter ſeinem Kommando, wie Lutherus im vorigen Seculo mit dem geiſtlichen Thier, alſo dieſe in dieſem Seculo mit dem weltlichen Thier und deſſen falſchen
Propheten, Unverſtands Niſtern und Froſchkröten geſtrit-
ten haben, nebenſt ihrem in Geiſtes Kraft blaſenden Kir-
chentrompeter, ſo gut man deroſelben Bildniſſe und Eh-
rengedächtnüß zur Zeit hat erlangen können, derjenige,
der dieſes denen Apoſtoliſchen Wahrheitzeugen zur Freude und Luſt, dem Babyloniſchen Drachenvolk aber zum
Trotz und Verdruß aufgerichtet hat zu dieſer Zeit und in
dem Jahr, da Babels Krieg ſehr heftig war. 1700.

*) In was für einer Gemüthsfaſſung Luther dieſes ſchätz-
bare Werk geſchrieben habe: davon mögen meine Leſer
aus dem gewiß rührenden Beſchluſſe deſſelben urtheilen:
Das iſt nun der liebe Genesis.   Unſer HErr GOtt
gebe, daß andere nach mir es beſſer machen.   Ich kann
nicht mehr, ich bin ſchwach.   Orate Deum pro me, daß
er mir ein gutes ſeliges Stündlein verleihe.

wider den Tadler ſelbſt, deſſen Vernunft, oder das
Etwas, das ſeine Vernunft vorſtellen ſoll, von einer
Unwahrheit zur andern fortirret. Es iſt wahr, Lu=
ther hat anfänglich in dem Briefe Pauli an die Rö=
mer und in dem Briefe Jacobi einen Widerſpruch
gefunden zu haben geglaubet; und er hat ſeine Be=
denklichkeit mit der ihm eigenthümlichen Freymüthig=
keit, zugleich aber mit der nachahmenswürdigſten Be=
ſcheidenheit öffentlich und ohne Zurückhaltung entde=
cket. Er hat aber auch nachher mit gleicher Freymü=
thigkeit das Gegentheil bekannt, als er bey dem Ge=
brauche mehrerer Hülfsmittel ſeine Einſichten mehr
aufgekläret und verbeſſert hatte. Aus ſeinem ganzen
Verhalten hiebey leuchtet eine liebenswürdige Unſchuld
hervor. Der theologiſche Eigenſinn und richteriſche
Stolz war in ſeinen Augen eine traurige Verunſtal=
tung des wahren Chriſtenthums; und ſeine Geſin=
nungen waren dem Sinne des göttlichen Stifters
unſrer Religion viel zu gemäß, als daß er andern
ſeine Einſichten mit Ungeſtüm hätte aufdringen, oder
eine mehrere Aufklärung derſelben durch Hartnäckig=
keit hätte vereiteln ſollen. O! wie reizend ſtellet ſich
ſein Bild unſern Augen dar, wenn wir ihn mit ſo
vielen ſpröden Schriftſtellern unſrer Zeiten in Ver=
gleichung ſetzen, die kaum einen ſanftmüthigen Wi=
derſpruch, am wenigſten aber eine ernſtliche Zurecht=
weiſung vertragen können *)! Wenn endlich Luthers
hä=

*) Luthers Unſchuld und Beſcheidenheit bey dieſem Schein=
  widerſpruche iſt ſchon ſo oft und ſo nachdrücklich gerer=
  tet worden, daß ich mich ſchlechterdings nicht überwinden
  kann, etwas mehr hinzuzuſetzen, als was ſchon Bertram
  dem Pſeudo Democrito geantwortet hat. Dieſer ſpru=
  delt nach ſeiner Art, das iſt, mit ungeſitteten Worten:
  Was für ein unglückſeliges Syſtema oder Religion hat
                                                      nicht

hämischer Feind die eigenen Worte dieses Mannes,
die er über Tische mit der grössesten Unschuld geredet
hat, mit einer verrätherischen Tücke auffänget und
mißhandelt: so ist dieses eine ungesittete Bosheit,
die den wahren Abscheu eines jeden ehrlichen Menschen=
freundes verdienet. Ist es auch wol möglich, richtig
und redlich zu denken, wenn man nicht in dem Gei=
ste eines Mannes denket, der gegen andre gelinde
und gegen sich selbst strenge, und dessen nie finste=
res, nie murrisches, sondern allezeit freundschaftlich
offenes Herz immer ganz in seinem Gesichte und ganz
auf seiner Zunge gewesen ist? Und ist das der
Dank, womit wir einen Mann belohnen wollen, des=
sen Lebhaftigkeit und Redlichkeit uns vor aller Kunst
und Verstellung sichert, wenn wir uns billig seine
Bescheidenheit zum Muster der Nachfolge erwählen
sollten *)?

§. 16.

nicht Lutherus entworfen, weil er in seinem Feuereifer
wider die Römischkatholischen über die Episteln Pauli ge=
rathen ist, da meynet er daraus die Werktheiligkeit recht
tüchtig zu widerlegen, erwischte daselbst auch seine er=
bärmliche Lehre vom Glauben Allein. Und als ihm der
liebe Jacobus ins Angesicht widersprach: so mußte es
seine stroherne Epistel heissen, da doch vielmehr er selbst
Stroh und Stoppeln auf Pauli herrlichen Grund ge=
bauet hatte. Die Augen mögten mir übergehen, wenn
ich Paulum ansehe, und wiederum betrachte, wie Luther
in demselben herumgewühlet. Jener aber fertigt seinen
Gegner ganz kurz ab in dem ersten Theil seiner vermisch=
ten theologischen und philosophischen Betrachtungen S. 85:
Was soll ich zu allen diesen unerwiesenen und unerweis=
lichen Schmähungen sagen? Ich weiß nichts bessers
darauf zu antworten, als dieses, aus 2 Pet. 2, 12. 13:
Sie lästern, da sie nichts von wissen, noch wissen wollen,
und werden in ihrem verderblichen Wesen umkommen,
und den Lohn der Ungerechtigkeit davon bringen.

*) Hätte Luther, dessen Herz für alle Menschen warm,
für

§. 16.

Und ſo ſuche ich mich denn nun von einer traurigen
Pflicht loszumachen, indem ich zu beweiſen gedenke,
daß Luther ihm ſelbſt immer ähnlich geblieben ſey,
und daß er folglich in den letzten Jahren ſeines Le=
bens die Kraft des Glaubens nicht verloren, und,
was er im Geiſte angefangen, nicht im Fleiſche vollen=
det habe. In der That iſt es eine traurige Beſchäf=
tigung, wenn ein redlicher Mann ſeine Unſchuld ent=
weder ſelbſt rechtfertigen, oder ſie durch andre rechts=
fertigen laſſen muß. Für mich ſelbſt hat indeſſen dieſe
Bemühung etwas angenehmes an ſich, weil ſie mei=
ner Neigung ſchmeichelt, die gekränkte Unſchuld zu
vertheidigen, weil ich mich einer ſtrengen Unpartey=
lichkeit bewußt bin, und weil ich mich auf die Gerech=
tig=

---

für ſeine Freunde und Tiſchgenoſſen aber glühend war,
voraus ſehen können, daß man ſeine Reden ſo freventlich
mißbrauchen würde: ſo würde er vielleicht ſeinem Cha=
rakter, der ganz Freude und ganz Offenherzigkeit war,
mehr Gewalt angethan haben. Er erklärt ſich ſelbſt
über die Gültigkeit ſeiner Tiſchreden in der Hauspoſtille
über das Evangel. am Sonntage Jubilate: In S. Au=
guſtini Büchern findet man viel Sprüche, die Fleiſch und
Blut geredet; und ich muß auch von mir bekennen, daß
ich viel Worte rede, welche nicht Gottes Wort ſind,
wenn ich rede auſſerhalb des Predigamts daheim bey Ti=
ſche oder ſonſt. Doch, er hat es redlich voraus geſehen,
daß man ſeine Worte verdrehen würde. Seine Klage iſt
gar nicht zweydeutig in praef. ad artic. Smalcald.: Vi=
rulenti homines non tantum ex aduerſariis, ſed etiam
falſi fratres, qui nobiscum ſe ſentire aiunt, mea ſcri=
pta et doctrinam meam ſimpliciter contra me aſſere
et allegare audent, me viuente, vidente et audiente,
etiamſi ſciant, aliter me docere, et volunt virus ſu=
um meo labore exornare, et miſeros homines meo
ſub nomine decipere et ſeducere. Quid ergo, bone
Deus, poſt obitum meum fiet?

tigkeit meiner guten Sache vollkommen verlaſſen kann.
Für diejenigen, welche die Geſchichte der Reforma=
tion in ihrem ganzen Umfange kennen, iſt vielleicht
mein Beweis überflüßig.   Allein warum will ich mich
nicht auch denen von meinen Brüdern gefällig zu
machen ſuchen, denen es entweder an der Luſt oder an
der Geduld fehlet, einer Geſchichte in ihren Quellen
nachzuſpüren. Luther war, ohne im geringſten hy=
perboliſch zu reden, nach dem einſtimmigen Zeugniſſe
aller unparteyiſcher Geſchichtſchreiber ſeiner Zeit, ein
Geiſt von einer ungemeinen Gröſſe, der eine mit ho=
hen und gereinigten Begriffen erfüllte Seele, einen
durchbringenden Verſtand und ein vollkommen redli=
ches und in allen Handlungen offenbares Herz hatte.
Dieſen tiefreichenden Verſtand hatte die göttliche Gna=
de erleuchtet, und dieſes gute und edle Herz hatte die
göttliche Gnade geheiliget, um durch Luthern groſſe
Entwürfe auszuführen, deren Ausführung wir
vielleicht unmöglich halten würden, wenn ſie nicht
wirklich erfolget wären. Ihn trieb kein Sektengeiſt,
ſondern der Geiſt der Wahrheit, der in ihm wohne=
te, hatte ihn zu ausnehmenden Handlungen fähig ge=
macht; und die auſſerordentliche Beſchützung, deren ihn
die göttliche Vorſihung würdigte, hat gleichſam ſeinen
Arbeiten das Siegel der Unſchuld aufgedrücket. Ein
ſolcher Mann war Luther, und ſo iſt er auch bis an
das Ende ſeines Lebens geblieben. Ein Mann, der
in ſeinem ganzen Leben eine wahre und ungeheuchelte
Liebe gegen GOtt und eine wahre und ungeheuchelte
Liebe gegen den Nächſten bewieſen, und dabey alle
äuſſere Vortheile der Ehre Gottes und der Ausbrei=
tung des Reichs Chriſti aufgeopfert hat *); ein
Mann,

*) Luther in einem Briefe an Spalatin in dem erſten Th.
Luth. Briefe.   H   der

Mann, der wider die lernäische Schlange unermüdet
gekämpfet, dabey aber seine Feinde aufrichtig geliebet,

der Altenb. Schrift. S. 473: Es weiß männiglich, daß
D. Eck mich aus keiner andern Ursache wider das Pabstthum zu schreiben beweget hat, denn daß er mich, meinen Namen, und alle mein Thun, ja auch endlich unsre
Universität zu verhöhnen, verspotten, zu Boden stossen,
und gar zu nichte zu machen sich unterstanden. Weil sie
aber sehen, daß D. Ecken, durch göttliche Schickung,
Widerstand begegnet, so geben sie mir Schuld, ich sey
ehrgeizig. Was sollte ich elender Mensch nach Ruhm
und Ehre trachten? der ich nichts anders begehre, denn
daß man mir gestatte, daß ich weder schreiben, predigen noch lehren dürfe, sondern verborgen und unbekannt
in einem Winkel mein Leben zubringen mögte. Es trete an meine Statt, nehme die Last, Mühe und Arbeit, die mir auf meinem Halse lieget, auf sich, wer da
will, ich verbrenne auch meine Bücher, wer Lust dazu-
hat, ich muß es lassen geschehen, kann es nicht wehren;
Lieber! was soll ich mehr thun? Und in einem Briefe
an Melanchton 1530: Wir könnten auch leichtlich grosse
Herren werden, wenn wir Christum verleugnen und
schmähen wollten; es heißt aber durch viel Trübsal.
Das sind nun nicht mehr Worte, sondern ist ins Werk gekommen, da mögen wir uns nach richten. Doch der
uns versuchen läßt, macht, daß die Versuchung also ein
Ende gewinne, daß ihr es könnet ertragen. Io. Franc.
Buddeus de charañter. verae reformat. c. 5. §. 4: In
primis autem, quod in reformatore necessario po-
stulamus, vt rem tam sanñtam non ex propriae gloriae
studio, sed supremi Numinis laudem promouendi sum-
mumque christianae charitatis officium proximo suo ex-
hibendi desiderio suscipiat, de *Luthero* solidissimo cum
fundamento asserimus. Eum enim nil minus quam
propriam gloriam quaesiuisse inde patet, quod, si par-
tes Pontificis secutus esset, longe maiores honores sperare

bet, und selbst die lasterhaftesten Feinde der Religion
mit Mitleiden angesehen hat, und dessen Herz allen
Nothleidenden ein offener Schatz gewesen ist *); ein

H 2　　　　　　Mann,

rare potuisset, quibus veritatem dicendo odium illius
inxepiabile sibi parans non potuit ab ipso adfici.

*) Luthers ganzen Charakter soll uns ein ausländischer
Gottesgelehrter, der alle Unterscheidungszeichen der Unpartheylichkeit an sich hat, aus einer Schrift schildern,
die den Titel hat: An answer to some considerations
on the spirit of *Martin Luther*. Oxford 1687: Luther
war gewiß ein Mann von hohen Gaben des Gemüths
und Tugenden. Er hatte einen tiefen Verstand, der ihn
auf die Höhe einer solchen Gelehrsamkeit brachte, als in
der Zeit, in welcher er lebte, ganz unbekannt war. Seine Wissenschaft in der heil. Schrift war verwunderungs-
würdig, seine Beredsamkeit männlich, seine Art, eine
Sache zu erforschen, so subtil, als es die treflichen und
klaren Wahrheiten, damit er zu thun hatte, nur leiden
wollen. Seine Gedanken hatten sich allezeit etwas
grosses vorgesetzet, und er war dabey von solchem Hel-
denmuthe, der sich schickte, damit fortzukommen. Die
Gewißheit in seiner Seele war nicht umzustossen, oder
nur zu erschrecken, und seine Parrhesie war auf dem
Reichstage zu Worms so bewandt, daß sie sich hätte
mögen in die Zeiten der Apostel schicken. Sein Leben
war heilig, und, wenn er sich konnte entziehen, ernst-
haftig. Wenn er mit andern umging, war er freundlich und gesellig, nicht eben von murrischer Verdrießlich-
keit, als man etwa in Klöstern findet. Er strebte nach
keinen hohen Dingen, als seinem Gott rechtschaffen zu
dienen. Alles andere, selbst auch was zu seiner Gemäch-
lichkeit dienen konnte, ging nicht weiter, als nur bloß
dieses Leben hinzubringen. Er war von Natur sonderlich dem Griz und andern Pöbelsünden feind; daneben
so mildthätig, daß er fast zu viel that, und seinen Zu-
stand dabey nicht bedachte. Wäre nun unter der Menge

Mann, dem die Bescheidenheit und Biegsamkeit des Gemüths eigenthümlich gewesen ist, der aber die Schriften der göttlichen Offenbarung zu seiner einzigen Schutzwehre gebrauchet, und sich niemals zum Widerruf der erkannten göttlichen Wahrheit bequemet hat *); ein Mann, der die grosse Lehre der Recht-

fer-

---

ge dieser Tugenden ein menschlicher Fehler mit zu merken: so müssen wir gedenken, daß keiner der Apostel so gar unsträflich gewesen. Ueberhaupt aber haben wir grosse Ursache, über diesen Mann in die Worte des Propheten auszubrechen: Wie lieblich sind auf den Bergen die Füsse derer, die Friede verkündigen!

*) Luther in dem ersten Th. der Jen. Schrift. S. 426: Die Schrift ist unser Recht und Trotz, damit wir auch einem Engel vom Himmel mögen widerstreben, wie S. Paulus Gal. 1. gebeut, geschweige einem Pabst und Concilio. Und in einem Briefe an Melanchton beym *Chytraeus* hist. Aug. Conf. p. 230: Nimm dir nicht vor, daß ich einen Buchstaben widerrufen werde meiner Lehre. GOtt gebe, du werdest Vetter, Schwester oder Schwager, du werdest Schaf oder bleibest Bock, es gilt hie nicht widerrufen. sondern Leib und Leben setzen, mein Emser, das und kein anders, dazu helfe mir GOtt mit seiner Gnade, Amen. Mathesius vom Leben Lutheri in der 1sten Predigt: Das Wort Gottes ist Luthern immer vor und nach gegangen sein Lebenlang, darum hat er Sophisten und Schulgezänke, auch der Heiden, Juden, Papisten, Türken und aller Ketzer fahren lassen, und sich allein auf die Theologie aus Gottes Wort geleget, wie er oft gesaget: Ich habe es auf Gottes Wort angefangen, welches Propheten und Apostel durch den Geist Gottes aufgeschrieben, und der ganzen Christenheit Zeugniß hat, darauf stehe und fusse ich. Auf dieses Wort habe ichs angefangen, und so fern gebracht, darauf will ich es mit Gottes Hülfe hinausführen, wie ich hierüber einen theuren Eid geschworen, und meine arme Seele unserm GOtt öffentlich verpfändet habe.

fertigung zu seiner Hauptlehre gemacht, dabey aber nicht bloß auf systematische Spekulationen, sondern auf praktische Erfahrungen gedrungen hat *); und

enb=

*) Sein in der männlichen Sprache seines Jahrhunderts abgefaßtes Glaubensbekenntniß ist sehr deutlich in dem 5ten Th. der Jen. Schrift. f. 298: Ich D. Martinus Luther, unsers HErrn JEsu Christi unwürdiger Evangelist, sage, daß dieser Artikel, der Glaube allein ohne alle Werke macht gerecht vor GOtt, soll lassen stehen und bleiben der Römische Kayser, der Türkische Kayser, der Tartarische Kayser, der Perser Kayser, der Pabst, alle Kardinäle, Bischöfe, Pfaffen, Mönche, Nonnen, Könige, Fürsten, Herren, alle Welt, samt allen Teufeln, und sollen das höllische Feuer dazu haben auf ihren Kopf, und keinen Dank dorzu: das sey meine Doctor Luthers Einsprechung vom heil. Geist und das rechte heil. Evangelium. Denn da stehet der Artikel, den die Kinder beten: ich glaube an JEsum Christum, gekreuziget und gestorben. Es ist ja niemand für unsere Sünde gestorben, denn allein JEsus Christus, Gottes Sohn, allein JEsus, Gottes Sohn, noch einmal sage ich, allein JEsus, Gottes Sohn, hat uns von Sünden erlöset, das ist gewißlich wahr, und die ganze Schrift; und sollten alle Teufel sich zerreissen und bersten, so ists ja wahr. Ist er es aber allein, so Sünde wegnimmt: so können wir es mit unsern Werken nicht seyn, so ist es ja unmöglich, daß ich solchen einigen und allein Erlöser von Sünden, JEsum, anders denn mit dem Glauben fassen und erlangen möge; mit Werken ist und bleibt er unergriffen. Weil aber allein der Glaube, vor und ehe die Werke folgen, solchen Erlöser ergreifet: so muß es wahr seyn, daß allein der Glaube, vor und ohne Werke, solche Erlösung fasse, welches nichts anders seyn kann, denn gerecht werden: denn von Sünden erlöset, oder Sünde vergeben haben, muß nichts anders seyn, denn gerecht seyn oder werden. Aber nach solchem Glauben oder empfangener Erlösung, oder Sünde Vergebung,

oder

endlich ein Mann, der lange vor seinem Tode sich
mit Todesgedanken beschäftiget und der Ewigkeit in
der Nähe mit kühler Heiterkeit des Geistes entgegen
ge=

oder Gerechtigkeit, folgen alsdenn gute Werke, als solches
Glaubens Früchte. Das ist unsere Lehre, und also leh=
ret der heil. Geist, und die ganze heil. Christenheit, das
bey wir bleiben in Gottes Namen. Amen. Da man,
um ehrlich zu denken, in dem Geiste desjenigen Jahrhun=
derts, in welchem Luther gelebt hat, denken muß: so
kann ich es mir kaum vorstellen, daß die heftige Schreib=
art, welche in dem angeführten Bekenntnisse herrschet,
einer Entschuldigung bedürfe. Zum Ueberfluß aber will
ich Phil. Jac. Spenern aus dem 3ten Th. seiner
Theol. Bedenken S. 712. reden lassen: Was die Hef=
tigkeit des Stili anlanget, ists wahr, daß dieselbe zwar
nicht aller Orten, aber doch nach Gelegenheit der Mate=
rie, sich bey Luthers findet. Ich will auch nicht in
Abrede seyn, daß es die göttliche Providenz nach ihrer
Weisheit für nützlich befunden, einen Mann zu solcher
Reformation zu gebrauchen, der von vielem auch natür=
lichem Feuer wäre, dazu sie ihre Ursache gehabt haben
mag. Es ist aber auch dabey zu bemerken, daß es sol=
ches Saeculi Art mehr mit sich gebracht, und damals
insgemein härtere Redensarten üblich, deswegen auch zu
solcher Zeit weniger anstößig gewesen, als sie jetzo sind.
Wie wir finden werden, daß damals auch Fürsten mit
solchen harten Worten sich öffentlich gegen einander
ausgelassen, da auch die Geringsten sich also unter einan=
der zu schelten heut zu Tage sich schämen würden. Fer=
ner so braucht Lutherus dergleichen harte Reden meistens
allein gegen die offenbare Feinde der evangelischen Wahr=
heit, gegen andre Fehler in dem Leben fähret er in Ver=
gleichung gegen jene viel sanfter. Und als von ohnge=
fehr will ich auch die Wörte des Zach. Schilters hie=
her setzen in *Paul. Anton.* diss. de Pathmo *Lutheri* ap.
Christ. Cellar. differt. academ. p. 829: A plerisque
hodie docentium nimia lenitate grauius peccatur, De-
usque

gesehen hat *); ein solcher Mann hat gewiß nicht die
Kraft des Glaubens verloren, und am wenigsten hat
er dasjenige im Fleische vollendet, was er im Geiste
angefangen hatte.

§. 17.

Sollte ich aber auch wol der Sprache Kanaans
recht mächtig seyn? Vielleicht sind alle die grossen
Ei=

usque offenditur, quam homines moderati vn-
quam asperitate *Lutheri* offensi aut perturbati fuerunt.

*) Es ist gewiß ein rührender Auftritt, der uns von
Luthers tödtlich gefährlicher Krankheit im Jahre 1527
in dem 3ten Th. der Altenb. Schrift. unter folgender
Aufschrift S. 772 bis 777. beschrieben wird: Kurze
Historie durch beyde Herren D. Johann Bugenhagen
Pomeranum und D. Justum Jonam beschrieben, wie
der selige Mann D. Mart. Luther in hohen Anfechtun=
gen geistlich und leiblich, in Gottes Willen zu leben und
zu sterben sich ergeben hat. Die Natur müßte uns ein
sehr phlegmatisches Temperament mitgetheilet haben,
wenn wir Luthers Testament ohne Empfindung lesen
könnten S. 773: Das Testament aber, so er seinem
Gemahl, die schwanger war, und Söhnlein ordnete und
beschied, war dergestalt: Mein allerliebster GOtt, ich
danke dir von Herzen, daß du gewolt hast, daß ich auf
Erden soll arm und ein Bettler seyn, kann derohalben
weder Haus, Aecker, liegende Gründe, Geld noch Gut
meinem Weibe und Söhnlein nach mir lassen. Wie du
sie mir gegeben hast, so bescheide ich sie dir wieder, du
reicher, treuer GOtt, ernähre sie, lehre sie, erhalte sie,
wie du mich bisher ernähret, gelehret und erhalten
hast, o Vater der Waisen und Richter der Wittwen.

Eigenschaften, die ich bisher an Luthern gerühmet habe, bloße Wirkungen der Natur und nicht der göttlichen Gnade gewesen? Ich begreife es selbst, daß ich, um allen meinen Lesern genug zu thun, mich noch näher werde erklären müssen. Ein wiedergebohrner Christ, den die züchtigende göttliche Weisheit durch das Feuer der heftigsten Anfechtungen sein ganzes Leben hindurch geläutert und gesichtet hat; *) ein Christ, der es in seinem ganzen Leben gewohnt gewesen ist, sich mit dem feurigsten Eifer zu Gott zu nahen, und mit seinem Erlöser gleichsam im Gebet zu ringen; **) ein Christ, der

bey

---

*) Es ist ein wirklicher Verlust, den uns Cpr. Spangenberg in der 10ten Pred. von Luthers Martern. angekündiget hat: In was Doct. Luther für Höllenangst, Todeskampf und innerlicher getödteter Anfechtungen gewesen, hat er zwar Willens gehabt, andern Leuten zur Lehre und Trost aufzuschreiben: aber die Welt ist es vielleicht nicht werth gewesen. Ein heiliger berühmter Gottesgelehrter, dem seine Wissenschaften, seine Verdienste und sein edles Herz gleich grosse Ehre machen, und das ist unser Herr D. Winckler, hat ein hieher gehöriges nachdrückliches Zeugniß angeführt in seinen erbaulichen Betrachtungen über das Seelenleiden Christi. S. 141. f.

**) Man kann mit Wahrheit sagen, daß das Gebet dieses Gerechten viel vermogt hat, weil es ernstlich gewesen ist. Da ist kein ander Rath, sagt Luther bey dem *Conr. Porta* in Pastoral. *Luther.* p. 333. denn flugs Augen und Herz aufgehaben gen Himmel und angefangen zu beten. Wie ungekünstelt und einnehmend ist nicht die Beschreibung, die Veit Dieterich in einem Briefe an Melanchthon von 1530 machet: Ich kann mich nicht genugsam verwundern über seiner trefflichen Beständigkeit, Freude, Glauben und Hofnung in diesen jämmerlichen Zeiten. Solch Stück aber mehret er täglich durch fleißige Uebung des Wortes Gottes. Es gehet kein Tag vorüber, in welchem

bey den heftigsten Stürmen der Verfolgung eine Freu=
digkeit des Glaubens bewiesen hat, die wenigstens für
un=

dem er nicht aufs wenigste drey Stunden so dem Stu=
dieren am allerbequemsten seyn, zum Gebet nimmt. Es
hat mir einsmals geglücket, daß ich ihn hörete beten.
Hilf Gott! welch ein Geist, welch ein Glaube ist in sei=
nen Worten! Er betete so andächtiglich, als einer, der
mit Gott, und mit solchem Glauben und Vertrauen, als
einer, der mit seinem Vater redet. Ich weiß, sprach er,
daß du unser lieber Gott und Vater bist, derohalben bin
ich gewis, du wirst die Verfolger deiner Kinder vertil=
gen. Thust du es aber nicht, so ist die Gefahr dein so
wol als unser. Die ganze Sache ist dein. Was wir
gethan haben, das haben wir müssen thun, darum magst
du, lieber Vater, sie beschützen. Als ich ihn solche Wor=
te mit heller Stimme von fern hörete beten: brannte
mir das Herz im Leibe vor grosser Freude, sintemal ich
ihn so freundlich und andächtiglich mit Gott hörete re=
den, vornemlich aber, weil er auf die Verheissung in
den Psalmen so hart drang, als wäre er gewis, daß al=
les geschehen müste, was er begehrte. Darum zweifle ich
nicht, sein Gebet werde eine grosse Hülfe thun in dieser,
wie man es achtet, verlornen Sache, welche auf jetzigem
Reichstage wird gehandelt werden. Und wie rührend ist
nicht die Erzehlung von 1540, die wir bey dem Secken=
dorf in der Hist. des Luterth. lesen B. 3. §. 1852: Als
Lutherus ankommt trift er Philippum in den letzten Zü=
gen an, die Augen waren ihm gleich gebrochen, aller Ver=
stand gewichen, die Sprache enthalten, das Gehör vergan=
gen, das Angesicht und Schlaf eingefallen, dazu kennet
er niemand, aß und trank nichts. Ueber diesen Anblick
erschrack Lutherus heftig, wendete sich zu den Gefährten
seiner Reise, und sprach: Behüte Gott! wie hat mir der
Teufel dieses Organum geschändet! Wendete sich nach
dem Fenster, kehrete den andern den Rücken zu, und rief
Gott sehr andächtig an. Alda, sagte hernach Lutherus,
muste mir unser Herr Gott herhalten; denn ich warf
ihm den Sack vor die Thür, und rieb ihm die Ohren

mit

unsre unglaubige Zeiten ein Exempel ohne Exempel zu nennen ist; *) ein Christ, der sich niemals gescheuet hat, die

mit allen Verheissungen des Gebets, daß da müste erhöret werden, die ich in der heil. Schrift zu erzehlen wuste, daß er mich muste erhören, wo ich anders seinen Verheissungen trauen sollte. Nachdem nahm er Philippum bey der Hand, denn er wuste wohl um seines Herzens und Gewissens Bekümmerniß, und sprach: Seyd getrost, Philippe, ihr werdet nicht sterben u. s. f. Als Lutherus dieses also redete, wird Philippus gleichsam wieder lebendig, und fähet an Odem zu holen, kommt allgemach wieder zu Kräften, und gelanget zu seiner vorigen Gesundheit. Melanchthon selbst, dessen Haupttugend sonst die Erkenntlichkeit nicht gewesen ist, erzählet diese Geschichte in einem Briefe an Burchard Mytholius, mit dem Zusatze: Ich wäre gestorben, wo ich nicht durch Lutheri Ankunft mitten aus dem Tode wäre gerissen worden.

*) Es gehöret fürwahr eine mit großen Begriffen erfüllte Seele dazu, wenn jemand in den bedrängten Umständen, worinn Luther sich befunden hat, sich mit Freudigkeit der Worte bedienen will, deren sich Luther in einem Briefe an Spalatin wirklich bedienet: Daß die Könige, Fürsten und Völker bey euch wüten und toben, das hatte ich für ein gutes Zeichen, und viel besser, als wenn sie gute Worte geben, denn es folget: der im Himmel wohnet, lachet ihrer u. s. f. Es ist allein Glauben vonnöthen, auf daß Glaubenssache nicht ohne Glauben sey. Der aber das Werk angefangen, der hat es wahrlich ohne unsern Rath und Anschlag vorgenommen. Und noch mehr. Es gehöret eine von Gott selbst gewirkte Herzhaftigkeit dazu, wenn jemand die Stärke haben soll, seinem Landesherrn, der ihn seines Schutzes versichern läßt, zu antworten, er bedürfe dieses Schutzes nicht, sondern vielmehr sein Gebet solle des Churfürsten Lande beschützen: Ew. Churfürstl. Gnaden wisse, ich komme gen Wittenberg in gar viel einem höhern Schutze denn des

die Wahrheit seines Glaubens mit einem blutigen Tode zu versiegeln; *) und endlich ein Christ, der im Tode selbst

des Churfürsten. Ich habe es auch nicht im Sinne, von Ew. Churfürstl. Gnaden Schutz zu begehren. Ja ich halte, ich wolle Ew. Churfürstl. Gnaden mehr schützen, denn sie mich schützen könnte. Dazu, wenn ich wüßte, daß mich Ew. Churfürstl. Gnaden könnten und wollten schützen, so wollte ich nicht kommen. Dieser Sachen, soll noch kann kein Schwerd rathen noch helfen, Gott muß hier allein schaffen, ohne alles menschliche Sorgen und Zuthun. Darum wer am meisten glaubet, der wird hie am meisten schützen.

*) Da Luther bey der ungeheuren Anzahl seiner Feinde unendlichen so wol öffentlichen als heimlichen Nachstellungen unterworfen war; so erwartete er nichts gewissers, als daß er sein Bekenntniß mit einem Martertode bekräftigen müsse; und er äusserte eine heilige Ungeduld, wenn er dieser Krone der Ehren entgegen sahe. In seinen Unterredungen, die er in dieser Gesinnung mit Gott gehalten hat, herrschet eine liebenswürdige Unschuld nach dem 3ten Th. der Jen. Schrift. S. 462: Herr, mein allerliebster Gott, ach wie gern ich mein Blut vergossen um deines Wortes willen, das weissest du: aber ich bin es vielleicht nicht werth. Und abermals: Ich bin nicht würdig gewesen, daß ich um Christi willen mein Blut vergossen hätte, wie viele aus meinen Brüdern um des Bekenntnisses willen des Evangelii gethan haben. Und noch einmal: Ach Gott! ach Gott! o du mein Gott! du mein Gott stehe du mir bey wider aller Welt Vernunft und Weisheit. Thue du es, du mußt es thun, du allein. Ist es doch nicht meine, sondern deine Sache, habe ich doch für meine Person allhier nichts zu schaffen, und mit diesen grossen Herren der Welt zu thun: wollte ich doch auch wol gute Tage haben, geruhig und unverworren seyn. Aber dein ist die Sache, Herr, die gerecht und ewig ist. Stehe mir bey, du ewiger Gott! ich verlasse mich auf keinen Menschen. Es ist umsonst und

selbst da jedermann in Thränen zerfloß, eine recht Apo=
stolische Standhaftigkeit beybehalten hat: *) ein solcher
wie=

und vergebens, es hinket alles, was fleischlich ist und nach
Fleisch schmecket. O Gott! o Gott! hören du nicht, mein
Gott? bist du todt? nein du kannst nicht sterben, du
verbirgest dich allein. Hast du mich dazu erwählet, ich
frage dich, wie ich es denn gewis weiß, ey, so walt es
Gott, denn ich mein Lebenlang nie wieder solche grosse
Herren gedacht zu seyn, habe mir es auch nicht vorgenom=
men. Ey, Gott, so stehe mir bey in dem Namen deines
lieben Sohnes Jesu Christi, der mein Schutz und Schirm
seyn soll, ja meine feste Burg, durch Kraft und Stär=
kung deines heil. Geistes. Herr, wo bleibest du, du, mein
Gott, wo bist du? Komm, komm, ich bin bereit auch
mein Leben darum zu lassen, geduldig wie ein Lämmelein.
Denn gerecht ist die Sache und dein, so will ich mich von
dir nicht absondern ewiglich. Das sey beschlossen in dei=
nem Namen, die Welt muß mich über mein Gewissen
wol ungezwungen lassen. Und wenn sie noch voller Teu=
fel wäre, und sollte mein Leib, der doch zuvor deiner
Hände Werk und Geschöpf ist, darüber zu Grund und
Boden, ja zu Trümmern gehen, dafür aber dein Wort
und Geist mir gut ist, und ist auch nur um den Leib zu
thun, die Seele ist dein, und gehöret dir zu, und bleibet
auch dir ewig, Amen. Gott helfe mir, Amen.

*) Nichts ist mir unbegreiflicher, als die recht vorsetzliche und
boshaftige Unwissenheit derer, welche mit so grossem Un=
gestüm behaupten, Luther habe in den letzten Jahren sei=
nes Lebens alle Kraft des Glaubens verloren. Sie stel=
len sich an, als ob sie von der ausnehmenden Freudigkeit
des Glaubens, die Luther im Tode bewiesen, niemals ein
Wort weder gelesen noch gehöret hätten. Und dennoch
haben drey gewissenhafte Augenzeugen, Jonas, Cölius
und Aurifaber, auch die kleinesten Umstände, die aber al=
le etwas erbauliches und rührendes in sich fassen, mit
der grössesten Sorgfalt aufgezeichnet; und sie haben ih=
ren

wiebergebohrner Christ wird mit der ungesittesten Un=
billigkeit beschuldiget, daß er in den letzten Jahren seines
Le=

ren ohnedem glaubwürdigen Bericht mit der Versicherung
versiegelt: We mir bey des löblichen Vaters seligem En=
de gewesen sind, vom Anfange bis auf seinen letzten Odem:
so zeugen wir dies vor Gott, und auf unsre eigene letzte
Hinfahrt und Gewissen, daß wir dieses nicht anders ge=
sehen, gehöret, samt denen Fürsten, Grafen, Herren und
allen, die dazu kommen, und daß wir es nicht anders er=
zehlet, denn wie es allenthalben ergangen und geschehen,
in dem 8ten Th. der Altenb. Schrift. Luth. S. 853.
Schon ein Jahr vor seinem Tode beschäftigte sich Luther
meistentheils mit Todesgedanken, und die Antwort, die
er 1542 seinem besorgten Arzte ertheilete, entdecket eine
wahre Heiterkeit der Seele: Ich bin in Gottes Willen,
dem habe ich mich ganz ergeben, mein Gott wird es wohl
machen. Das weis ich gewiß, mein Gott stirbt nicht,
denn er ist die Auferstehung und das Leben, und wer da
lebet und glaubet an ihn, der wird auch nimmermehr
sterben; ja, wenn er auch gestorben wäre: so wird er le=
ben; Drum bin ich mit dem Willen meines Gottes ganz
wohl zufrieden. Jedoch nichts übertrift die recht gesetzte
und wahrhaftig evangelische Gemüthsfassung, in welcher
Luther die Welt verlassen hat. Seine letzte Predigt in
Eisleben über den Ausspruch Christi Matth. 11, 28:
Kommet her zu mir alle, die ihr mühselig und
beladen seyd, ich will euch erquicken; der Beschluß
dieser letzten Predigt: Der liebe Gott gebe Gna=
de, daß wir in Erkenntniß und Glauben seines
Sohnes, unsers Herrn Jesu Christi, zunehmen und
wachsen, und im Bekenntniß seines Worts beständig blei=
ben ans Ende, Amen; sein letzter Wahlspruch aus Joh.
3, 16: Also hat Gott die Welt geliebet, daß er seinen
eingebohrnen Sohn gab, auf daß alle, die an ihn glau=
ben nicht verloren werden, sondern das ewige Leben ha=
ben, und aus Ps. 68, 21: Wir haben einen Gott des
Heils, und einen Herrn, Herrn, der mitten aus dem To=
de

Lebens alle Kraft des Glaubens verloren, und, was er im Geiste angefangen, im Fleische vollendet habe.

§. 18.

Und nun nicht ein Wort mehr. Ich habe bisher Luthern aus demjenigen Gesichtspunkte beurtheilet, aus welchem man ihn nothwendig beurtheilen muß, wenn

---

de uns führet; sein letzter Gedenkspruch aus Joh. 8, 51: Wahrlich, wahrlich sage ich euch, wer mein Wort hält, wird den Tod nimmermehr sehen ewiglich; sein letztes Gebet: O mein himmlischer Vater, ein Gott und Vater unsers Herrn Jesu Christi, du Gott alles Trostes, ich danke dir, daß du mir deinen lieben Sohn Jesum Christum geoffenbaret hast, an den ich glaube, den ich geprediget und bekannt habe, den ich geliebet und gelobet habe, welchen der leidige Pabst und alle Gottlosen schänden, verfolgen und lästern, ich bitte dich, mein Herr Jesu Christe, laß dir mein Seelichen befohlen seyn. O himmlischer Vater, ob ich schon diesen Leib lassen, und aus diesem Leben hinweg gerissen werden muß: so weiß ich doch gewis, daß ich bey dir ewig bleiben, und aus deinen Händen mich niemand reissen kann; sein letzter Seufzer aus Ps. 31, 6: In deine Hände befehle ich meinen Geist, du hast mich erlöset, Herr, du treuer Gott; und endlich sein letztes freudiges Ja, das er auf die ihm vorgelegte Frage: Ob er auf Christum, und auf die Lehre, wie er sie geprediget hätte, mit Beständigkeit sterben wolle? in einer Stunde, da schon ein kalter Angst = und Todesschweiß vor seiner Stirne stand, geantwortet hat: Das alles überzeuget uns, daß Luther in die göttliche Gnade und in die heiligen Gedanken, die sich in ihm beschäftigten, gleichsam verhüllet gewesen sey, und erreget den frommen Wunsch eines jeden redlichen Lutheraners: Meine Seele müsse sterben des Todes dieses Gerechten, und mein Ende werde wie dieses Ende.

wenn man ihn billig und ehrlich beurtheilen will.
Meine Absicht ist gewis nicht gewesen, ihn zu vergöt=
tern. Und mit dieser Versuchung hat es ohnedem kei=
ne Gefahr. Ich kenne Luthern, und ich kenne meine
Zeitgenossen nur gar zu gut. Allein es verdreust mich
zu leben, wenn ich sehen muß, daß die Ehre eines
Mannes, dem wir alle so viel zu danken haben, so
ungesittet und noch dazu so scheinheilig geschändet
wird. Ich will zum Beschluß ohne Zurückhaltung
und mit der Sprache des Herzens reden. Die Deut=
schen haben sonst die Unart an sich, daß sie gegen die
Verdienste rechtschaffener Männer niemals gleichgülti=
ger sind, als wenn sie dieselben vor ihren Augen sehen.
Man sollte beynahe glauben, daß der Tadel des Dich=
ters bey ihnen die Gültigkeit einer Regel der Tugend
erhalten hätte:

Virtutem incolumem odimus,

Sublatam ex oculis quaerimus inuidi.

HORAT.

Allein in Absicht auf unsern verdienstvollen Luther
äussert sich bey den deutschen Lutheranern gerade das
Gegentheil. So lange Luther lebte, erkannte man bey
allen giftigen Lästerungen unversöhnlicher Feinde den=
noch den grossen Werth seiner Verdienste mit einer
ungezwungenen Hochachtung. Luthers deutsche Nach=
kommen aber? Ja, Luthers deutsche Nachkommen
scheinen zu gewissenhaft zu seyn, als daß sie die Weissa=
gung des Myconius in seiner Reform. Hist. nach Cy=
priani Ausgabe K. 12. S. 68. 69. unkräftig machen
sollten: Ach, ewiger Gott! wie hat es so viel Mü=
he, Arbeit, Hebens, Tragens, Reisens, Rathschla=
gens, Unkosten, Guts und unschuldigen Bluts der
theu=

theuresten Leute auf Erden gekostet, ehe man dein liebes Kind wiederum aus Egypten in unser gelob= tes Land, das ist, dein reines Wort, Sakrament und Dienst in der Kirchen aufgerichtet hat: und es werden es unsere Nachkommen so liederlich vergessen und verachten.

Sammlung
von ungedruckten
Briefen und Urkunden Lutheri.

I.

Lateinische Briefe und Urkunden

aus dem Zeitraum

der lezten Lebensjahre Lutheri

von 1541 bis 1546.

Aus dem Jahr 1541.

1.

Vom 9ten Januar 1541.

Luther wünscht seinem Freunde in Gotha, **Friederich Mecum,** Glück zu seiner Wiedergenesung, und lobt seine während der Krankheit bezeugte ächt christliche Gesinnungen, mit dem Zusaze, daß, da er selbst des Lebens müde und überdrüßig sey, daß sein Freund ihn überleben möge. Zugleich ertheilt er ihm Nachricht von dem schlechten Fortgange, den die Religionsunterhandlungen in Worms bis dahin gehabt haben.

Aus der **Börnerischen,** vorhin **Seidelischen** Sammlung zu Leipzig.

Clariss. Viro, *Frider. Mecum,* Episcopo Gothanae Eccle- siae, et Thuringicarum Ecclesiarum, Fratri suo chariss.

Gratiam et Pacem. Accepi litteras tuas, mi *Friderice,* quibus te, significas mortaliter, seu, ut tu recte et sancte interpretaris, vitaliter aegrotare. Etsi mihi gaudio fuit singulari, te esse adeo imperterritum contra mortem, seu somnum istum communem omnibus piis, deinde et cupidum solvi, et esse cum Christo, quo affectu esse debemus non solum in lecto aegritudinis, sed et vitae praestantissimae vi- gore, omnibus horis, locis, casibus, sicut decet Christianos, qui iam confesuscitati, convivificati, con- beati cum Christo in coelestibus iudices etiam ange- lorum sumus, ita, ut nihil restet nisi amotis velami- nis et aenigmatis. Etsi, inquam, ista in te mihi gaudio fuerint singulari, tamen ego oro et peto Do- minum Iesum, vitam nostram, salutem et sanitatem no- stram, ne hoc mihi addi etiam sinat malum, ut, me superstite, videam te aut aliquot nostrum perrumpere

I 2   et

et irrumpere per velum ad quietem, et me finatis feris relictum inter daemones etiam post vos ulterius vexari, qui fatis vexatus tot annis digniffimus effem et meritiffimus vos praecedere. Ita peto, ut loco tuo me faciat Dominus aegrotum et iubeat deponere tabernaculum meum hoc inutile, emeritum, exhauftum. Nullius enim ufus effe me fatis video. Igitur te oro, ut Deum nobiscum ores, ut te diutius fervare velit, in minifterium Ecclefiae fuae et in defpectum Satanae. Vides fane, videt ipfe, vita noftra, et quibus tum perfonis, tum donis opus fit Ecclefiis fuis. Ex Wormatia tandem, cum quinque hebdomadas expectaffem literas, fere defperantes tandem accepimus copiofe, quarum partem *Georgius Rorer* ad te mittit. Omnia ex parte noftra aguntur fortiter et fapienter; contra ex illorum parte pueriliter, ftulte, et inepte, craffis et infulfis dolis et mendaciis, ut Satanam ipfum videas, aurora furgente, lucis impatientem, mille modis quaerere latebras, effugia et elufiones; tamen omnia infeliciter, ficut neceffe eft accidere, ut, qui contra veritatem apertam mendacium apertum tueri et ornare velit, quod impoffibile eft. Sed quid dubitamus? Gloria, virtus, victoria, falus, honor dabatur agno occifo, et refufcitato, et cum illo nobis quoque, qui credimus occifum et refufcitatum. Hoc etiam non dubium. Speramus, brevi redituros noftros. Vale, mi *Friderice*, et Dominus non finat me audire tuum tranfitum me vivo, *Te* fuperftitem faciat mihi. Hoc peto, hoc volo, et fiat voluntas mea. Amen. Quia haec voluntas gloriam nominis Dei, certe non meam voluptatem nec copiam quaerit. Iterum vale. Dominica poft Epiphan. 1541.   Tuus

Martinus Lutherus.

a.

2.

Vom 21ſten Januar 1541.

Luther bezeuget ſeinem Freunde, Jacob Startner, ſein Mitleiden
über die von falſchen Brüdern, unter welchen er insbeſondre den
M. Grickel als einen wahren Demas bezeichnet, erlittene Drangſa-
le; und verſichert, daß Anfechtungen von dieſer Art uns nicht befremden
und am wenigſten unſern Muth ſchwächen müſſen; mit dem Zuſaße, daß
wir keßeriſche Menſchen meiden und ſie ihrem Schickſale ganz geruhig
überlaſſen können.

Aus einer Gothaiſchen Sammlung.

Iacobo Startnero.

Gratiam et Pacem in Chriſto, et non in mundo,
in quo preſſuram habituros nos ipſa pax noſtra
dixit. Ex animo tecum affligor in tuis iſtis vexa-
tionibus, quas mihi N. narravit, et ipſe in tuis literis vidi. Sed primum hoc tibi ſtatuas certo *M.
Grickel,* uti coepit, ſic fore ſibi perpetuo ſimilem.
Toties mentitus eſt, non hominibus, ſed Spiritui ſan-
cto, ut iam tertio abiecerim ſpem de eo, cum
antea toties paſſus ſim me placari. Nunc ultimum
ſequar conſilium *Pauli* Tit 3. *Haereticum hominem
poſt unam et alteram admonitionem, devita, ſciens,
quoniam ſubverſus eſt et peccat ἀυτοκατάκριτος.* Idem
tu facies, laß fahren, was nicht bleiben will. Cur
nos illorum cauſa maceramus aut ſolliciti ſumus, qui
nolunt ſibi conſuli? Qualis eſt princeps, talis eſt
eius ſacerdos. Groſſe Narren müſſen groſſe Stellen
haben. Conveniunt mores et ingenia, ut hactenus
ſaepe ſum expertus. Valeant, abeant in locum ſuum. *Demas,* inquit *Paulus, me reliquit.* One-
ſimus aliquis lucri fiet, et Matthias ſuccedit Iudae in
apoſtolatum. Ultimo id reſtat, ſi tu videris, in eccleſia Berlinenſi te eſſe alicuius uſui et fructui in

evan-

evangelio, obfecro, feras iftos Iudas et Demades
(ut ita loquar) propter paucos in tanta turba falvan-
dos, propter quos ubique terrarum evangelium fonat. Quodfi populus quoque eft ficut facerdos,
quid aliud facies, quam quod Evangelium docet, ex-
cutite pulverem de pedibus veftris, et exite de civitate ifta. In hac re tu tibi, qui coram omnia vides, eris optimus confultor et iudex. Alioqui potes
noftras cogitationes facile noffe, fcilicet quod infir-
mis et idiotis oportet fervire, etiam in medio natio-
nis pravae, inter gloriam et ignominiam, et inter
honorem et contemptum, inter blafphemias et laudem.
Intelliges, quae dico, et Dominus dabit tibi intellectum, in quo Vale. Fer. 3 poft Epiphan. 1541,

Tuus

Mart. Lutherus.

3.

Vom 16ten März.

Luther theilet seinem Freunde, **Philipp Melanthon**, seine Gedanken über die Vergleichsvorschläge mit, die von Seiten der Römischen
Kirche zur Beylegung der bisherigen Religionsirrungen gethan waren.
Er findet diese Vorschläge so wenig annehmlich, daß er vielmehr eine
strenge Prüfung derselben als sehr nothwendig erkennet.

Aus der **Schmidischen** Sammlung zu Helmstädt.

Philippo Melanthoni.

G. et P. Ex literis tuis intelligo, mi *Philippe*,
quantum oderis iftos falfos *Eccios*, fed faciet
Deus ex hac tentatione quoque proventum, et confundet mendaces. Audio quoque, vobis oblatum
effe a Caefare librum illum, quem Marchio ad me

mi-

mifit, fecreto myfterio, in quo omnia ante a Papi-
ftis docta a falfo fenfu trabuntur et ornantur tolera-
bili. Quod fi factum eft, tunc manifeftum eft, totam actionem eorum inftitutam effe ad fucanda omnia
idola fua et retinenda. In qua re primum hoc lau-
dandi funt, quod ex ore proprio condemnantur, fa-
tentes, ea in perniciofo fenfu effe dicta, haud dubie
in-pofterum facili opera in eundem fenfum reducibi-
lia, fi tamen unquam erit una priori uno fenfu im-
proprio per totum orbem purgentur. Deinde quod
fatentur, ea poffe pio fenfu intelligi: i. e. dum optima funt, tamen funt ambigua et dubia : quo nomine
cum defendantur, non poffint atrocius damnari. Ut
quid in Ecclefia fuftinentur dogmata, primum nec
praecepta a Deo, nec neceffaria, deinde, ubi funt
optima, funt fua natura ambigua et periculofa, peffima et damnatiffima. Sacrae fcripturae, et divinitus praeceptae ambiguae non funt fua natura, fed nequitia dubiorum, i. e. inftabilium et incredulorum
hominum. Sed Dominus erit vobiscum, ut furiofum
diabolum conculcetis, quum re conftet, eorum dogmata fuiffe et effe in abufu et impio fenfu animarum
infinito malo. Ferendum non eft, ut ornentur nunc
bono fenfu et interpretatione commoda, fed in poenam potius malorum fcandalorum et dominorum malorum illatorum tollantur, et perdantur funditus, ut
non folum fuperflua et inutilia, et non neceffaria,
fed ut faciliter reparabilia in priorem abufum. Sicut ferpens aeneus propter abufum perditus eft ab
Ezechia, cum nec neceffarius et tamen periculofus
effet. Qui amat periculum, peribit in illo, quia tentat Deum in temeritate fua. Sed quid ego fus Mi-
nervam? Ceterum falva funt omnia veftra. Opto
vos propediem reduces et falvos. Saluta noftros
omnes

omnes. Ego paulatim fenefco Dei gratia. 16. Martii 1541.

Tuus

Mart. Lutherus.

4.

Vom 25ſten März.

Luther bittet den Juſt Menius zu Eiſenach, für einen ſeiner Freunde eine dortige Schuldforderung mit mehrerem Ernſt einzutreiben, weil es doch ſcheine, daß gelinde Vorſtellungen vergeblich wären. Er berichtet hiernächſt, daß er anfange, die Beſchwerlichkeiten des herannahenden Alters zu empfinden, ob er gleich von einigen bisher ausgeſtandenen kränklichen Zufällen geneſen ſey.

Aus einer Wolfenbüttelifchen vormals Gubifchen Sammlung.

Venerabili in Domino Viro, *Iuſto Menio*, Epiſcopo Iſenacenſi Metropolitano, Fratri ſuo chariſſimo.

Nihil, mi *Iuſte*, fcribere nunc volui, niſi ut cures 40 illos florenos annuos, meo *Georgio* donatos a Principe, extorqueri; fi permoveri non poſſunt, ac per noſtros bibliopolas redeuntes e Francofordia huc perferri. Idem rogo, ut me deinceps moleſtia liberes. Ante annum ipſe coram cum eſſem cum *Philippo* Iſenaci, usque in illum diem dilatos extorſi. Video eos gravatim hoc facere, et novam exactionem confinxiſſe fuper illos 40 florenos: adeo fibi ex muneribus ius faciant, et munus pro iure exigunt.

Ex Crimitzſch nihildum accepimus: quin arbitror, eos vixdum attigiſſe Ratisponam, qui hinc miſſi funt. Gaudeo valde, *Fridericum* (*Myconium*) reſtitui nobis. Deus audit orantes Eccleſiae ſuae, ita ut palpare cogamur. Ego quoque quantum finit ſeneċtus, nectus, ad variam istam auram utcunque respiro, qui mori decreveram, oppressus tam violentis fluxibus capitis. Saluta uxorem et liberos tuos, praesertim *Timo- theolum* meum nucilegum. Salutate omnes ve- stros. Die Incarnationis Filii Dei 25. Mart. 1541.

Tuus

Mart. Lutherus.

5.

Vom 4ten April.

Luther eröffnet abermals dem **Philipp Melanthon** seine Bedenklich- keiten über die Irenischen Vorschläge zur Beylegung der bisherigen Re- ligionsirrungen, und glaubt, daß die ganze Unterhandlung mehr die Unterscheidungszeichen einer Tragödie als Komödie an sich habe. Ins- besondre äussert er darüber seinen Unwillen, daß man sich mehr mit Fra- gen über das Aufferwesentliche als Wesentliche der Religion beschäftige, und daß auch falsche Brüder hieben ihre Rollen spielen; ist aber doch übrigens voller Muth und Freudigkeit und erwartet einen glücklichen Aus- gang der Sache.

Aus der vormaligen Olearischen und hernach Wernsdorfischen Sammlung in Wittenberg.

Philippo Melanthoni.

Gratiam et Pacem. Alteras has ad te scribo, mi *Philippe*, nam vestras ad nos speramus esse in itinere. Ego oro Dominum, ut gubernet et ser- vet vos ab insidiis Satanae, et inprimis custodiat nos a Iasone et sui similibus. Nam princeps noster opti- mus hodie per *D. Bruck* dedit mihi legenda con- silia eius in pace ineunda cum caesare et parte ad- versaria. Video, eos putare, causam hanc esse quan- dam Comoediam inter homines, cum res declaret, esse Tragoediam inter Deum et Satanam, ubi res Sata- nae florent, Dei autem sordent. Sed catastrophe erit, ut solet ab initio, et liberabit nos quoque ipse

poe.

poeta huius tragoediae omnipotens. Iratus scribo, et indigne ferens istorum ludibria in re tanta. Sed sic oportet fieri, ut similes *S. Paulo*, immo universae ecclesiae inveniamur, scilicet falsorum fratrum periculis obnoxii, ut signaculum Dei certum in nobis fiat. Novit Deus, qui suut eius. Plura scriberem, nisi scirem, te quoque odisse tales et talia. Quid cum disputamus de neutralibus, ut vocant, neglectis primariis articulis, scilicet de verbo et sacramentis, quae Deus requirit, et in quibus simul ipse negligitur, immo tentatur et ostentui habetur? Pulchra scilicet pax in neutralibus erit, interim seriis et solidis per impoenitentiam posthabitis! Sed de his, ubi vestras viderimus. Omnia sunt Dei gratia in familiis vestris salva. Licentiatus *Blanck* obdormivit febri, ut dicitur, balneis et potibus nimiis, et indifferentibus irritata. *D. Augustinus* graviter decumbit. Caetera sunt, ut reliquistis. Venit ad comitia Marchio cum Anhaldinis plenus spebus, bonis et magnis de caesare, immo et de toto papatu. Utinam dimidio non fallerent, vale et saluta omnes nostros. Fer. 2. post Iudica 4. April. 1541. Ego solus in Ezechiele aedifico, sed sensim, propter imbecillitatem cerebri. Urgent enim typographi.

Martinus Lutherus.

6.

Vom 20sten April.

Zu einer Zeit, da sich viele theils wahre theils falsche Gerüchte von Giftmischereyen verbreitet hatten, empfiehlt **Luther** seinem Freunde **Melanthon** Aufmerksamkeit und Vorsicht, auf den Fall, da ihm vielleicht hinterlistig nachgestellet werden möchte. In dieser Absicht erzählt er ihm eine kleine Geschichte, der er aber doch selbst keinen Glauben beymisset, und bezeuget über die guten Aussichten auf dem Reichstage sein Vergnügen.

Aus der **Schmidischen** Sammlung in Helmstädt.

Phil.

Philippo Melanthoni.

G. et P. Hodie, 20 Aprilis, literas tuas, quas 14 Aprilis dederas, mi *Philippe*, accepi, bonas fane et laetas de optima *Caroli* voluntate. Deus perficiat, quod incepit, et non definat perfequi lucifugas iftas vefpertiliones, donec oriatur fol iuftitiae palam eos damnaturus. Amen.

. Toties oblitus fum te admonere, ut tibi eaveres a conviviis. Monftra hic interim crebrefcunt veneficorum. Erfordina aromata et pharmaca aromatica mercatorum deprehenfa funt infecta venenis. Altenburgi una in menfa 12 venenum fumferunt in condimentis et exftincti funt: Sic et Ienae, et alias diabolus mittit fuos venificos. Miror, quid fit in-Magnatibus, ut non vigilent in tanta furia Satanae. Nihil deinceps tutum erit emere aut uti. Denique narrabo fabulam, quam narrabit heri *Iacobus Walch*, fcriba noftrae aulae. Veniffe in quoddam, nefcio quod, opidum duos viros, fpecie religiofos, quafi ambientes minifterium Verbi, in noftris Ecclefiis. Habuit quilibet fuam ficam, quam hofpiti, quoties egrederentur, diligentiffime commendarant cuftodiendam. Tandem hofpes nimia illa diligentia motus incepit fciturire, quidnam in iftis ficis fit, et, aperta una poft alteram invenit eas refertas hoftiis minutis, quibus Laici communicant, et nil forte fufpicans mali, quafi lufurus eorum viaticum unam accipit, et pulmento mifcet, illis proponendo in prandio, forte rifum moturus, Illi autem, fumto pulmento, illico mortem obierunt in menfa. Sit fabula: tamen certum eft, veneficos vagari. Ideo pro vobis valde foliciti fumus, tamen illo nos folamur: *angelis fuis mandavit de te etc*, et, *ipfe faciet*. Ut nihil fit opertum, quod non reveletur, ficut fecit in *Mezentio*, filio diaboli. Omnia hic falva funt, Dei gratia. · *D. Ionas* Halae praedicat

cat iftis fanctis feriis Pafchatis fremente arce, fed volente Principe et Senatu.   Ego adhuc fub Mofe im-
mandus fluxu auris fedeo, aliquando vitam, aliquando
mortem cogitans.   Fiat voluntas Domini, Amen 20
April 1541.

Martinus Lutherus.

7.

Vom 17ten April.

Luther bezeugt über die von dem glücklichen Fortgange des Reichstages
erhaltene Nachrichten seine herzliche Freude, und schreibt die guten Aussichten auf die Zukunft auf die Rechnung derer, die Gott im Verborgenen
die gute Sache der Religion empfehlen.   Er berichtet hiernächst dem
Melanthon einige Neuigkeiten, verweiset ihn aber daben auf Amsdorfs
baldige Ankunft, der ihm unendlich mehr erzählen würde.   Den Beschluß
macht die Nachricht von seinen mißlichen Gesundheitsumständen, und der
Wunsch einer baldigen Auflösung.

Aus der Schmidischen Sammlung in Helmstädt.

Phil. Melanthoni Legato Filii Dei et fidelium.

G. et P.   Accepimus epiftolam tuam in die Pafchae,
in qua fcribis, inchoatas deliberationes Comitiales,
mi *Philippe*.   Det Dominus, ut feliciter procedant.
Nam quid poffumus fperare toties delufi et impediti?
nifi forte gemitus ille Ecclefiarum inenarrabilis tandem aliquid fecerit.   Dominus, qui vocavit, et mifit
vos, cuius eftis legati, difcipuli et martyres in caufa hac
fua fancta, fervet et gubernet vos in finem irreprehen-
fibiles, ut fructum multum faciatis.   Iftis gemitibus fumus vobiscum, et inter vos, et in medio luporum: et
ille nofter, cuius hoc defiderium noftrum eft, cui non
eft abfconditus gemitus ille, novit, quid poftulet Spiritus
pro vobis, fcilicet, ut nomen, regnum, opus Dei promo-
veatur in aeternum.   Quibus obtentis Chriftus viciffim
pro pane, debitis tentationibus malis noftris folicitus
erit,

erit, ficut dicit Pfaltes: *Dominus folicitus'eft' mei.*
De noftris rebus ideo minús fcribo, quod *Amsdorfius* ipfe venit, licet invitus, neque tamen differtus
fpebus maximis. ficut Marchio. Editus eft libellus' fub
nomine Satanae ad *Merentium,* reprehendentis eum,
quod non fimulantius et teftius mentiatur et infaniat.
Sed pulcherrimum poëma hoc incipit agere, ut caufam
N. notam vobis, fi qua effet, defendi poffe publice glo-
rietur, tamen interim confiftat in negando. Ille *Me-
fingen* nebulo tam bona fua difta difficilius, quam
flammam in ore fuo retinet. Cetera D. ipfe *Amsdorfius.* Ego adhuc fedeo furdus et immundus
fluxibus meis mire, nec fine fufpicione' longioris vel
peioris mali. Chriftus vivit, qui utinam tollat animam
meam in pace Domini. Dei gratia paratus fum et cupidus folvendi. *Vixi, et quem curfum dederat Deus
ipfe, peregi. Et nunc feffa mei trans coelos pergat
imago.* Amen. Bene in Domino valete, cuius Spiritus
fit vobifcum. Saluta omnes noftros reverenter. Salu-
tant vos omnes noftri, et noftrae, falvi, falvae, et falva
omnia Dei gratia.

Martinus Lutherus.

8.

Vom 25ften April.

Auf die Anfrage des Juftus Jonas, wie er fich in Abficht auf die
Austheilung des h. Abendmahls unter beyderley Geftalt zu verhalten habe? giebt Luther ihm den Rath, daß er denen, die fich darnach fehnen,
die Mittheilung nicht verfagen, und fich in einer guten Sache durch keine
Drohungen der Widriggefinnten irre machen laffen folle.

Aus dem Original.

D. Iufto Ionae.

Gratiam et pacem in Domino. Quod petis, mi *Iona,*
confilium in communione facramenti reftituenda,

tu ipse melius dares, qui coram populi et ecclesiae mores vides.   Ego sic sentio, non esse satis plebem probe
instructam ad percipiendam communionem, sed oportere etiam animatam esse contra futuram prohibitio-
nem tyranni, nc tunc turpiter redeant ad vomitum, et
fiant novissima peiora prioribus   Quod si exploratos
habes, eos fore firmos in confessione, cum illis in
nomine Domini pergas quam primum perficere, quod
coepisti.   Neque enim sacramentum est episcopi res
propria, neque senatus, sed ipsius ecclesiae, quae illud
postulat, cui non licet negari, quod Christus pro ea in-
stituit, atque illi dedit.   Cum igitur sis in legitima
vocatione verbi per ecclesiam ibidem positus, qui verbum illis ministras, et ministrare cogeris, multo magis
sacramentum, praesertim iis, qui volentes accedent, ministrare cogeris, atque ita medio tutus ibis dicens, te
non instituere pro tota civitate Hallensi communionem,
ac cogere, ut accipiant omnes, sed debitorem esse te
hoc tempore istis personis, quae petunt, caeteros te
nihil curare, si nolint, aut aliud velint, te pro tempore, loco, et personis tuo officio functum.   Si postea
alius mutet, et aliud faciat, suo periculo faciat.   Urge
tantum fortiter, verbum et donum Dei esse liberum, et
non alligatum, neque papam, neque caesarem, neque ullam   creaturam habere ius prohibendi in ullo loco.
Ideo contemnendas esse minas, leges, mandata, sicut
ipsius diaboli, et obediendum Deo, qui te confortet,
et adversarios confundat. Amen, die S. Marci 1541.

Martinus Lutherus.

9.

Vom 29sten April.

Luther empfiehlt seinen bisherigen Hauslehrer bey seiner Abreise dem
Melanchon zur freundschaftlichen Aufnahme, und wünscht bey dieser
Gele-

Gelegenheit, daß bey den damaligen Religionsunterſuchungen einige Haupt=
punkte nicht mit Stillſchweigen übergangen werden möchten. In Abſicht
auf ſeine misliche Geſundheitsumſtände äuſſert er mit groſſer Selbſtver=
läugnung einige Sorgen, die er Gott empfiehlet.

Aus der **Schmidiſchen** Sammlung in Helmſtädt.

D. Philippo Melanthoni.

Gratiam et pacem. Venit paedagogus filiorum meo-
rum *M. Franciſcus*, patriam et parentes re-
petiturus, ſed prius Germaniam ſuperiorem luſtraturus.
Ideo et comitia iſta voluit inſpicere. Ad alteras
Caſpari Crucigeri 22 Aprilis datas reſpondi, et
optavi, ut inter 15 articulos etiam iſta maxima ſacra-
menta papiſtarum tractent, ſcilicet ſanctum thuribulum,
ſanctam aſperſionem, et ſanctam ligneam crucem. Sed
Was gilts? *Deus illudet illuſores*, ut *Salomo* dicit. Nunc id ago, ut *Franciſcum* commendatum
habeas. Caetera alias per alios. Ego coepi deſur-
deſcere paululum, niſi quod video, me eſſe frigidum
et inutile cadaver, cui ſolum ſupereſt ſepulcrum. Sed
Chriſtus mihi et propediem et cum gratia donet,
Amen. Saluta omnes noſtros. 3 Calend. Maii **1541.**

Martinus Lutherus.

10.
Vom 1ſten May.

Luther entdeckt dem Caſpar Cruciger ſein gerechtes Mistrauen über
die liſtigen Wendungen der Feinde des Evangelii, und wünſcht, daß auch
die Lehre von der unbefleckten Empfängniß der Maria und andre ähn=
liche Streitfragen geprüft werden möchten. Bey ſeiner fortdaurenden
Schwächlichkeit macht er ſich von den guten Geſinnungen des Kayſers
günſtige Vorſtellungen, und beſchließt mit guten Nachrichten von der
Ausbreitung des Evangelii in Halle.

Aus dem Original.

D.

D. Casparo Creuzigero, theologiae Doctori.

Gratiam et pacem. Intelligo ex 15 articulis prae-
posteris, quos ad me misisti, mi Doctor *Caspar*,
quid agat Satan. Sed vertat et revertat sese, sitque
septies Vertumnus et Protheus. Ventus tenet victum
et vinctum. Vos agite, quod estis legati Christi. **Es
ist gleich viel, sie decken sich, heecken oder fahren uff, so
ists doch der höllische Teufel und Lügengeist.** *D.
Amsdorffio* dicito, ut addat eum de conceptione
beatae virginis istis articulis, de rosariis et aureolis do-
ctorum, de thuribulo et aspersorio, et brata *S. Francisci*, petatque de iis quoque disputari. Sed tamen
quis scit, quid Deus velit operari occasione stultissi-
morum istorum articulorum, quo minus velim *M.
Philippum* ista indignitate moveri. Deum irrident,
qui suos delusores magnifice deludet. Amen. Sitis
igitur alacres, et nugas cum nugacibus nugemini, tra-
hent et hae nugae magna seria. Hodie satis bona
de caesare dicta sunt ex scriptis, nisi fallor, principis
Anhaltini vestri ad nostrum principem, scilicet caesarem vocavisse in suum conclave vos utriusque partis
Theologos, et iussisse petiisseque, ut positis affectibus
et studiis erga principes suos, solum Deum prae oculis
habeatis, veritatem quaerant propter salutem ecclesiarum et reipublicae. Deus confirmet hoc sacrum opus,
Amen. Plura non possum, neque licet, et quod tibi scribo, praesertim *D. Philippo.* Ego paulatim auditum
recipio: sed caput plane perseverat inutile, differtum,
nescio quibus, nubibus et ventis velut in antro Aeoli
inclusis et murmurantibus indignantibusque. Christus
vivit, in quo et nos mortui licet vivimus. Dormio
tamen solitas horas, et vescor solito more. Forte Satan est in balneo suo ad tempus. *D. Ionas* iam
tres hebdomadas Hallae praedicavit Christum feliciter
magna

magna gratia plebis et senatus, invito tamen *Quer-hamero* et uno atque altero, neque coadiutor fremitu et minis quicquam efficit. Senatus conftanter agit, frendent, furunt monachi et papiftae, de quo alias plura vel per alium. In Domino valete. Omnia funt in domibus veftris falva. Prima Maii fcilicet Phil, et Iac, 1541.

Martinus Lutherus.

II.
Vom 3ten May.

Luther berichtet dem Juftus Jonas, daß es ihm an würdigen Kandidaten fehle, die er ihm zu geiftlichen Aemtern vorfchlagen könne, weil felbft zu Wittenberg ein Mangel an tüchtigen Lehrern verfpüret werde. Ueber die Abnahme feiner Kräfte, die felbft in eine mürrifche Gemüthsfaffung ausarte, beklagt er fich und wünfcht zu feinen Vätern gefammlet zu werden.

Aus dem Original.

D. Iufto Ionae.

Gratiam et pacem. Retinui invitus nuncium veftrum Hallenfem, mi *Iona*, fi forte duos iftos magiftros una mittere poffem. Sed poft longam difputationem nihil effeci, habent graviffimas caufas, quas non potui refellere. Itaque remittere vacuum nuncium coactus fum. Ecclefia noftra (ut fcis) iam folo *Pomerano* et *Trofchelio* fruitur. Schola vero folo *Pomerano*, ut magis exhaufta non effe poffit. *M. Ioannes Capellanus* abiit, abiit *Petrus* et fumus deferti fatis. Quid fi ex vicinia aliquos vocares paftores? Meum *Georgium Schnell* mififfem, fed nefciebam, quid facerem. Alia, quae fcribis ad principem, quam primum mittam, et fpero bona refponfa. Ego et aegrotus, et pene morofus fum, taedio rerum et morborum. Utinam Dominus me evocet mifericordi-

ter ad fefe. Satis malorum feci, vidi peſſima. Vale in
Domino. Salva ſunt tua domus et omnia. Feria 3 poſt
Philippi et Iacobi 1541.

Martinus Lutherus.

12.

Vom 22ſten May.

Nachdem Luther die Verzögerung ſeiner Antwort mit der Schwächlichkeit ſeiner Geſundheit entſchuldiget hat, ſo verſichert er, daß ihm das
Gerücht von der Veräuſſerung der Burggrafſchaft mit allen daher befürch-
teten Folgen ſehr unwahrſcheinlich vorkomme. Ueber die Beſetzung des
Syndicats in Halle durch Schneidewein oder Roſnecker, und über
die Verſetzung eines Predigers entdeckt er ſeinem Freunde ſeine Gedanken, und ſchlieſt mit der Nachricht, daß eine wiederholte Ausgabe des
Neuen Teſtaments ihn itzt beſchäftige.

Aus dem Original.

D. Iuſto Ionae, ſacrae theologiae Doctori.

Gratiam et pacem. Primum hoc a te facile impetra-
tum eſſe credo, mi *Iona*, quod aequo animo feras, ſi vel tardius, vel rarius tibi reſpondeo. Certe non
ſum tam firmae valetudinis, ut liceat una hora tuto et
intente vel legere, vel loqui. Tentavi iam id ſaepius,
ut qui cupidiſſimus ſum denuo loquendi, ſcribendi, le-
gendi, tanta fuit vis morbi, quisquis fuerit! Nec adhuc
totus, ut antea audio. Deus faciet, quod bonum eſt.
Caeterum ſatis valeo, Dei gratia. De Burggraviatu ſatis tu ipſe ſignificas, tibi ex aula eſſe ſcriptum. Non
dubium eſt, principem nihil venditurum eſſe, tanta eſt
conſtantia, niſi quod ultra nihil ſibi arrogabit imperii in
Halle, quod Burggraviatum non attingit. Quis enim
hoc ei ſuadeat? cum nos doceamus, ſua ſuis debere.
Et ſatis magnum eſt, quod te Ionam hoſtem Satanae et
Cardinalis coguntur portae inferorum ferre, ſolo hoc
titulo et umbra Burggraviatus in medio ſuo, de quo

gra-

gratiae agendae funt Chrifto Dominatori. Dices ergo
illis trepidis, ut de hoc titulo vendendo non fint folli-
citi, Deus, qui vocat ea, quae non funt, ut fint, vocabit
etiam ex hoc parvo titulo magna, quae non funt, ut
fint, ex nihilo faciens omnia.

Caetera, quae mandas, etiam ultro et libentiffime,
imo ex debito facere cogor, ut orem pro ecclefia Hal-
lenfi, et pro ipfo *Balthafaro.* Dominus vivificet
eum, ficut petimus nos omnes.

De Syndico vobis parando mihi videtur *Schnei-*
dewinus vocandus. Nam de aliis mihi neque fpes,
neque votum eft. Si *Schneidewein* non continget
(quod non puto) vocatus, cogito de Doctore *Rofen-*
ecker. Sed cur tu Iurifta me theologum confulis in
iftis caufis? De Zidonienfi ecclefia et Hertzbergenfi
diacono fic habe. Poftquam paftor Zidonienfis fimpliciter eft amovendus, et Hertzbergenfis iunior videatur
commiffariis: Eft *Pomeranus* inclinatus et affectus
eum vocare, huc Wittenbergam ad Capellani officium, fi
voluerit, quod mihi magis honorificum, et illis magis
dedecori futurum effe videtur, ut fic carnaliter loquar.
Quicquid erit, omnes cupiunt honorifice ei provifum.
Vale in Chrifto, et confortare. Saluta mihi quaefo reverenter iftos, reverendos canos, Cani D. Middenfis capitis capillos, et omnia, quae teguntur iftis pils capillis.
Salva funt in Domo tua omnia.

De caetero non expectes tam longas et prolixas
literas vel epiftolas. Nam cras accingar ad novum te-
ftamentum perluftrandum, fic imperantibus typographis
dominis noftris. Nemo ergo mihi moleftus fit. Ego
ftigmata dominorum typographorum in infirmitate mea
portabo. Dominus tecum, mi *Iona*, et faluta omnes

noſtros in Chriſto.   Dominica Vocem Iucunditatis.
A. 1541.

Martinus Lutherus.

13.

Vom 17ten Junii.

Luther entdecket ſeinem Freunde Melanthon über die bevorſtehende Abbrechung der bisherigen Unterhandlungen zur Beylegung der Religions: irrungen ſeine Gedanken mit einiger Heftigkeit, und beruhigt ſich endlich mit der Vorſtellung, daß da die ganze Sache nicht ihre, ſondern Gottes Sache ſey, daß man ſich hiebey ganz der göttlichen Vorſehung überlaſſen müſſe.

Aus dem Original.

Philippo Melanthoni.

Gratiam et pacem.   Intellexiſti ex proximis litteris, quid ſentiam de iſto quoque *Carolo.* Spero vos avocari a principe, id enim conſului. Fiat voluntas Domini, ſive quia canimus, ſive lamentamur, illi neque ſaltant, neque lugent. Der erſte Zorn der beſte. Audivimus, caeſarem aqua maledicta aſperſum per Moguntinum, et communicatum ritu papiſtico, neque quicquam defuiſſe, quo Chriſtus illuderetur et irrideretur, ne illud quidem: *Ave Rabi, et prophetiſa nobis, Chriſte.* Denique oſculatus eſt eum.   Cogitate et feſtinate egredi ex iſta Sodoma, venit ira Dei ſuper eos in finem. De nobis ſic ſentio: Quicquid erit, omnis fortuna ferendo ſuperanda, nec dubito, quin ſuperanda ſit, ſi ferendo fuerimus, quia ipſe dixit: *Quicquid petieritis in nomine meo, hoc ipſe faciam, ut glorificetur pater in filio.* Ipſius, non noſtra cauſa agitur, ipſe viderit, an ruentibus nobis, ſi voluerit, ipſe quoque ruere velit, ſed irruet verius et certius, quam ruet illorum magno et aeterno, malo, noſtro vero bono magno et aeterno. Oratum eſt ſatis pro caeſare, ſi nolit benedictionem, ferat maledictionem. Non poteſt eſſe culpa

folius

folius diaboli Moguntini, fi ipfe non effet purus hypo-
crita. Tot querelas haufit furda aure, fingens fe religionis caufa, iftuc deferre, quas nunquam cogitat audire, quafi pro religionis caufa non interim etiam comedere cogatur, aut cacare. Quanto magis poffet caufa
religionis pofita iftas querelas audire, imo dum vos
inutiliter et fruftra certatis, iam dudum expediviffe. Suc-
currit, quid egerit, quid fub irruptione turcica apud
Viennam data pace, quam mox poftea revocavit et alia
multa, interim devorat Traiectum Leodium, ficut Heinz
focius Hildesheim devoraturus Rhenum totum cum epi-
fcopatibus, ficut focius totam Saxoniam. Sed de his
coram. Abrumpite, quam poteftis commodiffime.
Nam de quatuor articulis concordatis nihil vidi, nifi
unum de iuftificatione. Nifi quod verbum iftud in caefare non difplicuit, unverbindlich, unvorgreiflich, quod
etfi pro fua parte pofuerint, nobis, tamen non inutiliter erit. Quod fi tu non poteris abrumpere, *Cafparem*
tamen, fi potes, mitte. Uxor eius iftas domus curas et
ftructuras non fine iactura fuftinet; ut alias eius operatio-
nes et operas taceam, quibus ecclefia et fchola interim
carere cogitur. Imperata eft ei miffio a principe, fi
tu confentias, habes loco eius *D. Amsdorffium*,
quem ergo credo iftis indignatoribus tui non enecari,
nam faepe eius recordamur, ingenium eius cognitum
habentes. Sed Dominus reddet nobis abunde, quia
propter ipfum tot poenas purgatorii, non illius papi-
ftici, fed vere Chriftiani, imo inferorum fuftinetis. Quare fortes eftote, et laeti, ridentes, fi poteftis, Satanae
machinas. Nam fortitudo vera plus habet officii in
ferendo, quam in agendo. Dabit Deus his quoque
finem. Ego oro et orabo peccator peffimus, fed non
defperatus. Audiet me tandem, qui folet audire gemitus illos inenarrabiles, quos fcit gemere non pro
auro, gloria, et voluptate, fed pro fuo nomine, regno

et

et gloria.   Ipfe fit, imo est vobifcum, in quo bene valete, et redite quam primum.   Nam ibi diabolo operam, tempus, et fumtus perditis.   Feria 6 post Trinitat. 1541.   T.

Martinus Lutherus D.

14.

Vom 22sten Junii.

Luther bezeugt abermals über die bald abzubrechende Religionsunterhandlungen seinen Unwillen mit einer gewissen Heftigkeit, und schiebt dabey alle Schuld auf die Verstellung des Kaysers und auf die feindseligen Gesinnungen des Erzbischofs zu Maynz. Von der überhandnehmenden Menge der Mordbrenner und einem bevorstehenden Einbruche der Türken macht er sich fürchterliche Vorstellungen, und wünscht Melanthon und seine Gehülfen bald wieder bey sich zu sehen.

Aus dem Original.

Philippo Melanthoni.

Gratiam et pacem.   Non credebam litteris tuis, venturos fcilicet legatos ad me ab illis, ut fcribis τοῖς μεγίϛοις, fed venerunt acceperuntque refponfum meum cum gaudio; adiunxerunt fibi *Georgium* fratrem praepofitum.   Certum autem eft, illos nec intelligere confilia mittentium, nec meam refponfionem. Hoc enim agebant, ut tolerantiam utrinque probarem in 10 illis articulis.   Hoc Satanae Moguntini virulentum confilium fpero diffipatum eft.   Princeps nofter elector tulit aegre, fe praeterita me folum petitum. Accurrit una cum *Pontano*, et meam refponfionem paucis verbis additis more fuo formaverunt.   Mirum eft, quam fit illi fufpectus totius Caefarinae partis tractatus, vix finit iuftificationem aliis verbis proferri, quam in Confeffione pofita eft, et placet ea conftantia.   Sed videbis omnia, vel referet *Scotus* omnia.

Spe-

Spero vos redituros brevi. Nam fruſtra ibi fuiſtis, et feciſtis omnia, cum iſtis perditis. D. Caſpari princeps liberum dedit reditum, ſi tu voles, finis erit illius conventus, niſi Turca aliud extorſerit. Turbam maiorem quam antea, et incendiarii ſeveriores furias dabunt. Nam 25 de novo contra principem noſtrum deſignati ſunt, ex quibus capti ſedent in arce Leuchtenburgk. Hi aperte produnt Moguntinum monſtrum illud exitiale Germaniae. Niſi Caeſar ſerio puniat Heinzen et Meinzen, poſſibile eſt, ut et ipſe ſuſpectus amittat obedientiam, et reverentiam, id eſt, imperium Germaniae. Nam quo iſta iſtius diſſimulatio tam crudelis et exitialis ſpectat, niſi ad excitationem ſeditionis in vulgo, aut apertum bellum? Plebs tandem ferre non poterit iſtam deſidiam caeſaris et principum in tanta calamitate. Ego plane odium concepi in caeſarem vere, qui laudibus et orationibus noſtris fretus ſaevior in nos peccat. Et agam, ſi qua potero, contra eum, quanta pro eo feci. Nam quod fingit, ſe nullam cauſam, niſi religionis prius ſit compoſita, aggredi, cur non etiam Turcam prius ſinit vaſtare omnia? Jch halte, die Pfaffen wollen alle todt geſchlagen ſeyn, nobis invitis, quia erumpit rumor eos eſſe autores et papae miniſtros in miſcendis incendiis, poſtquam Moguntinus caput eorum perditus eſt. Det Dominus, ne ſeditio oriatur, ut Macedo Smalcaldenſis ſomnii alteram partem impleat. Amen. In domo tua ſalva ſunt omnia. Filius Philippus inſidiis Satanae feliciter evaſit nuper, quae audies coram. Alia forte, ſi qua ſunt, ex aliis cognoviſti. Dat. in die Solſtitii 1541.

T.

Martinus Luther D.

15.

Vom 25sten Junii.

Luther meldet seinem Freunde Melanthon, er sey bereits von allem
unterrichtet, was mit ihm bey dem gehabten Verhör vor dem Kayser
vorgefallen sey. Er sieht nun seiner Ankunft entgegen, und versichert,
er werde noch einen Kranken vor sich finden.

Aus dem Original.

Philippo Melanthoni.

Gratiam et Pacem. Volo praevenire litteras tuas
ad me venturas, ut spero, propediem, seu in horas potius . et tibi praedicere, quae Ratisbonae agan-
tur, scilicet te ad caesarem esse vocatum, tibique lo-
cutum, ut ea, quae pacis sunt, cogitares in collo-
quio Te vero latina oratione respondisse, facturum
esse, quae posses : sed imparem oneri tanto esse te;
Eccium vero solito more vociferatum : Allergnädig=
ster Kanser, ich wills vertheidigen, daß unser Theil
Recht hat, und der Bapst caput ecclesiae sey. Habes historiam apud vos gestam. Ex litteris proximis
Casparis ad *M. Georgium* scriptis intellexi,
postridie congressuros vos esse. *Mezentium* esse
contemptui, gaudeo Hic gloriatur fama, caesos esse
ad Budam 5 millia Turcarum. Nihil habeo novarum
rerum, quas scribam. Omnia sic sunt in tenore solito. Ego paulatim audire incipio, etsi interdum
mortua mihi auris, negat auditum, et fluxus capitis
seu phlegmata me molestent e capite. Sed phlegma-
ticus, pituitosus, catharrosus sum et manebo. Salutat te mea *Ketha* reverenter. Saluta omnes nostros.
Sabbatho post Ioh. Bapt. 25. Iunii 1541,
T.

Martinus Lutherus.

16.

16.

Vom 29ſten Junii.

Auf die Nachricht, daß Melanthon von einer gewiſſen Art der Schwermuth angefochten ſey, ſucht Luther ihn durch dienliche Troſtgründe auf-
zumuntern, und verſichert, daß er auf ſeine baldige Abberufung mit
vielem Eifer dringe.

Aus Aurifabers ungedruckter Sammlung.

Philippo Melanthoni.

Gratiam et pacem. Rogo te, mi *Philippe*, ut
ſis animo aequo. Nam ſcribitur mihi, te con-
flictari neſcio cum quibus tentationibus. Scis tu
iſtos perfidiae et diaboli ſervos facere aliud non poſſe,
quam quod faciunt. Tu quis es? qui corrigas eos,
quos Deus dereliquit incorrigibiles, imo in ſenſum
tradidit reprobum? Ego magna ſpe animor, fore,
ut iſta concertatio glorificet filium Dei, ſicut dicit
Ioann. 11: *Haec infirmitas non eſt ad mortem.* Et
*Paulus: Virtus mea Chriſti in infirmitate perfici-
tur.* Non ſolum te cruciat iſta indignitas, ſed me
paene in furiam vertit, ſed fine, ut eveniant quae
Deus decrevit, ne ipſe egregie et luculenter eſuri-
vit operam tam aſtutam, tam callidam, tam ſapien-
tem, tam ſanctam, idque brevi, Deo volente. Quare tu noli timere neque ſollicitari cum tuis. Ipſi
vobis laqueos poſuiſſe ſibi videntur: ſed in quos in-
cident ipſi, ſicut docet *David.* Caetera ex aula
fortaſſe accipietis, et citius, quam noſtra ad vos
perveniant. Oramus principem, ut vos quam primum avocet, idque fecimus paene 14 diebus ante
has datas, ita ut mirati ſimus, cur non iam huc re-
dieritis. Saluta omnes noſtros et *Amsdorffium*
iubeas iraſci et indignari, (quod per ſe fieret) iſtis

por-

portentis, et oret pro cardinale Pf. 118. contra
Iudam, vel potius, ut tam fanctus epifcopus fiat papa ; et rideat Satanam *Amsdorffius*, ut qui certus eft Satanam ridere, fi *Amsdorffium* fenferit
contriftari.   Vale et laetare in eo, qui vicit mundum, quo victo nos vicimus, ficut dicit: *Confidite,
ego vici mundum*.   Quia oratio ecclefiae, et noftra,
quae eadem eft, vobiscum patitur, vobiscum regnabit.   Vale iterum.   Feria 4 poft Ioann. 1541.

T.

Martinus Luther D.

17.

Vom 4ten Jul.

Luther ertheilet auf die ihm vorgelegte Frage : wie es mit dem öffentlichen Genuß des heil. Abendmahls in Abficht auf die daffelbe austheilen-
de Prediger zu halten fey? dahin fein Bedenken, daß eine folche öffentli-
liche Genieffung löblich und erbaulich fey, doch fo, daß die Gewiffens-
freyheit der Prediger dabey nicht eingefchränket werden müffe.

Aus der **Wernsdorfifchen** Sammlung zu Wittenberg.

Egregio Viro, *D. Hieron. Wellero*, Theol. D. Miniftro Chrifti Fribergae fuo in Domino fratri charif-
fimo.

G. et P.   De quaeftione mihi propofita, mi *Hie-
ronyme*, fic fentio: aequum et bonum in hac
re effe fequendum, ut liberum fit Miniftris una communicare, dum fefe fentiunt non affectos.   Rurfus ne
legem faciant ex ea libertate, aliquando una communicent, ne fcandalo fint ecclefiae.   Ita utrumque
factum in utramque partem non offendet : dum illi
non poffunt exigere, ut una communicent, et ifti non
poffunt urgere, effe libertatem velamen fpurcitatis et

con-

contemtus. Haec de publica communione. Nam de privata veftrae ecclefiae communione nihil fcio. Sic tamen haec puto intelligi, ut is, qui publicum of-ficium exercet in Miffa, ut vocant, omnino una com-municet. Ita tuam quaeftionem intellexi de diaconis comminiftrantibus. Vale in Domino 2 poft Vifit. 1541.

T.

Martinus Lutherus.

8.

Vom 8ten Jul.

Luther entſchuldigt ſeine Saumſeligkeit im Briefſchreiben mit den Un-bequemlichkeiten des herannahenden Alters; vergleicht die in Regens-burg abgebrochnen Religionsunterhandlungen, mit einem Verſuch, ob nicht Chriſtus und Belial mit einander verglichen werden könnten, und berichtet, daß ſich die Anzahl der Mordbrenner bisher nicht verringert, ſondern vermehret habe.

Aus der Kraftiſchen Sammlung zu Huſum.

Egregio et optimo Viro *Wenceslao Linco*, Miniftro Verbi Nurmbergae fideli, fuo in Domino fratri chariff.

Gratia et pax. Nihil habui, mi *Wenceslae*, quod fcriberem, nifi quod volui antevertere et querelas tuas praeoccupare, quibus me foles flagella-re, quod rariffime ad te fcribo. Scis autem, me effe nunc fenem et fatigatum, pigrumque ad fcriben-dum non neceffarias epiftolas, quando etiam a necef-fariis plerumque cogor abftinere, quae a me poftu-lantur ex multis variisque locis et caufis. Quare tu, quae tua eft humanitas, facile mihi ignofces filentium, pigritiam, et fi voles ita appellare, negli-

gen-

gentiam quoque meam. ' De concordia Christi cum
Belial in Ratisbona nihil novi audio ; praedixi eam
antea talem fore concordiam, pervenit enim ira Dei
super papatum, et hora iudicii eius adest. Quare
nemo poterit ei auxiliari, ut *Daniel* prophetavit.
Apud nos non cessat, sed gliscit potius furor incen-
diariorum. In Prussia 170 capti. In Pomerania non
paulo plures 60 et clamor oritur, per papam et ca-
nonicos ista mala procurari. Mirum, si non aversant
illud vetus : Man muß die Pfaffen zu todt schlagen.
Benedictus Deus, qui noluit nos in illorum consortio
diutius manere, sed mature nos eduxit ex ista Aegy-
pto et Sodoma, quos mare rubrum humore submer-
sit, et ignis coeli calore absumsit. Vale et ora pro
me. Anno 1541.

T.

M. Luther.

19.

Vom 16ten Jul.

Luther empfiehlt dem Justus Jonas ein paar würdige Männer
zur Stadt am Hof, die es werth wären befördert zu werden, und
theilet seinem Freunde einige kleine Nachrichten mit, die sich auf die
fruchtlos geendigten Religionsunterhandlungen zu Regensburg beziehen.

Aus Aurifabers ungedruckter Sammlung.

D. Iusto Ionae.

Gratiam et pacem. Urges, mi *Iona*, ut tibi re-
spondeam ad litteras tuas. Ego sane tergiver-
satus, quod non habeam, per quos litteras ad te dare
possim. Tandem consensi etiam contra me ipsum, ur
uxori tuae literas ad te perferendas commendarem.
Tu videris, et ipsa, quomodo accipies. Placet mihi,

hi, *D. Chilianum* futurum Hallenſem ſyndicum.
Ego praeſenti quam optime ſum precatus (ut eſt vir
plane Chriſto ſacer et ſanctus) multum conferet veſtris laboribus. Noſter diaconus *Andreas* cauſatur
cauſas ſuas, de quibus *D. Chilianus* coram. Sed
heus ! quid toties oblitus ? Eſt curiae (Stadt zum
Hof) vir praeſtantiſſimus *D. Stephanus Kaſten-
bauer* ante annos aliquot Auguſtae vel ante, vel
poſt, vel cum *Vrbano Rhegio* eiectus opera ſa-
cramentariorum, vir (mirum, ſi non noſti,) doctiſ-
ſimus et ſinceriſſimus, de quo vellem diſputares. Habet ſocium egregium virum, olim canonicum regu-
larem (ut dicitur) eruditum et ſincerum ; uterque
dignus non Hallenſi tantum vocatione eſt. Studebo,
ſi Halle non poterit, vel loco *Vrbani Rhegii* Lu-
neburgenſis eum accipiat, modo per *D. Pomeranum* ſtare poterit. Nova plura vos in loco tam inſigni habetis, quam nos. Tamen hoc forte vel fruſtra ſcribere volui, papiſtas magna vehementia coram caeſare librum illum concordiae praeſumtum ar-
tificem damnaſſe, et paene in eo eſſe, ut ſuſpicen-
tur a nobis compoſitum, quum nos oderimus eum
cane peius et angue. Ille miſerrimus liber, qui tot
menſes vexavit comitia iſta, tandem a noſtra parte
conculcatur, et ab illa parte laceratur, non obſtante,
quod *Bucerus* mirifice eum probarit, et magno impetu eum recipi contenderit ; Meiſter Grickel quoque odio noſtri iactaverit, nullum ſcriptum eſſe uti-
lius pro concordia. Ita Deus utrumque hypocritam
confundit potenter. Vides igitur, quantum valeat
oratio eccleſiae. Nam caeſar eo libro deluſus et ſpe
ſua fruſtratus, quid facturus ſit, dies declarabit. Hoc
ſcio, nos et noſtros eſſe coram caeſare ab illorum
parte inter damnandum librum et colloquium illud de-
vaſtatum hoſtiliſſime accuſatos. Inter caetera capita
                                                    accu-

accufationum amariffimarum illa fuit acerbiffima, quod proteftirende Stånde (fic feis nos nominare) fubditos catholicorum (id eft cacolicorum) fubtraherenr (ut feditiofi) ab obedientia, et mitterent eis concionatores, quos defendendos fufciperent contra legitimam at ordinariam poteftatem; in quo capite accufationis, an tu, Hallenfes, princeps nofter non fitis, tibi iudicandum relinquo   Summa iratiffimi funt, horribilia crimina in nos evomunt, ac fpirare videntur plus ignium, quam in ipfo fit inferno.   Sed is eft finis comitiorum pro fancta concordia inftitutorum.   Deo autem gratia, qui nos ifto motu Satanae furentis certos facit, ipfum effe expellendum, ficut teftantur evangelia, quam furiofus fuerit, ubi fenfit vim potentioris, qui fuper eum veniebat et expellebat.   Sis itaque fortis in Domino; et fi ipfe infirmus eft in cruce, fis cum eo infirmus in eadem cruce, quia fortes erimus cum eo, victa infirmitate tandem, et regnante virtute.   Vale in Domino, et faluta mihi omnes noftros praecipue hofpitam tuam venerandam caniciem Mildenfis doctoris, d. 16. Iulii 1541.

Martinus Lutherus.

20.

Vom 24ften Auguft.

Luther ertheilet einem ungenannten Vorfteher der Kirchen fein Bedenken über einen Prediger, der bey feiner Gemeinde verhaßt werden war, und daher die Erlaffung wünfchte; und äuffert feine Mennung dahin, daß ihm die Erlaffung unter gewiffen Einfchränkungen nicht verfaget werden könne.

Aus der Börnerfchen Sammlung zu Leipzig.

Gratiam et pacem in Domino.   Ex *M. Califto* audies omnia, quae fum ei locutus.   Mihi fane

vi-

videtur confultum, fi tanto ardent in illum odio tui
Vallenfes, ut volenter cedat.   Erit eius alibi ufus,
fed fic, ut non fine tua voluntate et publico Ecclefiae veftrae teftimonio dimittatur, certis caufis alle-
gatis, quibus meruerit odium et caufam dimiffionis.
Deinde tui officii eft, ut non fine tuo confenfu Ecclefia feu plebs tibi invito obtrudant, curare.   Nam
hoc eft non minus tyrannis cum in Paftorem ipfum,
tum quam fi Paftor invita Ecclefia aliquem obtrudat.
Referantur ergo merita utriusque partis ad fuperio-
res. Si enim pro libidine plebis vel paftoris invicem fibi obtrudant, quem utra pars voluerit, iam
non erit Ecclefia vel adminiftratio.   Quare tecum
conveniant, aut ipfi fiant per fe Epifcopi, quod fi
alium pro fe et contra te vocarint, fciant, fefe contra Evangelii regulam agere, et omnia, maledicente
Deo, infeliciter fucceffura. Vale. Nam aegrotus et
occupatus haec fcripfi, et habe tibi *Califtum* commendatum, qui bonus vir femper mihi habitus eft,
quo magis tuis Vallenfibus indignor: nam faturi verbi ingrati pro redemtione a tyrannide Papae duriffima, fed duriorem videntur mereri vel alicuius tyrannidem, quam et invenient, quod meo nomine illis
prophetare poteris, fi tales fint, et effe pergant.
Die S. Barthol. 1541.

Martinus Lutherus.

21.

Vom 30ften Auguft.

Luther erzählet feinem Freunde Jonas in Halle, daß ihn Gott von
einem groffen häuslichen Uebel erlöfet habe, indem eine Bedientin, die
ihn durch ihre Scheinheiligkeit ficher gemacht, in ihrer Schalkheit und
Betrug entdecket, und daher aus feinem Haufe entlaffen worden fey.

Aus der Schmidifchen Sammlung in Helmftädt.

Cla-

Clariſſimo Viro Domino *Iuſto Ionae*, Doctori Theologiae, Legato Chriſti in Halle, ſuo in Domino Maiori venerando.

Grat. et Pacem. Scribo, mi *Iona*, tantum, ne
iſtas Ambaſiatrices, optimas feminas, quas huc
miſiſtis, inanes literarum dimitterem, praeſertim cum
ad tot literas tuas non reſponderim. Et primum gratias ago pro novitatibus tuis, quas non omnes hacte-
tus audivi. Miſi tuas literas in caſtra, maxime ideo,
ut legant, quae tu de Moguntino diabolo admones.
Audio ſane, agi practicam aliquam inter noſtrum et
illum. Oratio iuvet nos, ſicut ante et hactenus.
Nos nova parum audimus. Ex Hungaria tamen ſcribitur, noſtros viciſſim diripuiſſe oppidum Turcis et
Ungaris adverſariis plenum, et ipſum tyrannum ad-
ventare incredibili exercitu.

De privata mea re, ut rideas, et gaudeas, id eſt
Deo gratias agas, et pro me ores; *Roſina* mea,
illa pudens virguncula, dimiſſa eſt a me, ſcortum im-
puriſſimum inventa. Non poteſt dici nec ſcribi, quantum deſignavit flagitiorum, nobis dormitantibus et
confidentibus. Deus fuit cuſtos domus meae. Nihil
eſt *Thomas Mantfeldt* in ſuis parvis logicalibus.
Ipſa magiſtra docuit me parva logicalia: meretrix erit
virgo: et virgo fuit meretrix. Ago gratias Deo, me
ignoraſſe omnia. Alioqui in eam furentior peocaſſem
aliquid. Nec *Roſina* fuit, niſi ficto nomine. Abiit,
abiit, benedictus Deus! magnum malum ex domo
mea, qui deinceps me cuſtodiat, et ſaltem ſero ſapien-
tem faciat, tot exemplis peſſimis ictum. Vale in Domino cum tuis omnibus. Fer. 3 poſt Barthol. 1541.

Martinus Lutherus.

22.

22.

Vom 3ten Sept.

Dieser Brief an Justus Jonas ist eines durchaus scherzhaften Inhalts, auch da, wo sich der Briefsteller das Ansehen giebt, als ob er ernstlich schreiben wolle. Denn er redet von Fragen, die zu den Zeiten der Scholastiker bey aller ihrer Unerheblichkeit als sehr wichtig und erheblich betrachtet wurden.

Aus **Aurifabers** ungedruckter Sammlung.

D. Iusto Ionae.

Gratiam et pacem. Semel gratias ago pro tot tuis donis missis, vino, pomis, et aliis, idque facio, ut deinceps liber sim apud te, ne toties mihi pigro aut scribendum, aut gratiae agendae sint, quoties tu acer et fortis scribis aut mittis. Nos hic pauperes ludimus, dum vos divites meditamini (si meministi huius versus Alexandri). Caeterum uxorem tuam toties excusatam habeo sane excusatam, quod sine litteris meis ad te hinc abierit, licet ego consentiente mea *Ketha* id in culpa fuisse iudicaremus, quod percita fame non panis aut vini, sed maritalis consuetudinis, (quae ex dilectione illius), sit oblata poscere litteras, id quod tu ei facile indicabis etiam suo loco et tempore. Das ander verstehen sie wohl, et tu simul. Caeterum D. *Iustum* libenter vidi, et si apud me nunc viduum et coelibem, pessimum scilicet patrem familias, noluerit coenare, neque prandere, faciam tamen, quaecunque ille voluerit, et tu iusseris, quantum omnino possum. Convivam meum libenter habebo filium, si illi placuerit. Nunc ad feria. Est hic civis, quem forte nosti, in suburbano tuo piscario Scherff, qui ante annum aegrotus a *Froschelio* interrogatus, an agnosceret se peccato-

rem

rem in 10 praecepta Dei ? refpondit perquam mode-
fte, fefe nondum poffe ftatuere certe, quid in reliqua
deliquiffet ; certum autem effe, quod nihil in primum
praeceptum peccaffet unquam, quia confcius fibi non
effet, unquam fefe fuiffe apud eos, qui alienos Deos
colerent. Tu nunc vide, an non Wittembergae fint
fancti, qui neque in carne, neque in mundo, fed inter angelos femper vixerint. Tantum fecit catechif-
mus quotidie inculcatus ! Ex alio moverunt quaeftionem, fcilicet ad te deferendam, convivae mei.
An plus lactis det Deus largiffimus ille oeconomus
fingulis annis, quam vini ? Ego fentio, quod plus
lactis. Tu refponde. Secundo quaeritur, an dolium,
quod effet tam latum, longum, altum, quantum eft
fpatium inter Wittenbergam et Kembergam, poffet
capere vinum, quod Deus infipiens et ignarus et ftul-
tus profundit, prodigit et perdit fingulis annis inter
filios hominum peffimos, ingratiffimos crucifixores
filii, *Heinricos*, *Albertos*, Papas, Turcas,
cum filiis fuis det aquam ? Haec ideo, ut tu fcias,
multis tuis literis velle me brevibus fatisfacere. Neque enim femper fim otiofus, neque ftudiofus ad fcri-
bendum, iam cadaver, nifi quod tecum libenter, fi
detur hora, iocor et fabulor. Vale et ora pro me
quoque, ficut nos pro te et ecclefia omnis pro veftra,
D. 3. Septembr. 1541.

Martinus Lutherus.

23.

Vom 6ften Sept.

Luther beurtheilet die Herzoge zu Sachfen Johann Friedrich und
Johann Wilhelm nach einem von ihnen erhaltenen Schreiben als
fehr hoffnungsvolle Fürften; von deren edlen Gefinnungen fich die Kirche und der Staat große Vortheile verfprechen könnten. Es bittet fie
aber

aber auch zugleich, aufmerkſam zu ſeyn, damit nicht die beſten Abſichten durch die Schmeicheleyen untreuer Freunde und Bedienten vereitelt werden mögten.

Aus Aurifabers ungedruckter Sammlung.

D. *Ioanni Friderico* et *Ioanni Wilhelmo*, Ducibus Saxoniae.

Gratiam et pacem. Clementiſſimi et illuſtriſſimi Principes. Ego magna voluptate et incredibili gaudio legi veſtrae illuſtriſſimae dominationis litteras, ex quibus intellexi, quam felix et dextrum fundamentum iecerint illuſtriſſimae dominationes veſtrae, tam in litteris, quam in religione, et gratias ago Deo patri miſericordiarum per Chriſtum filium eius, qui tam bonum et praeclarum opus inceperit in tam ſublimibus perſonis, orans et obſecrans, ut per viſcera miſericordiae ſuae perficiat opus ſuum usque in finem. Et iuſtum, et neceſſarium eſt, nos omnes hoc ipſum toto corde orare, ut qui ſciamus, illuſtriſſimas dominationes veſtras educari ad res maximas et periculoſiſſimas tam in republica, quam in eccleſia gerendas. Satan eſt, qui domi forisque tum inſidias, tum machinas infinitas ſtruet illuſtriſſimis dominationibus veſtris, maxime vero domi per falſos et ſubdolos tum familiares, tum officiales, quemadmodum legimus *Davidi* et cuiquam optimo principi contigiſſe. Unde et poetae finxerunt in fabulis, Atlantem ſuſtinere coelum, et Chriſtophorum portare totius mundi onus, dum puerum Ieſum portat. Hoc et pater illuſtriſſimarum dominationum veſtrarum haud dubie non raro experiri cogitur; proinde etiamſi vires, ingenium, opes, voluntas, pietas, et omnes virtutes feliciter et ſpiritualis ſapientiae in principe bono non deſunt, tamen opus eſt aſſidua et humili oratione omnium, ut

illa

illa omnia Deus contra vim Satanae gubernet, et ad victoriam eiiciat iudicium, (ut *Matthaeus* ex *Efaia* dicit), in quo valeant illuftrifſimae dom. V. in perpetuum, et me fibi clementia commendatum habeant. Amen. Filius meus fcribet alio tempore, nam fubito non potuit. Ego fane nuncium nolui vacuum abire. Sexta Septembris A. 1541.

Martinus Lutherus.

24.

Vom 8ten Sept.

Wenceslaus Link hatte über die überhand nehmende Verachtung des göttlichen Worts geklaget, und Luther ſucht ſeinen Freund durch die Vorſtellung zu beruhigen, es ſey nothwendig, daß die Kirche Chriſti durch Tyrannen, Irrgläubige und innerliche Feinde gleich ſtark, von den Letzten aber am meiſten, beunruhiget werden müſſe. Er ſezt zuletzt hinzu, wenn ſein Freund in Nürnberg nicht im Segen arbeiten könne, ſo ſolle er allenfals durch einen anderweitigen Beruf ſchadlos gehalten werden.

Aus der Kraftiſchen Sammlung zu Huſum.

Wenceslao Linco.

G. et P. in Chrifto. Accepi literas tuas, mi *Wenceslae*, triftes, et condoleo vehementer, Nurmbergae fic efle contemptum verbi. Sed quid mirum, fi diabolus fit princeps et deus mundi, cum id nominis illi det Deus ipfe? Unde, fi aliter faceret, quam tu querularis, princeps mundi non eſfet. Nifi quod fortaffis Nurmbergenfem credidifti Ecclefiam efle, ut mundi pars nulla efset, aut princeps mundi ibi mortuus et crucifixus efset. Ego fic animum meum firmo. Primum tentationem Ecclefiae (ab initio mundi) femper efse a tyrannis, qui noftrum fundunt fanguinem. Tyrannis iam prope finitis,

tis, fequitur tentatio haereticorum. Violentiam, hae-
reticis utcunque coërcitis, fequitur nocentiffima ocni-
um in pace tentatio, fcilicet licentia et impun'tas
vivendi, fine lege, fine verbo, ut qui fecuri fumus
et faftidio. habeamus, quo iam non fit quies, cum
iam hoftes victi funt. Ita inimici hominis funt pef-
ffimi domeftici eius. Iftae funt tres tentationes contra Patrem, Filium et Spiritum fanctum.

Ego femper ita cogitavi, a Papa et tyrannis nihil effe vobis periculi, nec a *Muntzero, Carol-*
ftadt et 𝔚𝔦𝔢𝔟𝔢𝔯𝔱𝔞𝔲𝔣𝔣 nos obruendos effe, fed noftri intra nos mihi futuri funt fufpecti contemptores
illuftres, iuxta communem prophetiam : *Revelato*
Antichrifto erunt homines dicentes: Nullus eft Deus.
Id quod videmus impleri, dum ne verbum qnidem
Dei volunt ferre, vel audire, quod fine correptione
vitiorum doceri non poteft. Et faepius tum admira-
tus, cur *Iohannes Baptifta* et ipfe *Chriftus*
non fint occifi propter tabulam primam, fed propter
fecundam, fcilicet, quod ille inceftum, hic vero avaritiam taxarat, cum Apoftoli et deinceps Martyres
propter tabulam primam fint occifi, forte et nos patiemur non propter tabulam primam, quam illi volunt nobiscum confiteri, fed propter fecundam, qua
nolunt reprehendi. Sed tu efto fortis, et perdura
contra iftas voces 𝔓𝔣𝔞𝔣𝔣, et fi qua alia. Nam ifta
dicuntur ab iftis, qui noftra verba putant effe humana, quo confitentur, fe neque primam neque fecundam tabulam colere aut curare. Erit autem Nurmberga turpiffimum, fi fama et libri fpargentur,
quod Evangelium, quod confeffi funt, pro verbo humano habeant, cum nos omnes verbum humanum
tot agonibus exploferimus. Si non pro verbo Dei
habent, multo turpius eft, ex hoc agere, ut ex-

com-

communicationem, quae verbum Dei eſt, excutiant, et miniſtros verbi Dei contemptos odio habeant, et Deum, quem confeſſi ſunt, tam ſcelerate in ſuis miniſtris, Pfaff blaſphement. Atque hoc velim, ut inter conferratur, et in aurem *Ebner* et *Baumgartner* loqueremini vos Miniſtri. Ego non credo duraturos aut pervicturos eſſe iſtorum ſermones, ſed eſſe tentationem contra Spiritum ſanctum, ſeu tertiam tentationem. Alioquin actum eſſet de Nurmberga, quia hoc eſſet contriſtare Spiritum ſanctum, et tandem cogitandum de Babylone iſta deſerenda. *Sed curamus Babylonem, et non eſt ſanata, relinquemus eam.* Spero tamen meliora, ſi vos patientia et manſuetudinis verbo eos primum tractabitis, et periculorum admonueritis Quia ſi mea quoque opera aliqua in hac re opus eſt, vel ad Senatum, vel ad aliquos ſcribendi, paratus ſum. Tantum tu te non conficias curis, et cogites, duodecim eſſe horas diei. Nondum credo, omnes in Senatu eſſe tales. Audimus et hic multa a Nobilibus, ſed quorum non eſt poteſtas faciendi ubique pro libidine. Etſi verum eſt, eos, qui in politia ſunt, ſemper ſere hoſtes fuiſſe, ſicut et erunt, Eccleſiae, etiamſi politia iſta ſit hierarchia, quae etſi plurimos malos, tamen paucos bonos habet. Idem agitur in Oeconomia, quia Deus mundum abiecit, et domi leproſum vix recepit, caetera vocat princeps mundi, quod conſilium Dei imperſcrutabile nos ferre et adorare decet, non explorare aut indignari. Si te Nurmberga nolit, erit locus, ubi tibi Dominus provideat, et, quod ego poſſum, habes me paratum. Bene vale, et cogita poſthac, victas verbi inferorum portas nunc etiam eſſe vincendas oratione. Itaque ora contra haec noſtra mala, victos vero oratione tandem eſſe vincendos

etiam

etiam ultimo Phafe, i. e. tranfitu ex hac miferia in
vitam, ut ftet Trinitas per omnia, et in omnibus,
fieut: *Ego fum via, veritas et vita.* Amen, die Na-
tivit. Mariae, 1541.

Mart. Lutherus.

25.

𝕭om 25ſten Sept.

Luther empfiehlt ſeinem Freunde, **Anton Lauterbach**, einen Auftrag zur freundſchaftlichen Beſorgung, und berichtet ihm, daß der vor-
malige Kanzler, **Simon Piſtorius**, angefangen habe, die Irrthümer der Römiſchen Kirche einzuſehen.

Aus der **Kraftiſchen** Sammlung zu Huſum.

Optimo Viro Dn. *Antonio Lauterbach*, Epiſcopo Pyrnenfis Ecclefiae et Mifnenfium Ecclefiarum infpectori fideliffimo, fuo fratri cariffimo.

Gnade und Friede. Toties, mi *Antoni*, et
iuffifti et volui, ut tibi fignificaretur menfura pro
balneolo aedificando. Sed dum nos exploramus, nec
ipfi obfervamus, fi quis ad nos iftuc afcendat, et nemo follicitat, femper eft omiffum. Nunc mittitur
forma haec inclufa. Tu pro tua humanitate curabis, ficut promififti tua fponte. Nam non cupide te
gravamus. Gaudens audivi, tyrannos tuos conteri
paulatim; fperamus quoque in dies meliora.

De Piftorio, veteri Cancellario, bona fpes eft.
Nam Regensburgae dicitur fincere et candide egiffe,
ac plane refipuiffe; denique dixiffe, et faffum effe,
una hac re fuiffe captum fe, quod non intellexerit,
Chriftum aeternum effe Sacerdotem, fed fucceffiffe
Petrum, et *Petro* Papam, et Papae alium Papam.

pam. Si haec coepit intelligere, intelliget brevi plura. Amen. De Turca, ut video, audisti omnia illa
tristia, et verum dicis, apud nos pati nunc Turcas
intolerabiles, Heintzios, Meintzios, usurarios, Ni-
phleos. Nova alia non habemus. Tu quoque pro
nobis ora sicut nos pro vobis. Saluta tuam Hagne-
tem et Elsulam. Meus Domina te salutat. Vale in
Domino. Domin. post Matth. 1541.

M. L.

Mensura balnei soll seyn fünfthalb Ellen hoch, acht Ellen
weit, und acht Ellen lang, gerade ins Gevierdte.

26.

Vom 4ten Octob.

Luther unterredet sich mit dem Kanzler Sebast. Heller von den grossen
Kriegszurüstungen der Türken, und ist der Meynung, daß man sich
von der daher zu besorgenden Gefahr gänz übertriebene Vorstellungen
mache, und daß der Traum von einer zu erwartenden fünften Hauptmo-
narchie ein leeres Hirngespenste sey.

Aus der Imhofischen Sammlung zu Nürnberg.

Sebast. Hellero, Cancellario marchionis *Georgii.*

G. et P. Utinam et illustrissimi principis marchionis
et tuae sententiae de mittendis quam primum auxiliis in Pannonias obtemperandum esset. Saepe cete-
rorum tergiversationes vehemens reprehendi. Utinam
enim nostri in vera religione firmi, et in politicis officiis obsequentes essent. Haec essent heroica, Davi-
dica, sed nos non audimus. Etsi autem terribilis est
expeditio Turcica, tamen non frangamur animis, faciamus officium in armis, et in publica gubernatione: quia Deus certo conservaturus est reliquias verae
ecclesiae. Sic inquit propheta: *Estote fortes et faci-*
te

te officium, et aderit Deus bonae caufae. Deinde et
aliud cogito, non reftare quintam monarchiam. Ideo
etfi carpet nos barbaries turcica, tamen oppreffuram
fua dominatione has nationes non arbitror. Haec pro
noftra familiaritate, quae ut boni confulas, rogc.
Gregorium Burmannum tibi commendo, is narrabit, Dei beneficio focrum, honeftiffimam matronam,
recte valere. Bene vale. Die 4. Octobr, 1541.

T.

Mart. Lutherus.

27.

𝕭om 23ſten Oktob.

𝕷uther bezeugt den Empfang einer ſeinem Famulus Wolfgang aus
geſezten jährlichen Penſion: iſt aber unwillig, daß die Auszahlung nicht
in landüblichen Münzſorten geſchehen ſey. Er bittet ſeinen Freund Hym-
mel, dem Auszahler hierüber ernſtliche Vorſtellungen zu thun, und ver-
abredet ſo wol für das Gegenwärtige als Zukünftige gewiſſe Maßregeln,
um unregelmäßige Auszahlungen zu verhüten.

Aus der Kraftiſchen Sammlung zu Huſum.

Auguſtino Hymel.

𝕲ratiam et Pacem. Accepi reditus meo *Wolfgango* debitos 19 alt Fl. 9 Gr. 1 Pf. nunquam
antea tam plenos. Sed inter hos funt Marchici groff,
hic fevere prohibitis, idque credo fatis notum effe
Quaeftori veftro. Ideo miror, quare numifma prohibi-
tum nobisque inutile miferit. Etfi (ut dicitur) equi donati dentes infpiciendi non funt: tamen ne alatut
Quaeftorum petulantia, dices illi meo nomine, ut deinceps mittat, quod debet. Denique fi non potero clart
principis vetita aliqua eiicere in Marchiam, interim alia
pro ufu fuppofita moneta, remittam ad te, ut quaeftor,
mutet monetam. Deinde *Wolfgangum,* non gravem

yem, nuncii pretio, curabo, ut auferat ſuo tempore a
quaeſtore reditus, qui mihi placuerit, modo ille non ſit
in mora numerando.   Nam cum totum Vicariatus reditum dederit princeps illuſtriſſimus — *Wolfgango*,
et nos diſſimulavimus eam, quam de cera et aliis fecerit rationis mentionem.   Exiſtimavimus haec ſatis eſſe,
ſi retineantur, ut tantum pecuniae reditus mitteretur.
Haec ſcribo, ut moneas quaeſtorem, ne ſit opus offen-
ſionibus, et (ut dicitur) ad vivum usque omnia ſcrutari
et proferri.   Video enim, et mihi ita contingere, ut de
dono principis, quiqui poſſunt, mihi inſidientur, malignen-
tur, et mordeant, quaſi perditum ſit, quicquid nobis miniſtris impenditur. Bene vale in Domino et ora pro nobis
quoque. Domin. poſt Lucae 1541.

T.

Martinus Lutherus.

28.

Vom 11ten Novemb.

Luther ſtellet zwiſchen den eigentlichen Türken in den morgenländiſchen
Provinzen und zwiſchen den uneigentlichen, die ſich mitten in Deutſchland befinden, eine Vergleichung an, und verſichert, daß wir mehr Gefahr von den Letztern als den Erſtern zu befürchten haben; er ſetzt hinzu, daß wir wider uns ſelbſt beten, wenn wir wider die Türken beten.

Aus der Kräftiſchen Sammlung zu Huſum.

Optimo viro Dn. *M. Antonio Lauterbach*, Eccleſiae Pyrnenſis Epiſc. et Eccleſiarum vicinarum Inſpectori fideliſſ.
ſuo fratri cariſſ. in Domino.

Gratiam et P.   Quum nihil eſſet, quod ſcriberem, mi
Antoni, hoc ipſum tamen ſcribere volui, quod
nihil haberem ſcribendum, potius quam ut litteris tuis
non reſponderem. Deus confortet principem *Mauri-*
tium in fide vera et politia ſalutari. De Turca forte

omnia

omnia audifti. Ego paene de Germania defperavi, poftquam recepit inter parietes veros illos Turcas feu veros illos diabolos, avaritiam, ufuram, tyrannidem, difcordiam et totam illam lernam perfidiae, malitiae et nequitiae, in nobilitate, in aulis, in curiis, in oppidis, in villis. Super haec autem contemtum verbi et ingratitudinem inauditam. His Turcis faeviffime et feriffime intra nos regnantibus, quid agemus feliciter contra iftos carnales Turcas? Deus mifereatur noftri et illuminet vultum fuum fuper nos. Nam dum contra hoftes Turcas oramus, metuendum eft, ne Spiritus orationes noftras intelligat contra veros Turcas, a nobis non fentientibus, orari, et ita nos exaudiat contra nos, tamen fimul pro nobis. Nam hoc video futurum, nifi Turcae tyrannis noftros nobiles terreat et humiliet, faeviores paffuri fumus eos tyrannos quam Turcae funt. Omnino enim cogitant laqueos et catenas manibus Principum et compedes civibus et rufticis iniicere, maxime vero litteris et litteratis. Ita fervitutem papalem ulcifcentur fervitute nova populorum fub manu nobilitari. Sed haec fatis. Salutat te et tuas ambas mea *Ketha*, itidem et nos omnes, et comprecemur et cooremus Dominum, fi forte poenitentiam det nobis, et avertat flagellum Turcicum; nam fine fingulari Dei auxilio arma noftra et viri nihil facient. Vigil. Martini 1541. T.

Martinus Lutherus.

29.
Vom 10ten Novemb.

Nach vorhergegangener fcherzhafter Dankfagung für ein erhaltenes häusliches Geschenk, enthält auch diefer Brief eine ernstliche Vergleichung zwischen den eigentlichen und uneigentlichen Türken, von welchen Lettern fich Luther traurigere Vorstellungen, als von den Erstteren machet.

Aus Aurifabers ungedruckter Sammlung.

Cla-

Clariſſimo Viro domino *Iuſto Ionae*, Theologiae Doctori,
Praepoſito Vittembergenſi, Legato Chriſti Hallenſ. fideliſſimo, ſuo in Domino Maiori.

Gratiam et pacem. Accepi duos anſeres Martinicos,
mi *Iona*, praepingues et perpingues, et pinguiſſi-
mos, et gratias agimus. Sed quid eſt, quod tu ita
abundas? An convivia Aethiopum Halle habetis, aut
menſas ſolis? Sed alias de iſtis. Quod petis de Turcis, nihil habeo. Ingens fuit fama, caeſarem *Carolum* in littore Africano portum, cuius nomen Species
eſt, optinuiſſe vi contra *Barbaroſſam* Turcae pi-
ratam. Alia mox fama ſecuta eſt, (metuo, certior ſit,)
Andream Doriam amiſiſſe exercitum caeſaris, vi
Barbaroſſae. Deus noſtri miſereatur. Ego omnia,
quae aguntur contra Turcam irrita fore timeo, donec
intra nos reges illos Turcas feros et veros adoramus,
avaritiam, uſuram, ſuperbiam, licentiam ſcelerum horri-
bilem, nobilium niphlim, tyrannidem, perfidiam, malitiam, deinde contemptum verbi plane ſatanicum, et ingratitudinem, et irriſionem ſanguinis illius pro nobis
fuſi. Quid eſt, quod carneos et momentaneos illos
Turcas aggredi aut repellere conamur? dum iſtos
ſpirituales et aeternos Turcas (quos dixi) intra pena-
tes colimus et adoramus? Quibus furentibus Germania iam dudum vaſtior coram Deo eſt, quam per Turcam vaſtari poſſit, ſicut dicit Geneſ. 6: Corrupta eſt
terra, cum tunc floreret maxime, tyrannide filiorum
Dei, qui faciebant, quaecunque volebant. Sic ut modo fit, corrupta eſt terra vitiis inſanabilibus, corrum-
penda propediem conflagratione noviſſima. Amen. Nihil reſpondit *Wolff Heinz* de biblia, quam ei do-
natam apud me habeo, ſicut ſcripſi. Admone eum, ut
reſpondeat. Vale. Vigil. Martini 1541. T.

Martinus Lutherus.

30.

Vom 11ten Novemb.

Luther und Bugenhagen empfehlen gemeinschaftlich einen Wittenbergischen Gelehrten Johann Götz, auf die Anpreisung des Georg Rorars zu einem erledigten Schulamte in Pirna.

Aus der Börnerischen Sammlung in Leipzig.

Vener. Viro Dn. *M. Antonio Lauterbach,* Ecclef. Pyrnenfis Paftori digniff. Domino et Fratri fuo clariff.

Grat. Dei et pacem per Chriftum in aeternum Speramus, chariffime *Antoni*, ifthic omnia recte geri, nos hic fatis commode per Deum agimus. De Comitiis nihil adhuc noftri nobis fcripferunt. Significatum eft nobis, veftrum ludimagiftrum refignaffe officio. Obfecramus ergo, ut hunc *Io. Goetz*, qui nuper fuo merito hic promotus eft Magifter artium, virum nobis a *M. Georgio Rorario*, noftrae Ecclefiae Presbytero, commendatum, quod fit et pius et eruditus, praeterea et veftris hominibus ifthic non ignotus, utpote qui olim etiam ifthic Ludimagifter fuerit. ut hunc, inquam, commendes venerando veftro Senatui, et aerarii ecclefiaftici praefectis, ut fiat apud vos ad proxime futurum Pafcha Ludimagifter. Speramus non incommodum vobis et pueris veftris virum futurum. Nos oramus pro vobis, non dubitamus, et vos orare pro vobis. Chriftus fit tecum, cum uxore et filiis in aeternum. Ex Wittemberga Martini. 1541.

Martinus Lutherus.
Io. Bugenhag. Pomeran.

31.
Vom 12ten Novemb.

Luther ermahnet seinen kranken und dabey verzagten Freund Brisger, daß er ein zuversichtliches Vertrauen auf die göttliche Hülfe den schrecken= den Urtheilen seiner Aerzte entgegen setzen solle. Er tröstet ihn mit sei= nem eigenen und anderer von schweren Krankheiten genesenen Patien= ten Beyspiel, und führt ihn auf die erste Quelle zurück, aus welcher wir uns alle Krankheiten begreiflich machen können.

Aus der Ludwigschen Sammlung in Halle.

M. Eberhardo Brisgero.

G. et P. Intellexi, mi *Brisgere*, morbum tuum, et uxoris tuae, seeundum iudicium Medicorum. Sed tu orabis unum *Pater noster* contra haec omnia. Nam ego, qui tum aegrotus non orabam pro vita proroganda, vixi, et adhuc vivo contra et praeter Medicorum iudicia. *D. Augustinus* enim et alii me occisum et sepultum esse putabant et dictitabant, ut posthac eorum iudicia, quod ad mortem parum curem, nisi alia accedant. Mictura tua sanguinea multis aliis accidit, et inprimis nostro Praefecto, *Christophoro Gros,* etiam ante nuptias, aliisque, quos ego novi. Quare etsi tu et omnes nos nulla hora certi simus de vita, tamen non est certum, hoc morbo te perire, neque uxorem tuam, nisi ita velit Deus singulariter. *Tilo Dens*, quem nosti, vixit et adhuc vivit, cum ante 10 annos esset hydropicus, ita crassis cruribus, ut turribus similia essent. Exempla talia novi plurima. Fateor, morbus ipse periculosus est, sed et vita periculosa est, dum dormimus, stamus, et comedimus. Mortem in paradiso comedimus, quid mirum, si eam singulis momentis sentiamus? Wer Gift gefressen hat, soll sich nicht wundern, ob er tödtlich krank sey alle Stunden. Regnat mors in nobis, sed magis vita per Dominum

Iesum

Iefum, qui deftruxit mortem, et ad lucem perduxit
vitam, in quo bene vale, et falvus efto cum tuis. Sab-
bato poft Martini. 1541.

Martinus Lutherus.

32.

Vom 28ſten Novemb.

Luther bezeuget über die erhaltene Nachricht von der günſtigen Geſinnung Herzogs Moritz zu Sachſen gegen die gute Sache der Religion
ſeine Freude, und findet es nach Beſchaffenheit der mißlichen Zeitläufte
nöthig, Gott zu bitten, daß er dieſen Fürſten in ſo günſtigen Geſinnungen erhalten wolle.

Aus der **Kraftiſchen** Sammlung zu Huſum.

Optimo Viro Dn. *M. Antonio Lauterbach,* Epifcopo Pyrnenfis Ecclef. fuo fratri carifl.

Gratiam et Pacem. Accepi litteras tuas a Dresda,
mi *Antoni,* et intellexi laetus, vobis placere
Principem *Mauritium.* Oroque, ut Deus eum ita
fervet et gubernet. Eft enim opus oratione, (quod
fcio,) contra Satanam, qui non dormit, nec dormitat
(quod non ignoramus.) Alias plura. Nunc bene vale in Domino. Fer. 2 poft Catharinae 1541.

T.

Martinus Lutherus.

33.

Vom 18ten Dezemb.

Luther ſtellet über den groſſen Verluſt, den Kayſer Karl der Fünfte
mit ſeiner in einem heftigen Sturme an den Afrikaniſchen Küſten zerrüt-
teten Flotte erlitten hatte, ſeine Betrachtung an, und findet in dieſem
Verluſte ſo wol Spuren der göttlichen Strafgerechtigkeit, als auch Spuren der über die Kirche Chriſti wachenden Vorſehung, vermöge welcher
er ſich überzeuget, daß die gute Sache der Religion zuletzt nichts verlieren, ſondern gewinnen werde.

Aus

D. Iusto Ionae.

G. et P. in Christo. Consoletur te et uxorem tuam optimam matronam, et prolificam matrem ipse Dominus, qui per eam tot tibi sanctos in regnum filii sui per baptismum transtulet e faucibus peccati et mortis. Tot esse publica mala scribis, ut dolori tuo privato potius temperandum tibi sit, et vera scribis, et recte sapis. Quin augebo his litteris catalogum publicorum malorum, si adhuc ignoras. *Carolus* Caesar 25 Octobr. applicuit tota sua classe Africae littus ad oppidum Wagaria, alii Alkayr. Sed hoc falsum et impossibile est, cum Alkayr non sit littoralis, sed mediterranea, nisi aequivoco nomine fallantur. Hic occursum est armata vi ex oppido. At *Carolus* globis bombardarum eos in fugam pepulit, et oppidum cinxit obsidione usque ad diem 28, quae est Simonis Iudae. Hoc die mare furere, fervere, et more suo, (id est daemonibus regnantibus,) ita saevire coepit, ut, classis tota fere absorpta perierit, spectante frustra exercitu et ipso caesare in littore nec opitulari valentibus, denique 140 naves (quales et quantae in classe solent esse) submersae cum universo commeatu, bombardis, armis, et quicquid in eis fuit equorum et hominum. Caesar penuria commeatus 1000 equos mactare ad victum coactus in reliquis navibus aufugit reversus ad Genuam cum militibus. Quamquam alii de ipso *Carolo* scribant, Genuam reversum, sed in vicino portu applicuisse, ita, ut de ipsius corpore cogant suspicari. Exspectamus quotidie certiora. Haec sunt nostro principi scripta. Tu quid de his monstris Deum Θεῶν cogitas? *Ferdinandus* cecidit ad Budam, *Carolus* frater impegit ad Ageriam, duo scilicet summi potentatus. An non meministi

nifti me Prophetam (atque utinam falfum!) praedixiffe,
Incendia proxima iftius perditi Heinzen fortaffis ferbuif-
fe metu.   Ipfe enim pavidior eft per fe, quam ut pau-
perrimo ruftico ftipulam aufit incendere, nifi fciret fub-
limia a fe ftare.   Et fuper hoc addidi: Haec ultu-
rum brevi ipfum Deum.   An non fanguis ille, Embec-
cae, Northufae, et aliis incendiis, effufus, dum incendiarii et fanguinarii fpectarent laetabundi, nunc rurfus
coegit lacrimari *Ferdinandum*, feipfum et fuos
fpectantem pereuntes, item et *Carolum*, qui Ratisbonae furda aure contempfit clamores pauperum, et fan-
guines incendiis exhauftos accufantes, nunc fpectare per-
ditam fuam claffem, forte et Gaudanenfem crudelitatem
ultus eft Neptunus ifte Africanus.   Quid vis? Reges
ipfi putant effe fefe Deos, et Deum verum contemnunt,
praefertim eum, qui eft עֵבֶּלְמִיכִי. Nam Deum maiefta-
tis volunt videri religiofe colere.   Sed haec omnia
mala mihi prophetiae funt inftantis illius falutaris Dei
redemptionis noftrae, dum fic mundus colliditur et
crepat, quafi frangendum cafurumque eft ruinofum ae-
dificium.   Nam et hanc faevitiam Turcae accipio pro
poftremo prodigio iftius Dei, quo 50 parvulis Budae
in cruorem redactis confperfit templa noftra expiatu-
rus fcilicet Chriftianam (ut opinatur,) idolatriam, et
Mahometo fuo confecratur.   Ja vere Chriftus ift der
Mann, den die hohen Capita in terra multa follen an-
greifen, ut provocent eum, quia dexteris eius ftat, ut
quaffet in ira fua reges.

Sic auguror, per ifta portenta malorum principia
noftrae falutis bene habere.   Quid ad vos? Si fractus
illabatur orbis, impavidos non ferient ruinae.   Chriftus
vivit et regnat, nobis non ruiturus amplius.   Sedet
enim a dextris patris, non a dextris bullarum iftarum,
quales funt Turca, Caefar, reges, et quicquid eft mun-

dus. Haec verbofe, fed tamen breviter. · Nam hoc
vesperi, (etiamfi mundus malorum ruat,) mihi defpon-
fanda eft. *Hanna Straus*, magiftro *Henrico a
Colleda* in thuringia, tibi nota. Tu bene vale, et
intuetor inftantem diem Chrifti nobiscum. Ruinas et
tuas mitiga tentationes. · Sol nofter inexftinguibiliter
lucet et ardet, ut nihil faciant nubes et caligo aëris
interpofitae, iam interponendaeque in pofterum; peri-
bunt enim cito. Sol manebit in aeternum. Saluta
dominam tuam *Ketham* et *Iuftum*, et omnes noftros. Dominica 4 Advent. 1541.

T.

Martinus Lutherus.

34.

Ohne Anzeige des Tages, an welchem der Brief geschrieben
worden.

Luther ertheilet seinem in Regenspurg sich aufhaltenden Freunde Melanthon Nachricht von häuslichen und öffentlichen Neuigkeiten, und bittet ihn, für die gute Sache der Religion männlich und herzhaft zu streiten, weil er sich mit Hülfe des Löwen aus dem Stamme Juda einen
gewissen Sieg versprechen könne.

Aus Aurifabers ungedruckter Sammlung.

Dn. Philippo Melanthoni.

G. et P. Etfi nihil erat, quod ad vos fcriberem, mi
Philippe, nolim tamen fine meis ad te nuncium
ipfum venire ; fcilicet ut fciretis, vel hac tefte manu
mea, nos adhuc vivere; tamen hodie, cum fol effet
ferenus, aura plane favonica, et terra iucundior folito,
fenfi non nihil melius habere me. Domi vero tuae
omnia bene habent, et praefertim falfum eft in hoc
filio fomnium tuum. *Annula Sebaldi* et neptis
tua levi non puto tangebantur calore, fed nihil eft periculi.

culi. De *Blanco* noftro fcribent tibi alii, ante eft
defunctus, quam refcifcerem, fertur fibi non confuluiffe,
dum in febri balnea non vitaret, fimul et fitim largis
bibitionibus extinguere vellet, quibus rebus fe ipfum
extinxit. Nos interim principem oramus, ut de fti-
pendii eius parte muficam conftituat. Quid in aula fit
futurum, ignoramus. Interim ad nos venerunt litterae *Buceri* ad te fcriptae quas legimus de adventu
Contareni Cardinalis, et aliis hiftoriis, quas ex ipfo
te iamdudum audiffe certum eft. Gratulor iftis monftris iftum contemptum. Deus adhuc addat multa
millia in vindictam incendiorum, ut in omnium blas-
phemiarum, Amen. Novam tamen Satan invenit artem nos occidendi. Toxica mifcentur vino, lacti
gypfum.

Denuo Ienae duodecim extincti venenato vino.
Sed id ipfi vino, ipfi gulae imputamus. Tamen Magdeburgae et Northufae deprehenfum effe dicitur lac ve-
nale fuiffe intoxicatum. Sed Chrifto omnia funt fub-
iecta fub pedibus, quamdiu ille volet, et quantum volet, nos patiemur. Interim regnamus nos, et illi per-
eunt, velint, nolint, terram relinquent fuper ftabilita-
tem fuam fundatam, et orbem terrarum ad flumina
praeparatum. Coelum vero Domino coeli multo minus auferent. Eo vero falvo et vivo et regnante nos
quoque falvi, vivi, et reges manebimus, fubiectis inimicis fub pedibus noftris. Amen. Salutat te et vos
omnes ecclefia noftra, quae et orat pro vobis fideliter.
Nolite timere, angeli eftis, imo legati fcilicet magni
Angeli, quos archangelos vos non noftros, fed ecclefiae,
imo ipfius Dei, cuius effe caufam, quam agitis, ne
portae quidem inferorum negare poffunt, et fi refi-
ftunt, non praevalebunt tamen. Vicit Leo de tribu
Iuda iam olim a principio mundi, fed antequam mun-

'. dus fundaretur, ut nihil fit, quicquid Leo et Draco
contrarius mordeat, moliatur, efficiat. Vale, faluta
omnes noftros meo nomine reverenter. Anno 1541.

T.
Martinus Lutherus D.

35.
Ohne Anzeige des Tages, an welchem der Brief geschrieben worden.

Luther äuffert seinen Unwillen über die verzögerte Auszahlung der seinem Famulus Wolfgang angewiesenen jährlichen Pension, und wünscht, daß dieser unerlaubten Zögerung, ohne Unbequemlichkeit seines Freundes Hymel, ein bequemes Mittel entgegen gesetzet werden könne.

Aus Aurifabers ungedruckter Sammlung.

Augustino Hymel.

G. et P. Miror, mi *Augustine,* cur non miferis
in tanto tempore cenfus *Wolfgangi* mei, non
quod de fide tua dubitem, fed quod nolim quaeftores
frui pecunia, qui alioqui fatis feliciter folent exfugere
Principes, et ea, quae Principum funt. Nam tua caufa
nihil non pateremur, fed fic, ut confilium tuum fciamus.
Quare fi tu non potes mittere, cura, ut Grymmenfis
a te accipiat, tantum ne fiat, quod mihi hic fit, fcilicet, ut tranfitu temporis noceat, et duplo pro fimplo
mulcter. Vale in Domino cum vite et uvis. 1541.

Martinus Lutherus.

Aus

Aus dem Jahr 1542.

I.

Vom 6ten Januar 1542.

Luther bezeuget über einen herrſchſüchtigen Prediger, wegen des gemiß-
brauchten Amts der Schlüſſel des Himmelreichs ſein ernſtliches Misfallen,
und empfiehlet bey Streitigkeiten, die das Patronatrecht betreffen, theologiſche Klugheit und Mäſſigung.

Aus der Börneriſchen Sammlung zu Leipzig.

Rever. et optimo in Chriſto Viro, Dn. *Nicolao* , Epiſcopo
Numburgenſi. vero, ſyncero et fideli, Maiori ſuo longe colendiſſ.

G. et P. Valde mihi diſplicet imperioſitas *Medleri*,
mi optime Epiſcope. Quare ſi loco tuo eſſem,
pergerem contrario impetu, et urgerem ſilentium, et
pacem contra *Medler* uſque ad Viſitationem. In
qua tunc definiretur, quorſum ius Patronatus perti-
neat. Nam invitis extorquere iniuſtum eſt. Et agendum eſt cum iis, ut ſponte reſignent. Sie enim in
noſtra Viſitatione egimus, ut habentibus ius Patronatus ſuaderemus, qui ſuaderi nollent, dimiſimus. Ita
omnes Nobiles ſuas Parochias conferunt, ſicut ab an-
tiquo contulerunt, citra Principis aut Eccleſiae autori-
tatem. Quodſi *Medler* figulos illos, die Töpper,
excommunicaverit, tu iubeas, ut verus et ſuperior
Epiſcopus eſſe quietos. Et *Medlerum* eoerce, ut
ea, quae pacis ſunt, ſectetur. Non eſt ferendum, ut
te pro larva et fabula habere praeſumat, cui eſt impo-
ſita cura et ratio reddenda pro Eccleſia Numburgenſi.

Scri-

Scribam ei, ubi opus fuerit, acriter, qui in pace tumultuatur sine causa. Tu interim esto vir fortis et patiens. Et ut nihil posset aliud facere (quod Deus
non sinit,) tamen locum istum diabolo praeripuisti;
et sequentur sui fructus copiose. In Domino vale
quam optime. Scripsi haec capite male affecto per
hunc diem. Fer. 6. post Circumcis. 1542.

T.

Martinus Lutherus.

2.

Vom 10ten Januar.

Die Beurtheilung einer öffentlichen Schmähschrift, mit deren Abferti-
gung sich Luther und Menius zugleich beschäftiget hatten, und die
Beurtheilung eines schmähsüchtigen Mannes, der noch immer fortfuhr,
sich wider die Ausbreitung des Evangelii zu empören, macht den Inhalt
dieses kurzen Briefes aus.

Aus der vormaligen Budischen Sammlung.

Iusto Menio.

G. et P. Accepi tuum librum, mi *Iuste*, contra
Tulrichum illum, et dabitur sub prelum: sed
meus iam est in edendo; post sequetur tuus. Nondum potui perlegere: vix adductus sum, ut scriberem; adeo me pertaeduit istius pessimi hominis tam
inepta, stulta et nihili argumenta cacantis. Mihi dicitur auctorem esse Carthusianum illud monstrum, Pastorem Melsingensem. Credo tamen facile, omnes istos
deos tua pulcerrima dona in istam Pandoram contu-
lisse. Nam *Bucerus* per sese satis foetet ex Actis
Ratisponens. Meister *Grieckel* pergit, ut est traditus
Satanae, et miscet odia contra nos, et habent sua la-
bra suas lactucas. Christus servet nos in verbo suo
sancto gratos et constantes. Amen. Alias plura. Saluta-

ta

ta Dn. *Friedericum.* Otium non erat, et orate
pro nobis. Fer. 3. poſt Erhardi 1542.

Martinus Lutherus.

3.

Vom 23ſten Januar.

Luther erbittet ſich von ſeinem Freunde Jonas zu Halle eine abermaßlige Abſchrift von einer damals berüchtigten Geſchichte, und iſt der Meynung, es könne nicht ſchaden, wenn ſie mit einigen Anmerkungen begleitet dem Druck übergeben würde, weil ſie zur lehrreichen Beſchämung der Feinde der Wahrheit dienen könne.

Aus Aurifabers ungedruckter Sammlung.

Clariſſimo Viro Domino *Iuſto Ionae,* Theol Doctori, Chriſti ſervo fideliſſ. in eccleſia Hallenſi, ſuo Maiori.

G. et pacem. Quanquam, mi *Iona,* nihil erat, quod
ſcriberem, neque opus erat, ut ſcriberem, ſi quid
haberem, quod ſcriberem, cum omnia, quae ſcriberem,
filius tuus *Ionas,* etiamſi nihil ſcriberem, ipſius ore
melius legeres.

Ne tamen nihil ſcriberem, hoc viſum eſt, ut ſcriberem, ſcilicet, ut hiſtoriam Dominae *Rauchheu-
ptinae* mihi denuo cures deſcribi copioſe et per
omnia. Nam ego ſtatui, eam hiſtoriam dignam eſſe,
quae invulgetur typis. Adiiceremus nonnulla alia
Satanae portenta, ſi fortaſſis moveri poſſit ſecuritas
vulgi, quae ſic furit, ut non ſolum contemnat ſaluta-
ria miracula evangelii quotidie inundantia, ſed etiam
furioſas furias diaboli, et credit neque. Deum eſſe bonum, neque diabolum eſſe malum, ſeſe ſolos eſſe ventres ſtudent. Caetera, cum tuas minas impleveris, id
eſt, cum ipſe veneris. Vale et ora pro me, qui te et
eccleſiam iſtam Hallenſem augeat fructu multiplici et
per-

permanenti in aeternum. Amen. Feria 2. poft Mar-
celli Anno 1542.

Martinus Luther D.

4.

Vom 3ten Februar.

Luther redet in diesem Briefe die Sprache der zärtlichen Freundschaft; er wünscht eine mehrere Regelmäßigkeit bey Fortsetzung der wechselseitigen schriftlichen Unterredung; er verbittet Geschenke, die er sich etwa im Scherz mögte erbeten haben; und so wie er überhaupt nicht will, daß seine Empfehlungen ihm lästig fallen sollen: so soll auch dieser Empfehlungsbrief unter derselben Einschränkung verstanden werden.

Aus der vormaligen Seidelischen Sammlung.

Nic. Amsdorfio, Epiſcopo Numburg.

G et P. in Domino. Spero, Frater chariſſime in Domino, literas meas tibi eſſe redditas. Unum te
oro, ut, quoties ad me ſcribis, ſimul nuntio mandes,
ut reſponſum petat, vel tu ſignifices, per quem tibi
reſpondere debeam. Nam et *Ionas* me hac re exercet, quod petit reſpondere toties, ſed millies poſtulat.
Redditis enim literis abeunt nuntii, nec revertuntur.
Idem accidit mihi frequentius, ita ut faepius literas
ſcriptas apud me ſinant perire. Et magnis opibus
opus eſſet, ſi ad omnes literas omnium nuntius mihi
mittendus eſſet ſingularis. Nec ego tam ociofus ſum,
ut fruſtra literas ſcribere vacet, cum nec neceſſariis
abundet otium et tempus.

Deinde quod de ferina ſcribis, non fiat mea illa petitio, ſed in rure meo ita volatilia verba iacta-
bantur. Nam de hoc nihil te dubitare volo: nunquam te aliquid petere me propoſuiſſe; ita quoque
faciam. Non, quia te contemnam, ſed quod nolim
Cen-

Centauris noftris fuas malas fufpiciones movere, qui
ardenti odio perditi occafiones captant nobis obtre-
ctandi, quod per te cupimus regnare. Deinde etiam,
quod fciam, te ex divite concionatore pauperiorem
effe Epifcopum factum, qui pluribus opus habeat,
quam Magdeburgae. Sed et commendatitias meas
volo, ut nullo modo cures, nifi quantum tibi fuerit
commodiffimum. Credo enim, certo te effe perfuafum
longo ufu noftrae amicitiae, quod is fim, qui minime omnium tibi effe cupiam vel oneri, vel moleftiae,
fed potius folatio et levamento! Quare hic ita facies, fi volueris uti opera *M. Sebaftiani* pictoris
non uteris, nifi alias alio quodam pictore uti volueris. Notus eft tibi, et opera eius ufus es Magdeburgae. Petiit autem a me tibi commendari, quod
negare bono viro non potui; fortaffe rogitat maiora, quam res fit. Nec ego fcio, an ifthic ufus
eius futurus fit. Sed, quicquid erit, tu profpicies.
Optarim tamen, tibi effe habitationes paulo cultio-
res, et elegantiores, propter carnem, quae fua cura
et recreatione carere non debet, cum fint fine peccato et culpa. Dominus Tecum; nam et nos affidue
tecum fumus fpiritu. Amen. Fer. 2 poft Purificat.
1542.

T.

Mart. Lutherus.

5.

Vom 12ten Februar.

Dieſer Brief enthält eine Milderung des in dem vorhergehenden Briefe gebrauchten und etwas unfreundlich ſcheinenden Ausdrucks, daß Luther von ſeinem Freunde Amsdorf ſich nichts erbitten wolle; und zugleich eine Anzeige, daß die Schrift unter dem Titel: Exempel einen
rechten chriſtlichen Biſchof zu weihen, bereits unter der Preſſe ſey.

Aus der Börneriſchen Sammlung zu Leipzig.

Ni-

Nicolao Amsdorfio.

G. et P. Et ego impenſe gaudeo, vir in Domino chariſſime, placuiſſe tibi literas meas, ſcilicet non in vacu m me ſcripſiſſe. Volebam enim te conſolari, ut qui pro te ſim follicitus non vulgari follicitudine, memor, in quantas te curas coniecerim, vel potius coniici confenſerim. Sed Dominus, qui per ſtultos et ifantes regit orbem, et confundit ſapientes in ſapientia ſua, ipſe perficiet opus ſuum, per nos ſtultiſſimos virorum, ut nunc appellamur. Caeterum non te afficiat, quod ſcripſi, nihil me abs te petiturum. De Epiſcopo, non de *Amsdorfio*, ſcripſi, id eſt, nolim mihi quicquam rerum dari, tanquam e rebus Epiſcopatus, ſcilicet, ne Centauris indigniſſimis occaſio fiat blaſphemandi, poſtquam omnia ipſi vorarunt ſine conſcientia, poſt in nos culpam transferant, propter unum leporem vel aprum aliis donatum. laſſet ſie freſſen, in Gottes oder eines andern Namen, daß wir nicht mit Freſſen geläſtert werden. Gratulor quoque tibi fidelem datum Praefeɕtum ſecundarium, et amo eum. Dominus conſervet eum et perficiat. Magis vero, quod Clerus Citzenſis ſeſe morigerum oſtendit. Nova nulla, niſi quod ſub incude eſt liber de Epiſcopatu tuo, quem Numburgae promiſi. Eſſet iamdudum abſolutus, ſi per meam imbecillitatem ſtetiſſet. Et quaeſo, quid maiore voluptate cuperem, quam ut ante quindenam fuiſſet abſolutus? Quod poſſum, promtus facio. Vale in Domino, qui te confortet. Et ora pro me. Salutat te meus *Ketha*, vicina regni tui, fortaſſis hoſpita tua futura ad futuram aeſtatem, id enim tibi minatur. Domin. Reminiſc. id eſt 5. Mart. cum tuae mihi per *Georgium* redderentur. Datae 12. Februar. 1542.

T.

Mart. Lutherus.

6.

6.

Vom 16ten Februar.

Luther entschuldiget sein bisheriges Stillschweigen auf mehrere von sei=
nem Freunde **Jonas** erhaltene Briefe mit der Nachläßigkeit der Ueber=
bringer, die keine Antwort abgefordert hätten, und wünscht, daß sol=
ches künftig regelmäßiger geschehen möge. Er beklagt hiernächst, daß
der Aufenthalt eines gemeinschaftlichen Freundes nicht von längerer
Dauer gewesen sey, und beschließt mit Nachrichten von Sterbfällen in
Bucers Familie, **Carlstads** Tode und den Türkischen Rüstungen.

Aus **Aurifabers** *ungedruckter Sammlung.*

Iusto Ionae.

G. et P. Id quod ore mandavi optimo viro *D.*
Chiliano vestro Syndico, hoc ipsum tibi hac
arundine ·atramentata et papyrum implente significo,
scilicet, ne tu pergas a me poscere responsum, nisi
prius nuncios aut tabellarios adegeris ad illud pusilli
officii, nempe ut redditis litteris saltem redeant et
responsum petant. Ipsi enim ·sic mihi tuas reddunt,
quasi abiectis 'vel cuiquam obvio traditis cogantur
alia curare, aut Turcam interim occidere. Vel si tu
ista non curaris, noli dubitare, me nihil posse respondere. Pauperior sum, quam ut nunciis propriis (quod
nosti,) litteras ad te mittam : deinde occupatior,
quam ut explorem, quisnam fortuito hinc ad Hallam
vel iturus vel moturus sit. Hoc ad tuas quaternas
litteras, vel si sint plures. Caeterum gratissimus fuit
hospes *D. Chilianus,* adhuc gratior futurus, si mihi conviva fuisset. Sed ita festinandum sibi dixit, ut
frustra peterem. Quicquid sit, animorum tamen consensus sat magnum et laetum est convivium, utut
sumus corpore disiuncti ; iuxta illud : *Coniunctio san-*
ctorum est ecclesia. Vale et ora pro me, Dominus
tecum. Amen.

Sa-

Saluta noſtro omnium nomine honeſtiſſimam uxorem prolificam et benedictam liberis. De *Carlſtadii* morte cupio et ego ſcire, an ſit poenitens mortuus. Uxorcula eius aderit circa paſcha, ex qua
omnia intelligemus. Iterum vale. Feria 5. poſt Valentini. Anno 1542.

Bucero in peſte periit uxor, omnes filiae,
filius, mortui ſunt multi docti viri, quod te noſſe
credo.

Scribit amicus quispiam ex Baſilea, *Carlſtadium* mortuum eſſe, et addit miram hiſtoriam: af-
firmat vagari ſpectrum quoddam ad eius ſepulchrum,
et in ipſius aedibus, quod varie tumultuatur iaciendis
ſaxis et ruderibus. Non licet Attica lege λοιδορᾶν
τεθνηκότας. Ideo nihil addam. Hungaricas narratio-
nes edi typis curavimus. Poloni ſignificant, Turcicum tyrannum monarchiam Europae moliri, nec dubium eſſe, quin Germaniam invaſurus ſit, et petiturus
tranſitum a Polonis. Ipſi dimicaturos ſe promittunt,
ſi adiuventur a Germanis. Sed ſi in hoc conventu
Spirenſi, ut in caeteris, certabitur ſophiſtice, res lo-
quetur, urgeri fato aliquo Germaniam. Ego me hac
una conſolatione ſuſtento, quod eccleſiam Deo curae
eſſe ſcio. Ex Hungaria ſcriptum, Turcici tyranni filium natu maiorem a patre defeciſſe, et bellum moliri
in Syria, propterea quod pater minori filio regnum
traditurus dicitur. *Eccius* rabioſiſſimum ſcriptum
edidit de actis Ratisbonenſibus, ac plus quam *Ar-
chilochum* agit in lacerando *Bucero*, etſi in alios
etiam incurrit.

T.

Martinus Luther.

7.

7.

Vom 16ten Februar.

Luther sucht seinen bekümmerten Freund Lauterbach durch die Vorstellung zu beruhigen, daß alle Anfechtungen als heilsame Arzneymittel betrachtet werden müssen. Er unterrichtet ihn hiernächst von den theils gemilderten, theils geschärften Verfolgungen der Evangelischen Christen in den Niederlanden und in Frankreich, und von den guten Aussichten im Ebmischen, durch welche leztere die neueren Eberaijiten und Bethsaiten beschämet wurden. Er redet zulezt von sich selbst, und deutet auf sich die Worte der Schrift: Ich habe einen guten Kampf gekämpft, den Lauf vollendet und Glauben gehalten.

Aus Kurtfabers ungedruckter Sammlung.

Venerabili viro in Domino *Anton. Lauterbach*, Paſtori Eccleſiae Pyrnenſis et Epiſcopo regionis illius, ſuo in Chriſto fratri chariſſimo.

G. et P. Expecta Dominum, viriliter age, mi *Antoni*, ſi nulla eſſet tentatio, quae exerceret fidem chriſtianorum, tu cogita quid futurum eſſet de chriſtianis ſecuris, otioſis, voluptuariis? ſcilicet idem, quod de Papatu factum. Cum igitur tentationes ſint Rhabarbarum, Myrrha, Aloës et Antidotum contra omnes vermes, ſaniem, putredinem, ſtercus corporis huius peccati: ſequitur non eſſe contemnendas; ſed nec pro noſtro arbitrio petendas vel eligendas, immo ſuſcipiendas cuiuscunque generis. DEUS nobis inferri voluerit, ut qui ſciat, quae, quales, quantae nobis ſint utiliſſimae. Quare et tu fortis eſto et cogita, ſi omnino (ſicut verum eſt,) ferendae ſunt tentationes, feramus iſtas potius quam peiores et graviores, ſine et ferto quicquid centauri et papiſtae moliuntur. Nec tamen omittas agere, ſcribere, ſupplicare, et omnia tentare apud principem et ubicunque opus eſt. Quis ſcit, quando bonam horam DE-
US

US dabit ne tunc inveniamur nos fatigatos fuiffe et ceffiffe Diabolo infatigabili hofti, et tunc fero noftri nos poeniteat et noftrae mollitiei pigeat. Ita de tua matre nihil te maceres, ora pro ea indefinenter et fatisfecifti. Certe bonum non effet, fi omnia mox et in praefenti fierent, quae cupimus aut petimus. DEUS melius profpicit nobis. Videns quam ftulta funt, quae in praefenti cafu petivimus De Turca nihil novarum habemus, nec de noftrorum expeditione. In Belgico caefar publico edicto vetuit faevire in Lutheranos. In Gallia cum biennio pax fuiffet paullatim irrepferat evangelion per libros invectos. Id cum refcifcerent Monachi, Sophiftae, Parlamentum, ita furere coeperunt, ut 50 exufferint. Sed cum tanta indignatione hominum, ut ne tumultus et feditio fieret Parifiis, rex fit coactus interponere manum et faevitiam compefcere. Epifcopus Colonienfis incipit facere mutationem abufuum in fua Dioecefi. Benedictus DEUS, qui Evangelion fuum glorificat, ut fi noftri conterranei Bethfaiditae, Corazinitae, Nafarethitae non acceptant prophetam in patria fua; relictis illis in confufione acceptent ipfum Samaritae et mulier Cananaea caet. Pergamus tantum praedicare, orare et tolerare. Eft merces operi noftro nec in vanum laboramus. Curfim, tu in Domino vale; fed ora pro me, ut bona hora aliqua obdormiam. Curfum confummavi, fidem fervavi, certamen certavi, quantum mihi pro mea menfura donatum fuit.

Saluta tuam *Hagnem* et *Elifabetham.* Salutat te meus domina *Ketha*, et omnes noftri. Feria 6. poft Reminifcere, 1542.

T.

M. L.

8.

8.

Vom 17ten Februar.

Georg Schud hatte Luthern um sein Bedenken über die Rechtmäßigkeit oder Unrechtmäßigkeit der Ehe mit des verstorbenen Bruders Wittwe ersucht; und dieser verwirft eine Ehe von dieser Art als unrechtmäßig und ärgerlich, mit einer Entschlossenheit, die der Heftigkeit sehr ähnlich siehet.

Aus der Ludewigschen Sammlung in Halle.

Confilium *Lutheri* ad *Georgium Schud* in cafu matrimonii Lembergenfis.

Quod petis confilium in caufa coniugii de fratre, qui duxit uxorem fratris mortui, tu fuge iftas abominationes Diaboli, nec oneres te alienis peccatis. Non eft quaeftio, an dirimendi funt fed a Chrifto alieni cenfendi, fi non ftatim fe ipfos dirimant, et in alienas terras propter magnitudinem fcandali fefe diviferint, alius iftuc, alia illuc. Satis eft alias peccatorum, quibus premimur, ne etiam ifta portenta feramus. Sic fi pergunt tui Silefii Deum irritare, tutius eft eos deferere. Vale in Domino et ora pro me. Feria 5. poft Valentini 1542.

T.

M. L. D.

9.

Vom 24ften Februar.

Die Gefahr wegen eines bevorstehenden Türkenkrieges veranlasset Luthern, über die Sicherheit der Christen, und insbesondre über die Gleichgültigkeit gegen JEsum, und über die Verachtung des göttlichen Worts, das man zu einer menschlichen Schrift herabzuwürdigen suche, traurige Betrachtungen anzustellen.

Aus Aurifabers ungedruckter Sammlung.

Iu-

Iusto Ionae.

G. et P. in Domino. Quae scribis de principum nostrorum contra Turcam expeditione, nescio, an
expediti aut expedituri. Sed ne hoc quidem scio,
an expediat, nos torqueri, quando aut quomodo expedituri aut expediendi sint, quia ipsi, ut scribis,
non credunt, Turcam esse expeditum expeditione
avaritiae, luxus, usurae, et (quod horribile est)
contemtu verbi, (quod putant esse hominis non
Dei) impeditissimi impeditores. Ego heri litteras
accepi ex Silesia, quas tibi mitto (sed ut remittas,)
quae me prope occidissent, videntem ita conculcari
filium Dei in suo verbo et sacramento; quem etsi
(ut carnales) frigidius amamus, tamen si nullus est
sensus in nobis, non possem ferre porcum aut canem
talibus verbis contemni; quanto minus illum, quem
saltem parva scintilla credo esse filium Dei et Schebli-
num, et pro meo infirmo erga talem salvatorem animam ponere. Sed *Carlstadii* ista sunt monstra,
an mitiora vel minora sint, quae de nostris dicuntur,
res ostendet, qui dicunt: Ich bin euer Bapst, was
frage ich nach D. *Martinus?* Quando ergo, igitur, ideo, idcirco. Mundus talem gratiam reddit nobis adhuc viventibus, cur oramus, cur solliciti sumus,
ne Mahometicus Turca tales Christianos, et peiores
Turcas occidit? Quasi non sit melius, si omnino
Turcis serviendum est, Turcis hostibus et extraneis,
quam Turcis amicis et domesticis subiacere. Etsi ipsi
rident in peccatis suis Deum. Rideat et Deus in peccatis eorum, ut sicut ipsi Deum non audiunt loquentem, orantem, hortantem, obsecrantem, omnia faci-
entem, patientem, ferentem, denique in corde *Nohe*
dolentem, et in piis prophetis clamantem, mane sur-
gentem: Sic ipse vicissim in perditione ipsorum,

illu-

ululantes, eiulantes, et fruſtra clamantes, neque audi=
tos, neque viſos. Man wills ſo haben: ſie wiſſen,
daß GOtt ſey, des Wort wir reden, und ſagen doch:
Nolumus audire; ſumma: furiis furioſis aguntur,
quia ira Dei pervenit ſuper eos usque in finem.
Quare ergo propter iſtos perditos nos conficere vo=
lumus? Mitte vadere, ſicut vadit. Oremus nos, et
ſanctificetur nomen Dei, et adveniat regnum eius, fiat=
que voluntas eius. Interim valeat, pereat, perdatur
mundus. Ich will ausgeſorget haben für ſolche ſchänd=
liche Furias. Nova nulla, niſi quod D. *Philippus*
mihi narrat, e Polonia ſcriptum ſibi, Turcam ordi=
naſſe duos exercitus, unum in Auſtriam, alterum
in Sileſiam. Praeterea unum Baſſam, qui valida ma=
nu Tartarorum Poloniam obruat. Contra has vires ni=
hil equidem ſcio, quid paretur, niſi ut contemto hoſte
confidimus, eum Torgenſi cereviſia ebibenda eſſe ne=
candum, vel teſſeris perſonaticis mutuum, id eſt ſilen=
do perdendum. Sic effundo apud te mea verba. mi
Iona, poſtquam magno certamine vici meas iras,
meas cogitationes, meas tentationes. Benedictus
Deus, qui me conſolatus dixit, ut quid clamas? mitte
vadere ſicut vadit. Licet ne adhuc quidem non ita
poſſim mittere, ſicut vadit, ut qui *Saulem* meum
dilectum non tam facile poſſim dimittere, et cupiam
ex intimis gemitibus conſultum Germaniae patriae
meae coram oculis meis, et me vivente, pereunte et
deplorato. Sed iuſta eſt Dei ira, cui non licet re=
luctari. Miſereatur noſtri Deus, quando nemo credit
nobis. Vale, mi *Iona*, et ſaluta omnes noſtros in=
primis tuam; quam ne contriſtes his literis oro, quia
turbulentus iſta ſcripſi, utinam falſiſſima. Amen. Feria
6. Matthiae. Anno 1542.

T.

M. Luther.

10.

Vom 13ten März.

Luther unterredet sich mit seinem Freunde Jonas theils über die Verstellung und Falschheit seiner Zeitgenossen; welche ein ernstliches Gebet, als das einzige Verwahrungsmittel, mehr als jemals nothwendig machten, theils über die Sicherheit eben der Zeitgenossen, die bey allem Ausbruch der göttlichen Strafgerichte dennoch gleichgültig und fühllos blieben.

Aus Aurisabers ungedruckter Sammlung.

Iusto Ionae.

G. et P. Etsi nihil haberem, mi *Iona*, quod scriberem, exhaustus enim sum post vomitum novitatum, quas proximis litteris evomui, tamen quando contigit nuntius tanti nominis et amoris frater *Bartholomaeus Drachstet*, nolui inanem ad te redire, saltem characteres alphabeticos volui potius signare. Quod scribis, fucis et simulationibus omnia forte plena esse, ego non *forte* sed *certissime* scio, omnia fucata esse, etiam in tota nobilitate utriusque partis, quantum eius est in administratione vel sublimitate sive gloriae, sive opulentiae. Nec nostra aula pura est. Summa est, quicquid futurum est boni aut salutaris, hoc (ne dubites;) solius orationis virtus erit, qua ecclesia potens est apud Deum sicut dicit: *Multum valet oratio iusti intenta*, et iterum : *Quicquid petieritis in nomine meo, hoc ποιησω.* Hic acquiesco, et cooperor orando, gemendo, suspirando, continuo, quantum datum est. De reliquis omnibus sive consiliis, sive auxiliis, studeo cogitationes abiicere ex animo meo, sciens, quoniam fallaces et frustraneae sunt, ut hactenus. (dum credere distulimus) experti nimis sumus. Quare et tu orato, et suadeas orare, nisi spem habeas in filiis hominum, quod non

est

eſt conſultum. Chriſtus coepit evigilare, non amplius dormiturus, nec dormitaturus. Huic relinquemus rerum habenas.

Hoc tamen nuper audivimus, imo legimus ex
Hùngaria ſcriptum, quod caeſar *Solymanus* invi-
ctiſſimus (ſic appellant Turcae) *Michaeli Bock*
dedit pro ſervitio tractum a Poloniae finibus ad Danubium. Mandat in iisdem litteris, ut ſub poena capitis et amiſſione omnium bonorum et praedationis
uxorum liberorumque veniant ad ſe, audituri decreta
eius. Nec ſecus factum. Sed in his omnibus poe-
nis adhuc nulla auditur vox, neque in Hùngaria, neque in ulla parte orbis terrarum; peccavimus, iniquitatem fecimus, impie geſſimus. Poenam deteſtamur,
peccatum non agnoſcimus, neque mutamur, ſed pro
magna parte defendimus. Et his tam duris Pharao-
nibus Deum miſerturum eſſe ſperamus aut oramus?
Sed veniet illa dies, illuſtratione adventus Chriſti de-
ſtructura omnia et redemtura nos a peccatis et morte. Vale in Domino et ora pro me. Feria 2. poſt
Oculi. Anno 1542. Saluta omnes tuos et noſtros,
ſalutat te meus Domina.

T.

Mart. Luther, D.

11.

Vom 26ſten März.

Nach einigen vorausgeſezten Klagen über Deutſchlands Verirrungen
erzählet Luther, daß Amsdorf zum Biſchof geweihet worden ſey, daß
Carlſtadt ein trauriges Ende genommen habe; daß er ſelbſt ſich mit
der Widerlegung des Alkorans beſchäftige, und daß von der Ausbreitung
des Evangelii in Halle erwünſchte Nachrichten eingegangen wären.

Aus Aurifabers ungedruckter Sammlung.

N 2 Vene-

Venerabili in Domino Viro, *Iacobo Probſto*, Eccleſiae Bremenſis Epiſcopo vero, Theologo ſincero, ſuo fratri in fide et verbo chariſſimo.

G. et P. in Domino. Quanquam non vacat multa ſcribere, mi *Iacobe*, cum ſim confeſtus aetate et laboribus: alt, falt, ungeſtalt, (ut dicitur) nec ſic tamen quieſcere permittor, tot cauſis et ſcribendi occaſionibus quotidie vexatus. Plura ſcio, quam tu de fatalibus huius ſeculi malis. Minatur mundus ruinam: hoc eſt certum; ita furit Satan, ita bruteſcit mundus. Niſi quod unum hoc ſolatium reſtat, diem illum brevi inſtare. Et poſtquam ſatur eſt verbi Dei, idque coepit mire faſtidire mundus, minus ſurget falſorum Prophetarum. Quid enim haereſes ſuſcitarent, qui verbum epicuriter contemnunt? Germania fuit, et nunquam erit, quod fuit. Nobilitas cogitat regnum ſuper omnia. Civitates contra ſibi conſulunt, (et iure). Ita regnum in ſe diviſum occurrere debet exercitui daemonum in Turcis furentium. Nec nos magnopere curamus, propitiumne Deum an iratum habeamus, per nos ipſos ſcilicet victuri et imperaturi Turcis, daemonibus, Deo et omnibus. Tanta eſt pereuntis Germaniae furentiſſima fiducia et ſecuritas! Nos autem quid hic faciamus? Fruſtra querulamur, fruſtra ploramus. Reliquum eſt ut oremus: fiat voluntas tua, pro regno, pro ſanctificatione nominis Dei. Quo facto ſinamus eos ruere, ſtare, perire, ut voluerint. Mitte vadere, ſicut vadit, quia vult vadere ſicut vadit. Quare nos fruſtra maceremus, et conficiamus, propter perditos, perituros et perdendos? Volenti non fit iniuria. Nova miror te non audiſſe, ſcilicet *D. Nicolaum Amsdorf* Epiſcopum eſſe Naumburgenſem, hominem ordinatum ab haereſiarcha *Luthero*,

die

die 6. Februarii. Audax facinus, et pleniſſimum odio, invidia et indignatione. Iam editur mihi liber de hac ipſa re. Quid futurum ſit, Deus novit. Dominus *Philippus* de eadem re ſcribet, Dei gratia ſanus et valens ; ſed unus omnium laborioſiſſimus Atlas ſuſtentans coelum et terram. *Brentius* vivit *Carlſtadius* peſte interiit, peſtis ipſe Eccleſiae Baſilienſis, (ut ſcribunt ad nos Epiſcopi illius Eccleſiae, iidem addunt, manes eum vexaſſe aegrotum, et poſt ſepulturam adhuc in domo eius agitare tumultus. Salvum vellem et volui ſemper. Sed impoenitentiam eius finalem non poſſum velle, neque probare. Deus, iudex omnium noſtrum, de hoc viderit Verſor iam in transferendo libro, qui vocatur *Confutatio Alcorani Mahumetis*. Deus bone, quanta eſt ira tua ſuper eccleſiam; ſed maxime contra Turcam, et *Mahumetem!* Superat fidem beſtialitas *Mahumetis*. D. *Ionas* adhuc Halis Chriſtum format, invitis iſtis maledictis *Meintz* et *Heintz*, monſtris monſtroſiſſimis. Chriſtus ibi formari ſe facile patitur, Deo gratia! Utinam perſeverent, et non ſimiles nobis brevi faſtidiant omnia. De his alias. Accepit *Margarethula* mea, tua ex baptiſmate filiola, aureum donatum, et gratias agit. Salutat de tuamque Dominus meus et *Moſes* meus *Ketha* reverenter. Saluta Cancellarium tuum, *Iohannem* Zelſt, et ora pro me, ut bona hora migrem Satur ſum huius vitae, ſeu, verius mortis acerbiſſimae. Dominus tecum. Amen. Dominica ludica, 1542.

M. L.

12.

Vom 7ten April.

Luther beklagt zuvörderst die zwischen dem Churfürsten und Herzoge zu Sachsen entstandene Mishelligkeiten; er theilet hiernächst die von Carl stads Tode aus der Schweiz erhaltene Nachrichten mit; und legt endlich eine Vorbitte für den Ueberbringer des Briefes ein, der durch **Amsdorfs** Unterstützung keine äussere Umstände zu verbessern wünschte.

Aus dem Original.

Clarissimo Viro, Domino *Nicolao ab Amsdorff*, Episcopo Numburgensi fideliffimo, fuo in Domino Maiori.

G. et P. Cum effet ád vos reverfurus, optime Vir, *Georgius Blanck*, (fic enim vocamus,) organifta tuus, nolui tam certum Nuntium dimittere inanem literarum. Spero aut Te effe confirmatum in officio nuper tibi impofito et Chriftum in te agere et gubernare Ecclefiam fanguine fuo redemptam, id quod continuis gemitibus et defideriis cordis mei peto; fic et fanctificari nomen Dei affidue oramus in fpiritu et cupimus.

Vides quam foedum fcandalum Satan excitarit inter noftrum principem et ducem *Moritz*. Deus arceat et humiliet nobilitatem illam, praefertim Mifniae, genus hominum fuperbia, luxu, libidine, avaritia, ufura, impietate perditiffimum. Sed forte compleri oportet Amorreorum iniquitates, et Evangelion habere hoftes, quos hodie vel nullos vel contemnendos haberet, nifi fola nobilitas contra nos infaniret, ita metuunt, ne imperio deiiciantur quo hactenus principes et Epifcopos, fubiectos et fervos habuerunt. Saepe recordor tui cuiusdam dicti, de Adulteri-

terinis principibus. Et impleri coepiffe videtur illud
Sap. 3. et 4: *Filii Adulterorum in confummatione erunt,*
et ab iniquo thoro femen exterminabitur, et plan-
tationes adulterinae non dabunt radices altas, nec
ſtabile firmamentum locabunt. Deus exaudiat iuſti-
tiam. Amen Me vehementer urit ingratitudo illa
(Deo haud dubie inviſa,) quod *Moritz* ne natus
quidem aut aliquid faĉtus effet, niſi Dux *Fride-*
ricus et *Iohannes* patrem eius contra Ducem
Georgium fervaffent. Sed perditioni deſtinatos ſic
oportet perire.

Carlſtadium interiiffe noſti? quem Baſilien-
fes Eccleſiaſtae fcribunt fuiffe peſtem fuae fcholae venenoſiſſimam. Mortuus eſt autem occidente diabolo.
Scribunt enim, apparuiffe ei concionanti et aliis multis virum grandis ſtaturae, ingreffum templum et vacua fede iuxta civem quendam ſtetiffe, rurſus egref-
fum, et in aedes *Carlſtadii* intraffe, ubi filium folum inventum manibus levaffet, quaſi ad terram colliſurus fed illaeſum dimiſiſſe, iuſſisfeque, ut patri diceret, fefe reverſurum effe poſt triduum et ipfum ablaturum. Ita poſt triduum effe defunĉtum. Addunt
ipfum finita Concione civem illum adiiffe et interro-
gaffe, quis ille vir fuerit? Civis autem fe nihil vi-
diffe dixit, ita credo fubitis terroribus correptum, nulla
alia peſte, quam timore mortis exſtinĉtum. Miſere
enim Mortem horrere ſolebat. Hic *Georgius* petit, ubi Conſiſtorium veſtrum erectum fuerit, ut Notarius effe poffit, idque oravit, ut peterem abs te, Tu facies quae digna funt fieri. Eſt, ut videtur, homo ad
omnia idoneus. Bene in Domino vale. Et literas
meas quaefo confcinde, quia tu non fers a me Titulos
Epifcopi et Principis adfcribi. Nolim tamen aliis id
innotefcere, ne videar contempfiffe Epifcopatus fui

Ma-

Maieſtatem,   Intelligenti   pauca,   Paraſceves.   Anno
1542.   T.

Martinus Luther D.

13.

Vom 13ten April.

Luther unterrichtet ſeinen Freund Amsdorf von den wahren Urſachen, der zwiſchen dem Churfürſten und Herzoge zu Sachſen entſtandenen
Misheuligkeiten, und des beynahe zum Ausbruch gekommenen einheimiſchen
Krieges; und verſichert, daß das viele ſeit einiger Zeit in Deutſchland
vergoſſene Menſchenblut und deſſen Veranlaſſung ganz fälſchlich der Lehre des Evangelii zugeſchrieben werde. Nach ſeiner Ueberzeugung ſind
die Undankbarkeit gegen die Lehre des Evangelii und ſo viele himmel-
ſchreyende Sünden die wahren Urſachen, warum Gott häufige Strafgerichte über Deutſchland ergehen läſſet.

Aus der Börneriſchen Sammlung zu Leipzig.

Nicol. Amsdorfio.

G. et P. in Domino. Tumultum iſtum bellicum nos
fidelibus orationibus Deo patri commendavimus,
et non ceſſamus, certi, quod ab ipſo Satana immedia-
te geruntur omnia, ex parte Ducis *Moritz*, furioſi
et ſuperbi iuvenis. Sed tu cave, ne te aut efficientem
putes, aut occaſionem tanti belli, niſi fortaſſis odii in
cordibus iratiorum. Nam cauſa prorſus eſt profana
per ſe, contributio ſeu exactio, et neſcio quae alia.
Vidi enim articulos, inter quos eſt ille : In Würtzen
debere doceri verbum Dei, ſecundum viſitationem Sa-
xonicam Electoris. Hoc nempe Dux *Moritz*, licet
furens, propoſuit. Tota quaeſtio dicitur eſſe de libera
tranſitu *Moritzen* per Würtzen. Illa nihil ad nos
ſeu ad Miniſterium, alioqui ſi nos occaſio deberemus
dici omnium malorum, quae contra nos geſta ſunt,
quantum, quaeſo, ſanguinis effudiſſemus, tot occiſis,
ſubmerſis, exuſtis confeſſoribus noſtrae doctrinae. Chri-

ſtus

ſtus nempe viderit, qui ſuo Verbo occaſio eſt tanti mali, et odii in daemonibus, in *Muntzero, Carlſta-
dio, Zwinglio* et rege Monaſterienſi, per quos multa mala fecit, et multum ſanguinis perdidit (ut cogitant) in ſcandalum et ignominiam noſtrae doctrinae.
Quanquam tanta eſt ingratitudo per gratiam Dei oblata, tantus Verbi contemtus, tam furioſa incrementa ſcelerum, avaritiae, uſurae, odiorum, perfidiae, invidiae,
ſuperbiae, impietatis, blaſphemiarum, ut improbabile
ſit, Germaniae tandem a Deo parci, et indulgeri. Aut
enim Turca nos caſtigabit, aut tale aliquid inteſtinum
malum aliquando nos viſitabit. Poenas quoque ſentimus et dolemus, et ploramus, ſed in peccatis horrendis,
per quae contriſtatur Deus et Spiritus Sanctus, et
Deus tangitur dolore intrinſecus, incedimus. Quid
mirum, ſi Deus in interitu noſtro aliquando viciſſim
rideat nos, in interitu noſtro plorantes et eiulantes,
qui continue clamantem, extendentem gratiae manus,
et ſi fieri poſſet, plorantem contra nos, nec audimus,
nec aſpicimus. Denique neceſſe eſt, haec malorum
initia ferre, maiora, quae impendent impoenitentibus,
nec eſt quod expectemus bonum, quod non poteſt venire in futurum, ſic implente contra nos coelum et
terram clamore peccatorum noſtrorum. Et oculis ſpiritualibus horribilior eſt facies Germaniae, tempore
pacis, dum tot monſtris gloria Dei ubique vaſtatur,
Eccleſiae et Scholae diſſipantur. Quanquam enim bellum paucos emendet, tamen riſum ſtultorum convertet
in luctum, qui ſapientes poteſt in virga furoris viſita-
re. Deus tollat nos ante faciem calamitatum in pace.
Interim nos ſaltem ploremus peccata noſtra, et Germaniae, et oremus, et humiliemus illi animas noſtras,
inſtantes officio noſtro, docendo, arguendo, conſolan-
do totis viribus. Quid aliud poſſumus? Germania ob-
ſurduit, coeca eſt, incraſſati cordis eſt, ut ſperare con-

tra

tra fpem his nobis non liceat. Ex Ungaria fcribitur. Turcas appulifle Budam numero 30000 et ipfum tyrannum fubfequentem in itinere effe. Interea nos fecuri et ftertentes mutua odia et fraterna vulnera machinamur, et iniuita, fic peccatis noftris nos rapien*-* tibus. Deus mifereatur noftri! Amen. De *Carlfta-dio* vera funt, quae fcripfi. Nofti autem hominis ingenium, ut mirum non fit, fi tandem pro factis eius diu toleratis, in patientia Dei dignam mercedem invenerit, ut dicit *Salomon*: Qui mentis eft durae, corruet in malum, et ante contritionem exaltatur cor hominis. Sed ad te redeo. Tu fortis efto, et nobiscum gratias age Deo pro fua fancta vocatione, qua nos dignatur, et fegregare ab iftis perditis, et perdentibus hominibus, et in fuo verbo puro et fancto puros et fpirituales cuftodivit et cuftodiet in finem. Flere licet per vulnera Chrifti, fed illi noftras lacrymas rident. Quare triftitiam ex illorum miferia conceptam mitigemus gaudio fancto in Domino, qui nobis laetus furrexit a mortuis quem videntes cum difcipulis laetemur, et exultemus in die ifta falutis noftrae. Amen. Dominus tecum, qui fufteotet et foletur te nobiscum alioqui extra Chriftum nihil eft audire et videre, quam omnia triftia in regno furientis Diaboli. Bullam, feu Breve Papale vidi, fed pafquillare putavi. Nunc aliud cogito, poftquam fpargitur per omnes aulas. Ego prorfus fic fentio. Si verum eft hoc Breve, Papiftas alere magnum aliquod et infigne monftrum, hoc eft, Turcam adorabit Papa, et Satanam publice, ficut ex *Virgilio* aliquoties dixi: *Flectere fi nequeo fuperos, Acheronta movebo;* potius, quam finat fe in ordinem redigi, feu Verbo Dei reformari. Sunt eius rei non obfcura argumenta. Sed Dominus Iefus, qui interfecit adverfarium fuum fpiritu oris fui, deftruet illum illuftratione fui adventus. Amen. Non tamen feriabor,

riabor, quin illam Bullam ſuis pingam coloribus, ſi valetudo et occupatio mea ferat. Vale.

Martinus Lutherus.

14.

Vom 18ten April.

Luther bezeugt über den ſo bald in Sachſen wieder hergeſtellten Frieden ſeine innigſte Zufriedenheit, und macht ſich die beruhigende Vorſtellung, daß nun das herannahende Oſterfeſt mit geſtärkter Freude in Gott
werde gefeyret werden können.

Aus Aurifabers ungedruckter Sammlung.

Antonio Lauterbach.

Gratiam et pacem in Domino. Nos quoque male
habuit inſidioſum et inopinatum bellum parricidia-
liſſimum, ſi fuiſſet proceſſum ſortitum. Deus exaudivit orantem eccleſiam, qui et reddat autoribus ſecundum opera, ſtudia, et conſilia ipſorum, ut laetitia eorum vertatur in luctum, ſicut noſtra triſtitia verſa eſt
in gaudium. Et vere Chriſtus hoc tempus paſchatis
morte et reſurrectione nova coluit et exercuit. De
Piſtorio communicato neſcio quid cogitem. Tempora haec multa monſtra pariunt ſub ovina pelle. Dominus tecum et cum tuis, et orate contra inſidias diaboli iſto periculo et exemplo iſtorum dierum admoniti. Feria 3 poſt Quaſimodogeniti Anno 1542.

T.

Martinus Lutherus.

15.

Vom 19ten April.

Luthers ganze Seele iſt mit einem gerechten Abſcheu gegen die Frie-
densſtöhrer erfüllet, welche durch ihre heilloſen Anſchläge die Ruhe in
Sach-

Sachsen zu unterbrechen gesucht hatten, und glaubt, daß Gott diesen Frie=
densstöhrern nach ihren Werken vergelten werde.

Aus der **Börnerischen** Sammlung zu Leipzig.

Hieronymo Wellero.

G. et P. Belli huius subitaneus motus ex multorum cordibus revelavit cogitationes, qui sint Centauri Misnenses, et lernae malorum fallaces et perfidi simulatores in Evangelio fovendo. Deus det illis perfidis tyrannis, luxu, usura, avaritia, superbia, perfidia, odio, impietate, hypocrisi, seditionibus, fraudibus, periuriis, et omni iniquitate deploratis, suam mercedem tempore suo, quod tam exitiale bellum excitarunt. Amen Deus exaudivit ante orationem ecclesiae suae, et porro exaudiet contra illos diabolos, ut non perficiant quod moliuntur. Amen. Vale, et ora pro Ecclesia Dei.

Martinus Lutherus.

16.

Vom 30sten April.

Nach einem vorausgesetzten Scherze über die Zudringlichkeit des Brief=
trägers, berichtet Luther einige aus Ungarn erhaltene Neuigkeiten, und
setzt hinzu, daß Carlstads Wittwe einen Brief nach Wittenberg geschrie=
ben habe, dessen trauriger Inhalt so beschaffen sey, daß man sich von
dem Herzen des verstorbenen Mannes keine günstige Begriffe machen
könne.

Aus **Aurifabers** ungedruckter Sammlung.

Iusto Ionae.

Gratiam et pacem. Exigit hic portator, quisquis est, a me litteras ad te, mi *Iona*, quasi expostulans, quod iamdudum ad te nihil scripserim. Sive autem id finxit, sive studio id fecit, interpretatus sum quasi cu-

peres

peres meas inutiles literas. En igitur fcribo: Bene in Chrifto vale! Verum hoc, quod forte et ante fcripfi. Si accepifti, iterum repete. In Hungaria fpoliatum effe Turcam auro et camelis, miffo ad Budam, denique ipfam *Ofen* feu *Peft* receptam caefis Turcis ab illis ipfis auri fpoliatoribus; et Hungaros colligi fub ducibus non malis contra vim Turcicam. Det Deus, ut cadat etiam beftia cum papa propheta peffimo. Uxor *Carl-ftadii* huc fcripfit literas triftitia plenas, et tyranni-dem mariti, (etiam poft mortem eius) graviter accu-fans, ut reliquerit nudam, et clinodiis fuis egentem, debentem, exulantem, quinque liberis gravatam, nihil proprii habentem etc. Si ex fructibus arbor iudicanda fit, nae! ille recta ad infernum faltavit, imo praecipitem fefe dedit. Nifi quod mortuorum iudices effe non poffumus; tamen fic uxorem loqui horribile eft, prae-fertim contra maritum, id eft, carnem fuam. Domi-nica Iubilate. Anno 1542.

T.

Martinus Lutherus.

17.

Vom 1ften May.

Der erfte Theil diefes kurzen Briefes betrift die Auszahlung eines Gnadengehalts, und der zwente die erhaltene Nachricht von anftecfenden Krankheiten, welche bey Luthern den Wunfch nach einer baldigen feli-gen Auflöfung rege machen.

Aus der vormaligen Budifchen Sammlung.

D. Iufto Menio.

G. et P. Pecuniam iftic a Quaeftore acceptam, mi *Iufte,* poteris vel fortuito, vel conducto nuntio, mittere, prout tibi vifum fuerit, licet fatis egeat ille, cui donata eft. Nihil praeterea erat, quod fcriberem.

De

De tuo *Dialogo* alias, cum certior ero factus. Auditum hic est, pestem denuo apud vos incruduisse. Deus det nobis pacem. Vale et ora pro me, ut Dominus mihi horam bonam concedat. Satis vixi, et taedet diabolum vitae meae, et me odii diaboli. Die Philippi 1542.

T.

Martinus Lutherus.

18.

Vom 5ten May.

Luther bittet seinen Freund Lauterbach, einer ihm bekannten und über den Tod ihres Mannes betrübten Wittwe sein Beyleid zu bezeugen, und sie durch Vorstellung des glücklichen Tausches zu beruhigen, den ihr verstorbener Mann gewiß getroffen habe.

Aus der Krafftischen Sammlung zu Husum.

Optimo Viro, Dn. *Anton. Lauterbach*, Episcopo Ecclesiae Pyrnensis, suo in Domino Fratri carriss.

G. et P. Et eram occupatus et festinabat nuncius, mi *Antoni*, ut non possem ad literas tuas respondere. Scribam cras quoque novo nuncio. Interim tu, quaeso, viduam miseram solare, quantum potes. Nam etsi facta est ei plorandi gravissima materia, tamen habet in coelis maritum regnantem cum Christo, et iudicaturum cum Christo, etiam Angelos, et totum mundum. Vivit enim nunc fortius, quam hic vixit, nisi quod consuetudine huius sordidae vitae et miserae privata sit, quae res eam non sine causa macerat. Sed crux est omnium fidelium, tessera et nota certissima. Alias plura. Abit enim nuncius. Vale. Feria 6 post Iubilate. 1542.

Martinus Lutherus.

19.

19.

Vom 7ten May.

Luther warnet seinen Freund Lauterbach vor hinterlistigen Nachstellungen der heimlichen Feinde des Evangelii, und macht von diesen heimlichen Feinden eine so traurige Beschreibung, daß er beynahe alle Hoffnung zu einer ernstlichen Bekehrung derselben aufzugeben scheinet.

Aus der Ludwigschen Sammlung zu Halle.

Venerabili in Domino Viro Magistro *Antonio Lauterbach,*
· Episcopo Pyrnensis Ecclesiae fidelissimo, suo carissimo
·fratri.

Gratiam et pacem. Quae scribis, mi *Antoni,* de
Piftore et episcopizantibus intellexi, et gaudeo,
te quoque intellexisse, et in futurum vide, ut cautus sis
ac serves hanc propofitionem conftanter, scilicet ut
nullis verbis et factis, quae ab episcopo et suis adhae-
rentibus ad te adornari senseris credas, sed certus sis
te et vos omnes dolis et insidiis peti. Ipse mihi
Landgrafius dixit, praeter solum ipfum ducem *Mauritium* esse praeterea nullum cui res sit cordi. Hoc
dictum tibi conde memori mente. *Rivium* addebat,
cui nomine meo salutem dicas. Videmus, proceres
Misniae esse populum irae Dei, ideo contemtis illis, qui
sunt de domo Loth, in ista perdita Sodoma et Gomor-
ra. Superbi sunt, usurarii, adulteri, invidi, summa
Deo et angelis sanctis, denique ipfis hominibus, licet
impiis, odibiles et invifi. Donec igitur hanc vocem
non audieris ab eis : (Erravimus, poenitet, volumus
mutari ,) furdus esto ad omnes eorum voces.
Certissimum est, satanicas et fallaces esse, etiamsi saepius utraque specie communicaverint, quia Epicurei
parum curant, sive communicent, sive minus. Deinde ubi etiam poenituerint, hoc exigendum est, ut
hactenus a nobis gesta et inposterum gerenda pro-
bent.

bent. Alioqui quae erit poenitentia, si nostra facta
damnaverint, hoc est, sua omnia per fictam poenitentiam stabilierint. Saluta tuam uxorem et filiam, maxime viduam *Cellarii.* Vale in Domino et ora pro
me. Dominica Cantate. Anno 1542.

T.

Martinus Luther. D.

20.

Vom 15ten May.

Luther wünscht seinem Freunde Jonas in Halle zur Wiedergenesung
von einer Krankheit Glück, mit welcher er selbst vormals in Smalkal-
den befallen gewesen war. Er theilet ihm hiernächst einige Neuigkeiten
mit, und rechnet dahin die Schwärmerey eines Predigers in Ronnenberg, der sich wider das Taufen mit warm gedachtem Wasser empöret
hatte, und die Absendung der Hülfsvölker wider die Türken, von denen
er sich aber wenig Hülfe verspricht, weil er besorgt, daß die vielen Sün-
denschulden, die Deütschland drücken, auch die besten Anstalten vereitlen würden.

Aus Aurifabers ungedruckter Sammlung.

Iusto Ionae.

G. et P. Valde dolui, mi *Iona*, cum legerem, te
quoque passum mei morbi Schmalckaldensis malum, scilicet dissuriam, et gratias ago Domino, qui
te liberavit. Porro tibi certa diaeta servanda est contra hostem tam insidiosum. Mihi certissima medicina
est contra eum, cerevisia nostra, quae est urisicissima
quod medici vocant diureticotata, plane regina omnium cerevisiarum hoc nomine, deinde parcitas vini.
Gratias pro Chrysomelis. Nova nulla, nisi quod Satan securus fieri incipit dormitantibus nobis, et segni-
ter orantibus, quod coniicio ex multis, tum ex illo,
quod in Ronnenberg pastor docere inceperit, baptisma

ca-

calidae aquae (quo infantes in frigore baptifantur) non
effe verum baptifma, eo quod aliud elementum fcilicet ignis accefferit, quo fit calefacta, etiam non pura
aqua. Vide fiduciam fecuri hoftis noftri. De fexcen-
tis militibus contra Turcam miffis parvam fpem ha
beo, ficut et de tota expeditione, nifi Deus velit mira
cula edere propter frigidas fane noftras orationes. Hodie proceffiffe dicitur, ita ornatis equitibus, quafi a
pompam vel choream proficifcantur, non contra Tur
cam. Fata nos urgent, peccata nos premunt, et invi
cem furore infanimus. Exhortare, quaefo, ecclefiam
tuam, ut ferio, ut ardenter, ut perfeveranter oret
Maior eft ira Dei, quam etiam nos pii credamus, et
nulla eft ufquam poenitentia, fed indomita pertinacia.
Deus mifereatur noftri. Amen. Saluta omnes noftros.
Feria 2. poft Vocem Iucunditatis. Anno 1542.

T.

Martinus Lutherus.

21.

Vom 16ten Junii.

Luther wünſcht dem Greſſer zum Antritt ſeines Lehramts in Dreſden
Glück, und weil dieſer beſorgte, daß er der vielen Arbeit nicht gewachſen
ſeyn mögte: ſo verweiſet ihn Luther auf die Kraft Gottes, die in den
Schwachen mächtig ſey, zumal zu einer Zeit, da die Kirche Chriſti der
treuen Arbeiter ſehr bedürfe.

Aus einer vormaligen Sammlung des Sagittarius.

Ornatisfimo Viro Dn. *Danieli Greffero*, Paftori Dresdenfis Ecclefiae fidelisfimo, fratri fuo charisfimo.

G. et P. Gratias ago tibi, mi *Daniel*, pro tuis
fanctiffimis literis, quibus me Deo commendas.
Credo autem tibi fufceptum minifterium Drefdenfis Ecclefiae effe grave. Novi enim quosdam Centauros

Luth. Briefe.   O   Mif.

Misnenses verbo infensissimos, eosdemque fucatissimos.
Sed Dominus, Veritas, dissipabit eorum consilia et studia.   Et placuit tua magnanimitas, qua scribis, te non
adversarios, sed te ipsum metuere, ne par esse possis
laboribus.· Sed qui tecum est in ea magnitudine animi contra adversarios: non sinet, te solum esse in fe-
rendis laboribus.   In ipso sumus, vivimus et move-
mur: et rursus ipse in nobis est, vivit, movet, et potens
est sua potentia in nostra infirmitate.   Confortare er-
g· et esto robustus, ac gere bella Domini, sicut vocatus es in isto perdito et furioso tempore. Ecclesia enim
habet opus te et tui similibus, quam deserere nisi sa-
crilegi   non possumus, sic vexatam, agitatam, sessam,
laborantem, fatiscentem, languentem, et cum Sponso
suo crucifixam.   Vale in Domino, et perge, ut coepisti, etiam pro me orare. Fer. 6. post Viti. 1542.

M. L.

22.

Vom 5ten Julii.

Luther warnt abermals den Lauterbach vor den hinterlistigen Nachstellungen des Kanzlers Pistorius und andrer heimlichen Feinde des
Evangelii, und hält ihm so wol als dem Nikause und Herrn Er die evangelischen Verheissungen vor, vermöge welcher sie doch zuletzt alles wohl
ausrichten und den Sieg behalten würden.

Aus der Kraftschen Sammlung zu Husum.

Antonio Lauterbach.

G. et P. Mi *Antoni*, sic credas *Pistori*, ut memineris semper eorum, quae dixi et scripsi. Moguntinus mihi magnum documentum est, quid, quomodo soleant istius generis ingenia agere *Carlwitz* est *Carlwitz*, et habet, qui fovent eum. Ideo
nihil fidas verbis, donec facta videris. Ipsum Principem

pem aetate adhuc rudem et imperitum facile excufarem; fed nobilitas et Satanae caterva furit, ut neceffe fit, orare pro omnibus, timere omnia, fperare tamen meliora, quia Chriftus vivit. Saluta D. *Rivium* et *Grefferum*, et exhortare, ut non dubitent, fefe milites effe (fi perfeverabunt) filii Dei, qui vocatur Dominus exercituum, i. e. aulicorum. Non enim contra carnem et fanguinem pro ifta mortali vita et foetida materia, fed contra fpirituales nequitias in caeleftibus pugnantes, fcilicet pro vita ifta, quae aeterna et gloriofa et incorruptibilis et immarceffibilis eft. Quare id faciamus, Pf. 27: Expecta Dominum, viriliter age, confortetur cor tuum et fuftine Dominum. Ego vivo et vos vivetis, etfi moriamur. Sicut illa melius nofti in eo, in quo te valere opto et omnes tuos. Ora pro me, et dic *Nyfae* et *Elfae* tuae meam falutem. Feria 4. poft Vifitat. Mariae. 1542.

M. L.

23.

Vom 10ten Julii.

Luther, als damaliger Dechant der theologiſchen Fakultät zu Wittenberg, ertheilet dem nach Roſtock zum öffentlichen Lehramt in der Theologie berufenen Henrich Schmedſtedt ein öffentliches Zeugniß ſeiner Wiſſenſchaften und rühmlichen Aufführung, und begleitet ihn bey ſeiner Abreiſe mit dem Wunſche, daß er im Segen arbeiten, und durch ihn die wahre chriſtliche Eintracht befördert werden möge.

Aus einer vormaligen Sammlung des Kaſp. Sagittarius zu Jena.

Martinus Luther D. Theologiae, Decanus Collegii Facultat. Theol. S. D. omnibus legentibus has literas. Commoratus eft in Schola Ecclefiae noftrae Wittembergenfis annos circiter octodecim *Henricus Schmedftedt* Luneburgenfis,

cum

cum eximia laude virtutis et pietatis   Cumque in Philofophia praeclare profeciffet, et gradu Magiſterii ornatus eſt, docendis aliis in fchola bonam operam navavit. Interim autem femper ad caeteros labores (ut decet) adiunxit ſtudium doctrinae Chriſtianae, diligenter audivit enarrationem Propheticae et Apoſtolicae Scripturae, inquiſivit in antiquitatem Ecclefiae, et contulit omnium fententias, et de tota doctrina accurate differuit   Et quia recte intelligit doctrinam Ecclefiae Chriſti, et ampl.ctitur puram Evangelii fententiam, quam Ecclefia noſtra uno fpiritu et una voce cum Catholica Ecclefia Chriſti profitetur, iuſſus eſt etiam apud me concionari hic, et fpecimen fuae eruditionis edidit, et fatis clare teſtatus eſt. fe idem fentire, quod noſtra Ecclefia profitetur.   Cum igitur Illuſtriſſ Princeps fapientia et virtute praeſtans, Dux Megelburgenſis *Henricus* vocaſſet hunc *Henricum Schmed-ſtedt* in Academiam Roſtochianam ad docendam Theologiam et petiviſſet, ut teſtimonium noſtrum afferret; gaviſi fumus Illuſtriſſ. Principem Ducem *Henricum* curare, ut Ecclefiis confulatur, et falutaris doctrina confervetur ac propagetur.   Nam profecto haec prima cura omnium gubernatorum eſſe debet, ut populis veram Dei notitiam impertiant, et illuſtrent gloriam Filii fui IESU CHRISTI, ficut monet vox Pfalmi: In convertendo populos in unum, et Reges, ut ferviant Domino.   Et quoniam mores *Henrici Schmed-ſtedt* ac eruditionem probamus, cum tot annos nobiscum vixiſſet, ac publice docuiſſet et polliceretur in doctrina pia fidem et conſtantiam, libenter ei teſtimonium dedimus, quod ut eſſet publicum, more uſitato fcholarum, iudicio, fuffragiis et approbatione Collegii noſtri poſt publicam difputationem decretus eſt Mag. *Henrico Schmedſtedt* gradus Doctoratus Theologici. Ac Deum precamur, ut ſtudia eius gubernet, commenda-
mus-

musque etiam Illuſtriſſ. Principibus, Ducibus Megalbur-
genſibus, hunc Doctorem *Henricum* ac rogamus,
ut bene eum tueantur.   Utile enim eſt Eccleſiae et
ſocietati communi, autoritate Principum tegi ac adiuva-
ri bonos Doctores.   idque officium Deo gratum eſſe
multae coeleſtes ſententiae et exempla teſtantur. Quam
luculentam mercedem Deus promittit Viro Principi
Abdomelech, qui *Ieremiam* in lacum abiectum,
retraxit, et ſervavit!   Hortamur · et ipſum Doctorem
Henricum, ut annitatur concordiam Roſtochianae
Eccleſiae et Academiae cum noſtra tueri.   Maxime
quippe optandum eſt ut Academiae, quibus doctrinae
gubernatio commendata eſt, uno ſpiritu et una voce
cum Angelis canant gloriam Dei et pacem in terris.
Deus enim doctores vult ſocios eſſe huius Angelici
chori ac miniſterii. Dat. Witteb. 10. Iul. 1542.

Martinus Lutherus.

24.
Vom 13ten Julii.

Luther verweiſet eine ſtreitige Eheſache, über welche man ſein Bedenken
gefordert hatte, an das ordentliche Ehegericht;   und äuſſert die Beſorgung, daß es ſeinem Freunde *Amsdorf* an Leiden und Anfechtungen
nicht fehlen werde, daher er ſo wol ihn als ſich ſelbſt durch die Worte
der Schrift zu beruhigen ſucht: Unſer keiner lebt ihm ſelber, und unſer keiner ſtirbt ihm ſelber.

Aus der Bötneriſchen Sammlung zu Leipzig.

Nicol. Amsdorfio, Epiſcop. Numburg.

G. et P. in Domino   Venit hic literarum baiulus,
    optime Vir, afferens mihi cauſſam matrimonii,
quem cum intelligerem, de tua dioeceſi eſſe, remiſi eum
ad tuum conſiſtorium, ut partibus vocatis cauſa diſcu-
tiatur: Nam neque noſtros admittimus ad audientiam,
                                                    al-

altera parte abfente. Curabis igitur pro officio tuo, in hac re quod iuftum. Diu nihil a te literarum accepi: neque fcio, quomodo valeas aut agas, aut patiaris potius in Epifcopatu. De te non nifi optime cogito et oro. De Epifcopatu follicitus fum propter te in tanta turba caufarum et moleftiarum. Sed Dominus eft, cui fervimus, vivimus et morimur, ut *Paulus* ait: *Nemo noftrum fibi vivit, nemo noftrum fibi moritur.* Quo confortante poffumus omnia. Aut quae non poffumus, ea funt, quae ei non placent. Bellum iftud contra Incendiarium Heintzen quaefo tibi et Ecclefiae commendatum habeas: iuxta preces fimpliciter neceffarium eft pro defendendis multis oppreffis: fed tamen opus eft auxilio propitii Dei, ne noftras iniquitates et merita refpicere velit, fed clamorem afflictiffimum et blafphemiam perditorum Papiftarum. Amen. Nova praeterea nulla habemus. Ora pro me, ut mihi Dominus bonam horam concedat; Nam mihi ieiuno nullae funt amplius in capite vires. Dominus tecum in aeternum. Amen. Salutat te reverenter mea *Ketha.* Die Margarethae, 1542.

T.

Martinus Lutherus D.

25.

Vom 25ften Julii.

Luther ftellet über neuere fürchterliche Beyfpiele von Selbftmorde und Unzucht feine Betrachtung an, und hat den Einfall, Beyfpiele von diefer Art in einer befondern Schrift zu fammlen, weil die öffentliche Rüge derfelben ein Verwahrungsmittel wider die groffe Sicherheit der Zeitgenoffen werden könne.

Aus Aurifabers ungedruckter Sammlung.

Auto-

Antonio Lauterbach.

G. et P Quae ſcribis de Diaboli virtutibus in tribus hominibus a ſe ipſis ſuſpenſis, cum timore legi, mi *Antoni*, Deus nobis ingratis et contemtoribus praeludit in iram futuram, dum intra noſtram eccleſiam tanta permittit Satanae. Quis finis eorum, qui non credunt evangelio? Sunt talia populo proponenda, ut diſcant timere Deum et Satanae vires non tali ſecuritate contemnere Ipſe eſt princeps mundi, qui in deſpectum noſtri fingit iſtos homines eſſe ſuſpenſos a ſe ipſis, cum ipſe occiderit eos et imaginatione animis impreſſa coëgerit eos putare, quod ſe ipſos ſuſpenderunt; id probat, quod (ut tu ſcribis) impoſſibile ſit ſedentem, ſtantem, aut tam levi palo infixo poſſe ſuffocari. Viſibilis Satan eſt. Ceterum de ſcorto illo ſororis uterum aperiente, diligenter ſcribe. Meditor edere aliquot talium exemplorum, ut in concione recitentur, ſi forte ſecuritas illa vulgi indomita paullo poſſit frangi. Vale et ora pro me. Salutat te mea et tuos omnes. Die S. Iacobi, 1542.

Martinus Lutherus.

26.
Vom 25ſten Jul.

Luther entſchuldiget die verzögerte Ueberſendung der gebundenen deutſchen Bibeln mit der groſſen Anzahl der Exemplare, die in Wittenberg gebunden und verſendet werden müßten; und bedauret hiernächſt, daß er ſeinem Freunde nicht viel Hofnung machen könne, einen anſtändigen Verleger zu ſeiner Auslegung des erſten Buchs Moſe zu finden, weil die Ausgabe weitläuftiger Bücher den Buchhändlern alzumißlich ſchiene; es ſey überhaupt traurig genug, daß mehr unnütze, ja ſchädliche, als wirklich gute Schriften gedruckt und geleſen würden.

Aus der Handſchrift auf der Bibliothek zu Helmſtädt.

Egre-

Egregio Viro Dno. *Wenceslao Linco,* Theol. Doctori Miniftro Chrifti fidelisfimo in Ecclefia Nurimbergenfi, fuo
in Dno, fratri chariff,

G. et P. in Domino. Expoftulas, mi *Wenceslae,*
tarde venire veftra biblia, fed oblitus es literarum
mearum, quibus tibi fignificavi tanta obrui copia com-
paginandorum librorum artifices. Sunt tam multi, ut
multi toto anni dimidio fua non poffint habere. Et
ipfe ego, qui tria exemplaria dedi compaginanda, unum
aegre extorfi iam ante menfem, reliqua duo vix poft
Michaelis mihi reddentur. Principes ex omni parte
fua exemplaria hic compingi curant, et hi praecedunt
nos, vos, et omnes, quod ferendum eft propter gratiam,
quam opifices hac re fibi conciliant apud illos. Ha-
bebitis vos duo veftra exemplaria, quod brevi fieri
omnino poterit. De *Genef* tua nihil poffum promittere, difficiles funt noftri typographi et bibliopolae ad
excudendum grandes libros, quod experti faepius,
exemplaria vendere non poffint, et fruftra fumptus im-
,enderint ac damna paffi fint! Alioqui fi quid praefatione mea pbffem commodare, quid opus eft petere?
cum fcias, me effe promptum. Bene feciffes, fi (ut
fcribis) *Secerio* tradidiffes, aut adhuc alicui tradere
poffes in fuperiore Germania. Nam hi funt ita ociofi,
ut paene disrumpar, cum video, tam bonam chartam,
tam elegantes characteres, tam diligentes artifices oc-
cupari nugaciffimis imo peftilentibus libris. *Buce-
rius* et fui fimiles fcribunt, quos oportuit nihil fcribere. Intelligis. Vale in Domino. Die S. Iacobi,
1542.

Martinus Lutherus.

27.

27.

Vom 26ſten Auguſt.

Luther ſchickt ſeinen Sohn Johann auf die öffentliche Schule zu Torgau, und läßt ihn nicht nur durch einen Mitſchüler begleiten, ſondern
verſpricht auch zwey andre Söhne nachzuſchicken, ſo bald ſie der öffentlichen Unterweiſung fähig wären. Er wünſcht aber, daß Crodel das
Herz ſeines Sohnes bilde, und ihn ſo in der Grammatik als Walther
in der Muſik unterrichten möge. Ueberhaupt bezeuget Luther bey dieſer
Gelegenheit, daß er ſich von den Vorzügen der öffentlichen vor den
Winkelſchulen, um der zu befördernden mehreren Nacheiferung willen,
ſehr vortheilhafte Begriffe mache.

Aus Aurifabers ungedruckter Sammlung.

Optimo viro *Marco Crodel*, Torgenſis iuventutis inſti-
tutori fideliſſimo et ſinceriſſimo, ſuo in Domino
cariſſimo.

Gratiam et pacem. Sicut inter te et me convenit,
mi *Marce*, mitto ad te filium meum *Iohannem*, ut adhibeas eum exercendis pueris in Grammatica et Muſica, ſimul ut mores obſerves et corrigas, nam tibi plurimum in Domino confido, ſumptus
liberaliter dabo, et quantum profecerit in tempore
ſignificabis, et quatenus procedendum cum eo ſit.
Addidi puerum *Florianum*, maxime ea de cauſa,
quod videam, iſtis pueris opus eſſe gregali exemplo
plurimorum puerorum, quae res mihi plus facere videtur, quam privata ſeorſim paedagogia. Hunc autem durius tractabis, et ſi apud civem aliquem poteris
locare, facies, ſin minus remitte. Deus proſperum
faciat inceptum. Si video ſucceſſum in iſto filio,
mox, me vivo, etiam alios duos filios habebis. Nam
cogitatio mea ſic habet, non futuros poſt te ſimiles
diligentiae Ludimagiſtros, praeſertim in Grammatica et
ſeveritate morum. Quare utendum eſt aetate, cito

pe-

pede labitur aetas, et multo citius abeunt diligentes
praeceptores -Ad altiora ftudia felicius poftea huc
redibunt Vale in Domino et *Iohannem Walte-
rum* iubeas falvum effe, oratione mea, et ut filium
fibi commendatum habeat in Mufica Ego enim par-
turio Theologos, fed Grammaticos et Muficos parere
etiam cupio. Iterum vale et *Gabrielem* cum fuis
quoque faluta. Tertio et in aeternum Vale. Sabbatho poft Bartholomaei, Anno 1542.

T.

Martinus Luther.

28.

Vom 27ſten Auguſt.

Nach einer vorausgeſezten häuslichen Unterhandlung und Berechnung
eifert L ther wider ſeine Meisniſche Verleumder, denen er auſſer dem
Gebet eine großmüthige Verachtung, und allenfals auch Drohung, entgegen ſezet. Als eine Neuigkeit berichtet er die Ueberrumpelung der Ve-
ſtung Wolfenbüttel, und iſt der Meynung, daß man hiebey eine beſon-
dere göttliche Vorſehung nicht verkennen müſſe.

Aus der Kraftiſchen Sammlung zu Huſum.

Venerab. et optimo viro Dn. *Antonio*, Magiftro, Ecclefiae Pyrnenfis Paftofi et vicinarum Epifcopo fideli et
diligenti, fuo in Domino fratri cariff.

G. et P. Accepit mea *Ketha* pellificium illud filiae
meae, mi *Antoni*, dignius fane et pretiofius
quam pro perfona et mea facultate. Gratias agimus
pro tua diligentia et fide. Mittet reliquum pecuniae,
quam primum poterit. Wolt ihrs thun, ſo möget ihr
euch wohl laſſen hören, daß D. Martin ſchmeiſſe
in aller Junckheren Zorn, die ſich in Meiſſen mit
meinem Briefe brüſten. Lüſtet ſie es, ſo greiffen ſie
mich

mich an, so sollen sie empfahen besser denn Herr George. Mich wundert, daß sie sich so beschissen machen wider mich, so sie doch die Leute nicht sind, die mein kleinester Finger fürchten könne: sed superbia est: lasset sie kommen: Imo videant ipsi, et ipsarum aliqui, praesertim Carlwiß impius, quomodo sint responsuri, ad literas suas, Wolfenbüttel invectas, da wird sichs machen. Sed sine eos ita furere et impingere. Heinß Mordbrenner wird ihnen lohnen, und sie wiederumb ihren Heintzen, sicut Achimelech Sichemitis et contra. Tantum oremus, sicut fecimus hactenus. Oratio Ecclesiae facit mirabilia. Nova scriberem, nisi putarem, te omnia alias scire. Plane divina est victoria! inexpugnabilis Wolfenbeutel intra triduum capta est, quae tamen sexennium obsidionem ferre potuisset, ut omnes clamant. Sed rumores et plures sunt res, quam quae possunt epistola sola comprehendi. Summa, Deus est in hac re totus factor, seu (ut dicitur) *Fac totum.* Non sunt humana, quae geruntur hodie, ut spes sit certa, omnia esse praecurrentia et nunciantia diem illum beatum redemtionis nostrae. Amen. Saluta carnem tuam utramque et omnes nostros in Domino. Dominica post Bartholomaei. 1542.

T.

M. L.

29.

Vom 29ſten Auguſt.

Zween neuere Beyſpiele der menſchlichen Friedfertigkeit und der göttlichen Strafgerechtigkeit geben Luthern Gelegenheit, über beyde ſeine Betrachtung anzuſtellen, und insbeſondre die leztere zu bewundern.

Aus der Börneriſchen Sammlung zu Leipzig.

Cla-

Clariff. Viro, Dn. *Georg. Spala ino*, Magiftro, Paftori
Ecclefiae Aldenburgenf. et Mifnenfium Ecclefiarum
Superattendenti, fuo in Domino fratri cariff.

Gnad und Fri d. Optime *Spalatine* Quae fcribis de noftro amico *D Henrico* legi. et cum
admiratione legi tam rarae confcientiae exemplum. Et
in prioribus duobus articulis fi non plus, tamen fatis
fefe mulctat, et forte, fi iuxta Teft mentum et vivus
cum eis ageret, minore fumtu contenti effent agrico-
lae. De tertio nulla eft quaeftio, poftquam volunta-
rii receperunt limitationes illas. Quare iubeas eum
fecuro effe animo, cum in multis periculofioribus caufis vicini vicinis condonare et cedere et cogantur et
debeant propter bonum (ut dicitur) pacis. Et in rebus dubiis (ubi mens fincera eft) non fint anxie quae-
rendae perplexitates, imo, fi quae inventae fuerint,
tranfeundae funt.

Recte fcribis, miracula Dei effe, quae geruntur
contra *Heintz Mordbrennerum.* Magna videmus oculis noftris, quae fi prioribus feculis gefta fuiffent,
magnos hiftoriarum libros peperiffent. Deus det,
ut humiliter fapiamus, et victoriam Deo ipfi (ficut
vere eft) adfcribamus cum laude et metuamus, eius
iudicia, quia nec nos fumus absque peccato. Nec
propter nos ille punitus eft, fed Deus coactus eft
pendere poenas, ficut fcriptum eft: *Qui fecit iudicium inopis-et vindictam pauperum.* Cras meus *Ketha* proficifcetur ad Iolsdorf, ubi vectura fua trabes
adducet, et alia expediet, Deo dante. In quo bene vale cum tuis omnibus. Feria 3. poft Bartholomaei. 1542.

Mart. Lutherus.

30.

30.

Vom 3ten Septemb.

Luther bezeuget, daß die zwiefache erfreuliche Nachricht von der Beylegung der Streitigkeiten in der Nachbarschaft und von der Demüthigung der Feinde des Evangelii gar sehr vermindert worden sey, nachdem man ihm die Ausschweifungen der dießseitigen Kriegsvölker erzählet habe, von denen er traurige Folgen befürchtet.

Aus Aurifabers ungedruckter Sammlung.

Clarisſimo viro domino *Iuſto Ionae*, Theologiae docteri, praepoſit. Vittenbergenſi, Legato Chriſti apud Hallim, ſuo in Dno. Maiori.

G. et P. Audivi et ego, mi *Iona*, eſſe pactum praeſumtum, vel praeſumendum inter noſtrum et veſtrum. Sed ſic ut mihi ſuaderetur, illuſtriſſimum principem etſi gratis non velit dimittere titulum illum, tamen ſeſe non paſſurum omnino Hallenſibus aliquid incommodi inde oriturum. De conditionibus vero, quas tu ſcribis, nihil ſcio. Scribo igitur *Pontano* in caſtra, tuo ſumptu, quem miſiſti, ut per illum principi ſignificetur meus animus. Et ipſi principi ſcribo, quam infinita eſt iſtius cardinalis Cardinalicitas Sed ſpero brevi occidendum lacrimis et precibus piorum. Amen. Laetiſſima iſta victoria mihi et aliis rumoribus foedatur. Tanta enim et noſtrorum et magnorum rapacitas narratur, ut mihi metus incidat, ne quando blandis conditionibus potius ſuum *Mezentium* repetant provinciales, quam iſtas ferant rapinas. Wie gar iſts nichts cum hominibus in iſto ſeculo perdito, et quam horribile eſt militem etiam amicum etiam fidelem in exercitu habere. Sed finis venit, finis venit. Principes ſeveriſſimam diſciplinam ſervant: Sed hoc indomitum genus hominum quid

cu-

curet difciplinam ? Raptim. Vale. Saluta omnes noftros. 3. Septembris, Anno 1542.

T.

Martinus Luther. D.

31.

Vom 5ten Septemb.

Luther hatte von seinem Freunde Jonas in Halle einen mit traurigen Vorstellungen und bangen Klagen angefüllten Brief erhalten, und er sucht ihm durch diese Antwort einen Theil der Sorgen von künftigen betrübten Aussichten zu benehmen, und ihm einen guten Muth einzusprechen, weil, wenn zulezt alles nichts helfen wolle, dennoch das Gebet des Gerechten viel vermöge, wenn es ernstlich sey.

Aus dem Original auf der Universitätsbibliothek zu Helmstädt.

Clarisfimo viro Domino *Iufto Ionae*, Theol. Doctori, Praepofito et verbi legato in Halli Saxoniae, fuo Maiori.

G. et P. Eo momento, quo alteras literas clauferam, mi *Iona*, ingreditur filius tuus *Ionas*, cum literis tuis triftibus et querulis. Quid faciam, mi *Iona?* Heri mifi feftivum nuncium Brunfvigam, qui principem ifthic non inveniet. Mihi enim hodie dicitur, abiifle, et Hümelsheim in Turingia petere, ubi funt liberi et princeffa etc. Speramus hodie affore *D. Beneken.* Spero nondum firmatum tractatum venditionis, qui fi firmatus eft, fpero conditionibus Halli non noxiis. Nam Evangelium non tollet, poftquam pax data eft, fed ex *Bencko* audiam ; et facerem aliud, fi fcirem quid. Tui, quaefo, Hallenfes etiam fcribant, clament, mittant ad principem ipfum. Si nihil remedii aliud fuerit, certe orationibus occidendus eft Crocodilus. Quamquam mihi

fua.

ſuadere non poſſim , Hallenſes eſſe ita nude proditos Crocodilo. Eſt enim et Schoniz cauſſa adhuc pendens. Dominus exaudiat preces noſtras et tribuat ſalutare his rebus conſilium et auxilium. In Domino bene vale. Quinta Septembris, 542.

Martinus Luther. D.

32.

Vom 6ſten Septemb.

Luther hatte ſeinen Sohn Johann der Aufſicht eines braven Schulmannes in Torgau anvertrauet, (ſ. N. 27. d. Z.) und nun, da ſeine Tochter Magdalena mit dem Tode ringet, und ihren abweſenden Bruder noch einmal in ihrem Leben zu ſehen wünſcht: ſo ſchickt der zärtliche Vater einen eigenen Wagen, um ſeinen Sohn, dem aber die Abſicht der Abholung verborgen bleiben ſoll, von Torgau abzuholen.

Aus Aurifabers ungedruckter Sammlung.

Marco Crodel.

Gratiam et pacem, mi *Marce Crodel.* Rogo, ut celes filium meum *Iohannem*, quae tibi ſcribo, filia mea *Magdalena* in extremis fere laborat, brevi abitura ad verum patrem in coelis, niſi Deo aliter viſum ſit. Sed ipſa ita ſuſpirat videre fratrem, ut coactus ſim mittere currum ; amaverunt ſeſe mutuo valde, ſi forte eius adventu reſpirare poſſit. Facio, quod poſſum, ne poſtea me vexet conſcientia negligentiae. Iubeas igitur eum, tacita cauſa, huc volare in iſto curru mox reverſurum, ubi illa vel dormierit in Domino, vel redierit. Vale in Domino. Dices ei, eſſe, quod mandandum ei ſit occulte. Caeterum omnia ſalva. 6. Septembr. Anno 1542.

T.

Martinus Luther.

33.

33.

Vom 23ſten Septemb.

Luther ſucht ſeinen Freund Jonas zu überreden, daß es mit der Unterhandlung wegen der Burggrafſchaft Halle nicht ernſtlich gemeynet ſey,
und entwirft bey dieſer Gelegenheit von dem Churfürſten zu Mainz, als
Erzbiſchofe zu Magdeburg, eine ſehr unvortheilhafte Schilderung. Von
der Unterredung, die er mit dem Sohne ſeines Freundes gehalten hatte,
hoffet er, daß ſie einen guten Eindruck zurückgelaſſen habe, und von dem
frühen Tode ſeiner eigenen Tochter Magdalena redet er mit einer väterlichen Zärtlichkeit, die ſeinem Herzen Ehre machet.

Aus dem Original auf der Univerſitätsbibliothek zu Helmſtädt.

Clarisſimo viro Domino *Iuſto Ionae*, Theol. Doctori,
Praepoſito Vittemb. Legato apud Hallim Saxonum,
ſuo in Domino Maiori.

G. et P. in Domino. Ego perſto in mea ſententia,
mi *Iona*, ſcilicet nunquam futurum eſſe, ut
Moguntinus Satan Burggraviatum Hallenſem vendat,
praeſertim tanti, et cum tali adiectione, ut evangelio liberum ſinat curſum. Quicquid facit aut dicit iſte
maledictionis et perditionis filius, mendacium et ſimu-
latio eſt. Meminiſti me ſolitum dicere, huic ingenio
nihil viſum eſſe verſutius ab ipſo ſole. Tantum facit ludos et deridicula ex noſtro principe, ſicut ex
omnibus hominibus. Quare vos Hallenſes fruſtra per-
turbatos exiſtimo, et ceu fulmine ex pelvi territos,
id quod tamen illi monſtro fuit iucundiſſimum, qui uno
hoc ſolo vivit, ut diaboliſſimus diabolus, ſcilicet videre calamitatem miſerorum, aut ſi vera non ſit, tamen falſa calamitate eos vexari gaudet.

Filium tuum, ut ſcripſiſti, gravi et ſeria exhorta-
tione admonui, ut patri et tali patri obediat gratus et
memor, quod Deus eum benedixerit tanta benedictio
ne

ne, ut vivus adhuc pater attigerit annos pubertatis
eius, cuius confilio et auxilio regi poffit, tam infirma aetas et peccatum originis, in tanta mundi malitia et furore diaboli. Spofpondit fefe obedientem fore et expectaturum tuum et praeceptorum confilia.

Credo famam tibi retuliffe, *Magdalenam*
meam chariffimam filiam renatam effe ad regnum Chrifti
aeternum, et quamquam ego et uxor deberemus nihil
nifi gratias agere laeti pro tam felici tranfitu et bea-
to fine, quo evafit potentiam carnis, mundi, Turcae
et Diaboli, tamen tanta eft vis τῆς ςοργῆς, ut fine fin-
gultu et gemitu cordis imo fine grandi necrofi non
poffimus. Haerent fcilicet alto corde fixi vultus, verba, geftus, viventis et morientis obedientiffimae et
reverentiffimae filiae, ut nec Chrifti mors, cuius com-
paratione omnium mortes quid funt? penitus excute-
re poffit, ficut oporteret. Tu ergo gratias age Deo
vice noftra. Nam revera magnum fecit opus gratiae
nobis, qui carnem noftram fic glorificat. Fuit ingenio (ut fcis) miti et fuavi et plane Pamphilo. Benedictus Dominus Iefus Chriftus, qui vocavit eam, elegit et magnificavit. Utinam mihi et omnibus noftris
talis mors, imo talis vita contingat. Quod unum a
Deo patre totius confolationis et mifericordiarum peto. In quo bene vale, cum carne tua tota. Amen.
Sabbatho poft Matthaei, 1542.

T.

Martinus Luther.

34.
Vom 5ten Oktob.

Luther empfiehlt fich um defto mehr der Fürbitte feiner abwefenden
Freunde, je mehr er feinen Tod in der Nähe zu erblicken glaubet; und

er ermahnet eben diese Freunde, sich als gute Streiter Christi zu beweisen, und mit unverrückten Glaubensaugen auf den zu sehen, von dem sie göttlichen Beystand erwarten könnten.

Aus der Börnerischen Sammlung zu Leipzig.

Rever. in Christo fratri, *Ioh. August*, Verbi divini Ministro Litomyslii inter fratres, suo charissimo.

G. et P. in Domino. Petiit, mi *Iohannes*, hic frater vester *Laurentius* Litomyslensis, literas ad te meas, et sententiam de nobis vestram, quam sit vera, et sincera et mei in precibus vestris memoriam mihi explicuit. Quare ego vobis omnibus gratiam habeo, et peto, ut deinceps pro me quoque oretis. Persuasum enim mihi est, non diu duraturam miserae huius vitae meae horam. Opto autem, ut Deus hinc auferat animam meam in pace, quod feliciter fiat. Amen.

Porro moneo vos in Domino, ut nobiscum ad extremum usque perduretis in communione spiritus et doctrinae, prout coepistis. Ac pugnate una nobiscum verbo et precibus contra portas inferorum, quae indesinenter oppugnant veram Ecclesiam Dei, et Dominum, et caput huius Christum. Qui licet aliquando viribus Satanae impar videtur, tamen virtus eius in imbecillitate nostra perficitur, sapientia eius in stultitia nostra celebratur, et bonitas ipsius in iniquitatibus nostris et peccatis fit gloriosa, secundum mirabiles et incomprehensibiles vias eius. Ipse confirmet, tueatur, conservet et perficiat nos vobiscum, ad eandem imaginem suam, et gloriam misericordiae suae perpetuo celebrandae. Amen. Postridie Francisci. A. 1542. Saluta reverenter omnes fratres in Domino.

M. L.

35.

35.

Vom 9ten Octob.

Luther stellet nach der Veranlassung eines neueren Strafexempels zwischen den Tyrannen und den Verächtern des göttlichen Worts eine Vergleichung an, und versichert, daß beyde in gleicher Verdammniß sind. Er redet hiernächst von den Heuschrecken, als einem neueren Strafgerichte, und beschließt den Brief mit wehmuthsvoller Erinnerung des frühen Absterbens seiner Tochter Magdalene.

Aus Aurifabers ungedruckter Sammlung.

Iacobo Probst, Episcopo Bremensi.

Gratiam et pacem. Verum est, quod scribis, mi
Iacobe, N. filium perditionis esse divinitus visi-
tatum, sicut meruit, et sicut praecedentes contra eum
prophetiae voluerunt. Exemplum tamen est a Deo
propositum non solum tyrannis nostri seculi (sicut
omnium seculorum exempla eadem sunt tyrannorum)
sed etiam contemtoribus verbi, quorum plena est Germania, et horum maxime, qui N. suum malum multum favent, suum vero peccatum non valde oderunt.
Et tu Scotista nobis dissere, quae sit differentia inter
contemtorem verbi ingratissimum, et inter manifestum
tyrannum. Uterque dicit in corde suo: Non est Deus; nisi quod N. non solito more furiosus fuit. Alioqui et nos nostra peccata satis premunt, ut hosti, sed
frustra querimur. Mitte vadere, sicut vadit, quia vadit, sicut vadit. Apud nos feruntur nova monstra lo-
custarum, quarum faciem vidi, hic nondum fuerunt.
Sed in vicinia non remota tanta est nubes et multitu-
do, ut currus et equi per unum, duo, tria miliaria
tanquam per cancros crepitantes ferantur. Saevit pe-
stis undique. Ex Hungaria parum aut nihil habemus.
Mihi filia carissima *Magdalena* abiit ad patrem coelestem, plena fide in Christum obdormiens. Ego pa-

ternum illum affectum vici, fed fremitu quodam fatis minaci contra mortem, qua indignatione mitigavi lacryrhas. Vehementer eam dilexi. Sed mors in die illo vindictam folvet, una cum illo, qui autor eius eft. Vale et ora pro me. Die Dionyfii. Anno 1542.

Mea *Ketha* falutat te adhuc fingultans et oculis fletu madidis.

T.

Martinus Luther. Doctor.

36.

Vom 29ften Octob.

Amsdorfs bezeugtes Mitleiden über das frühe Absterben von Luthers Tochter veranlasset diesen, sich den Trieben der väterlichen Zärtlichkeit zu überlassen, und dem Andenken einer so hofnungsvollen Tochter fromme Seufzer und Wünsche zu weihen. Der übrige Theil des Briefes enthält traurige Nachrichten und Ahndungen, eine Empfehlung des Hieronymus Weller und eine brüderliche Aufmunterung zur Treue und Beständigkeit im Glauben.

Aus Aurifabers ungedruckter Sammlung.

Nicolao Amsdorfio.

G. et P. Gratias ago tibi, optime vir, quod confolari me volueris fuper morte filiae meae cariffimae. Amabam fane, non tantum quod caro mea effet, fed tam placido et quieto ingenio mihique obfequentiffimo. Sed nunc gaudeo, eam vivere apud patrem fuum fuaviffimo fomno, usque in illum diem. Et ut funt noftra tempora, eruntque continuo peiora. Ego ex intimo corde peto mihi et omnibus meis, tibi quoque et omnibus noftris dari fimilem tranfitus horam, cum tanta fide, placida quiete, hoc eft, vere obdormire

mire in domino, mortem non videre neque guſtare,. neque ullo pilo ſentire pavorem. Spero tempus nunc eſſe et fore illius dicti *Eſaiae* 57: *Iuſti colliguntur,* *et intrant pacifice in cubiculum ſuum, ut cum colli-* *geret frumentum in horreum ſuum, tradat paleas* *igni ſuo,* quem meruit mundus, mereturque adhuc ingratitudine, contemtu, odio verbi gratiae horribili, ut pigeat vivere et videre quicquam in iſta horribili So- doma. Cupio ſaepius ad te ſcribere, ſed tabellione ca- reo, et tu rarius ſcribis. Quod rumores de *Heintz* ſparguntur, et minae, facile credo. Sic ſunt tui Miſ- nenſes vani facti, praeſertim iſta larva Mersburg. ubi fingunt ſuas fortitudines et noſtros pavores. Sed nos contemnimus. In bellico tamen ſuſpicio eſt, ne et iſto tumultu incendium oriatur. Deus nos cuſtodiat. Contra Turcam antea cogitavi, nihil nos affecturos eſſe, quam pecuniam perdituros et ludibrium relatu- ros. Quid Deus faceret per homines tales? oran- dum eſt tamen perſeveranter, ut Deus per ſe ipſum ſeu angelos beſtiam illam conficiat, ſicut fecit cum papatu et eius metuenda hypocriſi et abominatione. Neſcio an ad te pervenerit ſupra epiſtola mea, in qua tentavi, an apud te eſſet locus lectori theologiae. Ita me rogaverat *D. Hieronymus Weller,* con- querens et ipſe de ſuorum Freiburgenſium frigore, fri- gidiſſimo planeque glaciali contemtu verbi. Sed in- terim venit in mentem. Cum ſunt nondum omnia apud te ordinata, fruſtra hoc tentari. Tu in Domino confortare et eſto robuſtus, ut, quem Chriſtus voluit in loco federe, ne hoſtis eius ibi locum haberet. Ser- vus Chriſti vel ſolum ſedendo et locum diaboli occu- pando, etiamſi praeterea nihil ageres cunctis horis: quanto magis cum non otieris, ſed pugnes, et pur- ges peccata in populo per verbum Dei, in quo bene vale. Salutat te mea *Ketha* adhuc ſingultiens in- terim

terim ad memoriam obedientiffimae filiae.　Dominica poft Sim. et Iud. Anno 1542.

T.

Mart. Lutherus.

37.

Vom 10ten Novemb.

Luther bezeuget feinem Freunde **Lauterbach** fein Beyleid über das Abfterben einer geliebten Tochter.　Er beklagt hiernächft die Niederlage des Chriften in Ungarn, und äuffert zuletzt einen heftigen Unwillen über die Unzucht einer liederlichen Hure, die ihn mit ihrer Heucheley betrogen hatte.

Aus **Aurifabers** ungedruckter Sammlung.

Optimo viro *Antonio Lauterbach*, Paſtori Pyrnenſis Ecclefiae, fuo in Domino fratri cariff.

G. et P.　Rene feribis, mi *Antoni*, fcilicet optan-dam effe in hoc peffimo feculo mortem, feu veri-us fomnium filiarum et omnium noftrorum.　Et quan-quam me non nihil affecerit cariffimae filiae difceffus, tamen gaudeo, certus, ipfam, ut filiam regni, ereptam effe ex faucibus diaboli et mundi.　Ita fuaviter in fide Chrifti obdormivit.

Novarum nihil, praefertim bonarum.　Ex Hun-garia ludibrium retulimus perditis in hoc ipfum tricies centenis millibus florenis et amplius.　Es iſt aus, *Ezechiel* dixit, finis eft.　Qui iuftificatur, iuftifi-cetur: qui fordet, fordefcat: qui perit, pereat.　Mit-te vadere, ficut vadit, quia vult vadere, ficut vadit; nos excufati et a fanguine mundi fumus.　De impu-riffimo fcorto *Rofina*, quae meam domum omni ge-nere opprobrii foedavit, credo te audiffe, nec poeni-

tet

·tet hodie, fed vagatur illufura, furatura, mentitura apud paftores, ficut apud me fecit, fed me mifero ignorante peperit filium ex fcortatione, et ut furiofa paene gloriatur de partu. Nifi effem verbi minifter, dudum curaffem ei culeum.

Nec fcio, an adhuc facturus fim, ita me urit Satanae ifta irrifio. Vale in Domino, et ora pro me in bonam horam. Saluta carnem tuam in domino. Vigilia Martini. Anno 1542.

T.

Martinus Luther.

38.

Vom 23ſten Novemb.

Luther verſichert, daß der Vorſchlag von Errichtung eines Conſiſtorii keinen ganzen Beyfall habe, und daß er ſelbſt zur Ausführung deſſelben, alles, was in ſeinem Vermögen ſtehe, willig beyzutragen ſuche. Seiner Einſicht nach haben blos unglückliche Zeitläufte die Durchſetzung des Vorſchlags verzögert, der aber doch, wie er hoffet, bald einen beſſern Fortgang als das Concilium haben werde.

Aus der Sammlung des **Kaſp. Sagittarius** zu Jena.

Nicolao Amsdorffio.

Gratiam et pacem in patientia et caritate Chrifti. Certe quantum in me eft, infto et urgeo, et moleftus fum meae aulae, ut conftituatur confiftorium et lectio theologica apud te, valde enim neceffarium eft confiftorium tuum et ecclefiis et commodiffime pofitum. Hactenus vero bella et tumultus impedierunt; promiferunt fane, fe iamiam acturos effe. Deus provehat cum benedictione fua et impediat Satanam refiftentem. Concilium dicitur procedere, fed ita obfcure

et

et contemtim, ut finis eius irrifione plenus videatur
effe futurus, nifi Deus pugnaverit pro nobis per angelos, ludibrium illis erimus, et peccata noftra et impoe-
nitentia fcelerum fortiter cooperantur.   Deus noftri
mifereatur.   Alias plura. Tabellio feftinabat. Vale in
Domino. Feria 5. poft Elifabeth. Anno 1542.

                                    T.
                    Martinus Lutherus.

                        39.
                  Vom 21ſten Dezemb.

Luther beklagt das traurige Schickſal eines Zeugen der Wahrheit, der
wegen ſeiner Freymüthigkeit zu Halle ins Gefängniß geworfen war.   Er
wünſcht deſſen baldige Befreyung, ob er ſich gleich wegen der bekannten
Rachbegierde der Feinde des Evangelii nicht recht ſtarke Hofnung zu
machen ſcheint.

    Aus dem Original auf der Univerſitätsbibliothek zu Helmſtädt.

Clarisfimo Viro Dn. *Iuſto Ionae*, Theol. Doctori, Miniftra
    et legato Chrifti apud Hallam Saxoniae, Praepofito Wit-
    tembergenfi, fuo in domino charisfimo.

Gratiam et pacem.   Quod non refpondi ad binas tuas
      litteras, mi *Iona*, fic cogitare oportuit, me an-
tea fcripfiffe, quid fentirem.   Tu enim fcripfifti
Frifchmuth alias deliquiffe in fenatum, ut tenere-
tur. Nunc fi nulla eft alia eius culpa, quam quod in
epifcopum peccavit: Et vos non poteritis vi vim repellere, arte artem fallere, actum eft de eo. Nam ego
me facile ulcifcar et defendam. Sed iftae furiae in-
fatiabilis vindictae, fi caufam habuerint unius pili de
platea levati, non definent animum fuum infatiabilem
velle explere de vobis et veftris. Quare fi vobis deeft
confilium contra vim, quomodo mihi erit? Sed credi-
                                              di,

di, carceres effe fub iure fenatus, qui poffit dimittere
captos, invito epifcopó, fi velit accufatum vel reum
convincere. Quod fi nihil audetis, ego pro mea virili meam fchedulam facile defendam, Sed ille a vobis
defertus per hoc non liberabitur, imo magis arctabi-
tur. Sic fentio. Quare differendum cenfui tuo confilio, ne illum plus gravarem miferum, ficut revera gra-
vabitur, fi prius me ultus fuero, quam ille liber fit.
Cardinalis enim diabolus eft, cui non nifi vis et refiften-
tia par imperat. Vale in Domino. Hactenus in Iudaeo-
rum me merfi furias, poftquam tu quiefcendum effe
confuluifti, dum aliam viam tentaretis, nec adhuc
emerfi. Datum die S. Thomae. Anno 1542.

T.

Martinus Luther.

40.

Vom 25ſten Dezember.

An dem Verluſte, den Jonas durch das Abſterben einer würdigen und
vortrefflichen Gattinn erlitten hatte, nimmt Luther um deſto mehr den
ſchmerzlichſten Antheil, je mehr die Verſtorbene ſeine und ſeiner Katha-
rina von Bohra vertrauteſte Freundinn geweſen war. Er hält alſo
ſeiner verewigten Freundinn eine rührende Lobrede, und ſucht durch
Gründe der Vernunft und Offenbahrung ſeinen gebeugten Freund zu
tröſten.

Aus **Aurifabers** ungedruckter Sammlung.

Iuſto Ionae.

Gratiam et pacem in Chrifto, qui eft falus et fola-
tium noftrum, mi *Iona*. Quid fcribam, prorfus
nefcio, ita me fubitus ifte cafus tuus proftravit. Sua-
viffimam vitae fociam nos omnes amifimus, Erat mihi non folum dilecta in veritate, fed et iucundiffimus
eius femper afpectus ac plenus confolationis, ut quam

nos

nos fciremus omnia noftra five bona five mala, non
fecus ac fua propria ferre et habere.   Amara certe di-
vulfio! quam fperaveram, et meis poft me fuperftitem
confolatricem fummam et primam inter omnes mu-
lieres.   Ingenti dolore percuffus fum, dum eius recordor fuaviffimi ingenii, placidiffimorum morum, fidelis-
fimi cordis.   Hos mihi fingultus parit defiderium tan-
cae matronae pietate et honeftate, pudicitia, et humanitate praeftantiffimae.   Quid tibi pariat, facile poffum
exemplo meo aeftimare.   Caro hic nihil habet folatii,
ad fpiritum eundum eft, quod felici percurfu nos prae-
ceffit ad eum, qui nos omnes vocavit et ad fefe quoque perducet hora fua beata ex hac miferia et malitia mundi. Amen.   Interim tu fic, quaefo, doleas (nam
caufa fubeft)   ut memineris Chriftianae noftrae com-
munis fortis, qui, utut fecundum carnem duriffima di-
vulfione dividimur, tamen in illam vitam, fuaviffima
olim coniunctione nos videbimus copulatos et congregatos in unum illum, qui fic nos dilexit, ut proprio
fanguine et morte nobis eam vitam compararet. *Morimur, fed vivimus*, ut ait *P a u l u s*.   Et bene nobiscum actum eft, dum fide pura in filium Dei obdor-
mimus.   Hoc eft vere, meliorem mifericordiam tuam
effe fuper vitas.   Quanto funt, quaefo, intervallo ab
hac gloria et confolatione Turcae, Iudaei, et his peiores papiftae, Cardinales Heintz et Meintz, quos oportuit lugere, ne lugerent in perpetuum.   Nos modi-
cum contriftatos excipiet inenarrabilis laetitia, ad quam
tua *Ketha* et mea *Magdalena* cum multis aliis
nos praeceflerunt, et quotidie nos ut fequamur, vocant,
hortantur, alliciunt.   Quis enim tandem non fatigetur
monftris exemplorum in hoc feculo? Si feculum ac
non ipfe infernus malorum dici debet, quibus noftram
animam et confpectum cruciant ifti Sodomitae dies et
noctes.   Et ut in *Noe* factum legimus, contriftant fpi-
ri-

ritum fanctum, usque ad poenitentiam creaturae totius, quae una nobifcum gemitibus pro redemtione et fui et noftrorum, quam propediem exaudiet ille, qui gemitus iftos fcit et intelligit. Amen. Haec, ut nihil jam aliud poffum certe turbatus tua caufa, fcribere volui, quem non dubito graviffimo luctu oppreffum. Mea *Ketha* exanimata fuit. Nam et illius et fua fuit una anima unitiffima. Oramus, ut Dominus carnem tuam etiam folari velit. Nam fpiritus habet, quod gaudeat, dum cogitat, mulierem fanctam et beatam a latere tuo in coelum et aeternam vitam ereptam, de qua re non eft dubium, dum fic piis, fic fanctis verbis confeffa fidem obdormivit in finu Chrifti. Sic et mea filia obdormivit, magno et unico meo folatio. Dominus qui te paffus eft humiliari, foletur te rurfum, fic et in aeternum. Amen. Die Nativitatis Chrifti. Amen 1542.

T.

M. Luther. d.

41.
Vom 26ſten Dezember.

Luthers Sohn Johann war durch das Abſterben ſeiner innigſt geliebten Schweſter Magdalena und durch die Sprache der Zärtlichkeit ſeiner Mutter bey dem Abſchiede aus dem väterlichen Hauſe bis zur jugendlichen Schwermuth gerühret worden. Der zugleich ſanft und zugleich edel denkende Vater tadelt dieſe Zärtlichkeit nicht ſchlechterdings: er wünſcht aber doch, daß ſie nicht in eine unanſtändige Weichlichkeit und Empfindeley ausarten möge. Er bittet alſo den Lehrer ſeines Sohnes, dieſe Ausartung durch dienliche Vorſtellungen zu verhüten.

Aus Aurifabers ungedruckter Sammlung.

Marco Crodel.

G et P. Facile credo, mi *Marce*, filium ex maternis verbis liquefactum effe, accedente moerore ex

morto

morte fororis, fed tu fortiter eum exhortare.   Nam hoc
certum est, fuisse eum hic gloriatum de te et uxore
tua, tam bene vel melius etiam haberi fe apud vos,
quam hic apud nos.   Iubeas igitur eum muliebrem illum animum domare, et ad mala ferenda assuefacere,
nec indulgere molliciei isti puerili. Nam ideo foras mis-
fus est, ut discat et durescat.   Nolo ut redeat, dum
nulla alia subest caufa. Sin acceSSerit alius morbus, mihi significabis.   Interim curet et faciat, quorum gratia missus, nec obedientiam parentis offendat. Nos hic
salvi et sani sumus Dei gratia. Bene vale. Die Stephani
1542.   T.
                    Martinus Lutherus.

42.

Vom 27sten Dezember.

Dieser Brief ist eines ähnlichen Inhalts mit dem Vorhergehenden.
Luther schreibt selbst an seinen Sohn Johann in Torgau, und indem
er die Sprache einer mit väterlicher Nachsicht und Güte vermischten Ernsthaftigkeit redet, ermahnet er ihn, sich bey seiner an sich untadelhaften
Traurigkeit zu mäßigen, und die Abschiedsworte seiner Mutter so zu erklären, als sie dieselbe verstanden wissen will.

Aus Aurifabers ungedruckter Sammlung.

Iohanni filio, *Luthero* charissimo, Torgae.

G. et P. in Domino.   Mi fili *Iohannes*, ego et
    mater tua cum tota domo salvi sumus. Tu vide,
ut istas lachrymas viriliter superes, ne matri addas do-
lorem et suspicionem, quae alias facilis est ad suspicio-
nes et follicitudines.   Tu obedias Deo, qui te per nos
iussit isthic exerceri, et facile oblivisceris istius molliciei.   Mater non potuit scribere, nec opus iudicavit, et
dicit, sese totum, quod tibi dixit (si forte male haberes,
redires) hoc intellexisse de morbo, ut hunc, si acciderit,
                                        non

non differres indicare. Caeterum iftum moerorem
vult deponi, ut laetus et quietus ftudeas. His bene
vale in Domino, Die Iohannis Evang. Anno 1542.

Pater tuus

Martinus Lutherus.

43.

Vom 28ſten Dezember.

Luther empfiehlet einen wegen der Lehre des Evangelii aus Ungarn
vertriebenen Prediger dem Marggräflichen Kanzler Heller zur geneigten
Aufnahme, und ſucht durch Erzählung der traurigen äuſſern Umſtände
dieſes unglücklichen Mannes das Mitleiden ſeines Freundes rege zu machen.

Aus der von Imhoffiſchen Sammlung zu Nürnberg.

Sebaſtiano Hellero.

G. et P. Etſi in tanta publica moeſtitia non libenter interpello aulas: tamen fieri aliter non poteſt,
quin etiam privatae miſeriae ad nos deferantur. Hungariae clades aliqua ex parte a vicinis ſentiuntur. Sunt
apud nos Hungari aliquot, qui a patria propter crudelitatem exulant. In his eſt *Matthias de Vad*,
vir honeſtus, gravis, et eruditus. Arbitror notum eſſe
illuſtriſſimo principi marchioni *Georgio.* Quare
ſuo difficillimo tempore ab eo principe praecipue opem
et auxilium implorat. Te rogo, ut cauſam piam exu-
lis viri boni et docti adiuves. Fuit ante quoque in
periculo apud ſuos propter pias conciones. Nunc eſt
promiſcuum latrocinium. Trucidantur pii a Turcis et
ab Hungaricis ſatrapis. Vides imaginem eius temporis, de quo ſcriptum eſt, *fore talem adflictionem, qualis non fuit ab initio.* Nec dubito te affici communi-
bus calamitatibus. Ideo tibi et hunc bonum virum

com-

commendo. Hic affines tui Dei beneficio sunt inco-
lumes. Socrus iam est Torgae apud tuam sororem
puerperam. Bene et feliciter vale. Deus te et hone-
stissimam coniugem tuam et dulcissimos liberos servet.
Die 28 Decembris 1542.

T.

Martinus Lutherus.

44.

Vom 29ſten Dezember.

Luther äuſſert gegen das geheimnißvolle Stillſchweigen, das von Seiten der römiſchen Kirche beobachtet wurde, ein eben ſo ſtarkes Mistrauen
als gegen die Jreniſchen Vorſchläge derſelben; und es iſt ihm auch
verdächtig, daß ſo ſehr auf die Hülfe der Proteſtanten wider die Türken
gedrungen wurde, gerade als ob man jene durch dieſe auszureiten ſuchte.
Er glaubt indeſſen doch, daß alle auch noch ſo geheime Anſchläge der Feinde des Evangelii fruchtlos ſeyn werden, weil es dieſen Feinden an der Freudigkeit des Gewiſſens fehle.

Aus **Aurifabers** ungedruckter Sammlung.

Iuſto Ionae.

Gratiam et pacem. Quae ſcribis, mi *Iona*, de fructu verbi, laetus audivi, alias et laetius egi in tuis
literis. Ipſe Dominus, qui coepit opus ſuum, perficiet.
Amen. De ſilentio Cardinalis, ſeu pace data, ego
ſuſpicor, et cum illis ſentio, qui ſuſpectum habent hoc
organum Satanae ſingulariſſimum. Neque dubito, quin
ſit novas daturus turbas aliquando, ut tandem mirari
cogamur cum Syro illo *Terentii*, et dicere: *Hoc
ſemper levitas.* Mirabar, quorſum hoc iret Satanae ſilentium, (ut ſcimus eius cogitationes) magni aliquid
alit. Denique et tibi in aurem hoc dico, mihi moveri ſuſpiciones ingentes, quod contra Turcam nos
Lutherani mittantur fere ſoli. Rex *Ferdinandus*

ex

ex Boëmia pecuniam bellicam abſtulit tandem, et pro‑
hibuit militem mitti. Caeſar nihil facit. Quid ſi con‑
ſilium eorum ſit, ut a Turca occidamur? De Halli
quoque tua conſilia ineuntur (ut metuo) ſatis ſatanica.
Hic orandum eſt et eccleſia excitanda eſt; ut pro glo‑
ria Dei oret contra Turcas carnales (id eſt Ma‑
hometiſtas et Forenſes) ſed magis contra Turcas ſpi‑
rituales (id eſt domeſticos et Meintzianos.) Spem ta‑
men habeo, quod infelicia ſint futura eorum conſilia,
quae ſine Deo contra Deum, et quod optimum eſt,
contra ipſorum conſcientiam tractantur. Neque enim
metuendus eſt hoſtis, qui contra conſcientiam ſuam
manifeſtum aliquid publice molitur, maxime ſi orave‑
rimus fortiter et confidenter. Fur quidam contra
conſcientiam furatur, ſed hoc facit clam. Hi pu‑
blica moliuntur contra conſcientiam, ea ſpero non ha‑
bitura ſucceſſum, et Deo gratia, quod eorum conſilia
eſſe talia intelligimus, et oratione hactenus feliciter
reſtitimus, et reſiſtemus usque in finem per eius vir‑
tutem, qui pro nobis infirmus factus tandem conteret
ipſorum furioſa conſilia. Und ſoll ſie nichts helfen.
Tu cura, ut eccleſia oret dlligenter pro exercitu a
nobis quidem miſſo, ſed ab illis (ut ſuſpicor) prodito,
ut confundantur in conſiliis ſuis. Sed haec apud te
ſerves. Caeterum ſalutant te omnes noſtri, et meus
Ketha te et omnes tuos. In Domino bene vale.
29. Decembr. Anno 1542.

T.

Martinus Luther.

•45•

Ohne Anzeige des Tages, an welchem der Brief geſchrie‑
ben worden.

Luther ſtellet aus der Geſchichte des vorigen Weltalters eine Verglei‑
chung

Gung tugendhafter und lasterhafter Fürsten an, und bittet die jünge=
ren Herzoge von Braunschweig, daß sie von jenen das Muster der Nach=
folge entlehnen mögen, wenn sie anders die Wünsche und die Hoff=
nung ihres vortrefflichen Vaters und zugleich die Wünsche ihrer Unterthas=
nen erfüllen wollten.

Aus dem von einem Prediger zu Gifhorn mitgetheilten Original.

Illuſtriſſ. Principibus *Francisco Ottoni* et Fratribus cius
Ducibus Br. et Lun. S. P. D. *Martinus Lu=*
therus.

Pulcherrima res eſt hic ordo motuum coeleſtium,
qui vires efficit graviſſimas animantibus die ſolem
reducens, noſte quietem concedens, vere terram ri-
gans; ut ſemina concipiat, ac faecunda fiat, aeſtate
calorem augens, ut matureſcere fruges poſſint. Sed
non minus miranda eſt pulchritudo ordinis Politici,
ſi quando bonus Princeps eam moderatur. Nam hic
coetus hominum conciliat et aſſuefacit, ut Deum ce-
lebrent, virtutem colant, ament caſtos mores, eru-
diant iuventutem, defendant ac iuvent iuſtos, re-
primant malorum furores. Talis gubernator et
imago Dei eſt in terris et ab ipſo aeterno Deo
cuſtoditur et iuvatur. Hic ſatellites habet non hoſtes, qui ſectantur vulgus Principum, ſed Angelos Dei
miniſtros. Horum agminibus ſtipatos eſſe pios Principes certum eſt. Etſi autem tales Principes rari ſunt,
ut ille dixit: *cmnium bonorum Principum imagines*
in uno ſculpi poſſe annulo, tamen aliquos ſeu ſummos
ſeu mediocres exiſtere notum eſt, ac fuiſſe in Heroico veſtro genere tales credo Ottones, Lotharium notum in agris veſtris et alios quosdam. Sed hodie eſt
paucitas. Maiori laude dignus eſt pater veſter, qui
virtute, pietate, modeſtia, continentia Principibus an-
tecellit. Ad id denuo et filios educat et inſtituit.
Quare

Quare eniti vos omni contentione decet, ut voluntati Patris obtemperetis, et efficiatis, ut olim ingenia veſtra, mores, exempla luceant in gubernatione, et vos et totam ſocietatem civilem ornent. Cogitate e regione, quam tetra et execranda res ſit Princeps talis, quales fuerunt *Caligula*, *Nero* et ſimiles, contaminati parricidiis et omni genere turpitudiuis, qui ſic inter homines non ut icones Dei, ſed ut furiae diabolicae verſati ſunt, et totam rerum naturam ſuis ſceleribus polluerunt. Oro etiam Deum patrem liberatoris noſtri Ieſu Chriſti maxime amantem bouos principes, ut Vos gubernet et efficiat, ut Veſtra virtus ſalutaris ſit olim Eccleſiae et Patriae. Ingenti gaudio afficior, cum audio, vere celebrari aliquem Principem, ac rurſus nullum mihi eſt triſtius ſpectaculum, quam videre, quosdam malis moribus praeditos, qui ſunt peſtis Eccleſiae et rerum humanarum. Ideo vere et ex animo opto, ut Deus perpetuo Vobis adſit, Vos regat et ſervet. Anno 1542.

46.

Ohne Anzeige des Tages, an welchem der Brief geſchrieben worden.

Man hatte Amsdorfen ohne ſein Geſuch mit vieler Feyerlichkeit zum Biſchof von Naumburg geweyhet, und in dem Feyerlichen, das mit der biſchöflichen Würde verbunden war, fand die Beſcheidenheit dieſes Mannes mehr Gründe zur Beunruhigung des Gemüths als zur Beruhigung. Und nun ſucht Luther, der die Geſinnungen ſeines Freundes kannte, ihn durch Vorſtellungen von mehr als einer Art zu beruhigen, die ſich zuletzt alle in dieſem Mittelpunkte vereinigen, daß Gott das Herz und nicht die Perſon anſiehet, und daß man bey dem Bewußtſeyn der Redlichkeit in allen äuſſern Verhältniſſen Gott gefällig leben könne.

Aus der vormaligen Seidelſchen Sammlung.

Praeclariss. Viro Dn. *Nicol. ab Amsdorff*, Episc. Naum-
  burgensi syncero et fideli sanctoque, suo in Domino
  Maiori venerando.

G. et P. Accepi literas tuas, Vir in Domino venerabilis, nescio per quem: ideo non potui respondere, quod scribis tibi esse os oblitum per verba. Et
utinam Magdeburgae mansisses, eo quod maior maiesta-
tis pompa te petit, quam volueris. Et omnia tibi
quam facillime credo, ut qui tuum ingenium perspectissi-
mum habeam, quam sit alienum et abhorrens ab istis
aulicis seu secularibus pompis, scilicet assuetum quieti
et tranquillitati. Atque hoc ipsum erat, quo et ego
movebar, ne facile probarem in hac re Principis nostri
studium. Sed ita faciendum fuit omnino, et voluntati Dei non resistendum. Nam ut res nunc se habent,
nulla fuit persona idonea, nisi tua solius et unius, ut
audisti saepius. Caeterum debes meminisse, quod tibi
manus imponens dixi : *Expecta Dominum, viriliter
age, et confortetur cor tuum.* Si in nostro consilio
esset, quid aut quantum per nos Deus facere vellet, nihil omnino per nos faceret, sed subito perturbaremus
eius consilium, ostendentes ei finem formamque efficientem, longitudinem, latitudinem, profunditatem, i. e.
nostram illam sapientissimam carnis sapientiam, qua impeditus cogeretur nos dimittere in desideriis cordis nostri, et nostris consiliis saturari. Nunc ita habet res
per divinam bonitatem, ut nunquam rectius aut san-
ctius quicquam agamus, quam dum videmur nobis im-
potentes et nihili esse ad agendum: nec sapientius
quicquam agamus, quam dum stultissime videmur nobis agere. Quia stat definita sententia: *virtus eius
in infirmitate nostra perficitur.* Ideo in rebus Dei
multo est tutius, nos regi, quam agere, sicut tibi hoc
tempore contigit, non rudi modo, nec vulgari exem-
                                                    plo.

plo. Contra nunquam peius agimus, quam dum nobis videmur intelligere, quid et quantum agamus, quia
tunc fieri vix, imo non poteſt, quia nobis aliquantulum placeamus in noſtro faéto, et ita contagiolo (etſi
veniali) quodam gloriolae cuiusdam factum illud vitie-
mus, nec adeo pure Deum ſolum glorificemus. Quia
tunc fere fit, ut virtus eius in noſtra virtute infirme-
tur. Quod fi neſcire cogimur, quid et quomodo orare oporteat, eum, qui potens eſt, plus facere, quam
petimus aut intelligimus: quanto minus ſcire et intelligere cogimur, quid et quomodo per nos operari
velit, qui ut eſt omnipotens, haud dubie plus facere
decrevit, quam nos cogitamus aut comprehendimus.
Fortis eſto igitur, et noli timere. Quod fi etiam haec
te larva movet, quod cogeris ſalutari vel adorari princeps, ſcito, quod iſta nec captus nec tuo arbitrio quaeris, ſed alienam hic ferre cogeris rationem et con-
ſuetudinem, non propter te, ſed propter eos, quibus
opus eſt iſta fieri. Larva eſt nec res ſeria. Nam et
Magdeburgae cogebaris hanc larvam, ſeu (ut *Paulus*
vocat) habitum ſeu ſchema ferre, ut dicereris *Licen-*
tiatus, deinde *Nobilis ab Amsdorf*, et ſimilia; ſic
ego *maritus*, *oeconomus* &c. ſed noſti, quod Deus has
perſonas ſeu larvas nihil curat, ut quae non ſint regnum
Dei, ita ut *Paulus* audeat etiam *Apoſtolatum* appellare larvam Gal. 2. *Deus perſonam non reſpicit.*
Oportet enim Eccleſiam in mundo apparere; ſed apparere non poteſt, niſi in larva, perſona, teſta, putamine
et veſtitu aliquo, in quo poſſit audiri, videri, depre-
hendi: alioqui nuſquam poſſit inveniri, At tales lar-
vae ſunt *Maritus*, *Politicus*, *Domeſticus*, *Iohannes*,
Petrus, *Lutherus*, *Amsdorfius* &c. cum nihil horum ſit Eccleſia, quae nec eſt Iudaeus, nec Grae-
cus, nec maſculus, nec foemina, ſed unus Chriſtus.
Quare Chriſtus, ſi Epiſcopatus ſuo officio ſtet, nihil cu-

rabit,

rabit, an larva fit privata vel publica, plebeia vel regia: fub omnibus larvis coli poteft, ut Pf. 2. *Et nunc Reges intelligite.* Sed quid ego de his apud te tam multis? quafi te non haec omnia melius iudices et intelligas: nifi quod meum tibi probatum et gratum esse cupiam et officium et ftudium, et omnia, quae potero praefertim tantam larvam fuftinenti, fed ad Dei gloriam et animarum plurimarum falutem. In Chrifto bene vale. Amen Meus *Ketha* tibi optat magno animo benedictionem Dei perfectam et gratulatur fiibi fefe habere vicinum einen Prediger, Nachbar und Gevatter. Sponfa *Hanna Strauß* nunc maritata agit gratias pro munere. Dominus tecum vir fortis et dono Dei invictus.

Martinus Lutherus.

47.

Ohne Anzeige des Tages, an welchem der Brief geschrieben worden.

Auch in diesem Briefe hat Luther die Abficht, den befcheidenen Amsdorf zu beruhigen. Er führt ihm das Beyfpiel der Efther, ja felbft das Beyfpiel Chrifti zu Gemüthe, die fich ungefuchte Feyerlichkeiten willig gefallen lassen. Er lobt indessen feine befcheidene und recht chriftliche Gemüthsfaffung, und wünfcht ihn bald mündlich zu fprechen.

Aus der vormaligen Sammlung des Cafpar Sagittarius zu Jena.

Nicolao Amsdorff.

G et P. Diu non fcripfi, mi *Amsdorffi*, quod fperabam femper, me aliquando ad te venturum. Nunc quod fcribis Mifnenfes turbatos esse et iratos, quod illorum fpes eos fefellit in Wolfenbüttel, quo fignificant fefe confentire illius operibus furiofis. Deus inveniat et inveniet illos, ficut hunc invenit. Nec evadent homines peftiferi eius iudicium. Noli quaefo gravari,

quod

quod cogeris ferre fplendorem aulicum. Eft principum culpa, non eft tua. Et Deus cor novit tuum abhorren-tiffimum a tali pompa et fplendore. Sed memento piiffimae reginae *Hefter,* quae invita geftabat coro-nam regni Perfarum, vocans eam oftentum et pollutum pannum: fed propter regem et reginam ferebat. Et *Chriftus* pompam in die Palmarum non poftulabat, fed ferebat, ipfe interim pauper et affiduo mortificatus et crucifixus. Gloria tamen fuit Dei, ita et tu recte facis, et plane *Chrifto* crucifixus et commortificatus, dum iftum fplendorem aulicum et pompam appellas tuum carcerem. Hoc eft vere mundo hoc uti, tanquam non utaris, et tantum Deo fub ifta larva fervire. Sic nec faciunt papiftae et impii, quibus iftae pompae non funt carceres, fed Paradifi vita et voluptas. Quanquam opta-rem et vellem, fi liber fieri poffes. Ego fane nondum tribui tibi iftos titulos, et aliquando facere cogito. Sed hactenus deterruit me, ne te offenderem, et aliis viderer ficte et non ex animo facere. Sed de hoc alias. Reliquum eft, ut ores pro me pro bona hora, licet adhuc cupiam et ftatuam te ante invifere, fi Deus concedere dignetur. Anno 1542.

Mart. Luther.

Aus dem Jahr 1543.

I.

Vom 4ten Januar.

Luthers Freund, Spalatin, war verleumdet worden, und er wünschte, die ungünstigen Urtheile seiner Verleumder zu erfahren.   Allein der
friedfertige Luther war gegen diesen Wunsch unerbittlich, weil er alle
fernere Erbitterung verhüten, nicht aber Oel zum Feuer giessen wollte.
Er verweiset aber doch seinen Freund auf eine mündliche Unterredung, um
ihm das zu sagen, was er ihm zu sagen dienlich erkennen würde.

Aus Aurifabers ungedruckter Sammlung.

Clariffimo   viro, Domino Magiftro   *Georgio Spalatino*,
   Mifnae ecclefiarum infpectori et epifcopo fideliff. fuo
   in domino fratri charisfimo.

G. et P.   Quod a me petis, optime *Spalatine*, ut
   tibi fignificem, quid ad me, vel a quibus de te
fcriptum fit; ftatui omnino differendum usque ad colloquium mutuum.   Sic enim refpondi quoque illis, qui
fcripferunt. Quod ideo facio, ne forte verbum calamus ab-
fens fundat, quod mederi non poffit.   Res non eft magna,
ideo fcintillam potius exftinguere ftudeo, quam efflare
in flammam. Sicut Dominus dicit: *Beati pacifici*. Satis abunde eft alias diffidiorum et offenfionum et tur-
barum.   Tu interim, quaefo, patienter et quiete pro
tua prudentia age et ne exacerbari te finito illorum
verbis, donec tibi locutus fuero. De hoc fatis.

   Meus *Ketha* vecturam mittit pro avehendis ar-
boribus reliquis, ut nofti.   Te, fi opus fuerit opera vel
                                                    con-

filio tuo, orat valde ne graveris. Felicem annum hunc
novum tibi tuisque precamur omnes in domino, Amen.
4 Ianuarii. Anno 1543.

T.

Martinus Luther.

2.

Vom 4ten Januar.

Ein beliebter Prediger zu Amberg war entschlossen, sein Amt freywillig
niederzulegen, weil man ihm zum Mißvergnügen Gelegenheit gegeben hatte. Luther besorgte, daß diese Veränderung der guten Sache des Evangelii in Amberg nachtheilig seyn würde, und sucht den mißvergnügten Prediger zu überreden, daß er sich bey seiner Entschliessung nicht übereilen,
sondern vielmehr Gebuld beweisen solle, damit ihn die Uebereilung nicht
zuletzt gereuen möge.

Aus Aurifabers ungedruckter Sammlung.

Laurentio Ruedel.

G. et P. Oravit me *M. Andreas Hengel*, nostrae
ecclesiae presbyter, mi *Laurenti*, ut literis meis
te in domino hortarer, ne desereres ministerium verbi
in ecclesia Ambergensi, id quod non invitus facio, praesertim cum intelligam, te a populo amari et desiderari.
Audio sane te non iniuste commotum, quod pastor tibi contumeliam fecerit, dum a baptisandi officio per
insidias depulit, sed nostrum est, diaboli artes intelligere, et dare operam, ut non cedamus malo, sed in bono
vincamus malum, non vincamur. Aliud multo cogitat
Satan, quam ut de baptisandi officio deiiciat. Scilicet
verbum exstinguere constituit per tuum discessum. Iam
quanto levius malum est, non baptisare, quam non praedicare! Quare te per Christum oro, ut tua conscientia futurum remorsum praevideas, et triumphum istum
ridendi Satanae non concedas. Plaudet enim manibus

et

et iubilabit, fi per talem ecclefiam a verbi minifterio te
eiecerit, ut ecclefiae Ambergenfi grande damnum et
fcandalum excitaverit et elabitur in malicia fua.   Fac
ergo, ut per patientiam victis et confufis eius confiliis
gloriam et triumphum eius reddas irritum.   Hoc in pofterum tibi folatio et gaudio erit.   Deindè fecurus
non patieris fingultum, quem tibi hoc difceffu per impatientiam thefaurifabis.   Dominus dirigat cor tuum, ut
intelligas meum confilium tibi effe falutare. Amen. 4.
Ianuarii. Anno 1543.

T.

Martinus Luther.

3.

Vom 13ten Januar.

Luther fucht ein Misverständniß, das zwischen Amsdorfen und einem
ihm untergebenen Prediger entftanden war, dadurch zu heben, daß er eine
mündliche Unterredung zwischen beyden veranlaffet. Er bezeugt hiernächft
feinen Unwillen, daß der Vorschlag von Anfetzung eines Confiftorii noch
nicht zur Ausführung gebracht fey, und verfpricht von feiner Seite dienliche Vorschläge zu thun, damit ein fo heilfamer Vorschlag befördert werden möge.

Aus der Börnerifchen Sommlung zu Leipzig.

Vere Reverendo in Chrifto Viro Dno. Nicolao Amsdorff,
    Epifcopo Numburgenfi fyncerisfimo, fuo in Dno. Ma-
    Iori fufpiciendo.

G. et P.   Fuit apud me his diebus D. Medler, ex-
    cufans fe humiliter fatis, et tuam perfonam ma-
gnifice extollens, fimul conquerens, fefe per alios fortaffe effe iniqoius delatum, quam meruerit.   Ego, quae
tu ad me et ego ad te fcripferamus, illi obieci.   Ne-
gavit perfancte, talia fe dixiffe, quae contra eum effent
delata: proinde oravit, ut hoc faltem apud te impe-
trarem,

trarem, ne ullis, quamvis multis et magnis crederes,
nifi prius ipfo vocato et audito, libere, quod fentiret,
loqui poffet. Id quod adeo fecure ei promifi, ut etiam
arguerem, nunquam fuiffe hoc a te per ipfum petitum.
Sed brevis effe volo. Tu facies, ut audias eum. Nos
ei confuluimus, ut usque ad Vifitationem nihil iftarum
rerum per fe tentaret.

Hoc tamen dolens, intellexi, ipfo non fentiente,
ex eius narratione, nihil adhuc effe conftitutum aut ordinatum, ne pro Confiftorio quidem, quod ego fortiter
credidi, iam dudum effe in entelechia fua. Male me
habet Aulae noftrae negligentia. Quae tanta praefu-
mit audacter, et poftea nobis in lutum coniectis ftertit
ociofa et nos deferit. Ego obteram aures D. *Pon-
tani* et adeo ipfius Principis verbis morofis, quamprimum potero. Video, quae piget videre: Nobilitatem
regnare fub nomine Principis. Et adhuc apud te regnat
Creitz, odiofiffimus homo. Sed alias plura. Quin
et ipfe cupidiffimus fum tui invifendi, et tecum collo-
quendi. Interim; quaefo, ut pro tua dexteritate *Medlerum* tibi habeas commendatum. Quod facies tua
fponte, faciet ipfe, quod tibi placuerit. Hoc modo
fiet, ut doleant oculi et aures illorum, qui cupiunt videre et audire diffidium inter Epifcopum et Paftores.
Hoc enim et Satan cupit ad ignominiam Chrifti. Omnino, fi ullo modo permiferit valetudo capitis, apud
te apparebo brevi vel in Carnisprivio vel paulo poft.
Para hofpitium. Bene in Chrifto vale, optime vir Dei.
Sabbatho poft Erhardi 1543.

T.

Martinus Luther.

4.

Vom 20ſten Januar.

Luther entſchuldigt ſeine Nachläſſigkeit im Briefſchreiben mit der Menge ſeiner Geſchäfte, und verſichert, daß er ſeines Freundes Anmerkungen über das erſte Buch Moſe nicht mit Verachtung, ſondern mit Beyfall und Vergnügen geleſen habe. Von ſeiner eigenen Auslegung dieſes biblischen Buchs urtheilet er mit groſſer Beſcheidenheit, und wünſcht, daß ſie die letzte ſeiner Schriften ſeyn möge. Den Beſchluß machen kleine Neuigkeiten von der Tridentiniſchen Kirchenverſammlung, von Oſianders Schutzſchrift und von Spalatins Krankheit, dem er eine baldige Geneſung wünſchet.

Aus der **Kraftiſchen** Sammlung zu Huſum.

Egregio Viro, Dn. *Venceslao Linco*, Theologo dexterrimo, Ecclefiae Nurnbergenfis Dn. Doſtori, ſeu ſinceriſſimo in Domino fratri et maiori.

G. et P. Quereris, mi *Venceslae*, neque ſcribere me neque reſpondere ad tua ſcripta; deinde addis, non miſiſſe exempla tuarum Annotationum in Moſen (quanquam unum accepit mea uxor), quod verearis nobis doſtis mittere, quia ſoleamus iſta rudia ſpernere. *Parcius iſta viris tamen obiicienda momento.* Primum praeſumo, valde tibi eſſe notiſſimum, me non tanto otio frui, quanto tu frueris, et vexor epiſtolis ſcribendis, ſimul ſenex piger et frigidus; diem cupio extremum, ut requieſcam a laboribus. Non video alias finem ſcribendi et vitam inquietam vivendi. Deinde non poteris tam ſuperbos nos aeſtimare, ut tua contemnamus, cum ego longa ſatis et elaborata praefatione ornarim tuas Annotationes. Sed quod gratias non egerim, in cauſa eſt ſola pigritia et taedium ſcribendi, quam venia dignam iudico, praeſertim in ſene feſſo, exhauſto, licet nimis occupato.

Mit-

Mitto viciſſim tibi meas *Lecturas in Geneſin* 41.
cap. per M. *Georg. Rorarium*, qui et ipſe occu-
patiſſimus et ſervus ſervorum in typographia eſt. Ideo
et illi ignoſcas, ſi tibi non melius quam mihi placue-
rint. Poteris vel remittere vel alteri donare. Nam
mihi diſplicent nimis, cum tanta ſit verboſitas et rerum
poterat maius pondus addi. Sum prope finem Geneſis
ſcilicet in cap. 45. Dominus det huius vitae mortuae
et peccatricis mihi cum finita Geneſi finem; vel etiam,
ſi placuerit ante; id quod orabis pro me Vidi literas
Papae ad Caeſarem, ſed et Bullam Tridentini Concilii,
ad Dominicam Laetare incipiendi. Chriſtus Dominus
illudat ſemel illuſores ſuos tam perditos. Amen. Placet *Apologia Oſiandri* valde contra nebulonem Zwin-
glianum. *Spalatinus* nondum eſt defunctus, ſed
perſeverat nimio languore, velut alienata mente interdum, et abhorrens a cibo pertinaciter, donec red:at
ad ſe. Dominus ſervet eum. Optimus vir eſt, ut
omnes novimus. Gratias agit Dominus meus *Ketha*
pro ſucco cottoniorum. Et ego pro poëtria, miſſa
maxime pro benevolentia, qua te offers mihi in obſe-
quium, ſed quam abunde praeſtabis, ſi pro felici meo
tranſitu et hora bona oraveris. Feſſus ſum, nihil amplius valeo. In Chriſto optime vale cum tota carne
tua. Amen. Sabbatho S. Antonii. 1543.

M. L.

5.
Vom 24ſten Januar.

Luther eifert wider die Abſetzung eines Predigers durch eine Unter-
obrigkeit, und iſt der Meynung, daß man derſelben eine Befugniß von
der Art ſchlechterdings nicht einräumen könne. Er ermahnet alſo ſeinen
Freund, daß er einer ſo unbefugten Abſetzung mit Ernſt und Nachdruck
widerſprechen ſolle.

Aus der Löſcheriſchen Sammlung in Dresden.

Opti-

Optimo viro, M. *Martino Gilberto*, Miniſtro Chriſti
Marienbergae, ſuo in Domino fratri chariſſ.

G. et P. Quid ego tibi, mi *Martine*, aliud
conſuluero, quam quod ipſe Dominus docuit
Matth. 18. Id eſt primo eos accedas, qui tyrannidem hunc deponendi miniſtri exercent, et admoneas
privatim, non eſſe ipſorum poteſtatis deponere aut vocare miniſtros, ſed eorum, quibus mandatum eſt vel
a Superiore vel a Deo. Quodſi deponere velint, deponant eos, quos ſua pecunia alunt et vocant. Iſtius pecuniae, quae eſt Eccleſiae et Chriſto donata, ſer-
vi ſunt, non Domini, ut ea uti liceat pro ſuo libitu,
Nullus enim ipſorum ferret, ut vicinus ſuus — ſer-
vum alterius eiiceret, cum non ſit Dominus nec res
eius. Ideo fures imo ſacrilegos ſe eſſe ſciant, ſi ſer-
vum alienum, ſcilicet Chriſti, eiecerint, et pecuniam
alienam alieno dederint. Alienam ſinant eſſe alienam. Niſi in hac re reſipuerint, habeas eos pro Eth-
nicis, nec dignos, qui ſerviant arcae Eccleſiaſticae,
cuius volunt Domini eſſe. Caetera ipſe cogitabis, et
Spiritus ſuggeret. Vale. 24 Ianuar. 1543.

M. L.

6.

Vom 26ſten Januar.

Luther klagt über heftige Kopfſchmerzen, die ihn zum Leſen und Schreiben unfähig machen, und beklagt noch einmal den Verluſt, den ſein
Freund Jonas ohnlängſt erlitten hatte. Die ſchlechten Nachrichten aus
Ungarn erzeugen in ihm den Gedanken, daß man Verrätherey beſorgen
müſſe.

Aus Aurifabers ungedruckter Sammlung.

Cle-

Clariſſimo viro Domino *Iuſto Ionae*, Theologiae Doctori &c. Wittebergenſi Praepoſito, Domini Legatu
apud Hallam Saxoniae, ſuo Maiori.

G.' et P. Ex capite' laboravi iſtis diebus, mi *Iona*,
ut nec legere, nec ſcribere licuerit. Nec adhuc
licet multis onerare, ideo tuam verſionem legere non
potui ſatis. Credo aegerrime tibi eſſe in dies magis,
dum recedente ſtupore magis incipis ſentire deſideri-
um ſuaviſſimae conſuetudinis cum optima muliere.
Sed ferendum eſt, quod mutari non poteſt. Et ipſe,
qui eſt ſalutare Dei, ſanabit et hoc tuum vulnus. A-
men. Nova hic nulla, niſi, quod ex omni parte orbis peſſime audit Marchio Brandenburgenſis ob geſtum
bellum in Hungaria. Nihil melius audit ipſe *Ferdinandus*. Tot concurrunt argumenta eaque veriſimi-
lia, adeo, ut vix me ipſum reprimere queam, ne credam omnia eſſe geſta horribili funeſtiſſimaque proditione ; ſolusque Deus impedierit, ne peiora acciderent.
O furias furioſas omnibus daemonibus plenas. Sed et
nuncius feſtinabat, et ego parcius volui ſcribere. Alias
alia. In domino bene vale. Fer. 6, poſt Pauli con-
verſionem. 1543.

Martinus Luther. D.

7.

Vom 9ten Februar.

Luther entſchuldigt ſich mit ſeiner Unpäßlichkeit, daß er die ihm zur
Prüfung vorgelegten Bedenklichkeiten nicht ſelbſt recht durchdenken, ſondern deren Beurtheilung andern überlaſſen müſſe. Er äuſſert aber doch
dahin ſeine Meynung, daß man in Abſicht auf auſſerweſentliche gottes-
dienſtliche Gebräuche nachgebend ſeyn dürfe, weil die Verſchiedenheit der
Ceremonien mit der Einigkeit im Geiſt recht gut beſtehen könne.

Aus der von Ludwigſchen Sammlung in Halle.

Caſpa-

Casparo Cynero, Superattendenti Fribergensi.

G. et P. Aliis tradam legenda et tractanda, mi *Caspare*, quae scribis ad me. Ego sic valetudine capitis varia et infirma teneor, ut neque scribere, neque legere, praesertim ieiuno quicquam liceat. si velim etiam. Deinde quid illi iudicarint. tibi indicabitur. Quamquam si meo voto rem istam possim gubernare, malim, ut vos in vestra ditione de his rebus vestrum sequeremini modum. Nam si coeperimus omnia facere similia, ubique fient articuli fidei et laquei, sicut sub Papatu factum. Sin vero dissimilia fuerint, saluberrimum erit remedium contra hoc malum. Sic sub Papatu dissimilitudo pulchre profuit, ut non pateretur Ecclesiam Ecclesiae huic oportere similem esse, sed sine laqueo conscientiae unaquaeque suos ritus sequeretur. Salva enim illa similitudine et consensu principali et capitali, quae est doctrinae, facilis erit consensus dissimilium ceremoniarum externarum, sicut si fuerit eadem sanitas capitis et corporis, diversitas operum in diversis membris nullum faciet dissensum in corpore, imo pulchrum concensum ex diversis vocibus, ut in Musica. Caetera intelliges. Vale in Domino. Fer. 6. post Agathae. 1543.

Mart. Lutherus.

8.

Vom 7ten März.

Luther bezeugt über die von der Ausbreitung des Evangelii in Danzig erhaltene gute Nachrichten seine innigste Freude; und wünscht, daß M in der Hauptsache bereits alles gewonnen sey, daß man um desto mehr alle Menschenfurcht verleugnen, und überhaupt Gotte mehr als den Menschen gehorchen möge.

Aus der Sammlung des Casp. Sagittarius zu Jena.

Pau-

Pancratio, fervo Dei in Ecclefia Dantifcana.

Laetus certe literas tuas legi, quibus fignificas fructum verbi Dei in Ecclefia Dantifcana. Dominus,
qui coepit per te opus fuum, perficiat. De facramenti ufu, quod fcribis, ab omnibus fcilicet defiderari,
fed obftare Regis et Epifcoporum edictum : Si tam
fortes effent in fide, ut praeferre voluntatem Dei aude-
rent voluntati hominum, vellem, ut tentarent. Forte
Senatus, cum non prohibeat, fed fieri finat, habebit
facile, quo fe excufet apud Regem, fcilicet, fui officii non effe, minifteria Ecclefiarum vel regere, ve-
mutare, h. e. Deum docere. Nam cum olim Rex Dan-
tifci coram prohiberet verbum, erat aliud tempus, alia
ratio, nempe diffenfio civilis in urbe. Nunc cum fin
unanimes et admiferint id, quod maius eft, fcilice-
verbum, cur non etiam, quod minus eft? Nam in ne-
ceffitate Sacramento carere poteft homo, fed non verbo. Si autem eft alia ratio, quam ego nefcio, quae
magis praeponderet, ut admittere non poffint, tu tamen ne cedas minifterio Verbi, nec deferas Ecclefiam
fed doce conftanter Verbum Sacramenti. Et fi in miffa
neceffitas cogit non admitti ufum, tamen gemitu et de-
fiderio fufpirent, et ita fide interim Sacramenti fe fo-
lentur, donec Deus exaudiat gemitus vocum, et de-
fpiritum fortitudinis, ut audeant libere confiteri et
accipere externum quoque fignum feu ufum Sacramenti. Maxima pars eft mutata, dum ufus Minifterii per
verbum eft mutatus. Dominus corroboret te et illos
omnes Spiritu fancto fuo, ut tandem audeatis et pro-
fpere agatis. Amen. Ex Vitemberga. 7. Martii 1543.

M. L.

9.

Vom 7ten März.

Luther macht sich von der angefochtenen deutschen Freyheit traurige Vorstellungen, und ist der Meynung, daß man eben so viel Gefahr von den Feinden des Evangelii als von den Türken befürchten müsse.

Aus Aurifabers ungedruckter Sammlung.

Iusto Ionae.

G. et P. Mezentium cum suis squamis esse Germaniae hostes turcissimos, mihi nullum est dubium, ita suas cupiditates impediri, ut mallent, Turcam suum quoque dominum, quam Germaniae libertatem salvam. Deus misereatur nostri, et acceleret diem illum redemptionis. Neque bene erit neque bene habebit Germania, sive regnet Turca sive nostrates. Nam universa nobilitas et principes meditantur servitutem Germaniae, et exhauriunt populos, soli volunt omnia habere. Nihil praeterea habeo, quod scribam, omnia tu melius nosti. Dominus soletur et roboret te. Salutat te mea *Ketha* reverenter cum omnibus tuis. Vale in Domino. 1543. Fer. 4. post Laetare.

T.

Martinus Luther.

10.

Vom 2ten April.

Bey aller Demüthigung der Feinde des Evangelii zweifelt Luther sehr, daß sich der Kanzler Simon Pistorius jemals für die gute Sache der Religion Jesu erklären werde. In Absicht auf die ausserwesentlichen Religionsgebräuche äussert er eine sehr nachgebende Denkungsart, wünscht aber doch, daß die in Hessen eingeführte Kirchendisciplin ein Muster der Nachfolge für andre Provinzen werden möge.

Aus der Ludwigschen Sammlung in Halle.

Opti-

Optimo Viro, *Antonio Lauterbach*, Paſtori Pyrnenſis Eccleſiae et Superintendenti eius loci, ſuo in Domino cariſſimo.

G. et P. Gaudeo, mi *Antoni*, et gratulor felicitati veſtrae, quod papiſtis deſtruxiſtis omnia, ſed multo magis, quod occulta cordium revelantur. *Piſtorium* ſemper eſſe et fore *Piſtorium* credidi; porro veteratorem illum papiſtam mutari poſſe ſcio, ſi lupus agnus fiet, et ut *Ieremias* dicit, ſi Aethiops mutare poterit pellem ſuam. De ceremoniis cudendis mihi nulla ſpes, nec ferendum, ut impii nobis leges praefigant, qui ipſi nulla lege tenentur. Si primum verbi puritas ubique regnarit, de ceremoniis facile eſſet conſilium. Quid ceremoniae ſine verbo? Nos hic elevationem ſacramenti depoſuimus, nulla potiore cauſa, quam ut eſſe nos dominos ceremoniarum, non ſervos oſtenderemus, ſimul et aliis eccleſiis Saxoniae ſimiles eſſemus, parati rurſus erigere, et omnia facere pro uſu eccleſiarum et pro libertate conſcientiae defendenda, quam ſemper et ubique inſidioſiſſime Satan petivit, tentavit et ſaepius in ſecuritatem lege ipſa graviorem redegit. Placet exemplum Haſſicae excommunicationis, ſi idem potueritis ſtatuere, optime facietis. Sed centauri et Harpylae aulicae aegre ferent. Dominus adſit nobis, ubique graſſatur licentia et petulantia vulgi, ſed ea culpa magiſtratus eſt, qui nihil facit, niſi quod tributa exigit et facti ſunt principatus quaeſturae et telonia. Ideo vaſtabit nos dominus in ira ſua. Utinam dies ille veniat redemptionis noſtrae cito, Amen. Saluta *Agnetem* et *Elſulam* tuam. Dominus nobis benedicat. Amen. Feria 2 poſt Quaſimodogeniti 1543.

Rarius fcribo, quia nemo follicitat, nec adfunt
nuncii.

T.

Martinus Luther.

11.

Vom 4ten April.

Luther legt für einen abgefezten Prediger eine Fürbitte nicht in der
Abficht ein, um ihn zu entfchuldigen oder zu rechtfertigen, fondern um
Mitleiden gegen feine Dürftigkeit zu erregen. Er felbft fieht bey der Ab-
nahme feiner Kräfte einer feligen Auflöfung mit Sehnfucht entgegen.

Aus dem Original.

Optimo et venerabili in Domino Viro, *Friderico
Mecum*, Miniftro Chrifti fideliffimo, Superattendenti Turingiae, fuo fratri charisfimo.

G. et P. Extorfit mihi has literas, mi *Friderice*,
hic *Conradus* per te exauctoratus minifterio
verbi in Erfnodae, ut refert. Queritur fe detrudi in
extremam mendicitatem cum quinque liberis poft tot
annorum labores. Ego, ut me liberarem, rurfus eum
ad te remitto; rogans, ut eum adhuc femel audias et
quantum poteris, ei confulas, ne fame pereat. Non
admifi querelas contra te, de quo omnia mihi optime
perfuafi ab olim. Sed miferias eius audire cogebar.
Tu fi reftitutus es, gaudeo, et oro, ut Dominus te
diutius hic fervet. Ego toties hoc anno mortuus, adhuc tamen fpiro inutile terrae pondus. Dominus det
mihi bonam horam et veniat ipfe cum die fuo glo-
riofo cito, citius, citiffime. Amen. Ut ceffet mundus furere in nomen et verbum eius. Amen. Fer.
5. poft Quafimodogeniti, 1543.

T.

Martinus Luther.

12.

12.

Vom 6ften April.

Luther bezeuget ein fehnliches-Verlangen, feinen Freund Amsdorf zu
besuchen, um sich von einigen unangenehmen Verbindungen deffelben mit
andern näher unterrichten, und gemeinschaftliche Abrede nehmen zu können, wie das Unangenehme bey dieser Lage der Sachen zu mindern sey.

Aus der Börnerischen Sammlung zu Leipzig.

Nicol. ab Amsdorf, Episcop. Numburg.

G. et P. Laetus audio, *D. Medlerum* quietum
esse. Nam nos cepimus deliberare, si voluntas
eius esset, cum loco alio providere. Sed interim simul
audivimus, Numburgenses aegre dimissuros esse eum,
quos nollemus contristari. Recte fecisti, quod a Principe petiisti dimissionem, si forte admonitus velit negotia tuae dioeceseos diligentius curare. Intolerabilis
est clamor, quo traducitur D. *Creutz* tuus Sub-
Episcopus, hoc maxime nomine, quod, cum velit
esse innocentissimus, faciat tamen omnia tyrannice.
Ita ut hac una causa libentissime te inviserem, ut
certior de omnibus fierem, et haberem, quo Aulam
nostram molestiis exagitarem. Promissum est enim
etiam per os meum, nihil esse in Dioecesi minuendum
ab omnibus iuribus et dignitatibus prioribus praeter im-
pietates Papisticas. Nunc aliud vident Papistae, et clamant subditi. Tentabo, quam primum valetudo et
tempus permiserit, Deo propitio, te visitare. Dominus tecum. Amen. Nova de bellicis rebus multa sunt,
praesertim Turcicis. In Belgio dicitur Dux bellicus
fugasse Burgundos, captis 14 bombardis, quas Carthu-
nas vocant et multis caesis Caesarem iactant vivere.
Utinam in Deo viveret! Corpus eius metuo ne pisces

R 2

ma-

marini ante annum dudum voraverint. Iterum vale in
Domino. Aprilis 6. 1543.

T.

Mart. Lutherus.

13.

Vom 4ten May.

Luther unterredet sich mit seinem Freunde Jonas über die bevorste-
hende zweyte eheliche Verbindung des leztern, durch welche einige widri-
ge Gerüchte veranlasset worden wären. Er wünscht einen kurzen Aufschub der Vollziehung dieser Verbindung, es sey denn, daß er sich über
gute und böse Gerüchte mit Großmuth hinweg zu setzen wisse. Luther
selbst betrachtet diese Verbindung von der besten Seite, und wünscht, daß
Jonas eine gute Gehülfinn und die Kinder eine gute Mutter erhalten
mögen.

Aus Aurifabers ungedruckter Sammlung.

Iusto Ionae.

G. et pacem in Domino. Nullo modo, mi *Iona*,
    tuas nuptias impeditas, aut ullum commodum tu-
um velim. Sed multo maxime potius consultum de
differendo tantum scripsi, propter os odientium et
exempla nostra in partem pessimam capientium. Quae
odia, etsi nihil noceant, tamen perpetuo et sine causa ferre molestum est, ut *Cato* pueros docet. Quod
si ea te fortitudine sentis esse, ut post factum fusque
deque facere possis omnium daemonum et aliorum bla-
teramenta et odia, prospere procede in nomine Domini,
nec dilationis ullam habeas rationem, desperando, imo
despiciendo os hominum obstrui, et favorem subitum
demereri posse. De principe nostro puto nihil te oportere sollicitum esse, satis clementem sese ostendit erga tui memoriam, cum nuper de te coram loqueremur.
Cuperem tamen, te simul, quantum fieri posset, minus

ntⷭ odii et ſermonum apud omnes homines incurrere,
etiam adverſarios. Si hoc non poteſt, nec in rem tuam eſt, fiat, quod fiet, in nomine domini. Satis mihi praedicata eſt puella etiam ab aliis. Deus det, ut
aequet et ſuperet, prioris et optimae *Catharinae*
tuae dotes, cuius memoria in benedictione eſt. Et
ament liberi novercam et noverca liberos viciſſim, me-
deaturque doloribus eorum de amiſſa matre cariſſima,
quod faciet, dum talis eſt, qualis mihi praedicatur
ſucceſſura ſtorgae maternae. Amen. Cum D. *Bruck*
agam, et tuas legendas tradam. Vale in Domino.
Curſim et valetudinarius. Sexta Feria poſt Aſcenſio-
nis. Anno 1543.

T.

Martinus Luther.

14.

Vom 11ten May.

An einen bey ſeiner Gemeinde ſehr beliebten Prediger war ein auswär-
tiger Ruf ergangen, den dieſer nicht recht gut von ſich ablehnen konnte.
Luther findet es unbillig, daß eine neugepflanzte Gemeinde hülflos gelaſſen werden ſoll, und bittet ſeinen Freund; da, wo es nöthig iſt, ſtarke Vorſtellungen zu thun, damit der Prediger von ſeiner jetzigen Gemeinde, wenigſtens in den erſten nächſtfolgenden Jahren nicht getrennet werden möge.

Aus *Aurifabers* ungedruckter Sammlung.

Vito Theodoro.

Gratiam et pacem in Chriſto. Senatus populusque
Sprettonienſis, apud quos veſter *M. Michael
Beſſeler* miniſterio verbi fungitur, maximo fructu
et mira gratia plebis querulantes et paene lacrima-
bundi me per literas orant, mi *Vite*, ut ad te ſcriberem, eorumque et meo, imo Chriſti domini nomine
te

te rogarem, ut suscipere velis hanc causam, et agere
apud Dominam *Margaretham*, quae patrocinata
est sumtibus domino *Michaeli* hactenus, vel apud
dominum *Hieronymum Baumgartnerum*, vel
quorum interest, ne praedictum *M. Michaelem* re-
vocent.   Maxima enim difficultate eum obtinuerunt, et
si recentem ac imbecillem plantacionem deferet, fierent posteriora peiora prioribus.   Habent sane gravissi-
mas causas, quas fortasse scribent ipsi diligentius.
Quando autem certa haec res est, quod verbum et ecclesia illa in periculum veniret, si discederet *M. Michael*, oro te vehementer, imo requirit hoc a te ipse
dominus Iesus, cuius oves tenellae istic curandae sunt,
ut quantis potes, viribus studeas impetrare a Domino
Baumgartnero et domina *Margaretha*, pro-
rogationem ad tempus, quo solidentur coepta in illa
ecclesia Sprettoniensi opera per *M. Michaelem*.
Sciunt et agnoscunt vestrates, etsi sumtus fecerint pro
Michaele, tamen hoc omnes et seipsos quoque debitores esse ad propagandam gloriam Christi, ad colla-
borandum et concertandum adversus diabolum et ad
confovendas oviculas et ecclesias Christi.   Nihil dubito, te fideliter hoc acturum, et illos benigniter te au-
dituros esse, ut mihi opus non sit pluribus et ad plures scribere, qui sum senex, piger, fessus, et paene
mortuus, singulis diebus meam expectans horam, ut
tollat animam meam dominus in pace, in quo vale
quam optime, et ora pro me et meo transitu. XI. Maii
Anno 1543.

Martinus Luther.

15.

Vom 28sten May.

Ein Prediger zu Döblen war gestorben, und hatte keine Frau und Kinder

des in bedrängten äussern Umständen zurückgelassen. Diese Wittwe und diese Wapsen empfiehlt Luther dem Mitleiden seines Freundes, und bittet ihn, gemeinschaftlich mit Ant. Lauterbachen eine Fürbitte für dieselbe bey dem Herzoge Moriß zu Sachsen einzulegen, damit die arme Frau nicht hülflos gelassen, sondern nach Nothdurft unterstüßet werden möge.

Aus der Sammlung Sigm. Jac. Baumgartens zu Halle.

Venerabili et optimo viro, S. Theologiae Licentiato, *D. Ioanni Pfeffingero*, Lipfienfis ecclefiae epifcopo verò, verbi miniftro fidelisfime, fuo in Domino fratri carisfimo.

G. et P. in Domino. Migravit ad Dominum, ficut noffe te non dubito, mi venerabilis frater in Chrifto, *M. Chriftianus* paftor Doblenfis relictis vidua et liberis tribus. Haec nunc mifera eft petitque ut fui mifereamur. At ego cum ftatuerim ex multis caufis graviffimis abftinere ab aula veftri ducis, nihil poffum, ei patrocinari litteris ad principem *Mauritium*. Vifum eft itaque tibi hoc fignificandum effe, qui inprimis vales opinione apud eum principem, fi digneris pro ea intercedere, ut princeps eam aliquanta eleemofyna provideret propter verbi minifterium, quod maritus ipfius in dictione fua et ecclefia Doblenfi fideliffime et finceriffime feminavit et propagavit; debitores effent Chriftiani fuis paftoribus etiam mortuis duplicem honorem, ut et viduis eorum faltem fimplicem imputarent. Sed fic eft mundus in maligno pofitus, ut potius ex verbo et ecclefia quaeftum ipfi captent, quam ut Chrifto obolum pro confeffione et gratitudine offerrent. Finis, finis finis inftat Dei gratia, cum tanta lux Dei cum tanta ingratitudine conferatur. Tu fac, ut poteris affumto, fi licebit, M. A. L. cooperatore, qui et ipfe in aula nonnihil adhuc valet. Si nihil efficietis, Deus orandus eft, ut iudex viduarum

et

et pater orphanorum fiat, seu se talem oſtendat. A.
men. Vale in Domino. Feria 2. poſt Urbani. 1543.

M. L. D.

16.

Vom 18ten Junii.

Luther überſchickt an ſeinen Freund Jonas in Halle ein Hochzeitges
ſchenk, und entſchuldigt den geringen Werth deſſelben damit, daß er
arm und in Schulden vertjeft ſey. Zugleich iſt er ein Vertheidiger ſeines Freundes bey den widrigen Gerüchten, die bey Gelegenheit ſeiner
zweyten ehelichen Verbindung verbreitet worden waren.

Aus der Börneriſchen Sammlung zu Leipzig.

Egregio et optimo viro, Dn. *Juſto Ionae*, Theologiae
Doctori, Witebergenſi Praepoſito, apud Halam Domini legato, fideli ſuo in Chriſto Maiori.

G. et P. in Domino, qui ſecundet et benedicat tuis
nuptiis. Amen. Nos hic pro te contra linguas
fortius pugnamus, quam forte tu ipſe. Non eſt modus iudicandi neque finis. Sed *Chriſtus* dicit:
Nolite iudicare, ne iudicamini, et vere iudicantur.
Nam feſtucam dum damnant in alieno oculo, ſuam
trabem in oculo proprio damnatam gerent, facti ſlu-
dibrium daemonum, irriſio angelorum. Ita nos violenter in eos dicimus. Wann 10 Huren hier wären,
die viel Stubenten mit Franzoſen verderbten. Hic
nemo iudicat, iraſcitur, omnes ſunt piſces aut ſegniſ-
ſimi iudices, ac paene patroni, ſi dimidia civitas adulteriis, uſura, furtis, dolis, fraudibus perdita ſit, nemo iudicat. Omnes paene rident, vel ipſi potius conſentiunt aut faciunt. Es iſt ein verdrießlich Ding um
die Welt. Sic vim vi repellimus. De hac ſatis.
Mitto exiguum xeniolum per hunc noſtrum legatum.

Sed

Sed tu nosti tenuitatem meam et aes alienum mihi esse multum. Simul nuptiae quotidianae hic me exhauriunt, quare aequi facies et boni, quod pinguius non
dono. Bene in domino vale et saluta meo nomine
sponsam. Feria 2, post Viti. An. 1543.

M. L.

17.

Vom 20sten Junii.

Luther war erfucht worden, eine neue Schrift seines Freundes mit einer Vorrede zu begleiten, und nun entschuldigt er die späte Ueberfen-
dung der Vorrede mit der Menge seiner Geschäfte und mit der hartnä-
digen Unpäßlichkeit, die ihn einen baldigen Abschied aus der Welt erwarten lasse. Den Beschluß macht eine Klage über den Stolz der Schwei-
zerischen Theologen, und ein Gebet wider die Türken, unter welchem
Namen aber Luther nicht jene morgenländische Barbaren, sondern die
abendländischen Feinde des Evangelii begreifet.

Aus der Kraftischen Sammlung zu Husum.

Egregio et optimo viro, Dn. *Venceslao Linco*, Theologo Doctori vero, Christi in Ecclesia Nurnbergensi
ministro fidelissimo, suo in Domino carissimo.

G. et P. in Domino. Venit tardius ad te mea prae-
fatio, mi *Venceslae*, quod fit, quia aliae
sunt cogitationes tuae, quam meae. Tu cogitas, me
esse volentem, minus occupatum, et, quod iniquius
est, me esse idoneum ad praefationes dignas scriben-
das. Ego longe aliter cogito, cadaver esse me, ob-
rutum tamen scribendis literis et libris, lectione Theologica, calcularium et multis praeterea occupatum, ut
rarius vacet legere et orare privatim, quod mihi satis
molestum est. Sed ecce! habes praefationem, qualis
illa sit. Si minus placuerit, poteris eam, vel mutare,

ubi

ubi voles, vel abiicere. Ego cupio mihi dari bonam horam transeundi ad Deum. Satur sum, fessus sum, nihil amplius sum. Tamen fac, ut pro me ores serio, ut tollat animam meam Dominus in pace. Non relinquo tristem faciem nostrarum Ecclesiarum, sed florentem pura et sancta doctrina, multis optimis et sinceriffimis Pastoribus indies augescentem. Helvetii et Tigurini superbia sua et amentia volunt esse δυσκατάχριτοι, ut *Paulus* ait. Dominus illuminet et convertat corda eorum. Amen.

De Turca audimus grandia. Ego oro contra eum; sed dubito contra quos Turcas, rapiet orationem meam. Nam si sic pergant nostri Raphaim, Niphlim, Samesumim, Emim, Enakim non paulo durius regnabimur ab ipsis, quam a Turcis. Mire furunt cupiditatibus suis, et est tempus illud: quod post ruinam Antichristi praedictum est, fore scilicet homines Epicuraeos et Atheos, ut impleatur verbum Christi: sicut in diebus *Noe* et *Loth*, sic erit in die adventus filii hominis. Tu vale in Domino cum tuis. Saluto vestros commilitones reverenter. 20. Iunii 1543.

M. L.

18.

Vom 13ten Julii.

Den Inhalt dieses Briefes macht eine sehr ernstliche und dringende Fürbitte für einen Schulmann aus, der Spalatins Gunst und Freundschaft verscherzet hatte. Luther erschöpft gleichsam alle Gründe der Offenbahrung, um seinen Freund zur baldigen und unbedingten Aussöhnung zu bewegen.

Aus Aurifabers ungedruckter Sammlung.

Georgio

Georgio Spalatino.

Gratiam et Pacem. Obſecro, mi *Spalatine*, condones mihi in Chriſto cauſam illam, quae inter te et Ludimagiſtrum agitatur et confirmes in illum caritatem, ut *Paulus* ait. Aliquid etiam de tuo iure, ſi quod habere tibi videris. permittas decedere, ne forte tentet nos Satanas, cuius cogitationes novimus eas eſſe, ut nos circumveniat et ex ſcintilla incendium conflet. Durum ei eſt, ita ſubito, mutare conditionem, quod ipſe facile intelliges. Poteris autem id facere et commode et tuta conſcientia, ſi illi dixeris meo nomine et precibus meis te permotum, ut eum rurſus in gratiam ſine ulteriore diſceptatione recipias, qua in re imitaberis patris caeleſtis exemplum, qui propter preces filii mediatoris noſtri et in nomine eius non ſolum nos in gratiam recipit, ſed etiam omnes preces noſtras audit, et omnia bona facit, absque expoſtulatione aut diſceptatione iuris, oblitus omnium peccatorum, quae alias nullis humilitatis noſtrae meritis aut ſatisfactione placari poſſunt.

Hanc unam, qualis qualis eſt, culpam vel cauſam oro, obliviſcaris. Deinceps, ſi addiderit, tum agendum quod ſpiritus docuerit. Laudaſti eum antea, et fuiſſe diligentem noſti. Quis eſt, qui non peccat aliquando? Aut ſi non peccat, qui non tentetur a diabolo etiam innocens? Confido et praeſumo de tua pietate, quod has preces meas non ſis contemturus, quia ille ſeſe in meam poteſtatem totus dedit. Et ego pro eo intercedo, ut et tu mihi nomine illius, et illi nomine meo reddas pacatum et benignum. In Domino bene vale. Die Margarethae. Anno 1543.

T.

Martinus Luther. D.

19.

Vom 14ten Julii.

Weil Luthers mißliche Gesundheitsumstände die gewünschte Abs
reise nach Naumburg noch nicht verstatten wollten: so muß dieser
Brief die Stelle eines Besuchs vertreten. Luther bittet seinen Freund
Amsdorf, daß er die Beschwerlichkeiten seines mühsamen Amts nicht so
sehr zu Herzen nehmen, sondern sich in dem unerforschlichen Willen Gottes und in der Erwartung einer künftigen Gnadenbelohnung beruhigen
wolle.

Aus der Sammlung des Casp. Sagittarius zu Jena.

Nicolao Amsdorffio.

G et P. in Domino. Nec hodie cogitare desino, mi
epiſcope reverende, quonam tempore tandem ad
te veniam. Per hyemem non licuit. Poſt Penteco-
ſten omnino ſtatueram certiſſime, nam omnia adornave-
ram, ſed ea varietas valetudinis fuit, ut non auderem
tentare profeʼctionem, et adhuc hodie imo heri quoque
paene concidiſſem ſyncope, ita ut quotidie mortis horam ſuſpicari me oporteat. Et utinam Deus quamprimum bona aliqua hora eripiat ex iſto regno Satanico
mundi. Tibi eſſe moleſtum iſtum epiſcopatum, etiam
ſine te teſte, valde credo, ſed voluntas Dei eſt et fuit,
de qua dicimus: *Fiat voluntas tua,* in qua nobis vivendum, laetandum et ferendum eſt, omne, quod acciderit. Si nemini placet, ſufficit, illius voluntati optime placuiſſe, quod facimus, aut quod patimur. Ipſe
reddet ſuo tempore nobis, qui voluntati eius bonae, licet incognitae et inſenſibili nos obtulerimus. Miſeria
eſt, in qua vivis. Sed ea coniuncta eſt cum gloria
aeterna et beneplacito Dei, quia non tibi, ſed eius voluntati ſervis in hac ſervitute. Deinde impedimentum
eſt diabolo et ſuis, ne mala plura faciant. Et abſit,
ut epiſcopus eſſes ſimilis iſtis ventribus, qui ſuas hic
con-

consolationes habent in perpetuam ignominiam et poenam. Non enim funt in luctu nobiscum, cum hominibus non flagellantur. Consolare ergo et roborare in
Domino, cum scias, te esse in beatitudine cum sanctis.
*Beati, qui lugent, quoniam in Domino ipsi consolabun-
tur.* Ora pro me, ut vel cito moriar in Domino, vel
recreatione facta, te cito visitem.

Amen. Sabbatho post Margaretha Anni 1543.

T.

M. Lutherus, D.

20.

Vom 17ten Julii.

Ein junger Breslauischer Gelehrter hatte sich auf Luthers Anrathen
entschlossen, die hohe Schule zu Wittenberg mit der zu Leipzig zu ver-
wechseln, und Luther wünscht um desto mehr, daß dieser Entschluß den
Beyfall seines Freundes Heß, und der Breslauischen Gönner erhalten
möge, da die hohe Schule zu Leipzig sich wirklich in einem blühenden Zustande befinde.

Aus der Sammlung des Casp. Sagittarius zu Jena.

Clarissimo Viro *Ioanni Hesso,* Uratislaviensis Ecclesiae et
Theologiae Doctori fidelis. et sincerissimo, suo fratri in
Domino carissimo.

G. et P. in Domino. Venit magister *Iohannes
Crato* vestras, ut his literis tibi significarem eius
propositum, cuius ego fuissem autor, nempe ut Lipsiam
sese conferret, ubi et commodius et melius haberet,
praesertim honeste ista conditione vocatus. Nam hic
Witebergae numerosior est professorum copia, quam
ut hic discipulis possit abundare, aut ditioribus uti.
Quare te oro, ut et tu hoc ipsum boni consulas, et
apud alios commendes, ubi opus fuerit. Habet iam

(Deo

(Deo gratia!)   Lipsia professores non modo doctos et
pios, quam Wittenberga, et regnat evangelion ibi fremente et tabescente Satana.   His vale. Nova nihil est
opus, ut scribam, cum ex vobis talia quotidie habeamus, et expectemus. Wittenbergae 1543. d. 17. Iul.

T.

Martinus Lutherus. D.

21.

Vom 16ten August.

Luther wünscht, daß bey Besetzung eines erledigten öffentlichen Lehramts auch ein Schulmann, der sich bereits an Ort und Stelle befände,
in Betrachtung kommen möge: verspricht aber doch auch, eine andre
geschickte Person in Vorschlag zu bringen, und hält bey dieser Gelegenheit dem wahren Adel, der sich durch Gottesfurcht und Rechtschaffenheit
unterscheidet, eine Lobrede.

Aus Aurifabers ungedruckter Sammlung.

Imaginibus et stemmate nobili viro, sed eruditione et
pietate nobilissimo D. *Theodoro a Moltzan,*
amico in Domino carissimo.   Gratiam et pacem in Domino.   Literae tuae, vir optime, invenerunt me e capite laborantem, ut non potuerim citius et prolixius
respondere.   Gavisus sum autem vehementer ac paene retractus tam laetis literis, quales mihi legere aut
videre rarissimum est, scilicet in nobilitate adhuc super-
esse tam beatas reliquias, quas Deus elegerit ex tot nobilium vulgo, qui ita insaniunt in Deum et homines,
ut furiis similiores videantur, quam hominibus.   Sunt
et apud nos aliqui, sed pauci sunt, quos ut gemmas ecclesiae nobilissimas colimus. Christus te et gentem tuam
servet, qui et reddet opulenter omnia. Spiritus S. enim
donum est, quod in nobis coepit, idem perficiet, quam
felici compendio, idem facerent reliqui omnes, qui tan-

to

to difpendio contra et fruftra nituntur, et ut olim multo difficiliore operà infernum, quam coelum merentur.
Alias plura. Dabimus operam, ut virum alium habeatis
in locum fancti viri *Balthafaris*. Debitores enim
nos agnofcimus maxime tam fidelibus Chrifti domefticis,
ut ferviamus, quibus modis poffumus. Caeterum excu-
fari me cupio, quod nec plura ludimagiftro fcripferim,
quem, ut fua eft eruditio, cupio in locum *Balthafaris* vocari, quo facto non opus fuerit altero, de quare
efto iudicium veftrum, Wittembergae 16 Augufti, Anno 1543.

T.

Martinus Luther. Doctor.

22.

Vom 18ten Auguſt.

Luther hatte ſich in dem vorhergehenden Briefe verpflichtet, zur Beſe-
hung eines erledigten Predigtamts ein tüchtiges Subject in Vorſchlag zu
bringen; und als ein ehrlicher Mann hält er ſein Wort, indem er einen würdigen Candidaten mit dieſem Empfehlungsſchreiben begleitet, das
zugleich eine kurze Betrachtung über die Wichtigkeit des öffentlichen Lehramts in ſich faſſet.

Aus Aurifabers ungedruckter Sammlung.

Theodoro Molzan.

Gratiam et pacem in Chrifto. Ut promifimus alium
virum in locum *Balthafaris* defuncti, orna-
tiffime vir, ita nunc mittimus et dirigimus ad te optimum hominem. M. *Iohannem Phrifium*, quem
et hoc, nomine T. H. gratiorem et commodatiorem
fore, quod et antea fuerit H. T. notus. Accipit igitur H. T. hominem quam commendatiffimum, quem nos
dignum vocamus ifta vocatione, quantum apud nos homines effe licet et datum eft. Nam quis minifterio

per

per se est idoneus satis? ait *Paulus.* Verbum est
Dei, sacramenta sunt Dei, Ecclesia est Dei, ut angeli sese non dignos hoc officio existiment, et cupiant semper
in ea, quae dicuntur, proficere. Dominus, qui vocat
eum, donet ei spiritui sancto fructum multum ferre, qui
maneat in aeternum, in quo bene valeat H. T. Amen.
18 Augusti. Anno 1543.

T.

Martinus Luther. D.

23.

Vom 18ten August.

Noch einmal muß dieser Brief die Stelle des unterbliebenen Besuchs
vertreten. Luther unterredet sich schriftlich mit seinem Freunde Amsdorf über die gehaltene Kirchenvisitation, über die Gleisnerey seiner Zeitgenossen, die alle Recht und niemand Unrecht haben wollen, über die
Streitigkeiten wegen der Jülichschen Erbfolge, und über den glücklichen
Fortgang der Ausbreitung des Evangelii in den Cölnischen Landen.

Aus dem Original.

Reverendo in Christo et vere Episcopo verae Ecclesiae Numburgensis *D. Nicolao ab Amsdorff,* Maiori suo
suspiciendo.

G. et P. in Domino. Nihil adhuc audivi vel legi, quid
actum sit tecum in ista famosa visitatione principis,
Rev. in Christo vir. An sit Visitatio Ecclesiastica instituta vel finita? An Consistorium constitutum? An
Creitius tuus sit depositus vel in suo stadio confir-
matus? Nisi quod *Nicolaus Medler* scripsit sese
esse quidem auditum, et magnificas ei factas promissio-
nes. Cum *D. Bruck* nondum locutus sum. Nec multum cupio ex isto resciscere. Ex te cupio. Mira mihi videntur esse, quae mundus hodie agit. Vel ego
nun-

nunquam vidi mundum, vel novus mundus, me dormiente, quotidie nascitur. Omnis homo queritur se pati iniuriam. Et tamen est nemo, qui faciat. Omnes sunt iusti, si admittantur ad responsionem. Vere nunc est tempus, ubi iustitia orta est et oritur copiose. Et tamen nulla est pax, sed turbatio copiosa, fortasse nunc discemus ex tempore. Repleta est terra iniquitate, id est, iustitia et veritate. Nemo est iniustus, nemo mentitur, nemo peccat, soli patientes iniuriam sunt iniusti, mendaces, peccatores; dies ille redemtionis urget adventum suum. Amen. Meditor adhuc semper ad te profectionem. Sed valetudinem capitis mallem prius firmiorem fieri. De novitatibus seu vanitatibus nihil habeo, quod te nescire arbitrer, Caesarem vivere per vim mihi persuadere volunt. Et sane mallem eum vivere potius quam mortuum esse. *Ferdinandus* indies fit furentior, ut acceleret sibi perditionem. Amen. Princeps noster in re Iuliacensi dicitur 40000 hominum tres menses stipendio suo aluisse, et nunc demum re infecta desinere, certe satis tarde post evacuatam bene crumenam. Insipienter et infeliciter dicuntur gerere Iuliacense bellum. Dominus ipse faciat bonum eventum. Sed collidatur, allidatur, elidatur mundus, ut vult, quando non solum contemnit verbum Dei ac persequitur, sed etiam suum ipsius consilium sanum, furori postponit. Valeat ergo. Nobis D. *Phi-lippus* laeta retulit de Coloniensi Episcopo, quam syncere ille agat, quam recte intelligat et amplectatur verbum. Et universa dioecesis consentit. Solum septem daemonia et prima summi templi cum aliquot de senatu, dissentiunt. Sed hos conteret Dominus, qui conterit cedros Libani. De his laetemur in Domino, qui operatur virtutem per verbum suum, coram oculis nostris. Vide, ut vicissim mihi aliqua scribas. Haec a coena scripsi, nam ieiunus non sine periculo libros

Inſpicio, ut mirer, quid hoc ſit morbi. An Colaphus
Satanae vel ipſius naturae ſit debilitas? Vale in Domino, et ora pro me. 18 Auguſti 1543.

T.

Martinus Luther.

24.

Vom 30ſten Auguſt.

Luther legt für einen ſchlechten Bezahler eine Fürbitte bey ſeinem Gläu-
biger ein, und ſucht dieſen wenigſtens zur Nachſicht zu bewegen. Zugleich
entſchuldigt er Spalatins verdrießliche Laune mit den Schwachheiten
des herannahenden Alters, bey welchem man nicht alles nach der Strenge beurtheilen müſſe.

Aus Aurifabers ungedruckter Sammlung.

Eberhardo Breisgero.

G. et P. Satis credo, mi *Eberharde*, tibi eſſe opus
pecunia et rebus tuis. Rurſus video *Brunonem*
neſcio quibus ſtellis influentibus parum feliciter diteſce-
re, et ubique illi quoque opus eſt ſubſidio, et ruſtici in-
ſuper ſic agunt et vivunt, ut ruralibus ſuis paſtoribus nec
fragmentum faveant panis. Quare te oro, cum poſſis
minore difficultate adhuc modico tempore carere debitis tuis, velis patientiam habere cum *Brunone*. Cogitamus eum parochia (ſi omnino fieri poteſt,) pinguio-
re providere, quam primum licuerit Non gravarem te
hac petitione, niſi putarem, te poſſe ſatis et ſine damno
mihi conſentire. Cum *Spalatino*, quaeſo, quantum
potes, patientiam habere, noſti alias virum bonum et
fidum eſſe. Quodſi Satan inter filios Dei fuit olim, imo
inter angelos in coelo, quid mirum ſi inter nos eſſe ſtu-
deat, ut cribret nos et exagitet. Deinde ſeneclus aliquid affert et maxime illa longiſſima conſuetudo pacis,

qua

qua ufus eft cum tribus principibus. Quare non eft
cum eo agendum, ficut cum rudi et novitio homine,
qui velut ramus flecti poffit: veteres arbores frangi
poffunt, flecti non poffunt et colla canum veterum nolunt admittere lora. Quare patientia opus eft, ut pacem habere poffimus. Sed haec admonendi gratia feri-
bo. Tu ipfe facile intelliges, quid facto tibi neceffarium et omnibus utile. In Domino bene vale. Feria
5, poft Augufti. Anno 1543.

T.

Martinus Lutherus.

25.

Vom 25ften Septemb.

Luther fucht feinen Freund **Morlin**, der unverfchuldete Anfeindungen
erdulden mußte, durch die Vorftellung zu beruhigen, daß eben diefe Anf
feindungen ein Kennzeichen des Gnadenftandes wären, und, weil fie in
der Nachfolge Chrifti erduldet würden, eine großmüthige Verachtung verdienten.

Aus der Wernsdorfifchen Sammlung zu Wittenberg.

Ioachimo Morlino, Theologo in Chrifto conftanti.

G.et P. in Domino. Audivi *Stygerum,* fcholae
veftrae magiftrum de caufa tua et illius differen-
tem. Sed gaudeo et gratulor animum iftum, diaboli
et malitiae eius contemptorem. Perge fic in Domino
et excute pulverem de pedibus tuis fuper eos. Sic
opto, nos effe paratos ad peregrinandum, fi Dominus
voluerit. Quid fi effemus de mundo, mundus, quod
fuum effet, diligeret. Caufa eft optima, propter quàm
nos fic divexat, fcilicet verbum Dei. Ideo recte facimus, fi gaudemus, ridemus et contemnimus furorem
Satanae, donec veniat iudicium eius, quod fimul ora-

S 2

mus,

mus, ut brevi fiat. Amen. Caetera ſi opus eſt *Styge-*
rus narrabit. Vale in Domino. Fer. 3. poſt Matthaei
1543.

T.

Martinus Luther. D.

26.

Vom 30ſten Sept.

Luther bittet ſeinen Freund Lauterbach, bey allen Leiden dieſer Zeit
eines getroſten Muths zu ſeyn, und zu glauben, daß Gott die Anſchläge
hämiſcher Feinde gewiß vereiteln werde. Von dem Fortgange des Krieges wider die Türken macht er ſich keine vortheilhafte Vorſtellungen, und
glaubt, man könne gleichgültig dabey ſeyn, wenn, nach dem Ausſpruche der
Schrift, die Todten ihre Todten begraben.

Aus der Ludwigſchen Sammlung zu Halle.

Ornatiſſimo Viro Domino *M. Antonio Lauterbach,* eccleſiae Pyrnenſis Epiſcopo vero et fideli, ſuo in Domino
fratri cariſſimo.

G. et P. in Domino. Confortetur cor tuum, mi *An-*
toni. Viriliter age, expecta dominum, ſinasque,
impios gloriari et triumphare, quorum gloria erit in
confuſione. Quoties enim iſtae bullae et veſicae aqua-
tiles hactenus inflatae tumuerunt? et tamen ut Pſalmus
7. dixit: *Conceperunt iniquitatem et pepererunt vani-*
tatem; et ut *Ieſaias* dixit: *Ardorem concipietis et pa-*
rietis ſtipulam. Aliquando erit, ut coelum ruat et cum
terra exuratur. Nec ſic tamen nos peribimus aut Deum
amittemus. Miſnenſes tui mihi nunc non primum revelantur, quales fuerint. Semper tales eſſe vidi, qui
occaſionem expectarent hypocriſis ſuae manifeſtandae
infeliciter occultatae. Tantum hoc nos agamus, ut
certi ſimus de verbo, idque diligenter doceamus. Solli-
citudinem vero omnem in illum proiiciamus. Ipſi eſt
cura

cura de nobis. Iacta super Dominum curam tuam. De Turca dira satis dicuntur. Caesar vero nondum efficiet, quod papistae gloriantur: **Er nimmt zu viel auf einen Biſſen.** Sed doceamus, credamus, oremus, faciamus, patiamur nos quae oportet, et *finamus mortuos sepelire mortuos suos;* quid ad nos, qui foris sunt? Bene in Domino vale, et pro me ora. *Ketha* meus te reverenter salutat cum tuis, Wittemberg. ultima Septembr. 1543.

T.

Martinus Luther.

27.
Vom 30ſten September.

Luther ſtellet über die vielen göttlichen Strafgerichte, mit welchen ſeine Zeitgenoſſen heimgeſuchet wurden, ſeine Betrachtung an; und bey der Gelegenheit, da einer ſeiner Freunde ſeine Kinder durch einen frühen Tod verlohren hatte, erneuert er auch das Andenken ſeiner geliebten **Magdalene,** die nun nach ihrer frühen Vollendung einer ſtolzen Ruhe und Sicherheit genieſſe.

Aus der **Börnerlſchen** Sammlung zu Leipzig.

Iuſto Ionae.

G et P. Orandum eſt multum hoc tempore, mi *Iona,* scribendum parum. Quae enim ſcribantur bona, paene nulla ſunt, in tanta malorum undique furia. Orari autem non poſſunt, niſi bona. Flagellum peſtis iam apud vos ſic ſaevit, fortaſſe etiam non longe a nobis; ſed fuit iſta virga ſemper virga Eccleſiae, ut *Paulus* 1 Cor. 10. qua pigritia et negligentia Eccleſiae caſtigata eſt. *Dormiunt,* inquit, *multi inter vos, et multi imbecilles. Sed ita corripimur, dum a Domino iudicamur, ne cum hoc mundo damnemur.* Bella flagellum irae ſunt, bella maxime huius aetatis, quae non bella,
sed

sed furentis Satanae latrocinia funt, per istos furiosos
homines, ut a quibus plus malorum est, si intra muros
nos defendant, quam ab hostibus, qui foris oppugnant.
Wulf Heintzen, optimo viro, condoleo, et scio do-
lorem eius.   Sed veniet tempus, quo gratias aget Deo,
qui suos eripuerit, tam paterno, et, ut dixi, Ecclesiae proprio flagello. ex istis tartaris et barathris huius mundi.
Ego meam filiam *Magdalenam* carissimam nunc
gaudeo esse ereptam ex Ur Chaldaeorum, securus de
ipsa, secura in aeterna pace, licet - magno moerore
ipsam amiserim!   Tu confortare in Domino cum tuis,
qui te et illos conservet in gloriam suam.   *Iustum*
tuum fideliter admonebo, adiuncturus et meum *Ioan-
nem*, si *Philippo* tolerabile fuerit.   Vale et ora
pro me   De Turcis et Papistis nihil scribo, quorum
glorias pro stercore diaboli habeo. Ultima Septembr.
1543.

T.

Martinus Lutherus.

28.

Vom 15ten Octob.

Luther, als Dechant der theologischen Facultät zu Wittenberg, ertheilet
einem aus Wittenberg nach Regensburg berufenen Prediger ein öffentliches rühmliches Zeugniß, und belegt so wol seine Gelehrsamkeit als untaa-
delhafte Aufführung mit verdienten Lobsprüchen.   Zugleich führet er auch
die Regensburger mit ihren Gedanken in die Kirchengeschichte ihres Vaterlandes zurück, und leitet daraus einen Bewegungsgrund ab, daß sie
ihrem neuen Prediger die nöthige Liebe und Achtung schenken sollen.

Aus der Thomasischen Sammlung in Halle.

Decanus Collegii Facultatis Theolog. in Academ. Witteber-
gensi *Martinus Lutherus* Doctor, salutem dicit
omnibus lecturis has literas.

Petivit

Petivit a nobis teftimonium de fuis ftudiis, moribus et gradu Vir venerabilis pietate et eruditione praeditus egregia Doctor *Hieron. Nopus*: id ei fumma impertivimus voluntate. Cum enim in his regionibus et in hac Academia magna cum laude vixerit, comperimus eum, honeftis, caftis, placidis ac piis moribus praeditum effe, et in ftudiis literarum egregiam ,operam navaffe. Quanquam autem, ut natura eius eft capax omnium artium, magnam feliciter didicit Philofophiae partem, et tamen quia vere et toto pectore fentit, humanum genus non effe cafu ortum, fed a Deo conditum, et Deum fe patefeciffe certis teftimoniis in hoc uno doctrinae genere, quod per Prophetas, Chriftum et Apoftolos inde usque ab initio nota fucceffione traditum eft Ecclefiae, ftudia praecipue ad cognofcendam doctrinam coeleftem contulit. Ut igitur fermonem Prophetarum et Apoftolorum percipere poffet, linguas didicit Ebraicam et Graecam, evolvit et omnium temporum hiftoriam, comprehenfam literis Ebraicis, Graecis et Latinis, cuius cognitio ad erudiendas mentes et confirmandas veras opiniones plurimum conducit. Diligenter audivit interpretes Prophetarum et Apoftolorum in hac fchola et contulit, veteres Graecos et Latinos fcriptores de Ecclefiae dogmatibus, et piarum Synodorum decreta, ut teneat, quid Apoftolorum Ecclefia puriore aetate fenferit, et Deum firma fide invocare, et alios recte docere poffit. Cum igitur ab Ampliff. Senatu Ratisponenfi ad docendum Evangelium vocatus effet, ac a nobis petitum effet, ut teftimonio in fcholis ufitato commendaretur, libenter hunc *Hieron. Nopum* propter optimos ipfius mores et eximiam eruditionem gradu Doctoratus in Theologia ornavimus, idque his literis teftamur, et Deum, aeternum Patrem Domini noftri Iefu Chrifti, quoniam in Evangelii lucem eum traduxit ac voluntatem ei dedit,

ut

ut pie fervire Ecclefiae cupiat, precamur, ut adiuvet eum, ut minifterium eius fit felix et falutare, ficut fcriptum eft; *Deus eft, qui, ut bona velimus, efficit et adiuvat, ut perficiamus.* ὑπὲρ τῆς ἰυδοκίας, i. e. *ut aliqua fiant ipfi grata.* Maxima enim·pars generis humani furenter contemnens Deum, ruit in fcelera, quibus horribiliter Deus irafcitur: fed ne totum genus humanum pereat, excerpit Deus aliquos in Ecclefia fua, per quos bona et falutaria fiant, per quos Evangelii lux late fpargitur, et multi ad agnitionem Dei et ad vitam aeternam vocantur, propter quos fervantur politiae, quae fiunt hofpitia Ecclefiae. In hoc numero effe *Hieron Nopum* fperamus, et, ut femper ei adfit Deus femper eum gubernet Spiritu Sanfto, ex animo precamur. Poftremo et Ecclefiam Ratisponenfem hortamur, ut Evangelii puritatem retinere ftudeat, et miniftros recte docentes benigne foveat, ut gratitudinem fuam erga Deum oftendat, pro renovata luce Evangelii. Ferunt enim in iisdem regionibus, femina Evangelii ftatim poft Apoftolos fparfa effe per *Lucium Cyrenaeum*, qui in Actis Apoftolorum celebratur cap. XIII. Hunc fecutum exercitus Romanos ad Danubium narrant in Augufta Tiberina Chrifti nomen et doctrinam praedicaffe. Tam cito Deus fibi in iftis populis Ecclefiam collegit. Gaudeant autem nunc quoque pii, rurfus accenfam effe lucem Evangelii, eamque veris officiis retinere, curent, ut Deus aeternus, Pater domini noftri Iefu Chrifti, vere invocetur et celebretur. Datae Vitebergae die Octobr. 15. Anno 1543.

M. L.

29.

Vom 18ten Oktober.

Friederich Bachover, ein gebohrner Leipziger, war aus Wittenberg nach Hamelburg zum Prediger berufen worden, und auch diesem ertheilet Luther im Namen der theologischen Fakultät so wol wegen seiner Gelehrsamkeit, als auch wegen seiner unsträflichen Sitten ein öffentliches rühmliches Zeugniß, mit hinzugefügten sehnlichen Wünschen, daß Gott sein neues Lehramt mit reichem Segen bekrönen wolle.

Aus der Thomasischen Sammlung in Halle.

Decanus collegii facultatis theologicae in academia Wittembergensi *Martinus Lutherus* salutem dicit omnibus lecturis has litteras.

Gratias agimus Deo aeterno patri domini nostri Iesu Christi, quod ecclesiam sibi in filio elegit, condidit et servat, et subinde excitat aliquos idoneos doctores, sicut Paulus ex Psalmo adfirmat: *Ascendit, dedit dona hominibus, alios quidem prophetas, alios apostolos, alios pastores, alios doctores.* Non dubium est igitur, salutares doctores Dei dona esse, sed tamen vult Deus esse docendi ministerium, tradidit scripta prophetarum et apostolorum ecclesiae suae, haec legi et cognosci vult, et in his voluntatem suam ostendit, hac lectione mentes erudit, vocat et ad se trahit. Ideo de scripturae divinae studiis praeceptum est: VERBVM CHRISTI HABITET INTER VOS ABVNDE DOCETE ET ADMONETE VOS. Quare et ex discentium coetu Deus vocat et eligit doctores idoneos et salutares: ad hunc usum scholae Theologicae divino consilio institutae sunt per prophetas et apostolos et deinceps conservatae et subinde divinitus instauratae sunt. Ut igitur studia nos fideliter regere oportet, ita iis, qui ad ministeria vocantur testimonia

nia coram ecclesia impertire nos decet, sitque testi-
monii nostri renunciatio, cum decernitur gradus usitato scholarum more. Cum autem diu in schola ecclesiae nostrae vixerit *D. Friedericus Bachofer*
Lipsiensis comperimus eum bono ingenio et honestis
ac piis moribus praeditum esse. Postquam autem in
philosophia et studio linguarum Latinae et Graecae et
Hebraicae diligenter elaboravit, sedulo audivit interpretes scripturae propheticae et apostolicae, et contulit probatos scriptores veteres, ut sententiam Catholicae ecclesiae Christi certo teneret. Itaque propter eruditionem et morum pietatem in ecclesia nostra ad ministerii evangelici societatem vocatus est, ubi illustre
specimen suae doctrinae dedit. ac ostendit, se vere
amplecti consensum catholicae ecclesiae Christi, quem
et nostra Ecclesia sequitur, et abhorret a fanaticis opinionibus damnatis iudicio Catholicae Ecclesiae Christi.
Deinde cum vocatus esset a Senatu Hamelburgensi,
publico testimonio eum commendandum esse duximus.
Quare cum mores eius essent pii et eruditio esset
probata nobis, quam ex eius concionibus et disputa-
tionibus diu cognoveramus, et ipse promitteret in doctrina pia, quam professus est apud nos hactenus,
constantiam, decretus est ei publice de Collegii sententia gradus Doctoratus in Theologia, ut nostrorum
de ipso iudicii testimonium extaret. idque his publicis
literis testamur et Deum aeternum patrem domini nostri Iesu Christi oramus, ut cum eum ad ministerium
Evangelicum vocaverit, adiuvet ipsum, ut ministerii
eius sit felix et salutare. Sicut scriptum est: *Deus*
est, qui, ut bona velimus, efficit et adiuvat, ut per-
ficiamus ὑπὲρ τῆς εὐδοκίας, id est, ut aliqua fiant ipsi
grata. Maxima enim pars generis humani furenter
contemnens Deum, ruit in scelera, quibus horribiliter
Deus irascitur. Sed ne totum genus humanum pere-

at,

at, excerpit Deus aliquos in Ecclesia sua, per quos
bona et salutaria fiunt, per quos evangelii lux late
spargitur et multi ad agnitionem Dei et ad aeternam
vitam vocantur, ac propter quos servantur politiae;
quae sunt hospitia ecclesiae. Oramus igitur Deum,
ut hunc doctorem *Friedericum* vocatum ad piam
functionem et ecclesiae necessariam regat et adiuvet.
Datae die Lucae Evangelistae 18. Octob. Anno 1543.

Martinus Luther.

30.

Vom 22sten Oktober.

Luther bezeuget einen lebhaften Unwillen über die widerrechtlichen Ein-
griffe der weltlichen Obrigkeit in die Rechte der Kirche, und ist der Meynung, daß man solchen unbefugten Neuerungen mit männlichem Ernst
widersprechen müsse.

Aus der Börnerischen Sammlung zu Leipzig.

Venerabili in Domino viro D. *Danieli Cressero*,
Parocho Dresdensis ecclesiae fidelissimo, suo fratri
carissimo.

G. et P. Nihil boni sperare possum, mi *Daniel*,
de forma excommunicationis in aula vestra prae-
sumta. Si enim futurum est, ut aulae velint gubernare ecclesias pro sua cupiditate: Nullam dabit Deus
benedictionem et, fient novissima peiora prioribus,
quia, quod fit absque fide, non est bonum. Quod
autem absque vocatione fit haud dubie absque fide fit,
et dissolvitur. Aut igitur ipsi fiant pastores, praedi-
cent, baptizent, visitent aegrotos, communicent et
omnia ecclesiastica faciant, aut desinant vocationes
confundere, suas aulas curent; Ecclesias reliquant his,

qui

qui ad eas vocati funt, qui rationem Deo reddent.
Non eft ferendum, ut alii faciant, et nos ratione reddenda gravemur. Diftincta volumus officia ecclefiae et
aulae aut deferere utrumque. Satan pergit effe Satan: Sub Papa mifcuit ecclefiam Politiae. Sub noftro
tempore vult mifcere politiam ecclefiae. Sed nos refi-
ftemus Deo favente et ftudebimus pro noftra virili vocationes diftinctas fervare. Vale in Domino et ora
pro me. 22. Octobr. 1543.

T.

M. L. D.

31.

Vom 3ten November.

Luther eifert mit einer Art von Heftigkeit wider die hämischen Feinde
des Evangelii, und insbefondre wider den Kanzler Piftorius, wider
deffen heuchlerifche Denkungsart fich feine ganze Seele zu empören fchei-
net. Er äuffert aber doch dabey eine unerfchrockene Entfchloffenheit, und
ift überzeugt, daß die gute Sache des Evangelii zuletzt ohnfehlbar einen
Sieg nach dem andern erhalten werde.

Aus der Börnerifchen Sammlung zu Leipzig.

Optimo Viro, Dn. M. Anton. Lauterbach, Ecclefiae
Pyrnenfis Paftori et eius loci Epifcopo, fuo in
Domino Fratri.

G. et P. Literas tuas, mi Antoni, laetus legi,
maxime ubi fcribis, D. Piftorium dixiffe: Ihr
follt mir die Canones laffen bleiben 2c. Freilich wollen
wir gar gern iftis porcis fuos furfures relinquere:
und das höllifche Feuer dazu, ut volunt et quaerunt.
Rurfus follen fie uns unfern Herrn filium Dei laffen
bleiben, und das Himmelreich dazu. Wir find bald
gefchieden. Sed laetitia mea haec eft, quod tandem

re-

revelatae funt cogitationes iftius peffimi hypocritae et fuorum fimilium. Nunc laeta et tuta confcientia, licet eos a nobis haberi pro perditis Satanae mancipiis, quibus nihil credi poffit, etiamfi iurent centies. Vide, quaefo, quid ifte malitiofiffimus *Becker* cogitaverit, dum utraque fpecie communicans, bona verba promittens, Deum irrifit, et te illufit. Nonne me, minifti, me fuiffe tardum ad credendum laudibus tuis, quibus eum mihi exornafti? Habes nunc, quid fit Doctor *Becker*, *Carlowitz*, et ifta faex in Aula veftra. Quare tu contra fortis efto, et contemne Diabolum in Diabolis iftis et Diabolorum filiis, et femine ferpentis, donec te eliciant. Domini eft terra et plenitudo eius. Si D. *Becker* praefumat coelum fuum effe et plenitudinem eius: cui infernus et anguftia eius parata nimis angufta erit brevi poft hos dies. Amen. Ubi cum duce *Georgio* vefcetur et potietur Canonibus fuis et ftercoribus Satanae, ficut dignus eft. Dominus *Ihefus* (ut coepit) perficiat opus fuum in nobis. Et pergat difperdere fuperbos mente cordis fui. Amen. Tu cave, ne fis triftis, aut humilis coram eis, fed fecurus et laetus age caufam Chrifti. Qua laetitia crucifiges eos et Satanam cum illis. Ipfe enim cogitat nos deiicere et contriftari. Sed nos Germanice merdabimus ei in os fuum. Velit, nolit, cogetur ferre Concultatorem capitis fui: utcumque mordeat et dentibus terribilibus minetur nos vorare. Semen mulieris nobiscum eft, quem docemus, confitemur et regnare volumus. In quo bene vale, et ora pro me. Tertia Novembr. **1543.**

T.

Martinus Lutherus. D.

32.

Vom 7ten Novemb.

Luther. bittet seinen Freund, in der angefangenen, biblischen Arbeit fleißig fortzufahren, weil, wie er scherzhaft hinzufügt, sein herrschsüchtiger Corrector Rorarius ihn zu bitten befohlen habe. Von seinen eigenen unvollkommenen Bemühungen redet er mit großer Bescheidenheit, und bey dem Gefühl seiner Unwürdigkeit beruhigt er sich durch die Worte der Schrift: Wer ist hiezu tüchtig.

Aus Aurifabers ungedruckter Sammlung.

Vito Theodoro.

Gratiam et pacem in domino. Voluit M. Rorarius, cuius est in me satis magnum et multum
imperii, ut has ad te scriberem, mi Vite, quamvis
ut sum seditiosus adversus talem meum imperatorem,
forte contempsissem eius imperium, nisi rhetoricatus
mihi persuasisset, te esse adhortandum in genesi mea,
ut coepisti ad pergendum, quanquam et hanc rheto-
ricam eius contraria rhetorica facile potuissem elude-
re, nisi me hoc movisset argumentum dialecticum,
postquam iacta est alea, turpe sit desistere, ne forte
ipse quoque Moses illud triviale obiiceret. Turpius eiicitur, quam non admittitur hospes. Caetera tu et similia tibi ipsi ex Graecis facillime canere
poteris. Quamvis fateor, me mihi vehementer displi-
cere in meis operibus, dum video multa esse, quae
desiderari iure possunt. Sed solor me voce Pauli:
Quis ad haec idoneus? Si enim non ante est ape-
riendum os, quam idonei simus, nunquam Christus
praedicabitur. Sed bene habet, quod ipse ex ore in-
fantium perficit virtutem, qui per balbutientem (seu
ut ipse dicit Ebraice gravem linguam) Mosen, sub-
vertit regna Aegyptiorum, Cananeorum &c. et per

apo-

apoſtolos idiotas orbem terrarum. Perge igitur, uţ
ſatis fiat imperatori meo *M. Rorario*, in quem ſi
peccaveris, quomodo ego potero tibi eſſe propitius,
Vale in domino et ora pro me. 7. Novembris Anno 1543.

Martinus Luther.

33.

Vom 7ten Novemb.

Luther redet mit vieler Wärme der Freundſchaft von ſeiner Unpäßlichkeit und andern Urſachen, die ſeinen Beſuch ſo lange verzögert hätten.
Er bezeugt ein ſehnliches Verlangen, ſich mit ſeinem Freunde noch vor
dem Tode freundſchaftlich unterreden zu können, und die Schläfrigkeit
der Chriſten bey der Wachſamkeit der Feinde des Evangelii ſoll ein Theil
ihrer Unterredung ſeyn.

Aus der Sammlung des Kaſp. Sagittarius zu Jena.

Reverendo in Chriſto Viro D. *Nicolao ab Amsdorff*,
Epiſcopo Eccleſiae Numburgenſis ſyncero et vero,
ſuo in Domino Maiori.

Nicolao Amsdorffio.

G. et P. in Dno. Ipſi mihi usque ad impatientiam
iraſcor, Reverende in Domino Vir, qui toties
conſtituerim ad te proficiſci et cum iamiam craſtino
eſſem abiturus, omnibus adornatis: tamen venit ſemper aliqua cauſa, quae impediret propoſitum meum.
Permittente Deo, (ut videtur), ſatan ſecundum nomen
ſuum mihi adverſatur. Quare deinceps, ſi voluntas
Dei voluerit, ex ſubita aliqua occaſione conabor, etiam
praeter propoſitum ad te advolare. Cupidiſſimus enim
ſum, te adhuc ſemel videndi ante meum deceſſum.
Erat caput meum qualicumque valetudine firmatum
etiam

etiam si cauterio Medicorum crus vexatum, tamen non impedisset iter meum. Parant mihi fluorem in siniftro crure, (sed hactenus infeliciter,) veluti capiti meo consulturi. Verum ego credo morbum meum esse senectutem, deinde labores et cogitationes vehementissimas, maxime vero colaphos Satanae. Contra quae omnia frustra mihi medebitur universa medicina. Tamen cedo illorum opinionibus, ne mihi videar inimicus, etiam si credam eos falli. Es ist um den faullen Schelmen zu thun, den will ich dran wagen, hilffts, so hilffts. Nam iterum caput cepit (sine causa) laborare. Ego Satanam esse credo.

Haec ideo scribo: Ut scias summam esse mihi voluntatem, quam primum Deus dederit, ad te veniendi.

De novitatibus nihil scio, neque magnopere cupio scire. Mundus est mundus, fuit mundus, erit mundus, qui nihil scit nec scire cupit de Christo. Eat ergo suis viis. Ut Christus et nos etiam nihil de eo sciamus. Nisi quod hoc scimus. Non esse vera nec futura, quae mundus scit et cupit. Quia scriptum est: *Vanitas omnis homo vivens; et tu, Domine, imaginem eorum ad nihilum rediges.* Nihilominus pergunt furere et indies pciores fieri. Quae res magnum est solatium, instare diem adventus gloriae diei. Nam ille indicibilis contemptus verbi et gemitus piorum inenarrabilis, significant mundum esse traditum, ut acceleret diem perditionis suae et salutis nostrae. Amen, fiat, Amen. Sic erat mundus ante diluvium, sic ante subversionem Sodomae, sic ante captivitatem Babyloniae, sic ante excidium Ierusalem, sic ante vastitatem Romae, sic ante miseriam Graeciae et Hungariae, sic erit et est ante ruinam Germaniae. Hören sollen sie

ſie nicht. Erfahren müſſen ſie. De his tecum liben-
tius agerem pro mutua inter nos conſolatione. Wir
müſſen doch ſingen cum illis *Ierem.* 51. *Curavimus*
Babilonem et non eſt ſanata. Derelinquamus eam.
Vale in Dno, qui eſt ſalus noſtra et ſalvabit nos in
aeternum. Amen, Septima Novembris. 1543.

Ex animo

Tuus,

Martinus Luther.

34.

Vom 17ten Novemb.

Luther ſtattet für einige erhaltene häusliche Geſchenke ſeinen Dank ab,
und bittet ſeinen Freund, bey den neueren hinterliſtigen Anſchlägen der
Feinde des Evangelii nicht muthlos zu werden, weil Gott dieſe Anſchläge
gewiß vereitlen werde, und bereits ſie zu vereitlen angefangen habe.

Aus der Ludwigſchen Sammlang zu Halle.

Optimo viro Dn. *M. Antonio Lauterbach,* Epiſcopo
Pyrnenſi fideliſſimo, ſuo fratri catisſimo.

G. et P. Quid egerit *aratrum* *) illud apud
Dresdam, novimus, mí *Antoni.* Omnia ſunt
technae diaboli illius Moguntini, qui ſub Caeſaris nomine et ſigillo varia ſemper tentat. Sed Deus ſemper
eum impedit, qui et confundet eum in aeternum.
Amen. Oremus modo inſtanter. Agimus gratias
pro miſſis butyro et pomis. *Ketha* meus perſolvet
candide. Vale cum tua carne tota in dómino feliciter. Amen. Nos de caeſare nihil audivimus amplius neque de Gallo, neque de Turca, nec papa. Sed
plena ſunt omnia diabolis, etiam veſtra aula. Deus
ſer-

(* *Iul. Pflug.*

Luth. Briefe. T

fervet principem veſtrum cum noſtro. Amen. Scripſi antea *Danieli*, puto te quoque legiſſe. Datum 17. Novembris. Anno 1543.

T.

Martinus Luther.

35.

Vom 14ten Dezemb.

Luthers vormaliger Famulus in Wittenberg, Johann Matthefius, war durch die Nachricht von einem Befehl zur Wiederherſtellung des ehe= loſen Standes der Kleriſey beunruhiget worden, und Luther ſucht ihn durch die Vorſtellung zu beruhigen, daß, wenn auch auf göttliche Zulaſ= ſung, dieſer Befehl zur Ausführung gebracht werden ſollte, der Leuchter des Evangelii zwar weggerücket, aber doch nicht umgeſtoſſen würde.

Aus der Thomaſiſchen Sammlung zu Halle.

Venerabili in Domino viro *Iohanni Matthefio*, Mini- ſtro verbi fideliſſ.

Gratiam et pacem in Domino. Dictum eſt mihi a *M. Caſparo*, te nonnihil follicitum eſſe de tyrannide et furore *Ferdinandi* triſtiſſimi et miſer- rimi regis, qui ſtatuit omnes miniſtros verbi con- iuges e regno ſuo eiicere. Et quanquam miror, ſi Bohemi in illius furias conſentiunt; ſed conſentiant ſa- ne, quid tum poſtea? an folum *Ferdinandi* regnum in terra eſt? non habet Chriſtus locum gratiae fuae hoſpitem alibi, et reliquit regnum *Ferdinandi* eſſe locum irae fuae, quae conterec reges? Quid igitur metuis aut fuſpicaris? Viriliter age et confortetur cor tuum. Contemne iſtam bullam, quae neſcit, cras ſit rex vel vermis. Nos autem in aeternum regna- bimus cum Chriſto; Illi in inferno ardebunt cum dia- bolo.

bolo. His in domino bene Vale. 14. Decembris. Anno 1543.

T

Martinus Luther.

36.

Vom 16ten Dezemb.

Luther verſichert, daß ein von ſeinem Verdammungsurtheil zu Rom erhaltenes Exemplar ihn gar nicht befremdet habe; weil er auf die Ausſöhnung mit den Feinden des Evangelii keine Rechnung mache. Ueber die Treuloſigkeit der Anführer der Kriegsheere und über die Grauſamkeit, mit welchem der damalige Türkenkrieg geführet wurde, ſtellet er Betrachtungen an; aus welchen erhellet, daß er ſich mit der Hoffnung und Erwartung beſſerer Zeiten nicht geſchmeichelt habe.

Aus der **Wernsdorfiſchen** Sammlung zu Wittenberg.

Iuſto Ionae.

Gratiam et pacem. Accepi literas tuas, mi *Iona*, una cum exemplari Romanenſi de damnato *Luthero* ante 25 annos. Quid putas interim ſcriptum eſſe, dictum, factum et omnibus modis tentatum in mortem et perniciem noſtram? Quid adhuc hodie omittant? Et erit furor eorum in nos igni ſuo aeterno coaeternus, ut dicit ſcriptura. Neque etiam in inferno deſinent odiſſe et blaſphemare filium Dei. Benedictus Deus, qui nos ſegregavit a conſortio ipſorum vocatione ſua ſancta et beata.

Quae tu de rebus caeſaris ſcribis, eadem et nos, nec alia habemus, ſcilicet fugiſſe Gallum cum copiis ſuis et detrectaſſe pugnam. Sed ſuſpicor eum uti conſilio et aſtu *Fabii Maximi* et Turcarum, qui cunctando fatigant hoſtem, nec pugnant, niſi certa victo-

fia

ria fit praevifa, ubi neceffitas non cogit. Interim nos exhaurimur fumtu et taedio. Sed hoc pulchrum : an audieris, neſcio. Narratur caefarem dixiſſe ad Iulia-cenſem ducem : plus infumſi in tuos imperatores pecu-niae, quam in totum bellum. Idem dicitur dux Ora-niae ille a Naſſau ad eum dixiſſe : Ach lieber Herr Oheim ! was wollt ihr mit dem Kenſer kriegen ? es geſtehen ihn eure Hauptleute mehr, denn der ganze Krieg. Obſecro, quid fiet tandem iſta horrenda per-fidia et proditione principum et regum : auro non fer-ro belligeratur. Accipiunt a fuis principibus ſtipendi-um, et ab hoſte munera. Hac virtute obtinuiſſe di-citur Lucelburgum, cum Gallicus dux XX millia du-catorum caefariano duci paciſceretur et redderet, ut victum ſe fimularet et urbem traderet. Quis non fu-ſpicetur, eadem fortuna iam tertio in Ungaria pugnaſſe, *Ferdinandum ?* Denique *Andream de Do-ria* colluſiſſe dicunt in mari cum *Barbaroſſa*, et dixiſſe : Simus nos amici inter nos, ut quid mu-tuo nos perdemus ? manebit dominus nihilominus tam tuus, quam meus Imperator ? Heroica et plus quam heroica virtus, ad exhauriendos reges, principes et populos ! Quid enim tandem retinebit miſera plebs ? dum iſtas infatiabiles auri voragines implere cogetur. Sentiemus brevi in noſtro marſupio iſtam infernalem rapiendi rabiem.

Scribitur tandem, Turcas valde faeviſſe in Alba regali, diſſectis tribus millibus civium + fenum quo-que, et fimiliter concionatoribus, ita ut ſumuli cada-verum fuperarint altitudinem murorum. Pavet et prae-fentit Satanas diem iudicii fui : Quid putas in nos co-gitat ? furit, quia breve tempus habet. Dominus cu-ſtodiat fuos vel regat fpiritu principali una vobiscum, ut five fervabuntur five mactabuntur, fortiter illius furo-

rem

rem rideamus. Dicitur Caefar Brunsvicenfem ducem reftituere velle, nefcio quibus mediis. Oremus pro principibus noftris. Nam mihi dubium non eft, fi bellum ortum fuerit, idem facient noftri centauri, quod Iuliacenfes, fcilicet principem vendent, accepto auro, poftquam eos prius exhauferint. Nur Gold! Herrn bleiben wohl Herrn. Ifte eft hodie mos et falus Niphlim: Non periclitari, non impendere aliquid pro patria, fed ditefcere et omnia vorare volunt praetextu et occafione bellorum, freffet ins Teuffels Nahmen, die Hölle wird euch fatt machen. Veni, domine Iefu, veni, audi gemitus ecclefiae tuae. Accelera adventum tuum, veniunt mala ad fummum. Es muß brachen. Amen. Haec fcripfi, ne nihil fcriberem. Vale et doce ecclefiam tuam orare pro die domini. Nam de melioribus temporibus aftum eft. Deus non audiet, nifi clamorem pro redemtiónis noftrae die. Et congruunt omnia figna. Wittembergae. 16. Decembris. Anno 1543.

T.

Martinus Luther.

37.

Ohne Anzeige des Tages, an welchem der Brief geschrieben worden.

Luther äuffert über die Undankbarkeit einiger Voigtländifchen Gemeinden gegen ihre Prediger feinen Unwillen, und ermahnet feinen Freund Riemann, bey fortgefetzter treuer Amtsführung feine Gemeinde nicht eher zu verlaffen, bis zu einer anftändigen Verfetzung Rath gefchaffet werden könne.

Aus dem Original.

Iohanni Riemanno, Paftori Werdenfi.

G. et pacem. Lectis tuis literis, mi *Ioannes*, non potui mox refpondere, obrutus plurimis negotiis.

tils Sed sic habeto, me esse Werdensibus non satis aequum (quod ipsi pro sua securitate facile contemnent) postquam eorum accusationes legi, et quantum in me fuerit, non curabo, ut vel te, vel alium habeant pastorem, sed sinam eos ire in desideriis suis, sicut feci Cygneis post eiectum *Hausmannum.* Verissimum esto istud proverbium, Voigtländische Köps, grobe Ochsen. Non ego hoc finxi, sed miror, unde sit ortum. Est enim frequens in ore omnium. Nisi quod Cygnei olim mihi sidem fecerunt. Scilicet idem facturi sunt tui Werdenses, Christus nihilominus erit Dominus, et qui potuit Ierusalem amittere, Werdam et Cygneam haud dubie aliquanto villus habebit. Mihi nondum est ex aula quicquam mandatum. Hoc audivi, si transferri te oportet, prius tibi esse prospiciendum alia parochia. Interim maneas Werdae, donec et illi alium, et tu aliam inveneritis, nisi ex aula aliud venerit, nec cessabis mores carpere, quia hoc est officium pastoris, ut ex *Paulo* nosti. Argue, increpa, obsecra. Et Christus Matth. 23. Vae, vae, vae! clamat. His paucis rogo sis contentus. Anno 1543.

T.

Martinus Luther. D.

Aus dem Jahr 1544.

I.

Vom 26ſten Januar.

Luther hoffet, daß ſeine Geſundheitsumſtände nun bald den längſt verabredeten Beſuch bey Amsdorfen verſtatten werden, obgleich auch in Luthers Hauſe zum Empfang von Amsdorfen alles in Bereitſchaft wäre. Ueber **Morlins** Berufung nach Naumburg bezeugt er ſeine Zufriedenheit, weil er dieſen ſo wol als **Medlern** als treue und beredte Lehrer kenne.

Aus dem Original.

Reverendo in Chriſto Viro *D. Nicolao,* Eccleſiae Numburgenſis Epiſcopo vero et fideli, in Domino Maiori et ſuſpiciendo et chariſſimo.

G. et P. Reverende in Domino Epiſcope. Mihi, non diſplicet, ſi Doctorem *Morlin* vocares ad eccleſ. Naumburg. Nobis notus eſt ut hic diu in eccleſ. Diaconus fideliſſimus et poſt in Doctorem promotus. Tum habebis duos in eccleſia Naumburgenſi facundiſſimos Viros. *Medlerum* noſti. Sed iſte par eſt, ſi non ſuperior. Tuto eum vocabis, et erit ſub noſtra regula ductilis. Arnſtadenſes (ſed pauci e ſenatu) eum indigniſſime tractarunt; de quo alias. Nunc ſerio meditor iter ad te; (Reſtitutus ſum ſic ſatis per totum corpus, ſolum caput non eſt firmiſſimum. Tamen concionor et lego, ſto et ambulo), quum primum remiſerit ſaeviſſima iſta hiems. Videbis me (Deo dante) in Zeitza. Scripſit illuſtriſſimus princeps noſter, petiiſſe te, ut ad me venires. Gratiſſimus hoſpes eſſes. Sed non eſt opus. Ego potius,

us,

us, (dum valeo) veniam. Alioquin in domo mea esset paratum hypocaustum et cubile et omnia pro mea
tenuitate, ut nosti. Vale in Domino et ora pro me.
Cursim Sabbatho post Pauli conversionem. 1544.

T.

Martinus Luther. D.

2.

Vom 6ften Februar.

Morlin war aus Arnstadt nach Göttingen berufen worden, und Luther
bezeugt über die Undankbarkeit der Arnstädter gegen ihren bisherigen Lehrer seine grosse Unzufriedenheit. Noch grösser aber ist sein Unwille über
die erhaltene Nachricht, daß der Papst und Frankreich mit den Türken unter einer Decke gleichsam spielen sollen.

Aus der Börnerischen Sammlung zu Leipzig.

Egregio Domino, *Ioachimo Morlino,* Theologiae Doctori,
Ecclesiae Goettingensium Episcopo fideli, servo et syncero suo in Christo fratri charissimo.

Gratulamur vocationi tuae, mi Domine Doctor, et precamur tibi et Goettingensibus benedictionem lar-
gam spiritus sancti, ut facias fructum plurimum ad gloriam Dei Vade in pace, et Dominus sit tecum. Amen.
Si Arnstadiensis Senatus a nobis petierit aliquem, inveniet nos, non quales vellet, sicut scripsi ad civem isthic, *Petrum Walzdorf.* Vehementer enim me
offendit eorum ingratitudo et nequitia Deus reddet eis.
Ceterum in ecclesia tua memineris maximopere, ut orationes et obsecrationes excites in populo pro Comitiis
et Ecclesia, singulatim pro Principibus nostrae confes-
sionis item pro Caesare, ut spiritu bono regatur: nam
horribiliter furit Satan, ut nova scribuntur nobis fide
digna. Gallus invasit ab integro Caesarem, capto quodam

dam opido bono per fraudem. Huic fe iunxit Papa,
Veneti, l'urca, et alunt *Barbaroffam*, ducem Turcicae claffis, fingulis menfibus 300000 coronatorum.
Deinde Gallus tradidit *Barbaroffae* portum quendam, et aedificatur ibi templum Mahometicum confenfu Papae. Sic faciunt pro Ecclefia caput Ecclefiae et
Chriftianiffimus Rex Ecclefiae. Sic pecuniam ex indulgentiis, annatis et reditibus infinitis omnium Ecclefiarum contra Turcam tot annis extortam exponunt pro
Ecclefia. O tempora! O Satan! Veni, o domine icfu!
veni, tempus faciendi domino. Amen. Vale in Domino cum tuis. Die Dorotheae an. 1544.

T.

Mart. Lutherus.

3.

Vom 9ten Februar.

Luther macht den Anfang diefes Briefes mit der Anwendung des zweyten Pfalms auf die damaligen Zeiten. Er stellet hiernächst für einige
erhaltene häusliche Geschenke feinen Dank ab, und erzählt als etwas neues,
daß die Juden an einigen christlichen Höfen Protection gefunden haben,
daß die bischöfliche Wahl zu Merseburg auf Laterfen gefallen fey, daß der
Erzbischof zu Cöln in feinen guten Gesinnungen beharre, und daß Eck in
Ingolstadt einen Nachfolger bekommen habe, der vielleicht feinen Vorgän-
ger an Feindfeligkeit gegen das Evangelium übertreffen werde.

Aus der Ludwigschen Sammlung zu Halle.

Venerabili et optimo Viro Dn. *M. Antonio Lau-*
terbach.

G. et P. in Domino. Sedet ad dextram Dei patris,
quem praedicamus, confitemur et adoramus. Ipfe
viderit, quomodo hoftium fuorum confilia et ftudia
diffipet et confundat, ut Pf. 2. docet. Nos noftra agamus docendo et orando. Sinamus illos furere et tu-
mul-

multuari adverſus Dominum et Meſſiam eius.   Quid
coquant in Marchia Grickel und J·del ignoro: Deus
ſanet eos. Amen. Iudaei perditi in ea regnant apud
Marchionem propter pecuniam.   Recipiuntur etiam
Pragae a *Ferdinando* eadem cauſſa.   Hic fructus
eſt centaurorum, quos credo ultimos eccleſiae hoſtes
fore ſimul nocentiſſimos, qui ipſa ſunt avaritia avario-
res et inſaturabiliores inferno ipſo.   Saturabit eos Chriſtus propediem venturus in gloria non pecunia, ſed
flamma et ſulphure inferni et ira Dei.   Accepi piſces
variolos ſeu trutas maceratas.   Ages gratias *Iohanni Schulteis* nomine meo.   Quantam ſpirat Satan
acerbitatem in iſto carmine, quod miſiſti.   Sed nihil
perficiet contra Dominum, niſi quod teſtatur ſe crucia-
ri odio ſeſe digno adverſus filium Dei.   Vale in Domino, qui gubernet et ſervet te cum D. *Daniele* et
aliis comminiſtris Dei. Amen. Salutat te *Ketha* mea
et omnes tuos, dicitque non fuiſſe opus ſollicitudine
tua pro pomis Borſtorfiis.   Nova nulla, niſi quod
epiſcopus Mersburgenſis dicitur electus *Latorff,*
etiamſi aliquot ſuffragia *Iulius Aratratus* habuit.
Colonienſis epiſcopus adhuc perſeverat in evangelio.
Orandum pro eo, ut confirmetur.   Non deſinunt in-
ſanire contra eum Canonici.   Noſti ex nobis exiiſſe,
qui non fuit ex nobis *M: Vitum Amberbachum*
Ingolſtadium, ut ſuccedat *Eccio* blaſphematurus noſtrum verbum, forte magis quam ille fecit. Eſt enim
ibi ſentina omnium maledicorum hominum.   Dominus prope eſt. Nihil ſolliciti ſimus. Amen. 9 Februarii 1544.

M. Lutherus. D.

Monſtrum huius anni novi narro tibi (teſtes fide-
liſſimi ſunt) Gallus, Papa, Veneti, Turca conſpirant
contra

contra Caefarem. Et numerant pro exercitu fingulis
menfibus tres tonnas 3c0000 coronatorum. Gallus
Barbaroſſae, qui eſt Turcicae claſſis praefectus,
conceſſit portum quendam maritimum, et aedificavit
ibi templum *Mahometis*. Caeſari ademit bonum
oppidulum. Iſta Papiſtis veſtris cantabis. Hic eſt caput Eccleſiae fanctiſſimum, quod voluit adorari, iſte eſt
Chriſtianiſſimus Rex Franciae. Da iſt nun Ablaßgeld,
annatae, reditus, rapina omnium Eccleſiarum infinita,
pecunia tot annis parta angelegt. Lobet nun den
Papſt!

*

Zur Geſchichte dieſes Briefes gehöret die Nachricht, daß Lauterbach
nach Luthers Tode mit dem Original des Briefes ſeinen Freund Cö-
leſtin beſchenket, und zugleich ein Urtheil von Luthers Freunden und
Feinden hinzugefüget habe.

Ornatiſſime Vir, et egregie Dn. Doctor, amice colen-
diſſime. Has litteras, quas fanctus vir Dn. *D. M.
Lutherus* ante aliquot annos ad me finceriter
ſcripſit, ſuas querelas contra *Eisleben* infignem hypocritam et fimulatorem Antinomum perverſum; item
Marchiae noſtrae Iudaizantes deplorantes bona fide ad
te mitto, qui cupidus es ἀυτογραφον *Lutheri* piae
memoriae apud te habere, quo te honorari volo. Sed,
ut fis cautus, ne tibi periculum accerfas. Sunt enim
Lutheri ſcripta diabolo et fuis affeclis odiofa, praecipue *Agricolanis Eislebiis*, quorum auctor *Io. Agri-
cola*, furiis antinomicis ecclefiam Dei captiofe et frau-
dulenter offendit et Lutheranum coetum graviter per-
turbavit. Utinam ferio poenituiſſet! Ultima Sept.
1563.

4.

4.

Vom 14ſten Februar.

Luther lobet es ſehr, daß Myconius eine Ausſöhnung zwiſchen den Arnſtädtern und ihrem abgehenden Prediger Morlin vermittelt habe; und weil ſein Freund ſich einen nur noch halb lebenden genannt hatte: ſo verſichert Luther, daß er den auch nur halb lebenden Freund nicht vermiſſen wolle, weil ein Mann von ſeiner Einſicht und Verdienſten auch als halb lebend noch viel Gutes ſtiften könne.

Aus der von Ludwigſchen Sammlung zu Halle.

Friderico Myconio.

G. et P. in Domino. Breviter ſcribo, mi *Friderice,* quare ignoſces. Alias, ubi otium fuerit et tempus, plura. Gratiſſimae fuerunt litterae tuae, quibus ſigniſicas, te fuiſſe funĉtum vere Epiſcopali tuo officio, in reconciliandis *Morlino* et Arnſtadienſibus. Et ago Deo gratias. Nam verum eſt, me ſatis fuiſſe perturbatum hoc diſſidio, cum hoc tempore ſit maxime neceſſaria concordia, oratio, imo et ipſa poenitentia. Quare nihil eſt, quod petas a me, aut ſollicitus ſis de me aut meis litteris. Mihi abunde ſatis eſt faĉtum iſta concordia. Cui remiſſum eſt per vos, ut per me remiſſum eſt. Neminem ego volo ſollicitum, eſſe, qui tecum ſentit, ſeu cui tu tam bonum reddis teſtimonium. Facile credo, paſtores aliquos eſſe vehementiores, ſed rurſus novi, non raros eſſe in civitatibus tyrannos, et item multos nobiles, qui ultra modum ſuos paſtores exagitarunt. Hos inter ſemivivos non poſſum nec ſoleo numerare. Sed haec alias. Mallem certe, te eſſe validiorem: ſed, ubi ſentis, te non poſſe loqui, oro te, ut potius valetudinis tuae rationem habeas, quam ut amplius tibi accerſas incommodum. Melius eſt, te vivere ſemivivum, quam mori vocaliſſimum. Poteris conſilio et auĉtoritate eccleſiis prodeſſe, etiam ſemi-

mor-

mortuus. Et vides quam fint neceffarii veterani milites Cbrifti, ut roboretur per eos fuccrefcens et tene-
ra adhuc pueritia eorum, qui noftrum locum funt
fufcepturi. Etiamfi Spiritus S. omnia fine nobis poffit,
tamen non voluit nos fruftra vocatos in minifterium,
ut effemus organon ipfius. Plura alias. Vale in Domino, et ora pro me. Sabbatho poft Petri Cathedr.
1544.

T.

Mart. Lutherus.

5.

Vom 8ten März.

Luther theilet seinem Freunde Amsdorf über den ungewöhnlich strengen Winter, der abermals den verabredeten Besuch vereitelt hatte, seine
Anmerkungen mit; und weil die Nachricht von einem zwischen dem Pabste
und den Türken geschlossenen Bündnisse ihn ganz ausserordentlich befrem-
dete: so stellet er nun zum drittenmal seine Betrachtung darüber an,
und beschließt mit dem Gerüchte, daß nach dem Tode des türkischen Kaysers innerliche Unruhe in Constantinopel entstanden wäre.

Aus der von Ludwigschen Sammlung in Halle.

Nicolao Amsdorffio.

G. et P. Quod placuiffe tibi fcribis, Reverende in
domino Epifcope, me non prodiiffe ad te in ifta
faevitia hyemis, prae omnibus, quas in mea vita expertus fuerim. Quid cogitet Deus, ignoro. An forte
omnium creaturarum natura et infolitus curfus nobis
prophetat, diem illum redemtionis prae foribus effe.
Accurram vero, quam primum per tempus, Deo volente, potero. Nam otium mihi facile parabo, in tali praefertim valetudine. Cupio etiam, te videre et alloqui
etiam ipfe, antequam obdormiam. Gaudeo te libera-
tum a tyranno, et opto, ut melior fit fucceffor. Ego
quo-

quoque video avaritiam nobilitatis esse immensam, quod
agunt hoc, ut principes sint mendici ipsorum, ipsi sint
principes. Quamvis in omnibus ordinibus sit avaritia
indomita, ita ut hoc ipsum extremi iudicii signum valde mihi persuadeam, quasi mundus in ultimo suo pa-
roxismo deliret, et mox sit periturus, ut solent mori-
turi quidam Sed haec alias. Nova credo te omnia
nosse, quomodo Papa cum Turca foedus inierit, et Gallo et Venetis, bellaturus contra Caesarem. Gallus
portum maris dedit *Barbarossae* praefecto Turcicae classis, qui aedificat ibi templum Mahometicum. O
Christianissimum regem! o sanctissimum patrem! o ca-
tholicissimos Venetos! ubi sunt pecuniae illae infinitae
contra Turcam, ex palliis, annatis, confessionalibus, indulgentiis, &c.? Collectae scilicet pro Turca contra
Christianos serviunt. Vides itaque mundum accelera-
re finem sui. Et ut philosophia dicit, motum natura-
lem in principio tardiorem, in fine velocissimum esse.
Sed haec fortasse frustra, cum ex aliis ea habere possis. Ex Spira scribitur principem nostrum exceptum
a Caesare clementissime, missis ei obviam *Friderico
Palatino*, cum primariis aulae caesareae, fuisseque
pompa insigni deductum, et ingressum urbem, Deus det
feliciorem finem. Amen. Alia alias, ubi plura sciero,
vel per me ipsum coram narrabo. Turcam dicunt esse mortuum, et filios de regno certaturos esse. Hoc
utinam verum sit, nam et hoc ad cetera signa pertinet mundi mox perituri. Vale in Domino, qui te roboret, et hanc tuam captivitatem carnis faciat tibi
suavissimum paradisum videri. Quia voluntati eius
bene placitae inservis in ista functione episcopali. Amen.
8. Martii 44.

T

Martinus Lutherus. D.

- 6.

6.

Vom 11ten Märj.

In dem erſten Theil des Briefes entſchuldigt ſich **Luther**, daß er der Kirchenverſammlung nicht beywohnen könne, weil er nicht dazu berufen wäre, und der zweyte Theil betrift häusliche Aufträge und Geſchäfte.

Aus der von **Ludwigſchen** Sammlung zu Halle.

Ornatiſſimo Viro Dn. *M. Anton. Lauterbach*, Pyrnenſis et vicinarum Eccleſiarum Epiſcopo fideliſſimo, ſuo Fratri charisſimo.

G. et P. Facerem, mi *Antoni*, quae petis, ſcilicet, ut adeſſem in veſtra Synodo. Sed non eſt mihi integrum, cum vocatus non ſim. Dominus erit vobiscum. Id quod precor et opto. Amen. *Ketha* mea agit gratias pro tua benevolentia. Sed *Alexius* erravit, cum tibi ſcriberet pro ſudibus et ſurculis Borsdorfenſibus. Non ſudes petiit, ſed ſuſtentacula vitium teutonice **Weinpfähle.** Si talium poſſes mittere decem ſexaginta, vel circiter. Nam ſudes iam habet emtus: et fruſtra eas mitteres. Deinde non Borsdorfenſes ſurculos petit; ſed genus illud pomorum rubicundorum, quale miſiſti cum pomis Borsdorfenſibus. Salutamus omnes te et tuos. Vale in domino, die S. Gregorii. 1544.

T.

Martinus Luther. D.

7.

Vom 11ten April.

Luther redet von den neuen zwiſchen dem Churfürſten und dem Herzo-ge **Morih** zu Sachſen entſtandenen Mißhelligkeiten als einem wirklichen Aergerniſſe, und bezeugt über die Undankbarkeit des Herzogs und über die Herrſchſucht des Meißniſchen Adels ſein Mißvergnügen. Er redet hier hiernächst von Carlſtads Tode als einer Geſchichte, die mit vielen faſ, beſhaften Umſtänden begleitet worden.

Aus der Börneriſchen Sammlung zu Leipzig.

Nicolao ab Amsdorf, Epiſcopo Numburgenſ.

C͟um eſſet ad te reverſurus, optime vir, *G e o r g i u s B l a n c k* (ſic enim vocamus) organiſta tuus, nolui tam 'certum nuncium dimittere inanem litterarum. Spero autem te eſſe confirmatum in officio, nuper tibi impoſito, et Chriſtum agere in te et gubernare Eccleſiam ſanguine ſuo redemtam, id quod continuis gemitibus et deſideriis cordis mei peto ; ſicut et ſanctificari nomen Dei inter nos aſſidue oramus in ſpiritu et cupimus. Vides, quam foedum ſcandalum Satan excitavit inter noſtrum principem et Ducem *M o r i t z.* Deus arceat et humiliet Nobilitatem illam, praeſertim Misniae, genus hominum, ſuperbia, luxu, libidine, avaritia, uſura, impietate perditiſſimum. Sed forte compleri oportet Amorraeorum iniquitates, et Evangelium habere hoſtes, quos hodie vel nullos, vel contemnendos haberet, niſi ſola nobilitas contra 'nos inſaniret. Ita metuunt, ne imperio deiiciantur. quo hactenus Principes et Epiſcopos ſubiectos et ſervos habuerunt. Saepe recordor tui cuiusdam dicti de adulteriis principibus, et impleri coepiſſe videtur illud Sapient. III. et IV. *Filii adulterorum in conſummatione erunt, et ab iniquo thoro ſemen exterminabitur. Et plantationes adulterinae non dabunt radices alias, nec ſtabile firmamentum locabunt.* Deus exaudiat iuſtitiam. Amen. Me vehementer urit ingratitudo illa, (Deo haud dubie inviſa,) quod *Moritz* ne natus quidem, aut aliquis eſſet factus, niſi dux *F r i d e r i c u s* et *I o h a n n e s* patrem eius contra ducem *G e o r g i u m* ſervaſſent. Sed perditioni deſtinatos ſic oportet perire. *C a r l ſ t a d i u m*

in·

interiiſſe noſti? quem Baſilvenſes Eccleſiaſtae ſcribunt
fuiſſe peſtem ſuae ſcholae venenoſiſſimam. Mortuus
eſt autem occidente diabolo. Scribunt enim appa-
ruiſſe ei concionanti, et aliis multis virum grandis ſtaturae; ingreſſum templum, et in vacua ſede iuxta
civem quendam ſtetiſſe, rurſus egreſſum. et in aedes
Carlſtadii intraſſe, ibi filium ſolum inventum manibus
levaſſe, quaſi ad terram colliſurus, ſed illaeſum dimiſiſſe,
iuſſiſſeque ut patri diceret, ſeſe reverſurum eſſe poſt triduum, et ipſum ablaturum. Ita poſt triduum eſſe defunĉtum. Addunt, ipſum finita concione civem illum
adiiſſe, et interrogaſſe, quis ille vir fuerit. Civis autem
ſe nihil vidiſſe dixit. Ita credo ſubitis terroribus correptum nulla alia peſte quam terrore mortis extinĉtum.
Miſere enim mortem horrere ſolebat. Hic *Georgius* petit, ubi Conſiſtorium veſtrum erectum fuerit,
ut Notarius eſſe poſſit, idque oravit, ut peterem abs te
Tu facies, quae digna ſunt fieri. Eſt, ut videtur, homo ad omnia idoneus. Bene in Domino vale. Et
litteras, quaeſo, meas concerpe. Quia enim tu non
fers, a me tibi titulos Epiſcopi et Principis adſcribi;
nolim tamen aliis id innoteſcere, ne videar contempſiſ-
ſe Epiſcopatus ſui maieſtatem. Intelligenti pauca. Paraſceves. 1544.

T.

Martinus Luther.

8.
Vom 16ten May.

Luthers Geſundheit war in ſo fern wieder hergeſtellet, daß er Predigten
und öffentliche Vorleſungen halten konnte; und nun äuſſert er eine
kleine freundſchaftliche Ungeduld, ſeinen Freund bald zu beſuchen, und fragt
ihn, welcher Weg ihm der bequemſte und ſicherſte ſcheine?

Aus der Sammlung des Predigers Niemeyer zu Herſigen.

Luth. Briefe. U Re-

Reverendo in Chriſto Viro D. *Nicolao*, Epiſcopo Eccleſiae verae Numburgenſis vero, ſuo in Domino Maiori ſuſpiciendo.

G. et P. Audivi hodie et locutus ſum cum viro iſto, paſtore tuo Cicenſi, Reverende in Chriſto Vir, et optimus eſt mihi viſus. Mire impeditus fui, ne ad te pervenirem; poſt rumores ſparſi ſunt de equitibus vagantibus. Sed dabo operam, Domino volente, ut alia ratione et occultiore iter ingrediar, quam primum potero. Exſpecto principis adventum, ut ſciam, quid ſit actum. Epiſcopatus Mersburgenſis movet omnes, quidnam hoc monſtrum ſit pariturum. Sed de his coram, ut ſpero, brevi. Ego utcumque valeo, legens et concionans; ut Satanae imputem eclipſin illam capitis, quam patiebar in itinere ad te inſtituto, niſi occulto conſilio Deus ita prohibuit. Nihilominus, ſi et dum vacat, mihi ſignifices, an mihi tutum eſſe iter exiſtimes per Lipſiam et Aratrorum terras? Alióqui ſtatueram per Grymmam vel Quercetum procedere. Bene in Domino vale. 16 Maji 1544.

T.

Martinus Luther. D.

9.

Vom 18ten May.

Ein Prediger war wegen gebrauchter unbequemer theologiſcher Ausdrücke angefochten worden. Dieſen ſucht Luther, als ſeinen Freund, ſo viel möglich zu entſchuldigen: wünſcht aber doch, daß er ſich lieber der biblliſchen Redensarten, als der ſchwankenden eigenmächtigen, mögte bedienet haben.

Aus **Aurifabers** ungedruckter Sammlung.

Martino

Martinio Gilberto.

Gratiam et pacem. Nifi tu aliud vel aliter dixeris, mi *Martine*, quam quod fcribis, non magnôpere reprehendendum effet; Nifi quòd id verbi, quò ufus es, *integrum* Chriftum effe paffum ex duabus naturis conftantem, forte offendit. Ideo tibi effet cogitandum potius, ut fecundum Apoftolum idem effet dicendum, idem ufitato verbo dicendum: quamvis enim idem eft, integrum Chriftum ex duabus naturis conftantem effe paffum, et perfonam illam ex duabus naturis conftantem effe paffam; haec omnia eadem ut fana veraque funt: tamen fi tu aliud intelligeres in vocabulo *integrum*, id eft, divinitatem effe feparatam et feparatim paffam, cum et in humanitate hoc nihil valeret. Quare fic te exponas aperte, nihil aliud te voluiffe, quam illam perfonam, quae eft Chriftus, ex divina et humana natura conftans, effe vere paffam. Ita ut vere dicatur: filius Dei, immo ipfe Deus verus eft paffus, qui Deus eft vere homo, et homo eft vere Deus in una perfona, ficut *Paulus* dixit. 1 Cor. 1. *Numquam dominum gloriae crucifixiffent.* Non dixit, purum hominem crucifixerunt, fed dominum gloriae crucifixerunt. Alias alia. Sum occupatiffimus et fenio atque negotiis feffus, Bene vale in Chrifto. Die vocem Iucunditatis, anno 1544.

T.

Martinus Lutherus. D.

16.

Vom 23ften May.

Eine akademifche Feyerlichkeit verzögerte abermals Luthers Abreife ju Amsdorfen; und nun fezt er fo wol den Tag als den Weg beft, auf welchem er endlich feinen Freund zu befuchen gedenket.

Aus der Sammlung des Predigers Niemeyer ju Herfigen.

Reverendo in Chrifto Patri D. *Nicolao*, Epifcopo Vero Ecclefiae Numburgenfis, fuo in Domino Maiori fufpiciendo.

G. et P. Non eft neceffe mitti equites, Mi reverendiffime in Domino Pater. Ego conftitui per ditionem principis noftri ire, fcilicet per Grymmam et Bornam. Quod fi a Borna (nam proximum eft praedium meum (Zülsdorf) per Aratros usque ad Ceitzam iter fuerit, ex eo loco tibi fignificabo. Eramque profecturus proxima feria 2. poft Exaudi. Sed incidit promotio Doctorandorum eadem Hebdomade. Ita cogor mutare confilium: fed omnino proficifcar, quanto poteft fieri occultius, feria 4. pentecoftes. Quia valetudo fatis, pro aetate et tempore, bene promittit. Vale et ora, quaefo, ne denuq interturbetur profectio ista mea defideratiffima.

Freytags poft Afcenfionis. Nulli dixi hoc meum confilium, nec dicam, tu etiam nulli dices. Vale iterum in Domino 1544.

T.

Martinus Luther.

11.

Vom 3ten Junii.

Luther berichtet, daß die erwartete Ankunft des Landesfürsten in Zeit einen abermaligen Aufschub der vorgehabten Reise veranlasset habe: er hoffet aber doch, daß diese Reise (nun bald, und noch dazu mit mehrerer Sicherheit und Bequemlichkeit, werde geschehen können.

Aus **Aurifabers** ungedruckter Sammlung.

Nicolao Anisdorfio.

G. et P. Reverende Pater. Reverfus D. *Bruck* denuntiat mihi ex principe, futurum, ut in quindecim

cim dies princeps in Zeitzam fit venturus, advocatis
fimul nobis duobus, apud te futuris. Quare te oro,
ut hanc morulam in gratiam principis non feras aegre.
Tum enim tuto veniemus. Narrat enim Aratros nova
exacerbatione effe commotos in principem, poffe mihi infidias ftruere in contumeliam principis. Igitur
brevi aderimus, et *Bruck* et ego. Bene interim vale
in Domino. Die 3. pentecoftes. anno 1544.

T.

Martinus Lutherus.

12.

Vom 4ten Junii.

Diefer Brief ift mit dem nächftvorhergehenden eines ähnlichen Inhalts, und
der Unterfchied befteht darin, daß die Ankunft des Landesfürften und die
zu hoffende mehrere Sicherheit näher beftimmet wird.

Aus der Sammlung des Predigers **Niemeyer** zu Herflgen.

Nicolao Amsdorfio.

G. et P. in Domino. Certa erat praedeftinatio mea,
ut hodie Lipfiae effem, unde ad te fcripturus effem, optime et reverende Pater, pro equitibus. Nam
cum nihil minus fperaffem, quam ut mitteres equites
in occurfum usque ad Dibon, volui clam uno die
Lipfiam petere. Nunc fi litterae meae nondum ad te
venerunt, quas D. *Bruck* nuntio principis dedit, ut
per viain ad te quoque iret: fcito, principem affore ad
minus poft quindenam in ipfa Zeitza. Ubi fimul D.
Bruck et ego apud te erimus. Sic mihi D. *Bruck*
ex principe narrat, in qua re mos eft gerendus principi, ne contemptus videatur. Ego operam dabo,
ne differatur fed acceleretur adventus meus ad te.
Exiftimat D. *Bruck*, non effe tutum propter Aratros,
qui recenti quodam paroxyfmo cum principe exacer-
bati putantur aliquid moliri in vindiétam vel contumeliam

liam principis. Ideo non tentandus Deus, fed Chriftus conventum noftrum fortunet. In quo vale optime Fer 4. in pentecofte. Vefperi et fero acceptis
litteris. 1544.

T D. deditus
Martinus Lutherus. D.

13.

Vom 20ften Junii.

Lauterbach hatte gewünscht, daß Luther eine Schrift von der Aufrecht-
haltung der Kirchendisciplin entwerfen mögte. Allein diese Arbeit sucht
er von sich abzulehnen, weil er an Kräften erschöpft sey, und andre es
was Bündigeres leisten würden, als er leisten könne. Er redet hiernächst
von Verächtern des h. Abendmahls, die den Genuß desselben bis auf ihr
Sterbebette verschieben, und ist der Meynung, daß sie es wegen der
heillosen Zögerung verdienten, wenn sie des Genusses auf ihrem Sterbebette beraubet würden.

Aus der Kraftischen Sammlung zu Husum.

Antonio Lauterbach.

G. et P. Nihil novum facit *Carlowitz*, ut fcribis, mi *Antoni*; fed homo reprobus facit,
quod meretur et fe dignum eft. Mitte vadere, ficut
vadit. Dominus confervet mentem principis *Mau-
ritii* in falutem populorum multorum. Amen.
Quod petis de difciplina ecclefiaftica a me fcribi, cogito fortaffe per alium id effecturum Dominum: ego
plane et plene exhauftus fum, et alii melius id effi-
cient. Denique fpero, principem ab Anhalt epifcopum nobis daturum exemplum. In qua re iam diu
etiam laboramus, ut Numburgenfis epifcopus exemplum ederet, ubi Satan aulicus etiam hactenus
reftitit, velut illo angelo in *Daniele* reftitit
princeps Perfarum. Dominus augeat nobis fpiritum
fuum. Amen. Quid aliud agas cum illis, qui facramentum differunt accipere ufque ad extremum halitum, nifi ut publice admoneas, fibi temperare et ti-
n.ere

mere a tali periculo? deinceps minando', fi quis
porro diftulerit, donec fenfus et ratio defecerit, illis
non poffe miniftrari facramentum, non plus certe quam
porco aut cani. Nam cum illis non poteft agi de
poenitentia nec explorari, quid credant aut agant.
Quare non poffunt effe capaces facramenti et fruftra
illis offertur. Sit fanguis eorum fuper caput ipforum,
qui tota vita, dum fani funt, contemnunt verbum et
facramentum, quo fiunt de die in diem ineptiores ad
ipfum, ut merito facramentis priventur in fine vitae
propria culpa. Quare cogitent, dum vivunt, dum va-
lent, dum audire et refpondere, et peccata et fidem
pure et diferte confiteri poffunt, ut adfuefcant ad
ufum verbi et facramenti. Sin minus, careant etiam
in fine, cum ratio et fenfus defecerint omni minifterio
et facramento et communione ecclefiae, ficut in vita
voluerunt et meruerunt. Nobis mandatum eft, ne fanctum demus canibus, nec porcis margaritas. Sic nos
noftros admonuimus, et ita fecimus. Bene in Domino vale et ora pro me, Sexto poft Viti 1544.

M. L. D.

Mittit *Ketha* mea modulum pro pelliceo filiolae,
ut cures parare, quo potes aptius. Quamquam
nefcio, quo iure te in fervitutem accepimus, ut
in omnibus et in tam multis opera tua gratis uta-
mur. Dominus reddat.

14.

Vom 23ſten Junit.

Das Römiſche Reformationsgeſchäft veranlaßt Luthern, über den widerrechtlichen Mißbrauch der milden Stiftungen gerechte Klagen zu führen, und indem er Amsdorfen zum thätigen Mitleiden gegen ſeine
dürftige Anverwandten zu bewegen ſucht, ſo vergleicht er ihn mit Pabſt
Alexander dem Fünften, der von ſich ſelbſt verſicherte, daß er aus einem

nem reichen Bischofe, ein armer Kardinal, und zulezt ein höchst dürftiger Pabst geworden sey.

Aus der Sammlung des Predigers Niemeyer zu Herstigen.

Nicolao Amsdorfio.

G. et P. in Domino. Nec vidi nec legi, mi Reverende in Christo episcope, Colonienfem reformationem, etfi eam laudari audiam. M. *Philippum* interrogavi : qui dicit effe talem ut verbi et facramentorum legitimus et intellectus et ufus in ecclefiis omnibus doceatur, remotis omnibus fuperftitionibus. Maneant vero Cathedrae et Monafteria indirepta, ut nunc funt. Quae fi ita haberent, tolerabilis effet, donec aliud Deus dederit. Nam ista rapina, immo rapacitas principum, nobilium, et magiftratuum odibilis et deteftabilis eft ; futura, fuo exemplo, magna pernicies, vel etiam, vaftitas parochiarum et fcholarum. Sie wollens alles haben, und das auch dazu, das die Fürsten haben. Coram et brevi plura. Nam princeps fcribit fefe affore brevi. Comitia funt in Arnftatt noftri foederis, de refignando Ducatu (clam hoc effe dictum volo) in manus Caefaris, quod opto fieri, quia grave eft noftro principi, tantos fumptus ferre. Ea comitia vel triduo perficientur. Interim in Chrifto vale.

Quae mififti munufcula mihi et liberis, accepimus, fed te oro, fi quid tibi fupereft, conferas in tuos nepotes et matrem eorum mulierem optimam, cuius non poffum recordari fine gemitu ob calamitatem mariti. Quoties autem liberos eius video, recordor. Bene feceris, quidquid in eam poteris conferre, fimul et debes quoque. Denique tu es epifcopus pauper, cum effes parochus dives. Saepe recordor dicti illius *Alexandri* Papae *Quinti* , qui dixit : fui epifcopus dives, poft pauper cardinalis, nunc mendicus papa.

pa. Talis et tu mihi eſſe videris. Sed ſic voluit ille, qui pro nobis pauper faſtus, immo et mortuus eſt.
Cui eſt ſerviendum in paupertate, immo tota vita et
morte ſecundum eius voluntatem bonam, bene placi-
tam et perfeſtam. Cui gloria in ſeculorum ſecula.
Amen. Vigilia Sti. Iohannis. 1544.

Tuus

M. Lutherus. D.

15.

Vom 25ſten Jun.

Ein dreyfaches theologiſches Bedenken, wie falſche Propheten zu beſtra-
fen, wie Schwärmer zu beurtheilen und wie Angefochtene zu beruhigen
ſind, macht den Inhalt dieſes Briefes aus.

Aus dem Original.

M. Wenceslao Linco.

G. et P. Quod quaeris, an liceat magiſtratui occidere Pſeudoprophetas? ego ad iudicium ſanguinis
tardior ſum, etiam ubi mendum abundat, tum in hac
cauſa terret me exempli ſequela, quam in Papiſtis et
Iudaeis videmus ante Chriſtum, ubi conſtitutum fuiſſet,
Pſeudoprophetas et Haereticos occidi, faſtum eſt, ut
non niſi ſanſti Prophetae et innocentes occiderentur,
auſtoritate eius inſtituti, quo impii magiſtratus freti,
Pſeudoprophetas et Haereticos occiderunt, quoscumque
voluerunt. Idem ſecuturum timeo apud noſtros, ſi ſemel uno exemplo licitum probari poterit, ſeduſtores
eſſe occidendos, cum adhuc videmus apud Papiſtas huius ſtatuti abuſu ſanguinem innocentem fundi pro no-
centi. Quare nullo modo poſſum admittere, falſos do-
ſtores occidi, ſatius eſt, eos relegari, qua poena ſi qui
abuti volent, poſter. mitius peccabunt, et ſibi tantum
nocebunt. De Fanaticis ſic ſentio: Omnes moriones

et

et quicunque ufu rationis privantur, a Daemonibus ve-
xati et occupati funt, non quod damnati funt ideo, fed
quod Satan variis modis homines fic tentat, alios gra-
vius, alios lenius, alios brevius, alios longius. Nam
quod Medici multa huiusmodi tribuunt naturalibus caufis, et remediis aliquando mitigant, fit, quod ignorant, quanta fit potentia et ius Daemonum *Chriftus*
non dubitat, curvam illam anum in Evangelio vinctam
a Satana dicere, et *Petrus* Actor. c. 10. oppreffos
omnes a Diabolo fuiffe afferit, quos *Chriftus* fana-
vit; ut etiam furdos et mutos, denique peftes, febres
et alios graves morbos effe Daemonum praeftigia non
licet dubitare, quia ipfi funt, qui et tempeftates, incendia frugum, et fructuum difpendia operantur. Mali
Angeli funt, quid mirum, fi omnia maxima damna et
pericula intentent, quatenus permittit Deus, etiamfi
plurima talia herbis et remediis aliis naturalibus curari poffunt, fed volente et noftri miferente Deo.   Vide
quid *Iob* patiatur a Satana, quae omnia naturaliter fieri et curari poffe, dicet medicus Itaque hos fanaticos a Satana vexari credo temporaliter.   Sed Satan non
faceret fanaticos, qui corda implent fornicationibus,
nifi Deus permitteret.   Summa, propior eft, quam ul-
lus hominum credat, cum fanctiffimis fit propinquiffi-
mus, atque adeo ipfum *Paulum* colaphicet, et *Chriftum* ferat, quorfum libet, Math. 4.   Tentatos hoc
modo folarer: primum, ut folitudinem caveant, femper
converfentur cum aliis, de Pfalmis et fcripturis confa-
bulando.   Deinde, quamvis difficillimum eft facere,
tamen praefentiffimum remedium eft, fi fibi perfuadere
poffint, certo effe cogitationes hafce non fuas, fed Satanae, item, omittendum fummo conatu, ut ad alia
convertatur et tales cogitationes illi relinquant. Nam
eis immorari, vel cum iis pugnare, et velle fuperare,
aut finem eius expectare, eft eas reiterare et robora-

re

re usque ad perditionem absque ullo remedio. Das
Beste ist, fallen sie ein, so lasse sie wieder entfallen,
und nicht lange drücken oder disputiren; wer das
nicht thut, dem ist nicht zu rathen. Senties autem,
quam difficile sit hoc dictu. Nam cum eiusmodi cogitationibus agatur de Deo et de salute aeterna, vehementer recusat mens nostra eos relinquere et contemnere, nisi prius certa fiat Ignoramus, quod haec
certitudo et victoria est impossibilis immorando et cum
eis disputando, quia quaeritur certitudo et victoria per
nostras cogitationes et nostrum consilium, quod Satan
bene novit. Ideo sic eas inculcat et necessarias facit,
ut nemo velit eas relinquere et sese avertere, sed
spectare et palpare finem. Hoc est succumbere et Satanam regnare. Ut autem facilius assuefiant animi,
persuadeantur audire dictum aliquod verum boni viri,
tamquam vocem Dei de coelo. Sic ego una
hac voce *Pomerani* saepius recreatus sum, qui semel ad me dixit: Non debes nostram consolationem
contemnere. Summa, persuasi mihi, esse de coelo
vocem Dei, hinc coepi intelligere: Eloquium tuum
vivificat me. Hoc remedio usus est Dominus, cum
ad Satanam dixit: *Non tentabis Dominum Deum
tuum*, quo verbo et vicit et vincendum nobis dedit
Diabolum. Nam fere aliud nihil sunt cogitationes
eiusmodi, quam tentationes Diaboli, licet hoc non
putemus, dum adsunt, sed sceleftissimas summe necessarias pro salute arbitramur, quia Deum opponunt,
quem non licet contemnere, ut cor non audeat ei
dicere: tu non es Deus, aut nolo te Deum, et tamen necesse est ita dicere, ut avertaris, et aliter,
quam isto modo, Deum cogites, quod fit, si verbo
solantis et reducentis credas et te totum tradas. Haec
verbosius licet, tamen non satis, quia novi, quid in
hoc genere cogitationum Satan possit. Ultimo, ora-
tio-

tionibus petant, et credant se iuvari. sicut revera iu-
vantur, si credant. Nec solum pugnant aut patiuntur, assistimus omnes orationibus, et onus nostrum mu-
tuo portamus. Adde, ubi non tentaverit Satan, ferant
longanimiter, scientes, quod Satan, quos subito, ut et
astu capere non potest, assiduitate et prolixitate fatiga-
re studet, sicut ille cantat: *Saepe oppugnaverunt me,
saepe prolongaverunt iniquitatem suam. Spectaculum
in Deo et Angelis eius eris salutaris et beatum.*
Amen. Anno 1544. post Iohannem Baptistam.

Martinus Luther.

16.

Vom 21ten Julii.

Der erste Theil des Briefes handelt von der ehelichen Verbindung eines
Predigers mit seiner verstorbenen Frauen Stiefmutter, die Luther als
gesezwidrig und anstößig verdammet. Im zweyten Theile streitet er über
die Hofleute, die er wegen ihrer Zögerungen in Erfüllung ihrer Ver-
sprechungen mit Krebsen und Schnecken vergleichet.

Aus der **Börnerischen** Sammlung zu Leipzig.

Nicolao Amsdorfio, Episcopo Ecclesiae Numburgensis.

Gratiam et Pacem, Rever. in Christo Pater. Ego
sentio, coniugium Pastoris, qui novercum uxoris
suae defunctae duxit, incestum esse, nisi sic esset noverca, quod defunctae pater etiam fuisset vitricus, non
naturalis pater: ideoque aut dirimendum esse, vel
extra dioecesin tuam expellendum; deinde propter scandalum, quod Pastor ecclesiae toties praemonitus, tale est ausus. Quod cancros solus coactus es comedere, satis multum invideo; et displicet, me ex aula
tam diu esse dilatum. Es ist doch mit dem Hofe
nichts. Ihr Regiment ist eitel Krebs und Schnecken. Es kann nicht fort von statten, oder will immer

mer zurück. Christus optime ecclesiae consuluit, qui aulae non commisit ecclesiarum administrationem. Der Teufel hätte sonst nichts zu thun, denn eitel Christenseelen zu fressen. Dicitur hodie princeps venturus huc: ubi explorabo, an velit praestare, quod promisit de meo ad te adventu. Quod si iterum differt, ego tibi significabo, ut adhuc semel obviis tuis equitibus me excipias. Interim in Domino vale. Ego rependam damnum, devoraturus tecum omnes reliquos cancros. Atque utinam postrae aulae cancros et testudines omnes vorare possem. Fer. 2. Praxedis. 1544.

T.

Mart. Luther.

17.

Vom 4ten August.

Luther ertheilet auf die ihm vorgelegte Frage: ob heimliche Verlobungen, die ohne Vorwissen und Einwilligung der Eltern geschehen sind, als gültig betrachtet werden können? sein theologisches Bedenken dahin, daß Verbindungen von dieser Art schlechterdings ungültig sind, und führet Beyspiele an, da er in ähnlichen Fällen, selbst mit Beyfall des Landesfürsten, eben so geurtheilet habe.

Aus der Börnerischen Sammlung zu Leipzig.

Venerabili in Christo fratri, Dn. *Iohanni Lango*, Theologiae Doctori, Ecclesiae Erfordiensis Episcopo et Pastori, fideli et sinceriffimo.

G. et P. De casu, quem mihi significasti, mi *Lange*, sic nos hic iudicamus. Etiamsi puella spospondisset, sine conditione paterni consensus simpliciter et plane, tamen votum eius irritum et nihil esse. Sic Magistri *Philippi* filium circumventum, ut horribili iuramento sese adstrinxisset puellae, ego cum fiducia

libera-

liberavi.   Sic Ducem Brunſuicenſem *Erneſtum* in noſtra aula avulſimus, qui ſanguine proprio ſcripſerat ſponſalia, ultra iuramenta.   Quia ſpeciem raptus et ſacrilegii ſentimus , filios et filias a familiis iſtis artibus alienari a parentibus et eorum poteſtati ſurripi. Denique, ut multum noſtri Iuriſtae pertinaces ſunt in cauſa *Caſpari Beyer*, tamen princeps meam ſententiam publica auctoritate confirmavit.   Hinc grunniunt et furiunt in me, et tantum non rumpuntur. Omnino eſt nobis huic malo reſiſtendum, propter ſervandam praeceptis Dei reverentiam ; nec concedamus, Papiſtas eſſe poſſe iudices in cauſa, ſive ſpirituales ſive laicales: Quia ſe ipſos exauctoraverunt ab officio eccleſiae regendae, dum hoſtes verbi et eccleſiae ſeſe profitentur et oſtendunt.   Nec habuit poteſtatem Antichriſtus ſtatuere hanc legem 2-, 9, 2 ; *Sufficiat de clandeſtinis &c.*   cum ſit lex ex ipſo Satana perfecta, cum ſimilibus , contra quartum praeceptum, contra iura civilia et naturae, et contra exempla legis *Moyſis.* Quare nec ius, lex, iudicium, nec auctoritas, nec iudices in hac re ſunt apud Iuriſtas; et in veſtro Magiſtratu tantum voluntas requiritur et in vobis, Paſtoribus, repudium contra furias Antichriſti et ſuorum.   Nec talia ſponſalia benedicere poteſtis, niſi peccatis alienis communicare volueritis, et confirmare abominationes Papae.   Sic nos facimus et princeps approbat. Cupio editum meum libellum quamprimum abſolvere, qui in manibus eſt.   In Domino bene vale. Feria 2 poſt Vincula Petri. 1544.

D. Martinus Luther.

18.

Vom 7ten Auguſt.

Luther iſt nunmehr den Tag zu ſeiner Abreiſe beſt; nachdem er die Einwilligung des Landesfürſten erhalten hatte.   Er bittet aber ſeinen Freund,

Freund, daß er ihm zu seiner Sicherheit einige Begleiter entgegen senden wolle.

Aus der Sammlung des Predigers Niemeyer zu Herssgen.

Nicolao Amsdorffio.

G. et P. Statutum eft mihi, reverende in Domino pater, ad te proficifci, ficut proxime fcripfi, poftquam aulae noftrae cancros exploraffem. Deus fecundet iter in Chrifto. Movebo igitur, Deo volente, pedem e Wittenberga mane feria quarta proxima poft Laurentii, ut eius diei vefperae fim Eilenburgae coenaturus. Altera die per Quercetum zur Eiche (fi poterit via effe) ad Bornam venturus; vel fi non poterit, per Grymmam, prout confulent praefecti iftorum locorum. Quare fi voles, (nam opus non eft) unum aut alterum equitem, qui dux et magifter itineris fit, poteris in occurfum mittere. Nam aulae noftrae equites non cupio, quamquam eos princeps mihi offerat. Habes quid rogitem. In Domino bene vale. Die S. Donati, feu 7 poft vincula Petri. 1544.

Martinus Lutherus. D.

19.

Vom 11ten August.

Luther und Melanthon ertheilen gemeinschaftlich einem durch Wittenberg reisenden Fremden ein sehr günstiges Zeugniß, und empfehlen ihn den Lesern dieses Zeugnisses auch aus dem Grunde, weil alle Menschen als Fremdlinge und Pilgrim in diesem Leben betrachtet werden können.

Aus dem Original.

Mart. Lutherus et Phil. Melanthon. Lecturis G. et P.

Venit in Academiam noftram hic Pannonius hofpes *Bartholomaeus Georgowitz,* peregrinus Hi-

Hierofolymitanus, qui narrat, se captum esse a Turcis
in proelio, in quo rex *Ludovicus* periit, ac postea
Constantinopoli septem annos, et postea in Asia sex
annos serviisse. Ita autem locorum appellationes et
naturas regionum et mores cum Turcicae gentis;
tum Armeniorum et Graecorum erudite recitat, et tam
confentanea fide dignis hiftoriis narrat, ut virum hone-
ftum esse et honeftis de caufis peregrinari eum existi-
memus. Fuit nobis gratissimum, quod dixit, in Arme-
niis adhuc Ecclesiam Christi et studia doctrinae Christianae florere. Quare commendamus hunc hospitem
bonis viris ubique tuendum, qui sciunt, officia erga hospites et Deo grata esse, et maxime hominum naturae convenire, et quidem nos ipsos de nostro exilio
commonefacere. Venimus enim in hunc mundum
hospites, et excipimur variis aerumnis. Sed ad patriam et tranquillam sedem, ad Christi consuetudinem,
tendimus. Mitigat autem Deus nobis nostri hospitii
miserias clementius, si ipsi hospitum misericordia adfi-
ciamur. Dat. Wittenbergae die XI. Aug. anno 1544.

20.

Vom 21ften Auguft.

In diesem wahrhaftig christlichen und theologischen Troftschreiben sucht
Luther seinen Freund Spalatin zu beruhigen, der sich ein ängftlich
Gewissen daraus machte, daß er in die Ehe eines Predigers mit seiner
verstorbenen Frauen Stiefmutter eingewilliget hatte. Luther billiget
diese Uebereilung nicht, er erschöpft aber alle Gründe der Vernunft und
des Christenthums, um seinen Freund zu überzeugen, daß diese Uebereil-
lung eine erläßliche Sünde sey, und daß er in der Genugthuung seines
Erlösers Vergebung suchen und finden könne.

Aus der Sammlung des Casp. Sagittarius zu Jena.

Ve-

Venerabili in Christo Viro Dn. *Georgio Spalatino*, Ecclesiarum Misnae Superattendenti Altenburgens. Pastori fidelist. suo in Domino charistimo.

Gratiam et pacem a Domino, et consolationem Spiritus Sancti. Amen. Ex animo tibi compatior, optime mi *Spalatine*, Dominumque precor, ut te roboret et exhilaret. Quaerenti autem mihi, quidnam morbi patereris, responsum est, putare aliquos, te spiritu tristitiae exerceri, propter casum illum parochi, qui novercam uxoris suae defunctae duxerit. Quod si ita est, per Christum Dominum te oro, quantis possum votis, ut super te et in tuis cogitationibus non stes, sed audias fratrem in Christo loquentem tibi. Alioqui tristitia occidet te quae (ut *Paulus* dicit) mortem operatur, sicut expertus sum in me ipso saepius et anno 1540 Vinariae in M. *Philippo*, quem in casu Landgravii iam occiderat tristitia, sed Christus per os meum suscitavit eum. Esto, quod reus fueris et peccaveris in isto casu, vel plura et maiora, quam *Manasses* peccaveris, cuius fuerunt scandala infanabilia per totum tempus posteritatis, usque ad desolationem Ierusalem. Tuum vero facile est sanabile, et temporale valde. Esto (inquam) sis reus. Numquid ideo tristitia te conficies, et multo maiora in te ipsum occidendo peccabis? sufficit peccasse, transeat peccatum, cesset tristitia maior peccatrix. *Nolo*, inquit, *mortem peccatoris, sed ut potius convertatur, et rursus vivat*. Numquid in te uno abbreviata est manus Domini? Numquid in te solo desiit misericors et miserator esse? Numquid tu solus efficies tuo peccato, ut non habeamus pontificem, qui compati possit nostris infirmitatibus? Numquid mirum aut novum esse credis, si vivens in carne tot Daemonum ignitis telis circumdatus, aliquando vulneretur, aut prosternatur etiam? Videris mi-

hi non expertus effe in luca adverfus peccatum, feu
confcientiam et legem, vel Satanas tibi e confpectu et
memoria tua deturbaverit, omnes illas lectiones librorum, quibus inftructus es de Chrifti officio et beneficio. Immo omnes praeclaras tuas conciones, quibus
ecclefiam docuifti, exhortatus et confolatus es, magna
fiducia et exultante fpiritu. Aut certe nimis tener hactenus fuifti peccator, qui tibi parum illorum peccatu-
lorum confcius tantum fueris. Sed, quaefo, iunge te
nobis, veris, magnis et duris peccatoribus, ne nobis
Chriftum extenues et minuas, qui non eft falvator fidelium, fed verorum, non parvorum tantum, fed magnorum, immo maximorum et plane omnium peccatorum.
Sic meus *Staupitius* me aliquando confolabatur in
triftitiis meis. *Tu* inquit) *vis effe peccator fictus et*
Chriftum fictitium habere falvatorem. Affuefcendum
tibi eft, Chriftum effe verum falvatorem, et te effe ve-
rum peccatorem; Deus non agit ludicra aut fictitia, non
iocatur mittendo filium et tradendo pro nobis. Quae
ac fimilia, fi tibi eripuit e memoria Satar., ut tibi ipfi
non poffis ea continere, fac aures arrigas et me fratrem
audias canentem, qui extra tuas triftitias ftat et fortis
eft: et ideo ftat, ut tu imbecillis a Satana impulfus et
convulfus in eum te reclines et erigaris, donec et tu reftitutus Diabolo infultes et cantes: *Impulfus, everfus*
fum, ut caderem, fed Dominus fufcepit me &c. Cogita,
me effe *S. Petrum*, qui porrigat tibi manum et di-
cat: *In nomine Domini Iefu Chrifti, furge et ambula.*
Ita, mi *Spalatine*, audi et crede iis, quae *Chri-*
ftus per me tibi loquitur, neque enim erro, (quod fcio,)
aut Satanica loquor. *Chriftus* loquitur per me, et
iubet, ut fratri tuo in communi fide in eum credas. Ipfe
abfolvit te ab hoc peccato tuo et omnibus, fic participa-
mus tibi in peccatis tuis, et fimul tecum portamus. Vide, ut fimul nobis particeps fis in confolatione, quae cer-

ta

ta et vera eſt, ab ipſo Domino nobis praecepta, ut demus etiam tibi praecepta, ut acceptes. Quia ſicut nos
non volumus te triſtitia excruciari, ſic idem ipſe multo
magis volet. Noli recuſare praecipientem et conſo-
lantem et tuas triſtitias, i, e, Satanae vexationes odien-
tem et damnantem. Nec concedas Diabolo, ut Chriſtum tibi figuret alium, quam eſt in veritate. Diaboli
opus eſt tua triſtitia, quam Chriſtus diſſolvere cupit, ſi
tu pateris. Satis es contritus, ſatis doluiſti, ſatis poe-
nituiſti, immo nimis plus, quam ſatis. Vides, mi
Spalatine, quam vero corde tecum agam et loquar.
Summam mihi putabo gratiam a te redditam, ſi admi-
ſeris hanc meam conſolationem, hoc eſt, Domi i ipſius
remiſſionem, abſolutionem, reſuſcitationem, qua admiſ-
ſione, ſenties, (ſaltem poſtea,) etiam ipſi Domino te
obtuliſſe gratiſſimum ſacrificium, ſicut ſcriptum eſt :
Bene placitum eſt Domino ſuper timentes eum, et ſpe-
rantes ſuper miſericordiam eius. Valeat igitur triſtitia Diaboli, qui nos in te non leviter affligit et noſtram quoque laetitiam conatur turbare; ſi poſſet
omnes forte una devorare, ſed Chriſtus increpat et in-
crepabit eum, qui te per Spiritum ſuum confortet et
ſervet. Amen. Uxorem tuam conſolare, et tu iſtis. ac
melioribus verbis. Scribere alteram epiſtolam non vaca-
bat. Ceytzae. 21 Auguſti. anno 1544.

T.

Mart. Lutherus.

21.

Vom 28ſten Auguſt.

Luther hatte endlich ſeinen Beſuch bey Amsdorfen abgelegt, und nun
nach der Zurückkunft ſtattet er ſeinem gaſtfreyen Freunde mit einem
ſehr merklichen Wärme des Herzens Dank ab, und rühmt die Ergebig-
keit, durch welche ihn ſein Wirth bis zur Verſchwendung verpflichtet
habe.

X 2

Aus

Reverendo in Christo patri, Dno *Nicolao ab Ambsdorf,* Theologo et vero finceroque epiſcopo eccleſiae Numburgenſis, ſuo in Domino Maiori colendo.

Gratiam et pacem in Domino. Primum, reverende pater in Domino, excuſo me contra praefectum tuum, quod ego cupiebam ſtatim a Borna reverti, maxime ab Eilenburga, eo, quod iam eſſem domi et in foribus, ſed tota pertinacia me uſque ad Vitembergam deduxit. Simul et te cum illo accuſo, quod ſumtus totius itineris perfundere iuſſeris, ut nullum omnino obulum inſumſerim. Neque enim eo perventum eſt opibus epiſcopalibus, ut prodigum eſſe conveniat et deceat. Ac quaſi hoc parum ſit, cantharo argenteo et cochleari me ornaſti ignarum, velut ille, de quo diſcitur, hoſpes eſt *Ioſephi,* ac paene furem invitum feciſti rerum tuarum. Quamquam tu fortaſſe Ioſephinum exemplum interpretaberis, qui fratri ſuo *Beniamin* ſcyphum in ſaccum clam iuſſit includi: verum tu noſti, quam indecorum ſit, me theologum pauperem et humiliori loco et natum et poſitum bibere auro et argento. Quare et hoſtibus et inimicis meis, etiam multis inter noſtros, ſcandalum praebebo et ero. Igitur in tuam praematuram et intempeſtivam prodigalitatem reiice omnem culpam, proteſtatus (ſi quid hoc promovebit.) me tua charitate, non mea voluntate tam ſuperbum et ambitioſum eſſe factum. Cui gratias ago quam maximas, et ſi quid poteſt, mea tam frigidi peccatoris oratio apud Deum, efficiam, ut et tui et adminiſtrationis tuae non immemor inveniar. Quamquam hoc ipſum alias debeam, absque munere et gratis, propter mandatum Dei et neceſſitatem omnium noſtrum. In quo bene vale, et ipſe Dominus dirigat

greſſus

greſſus tuos, et opus manuum tuarum in multa et co-
pioſa benedictione. Amen. Feria IV. poſt Bartholomaei.
anno 1544.

T.

Martinus Luther.

22.

Vom 19ten Sept.

Luther billigt das Urtheil, vermöge deſſen auf den Ehebruch die Ehe-
ſcheidung erfolgt war, und er tadelt die Vergleichung, daß man das
Strafamt eines Predigers mit dem Aufruhr vermiſchet hatte.

Aus der Sammlung des Caſp. Sagittarius zu Jena.

Simoni Wolferino, miniſtro Eccleſiae Iſlebienſis.

Gratiam et pacem. In caſu matrimonii mi *Simon,*
quem mihi indicaſti, habet nuntius noſtrum conſilium et ſententiam; ſed an ſenatus accepturus ſit,
neſcio. Nos ita facimus in Ducatu noſtro, ut adulteriis reſiſtamus, ut parte rea expulſa, parti innocenti copiam faciamus alteri copulandi ſeſe. De *Libio* id
credo, eum recte docuiſſe. Doleo, ſatis multum eſſe
Comitem *Albertum* non ſolum aliis moleſtum, ſed
ſibi ipſi quoque iniquiſſimum. Fruſtra ſperat ſe pur-
gare, ſi unius aut alterius concionatoris os oppilave-
rit. Multa ſunt nimis ora, de ipſo peſſime loquentia,
id eſt, fama laborat ſiniſtriore, quam vellem, qui niſi
mores mutarit, opitulari non poterit. Deinde falſum
eſt, et iniuria maxima, quod *Libium* arguit ſeditionis. Non eſt ſeditio, ſi paſtor eccleſiae reprehendat
mores maiorum, etiamſi erraret reprehendendo. Aliud
eſt errare, vel peccare, et aliud, ſeditioſum eſſe. Quare
Comiti *Alberto* non eſt permittendum, ut pro ſua
libidine et iracundia ſeditionem interpretetur, quicquid

vo-

voluerit. Quare plus peccavit Comes in *Libium*, hoc crimine, quam *Libius* in Comitem, et tenetur revocare, et veniam petere Comes a *Libio*, si volet esse Christianus. Quod si sese tentatori dederit, ut non audiat, sinatur ire. Video enim perturbatum esse saeva conscientia. Deus misereatur eius, ut convertat eum. Amen. scripta 6. post Crucis. 1544.

T.

Martinus Luther. D.

23.

Vom 27sten Sept.

Luther und seine Collegen waren ersucht worden, einen zum Predigtamt nach Löbegün berufenen Candidaten zu prüfen, ob er in der Reinigkeit der Lehre bewährt befunden würde, und alsdann zum öffentlichen Lehramt feyerlich einzuweyhen. Dieß war geschehen, und nun ertheilen sie das Zeugniß, daß sie sich von der künftigen würdigen Amtsführung des neuen Predigers die beste Hofnung machen.

Aus der Sammlung des Joh. Gottfr. Olearius zu Arnstadt.

Testimonium Ordinationis pro *Chrisłóph. Longolio.*

Litteras ad nos attulit *Christophorus Longolius*, quae testabantur eum honestis et piis moribus praeditum esse et ad gubernationem ecclesiae in Lobechin vocatum. Cum autem rogati essemus, ut explorata eius eruditione adderemus publicam ordinationem. diligenter eum audivimus, et comperimus eum recte tenere summam Christianae pietatis et amplecti puram evangelii doctrinam, quam ecclesia nostra uno spiritu et una voce cum catholica ecclesia Christi profitetur, ac a fanaticis opinionibus, damnatis iudicio catholicae ecclesiae Christi, abhorrere. Promittit etiam hic *Christophorus* in doctrina constantiam et in officio fidem et diligentiam. Quare ei iuxta doctrinam apo-

apoftolicam publica ordinatione commendatum eft, minifterium docendi evangelii, et facramenta a Chrifto in-
ftituta adminiftrandi iuxta vocationem Cumque fcriptum fit de filio Dei: *Afcendit, dedit dona hominibus,*
prophetas, apoftolos, paftores, et doctores; precamur
ardentibus votis, ut fuae ecclefiae gubernatores det idoneos et falutares, et efficiat, ut huius iam ordinati minifterium fit efficax et falutare. Ipfum etiam *Chrifto-*
phorum et fuam ecclefiam hortamur, ut curent evangelium Dei pure et fideliter confervari et propagari.
Nam hoc officio Deus praecipue fe coli poftulat, ficut
inquit *Chriftus: in hoc glorificatur pater meus, ut*
fructum copiofum feratis et fiatis mei difcipuli. Et hac
luce retenta, manet ecclefia, et aderit in ea Deus, dabit vitam aeternam invocantibus ipfum, et opitulabi-
tur in aerumnis hominum. Ibi enim adeft et exaudit
Deus, ubi ipfius evangelium vere fonat. Sicut fcriptum
eft, Ioh. XV: *Si manferitis in me et verba mea in vo-*
bis manferint, quidquid volueritis, petetis, et fiet vobis.
Datae anno 1544. Wittebergae, die 27 Septembris, quo
die ante annos 3844 arca Noae quiefcere coepit.

Paftores ecclefiae Wittebergenfis et ceteri miniftri
evangelii in eadem ecclefia.

Martinus Lutherus D.
Io. Bugenhagius, Pomeranus. D.
Cafpar Cruciger. D.
Iuftus Ionas. D. Sup. Hallenf. ecclefiae.

I Tim. 4.

Attende lectioni, adhortationi, doctrinae, ne negli-
gas donum, quod in te eft, quod datum eft tibi per pro-
phetiam cum impofitione manuum coetus feniorum.

24.

24.

Vom 2ten Dezember.

Luther verweiset seinen Freund Lauterbach bey Erdultung unverschuldeter Anfeindungen auf das erste Evangelium, nach dessen Inhalt die Feindschaft zwischen dem Weibes- und der Schlangensaamen schon im Paradiese festgesetzet worden sey; und lehnet hiernächst die Ausfertigung einer Schrift von der Kirchendiscplin dadurch nochmals von sich ab, daß er an Kräften erschöpft, und mit andern Arbeiten so überladen sey, daß es an eine Arbeit von der gewünschten Art gar nicht gedenken könne.

Aus der Krafftischen Sammlung zu Husum.

Antonio Lauterbach.

Gratiam et pacem in Domino, qui te confortet et conservet spiritu fortitudinis suae, mi *Antoni.* Credo, satis esse Satanam tibi molestum. Cum tu semen mulieris benedicis et colis, quod ipse serpens cum semine suo odit et maledicit. Non igitur tu es quem petit semen serpentis, episcopi et aulici Dresdenses, sed semen mulieris petit, cuius tu cum ecclesia calcaneus es. Hinc fit, ut necessario morsum serpentis et inimicitias sentias, sicut nos omnes et tota ecclesia, sed spem habemus, donec calcaneus Christi maneamus, et caput illius per nos cum dentibus suis conteratur. Sicuti quotidie contritus est, ab initio mundi, conteritur semper et conteretur in finem. Amen. Saepius urges librum *de ecclesiastica disciplina,* sed non scribis, unde mihi otium et valetudo suppetat, cum sim senex, exhaustus et piger. Obruor scilicet litteris scribendis sine fine. Promisi principibus iunioribus sermonem *de ebrietate;* aliis et mihi ipsi librum *de clandestinis votis,* aliis *contra sacramentarios.* Alii petunt, omnibus omissis, *summam et glossam perpetuam super totam Bibliam.* Sic alterum alterum impedit, ut nihil queam absolvere. Et tamen arbitrabar, otium mihi,
ut

ut emerito, dari debere, ut in quiete et pace agerem et obdormirem; fed cogor vere inquiete vivere. Tamen, quod potero, faciam; quod non faciam, relinquam. Gratias ago pro tua erga me benevolentia. In Domino bene vale et ora pro nobis, ficut nos pro vobis. Cum dolore audio, *D. Danielem* meditari difceffum ab ecclefia Dresdenfi. Dominus faciat, quod bonum eft in oculis fuis. Saluta carnem tuam amiciffimam. 2 Decemb. 1544.

T.

Mart. Luther.

25.

Vom 3ten Dezemb.

Luther leitet es aus dem ftandhaften Bekenntniffe der Wahrheit als eine natürliche Folge ab, daß fein Freund Verfolgung felden müffe; und er fezt hinzu, dieß fey das allgemeine Loos der redlichen Bekenner des Evangelii, daß fie durch Leiden zu einer frohen Ewigkeit zubereitet werden.

Aus Aurifabers ungedruckter Sammlung.

Conrado Cordato.

Gratiam et pacem in Domino. Quid ad te fcribam, optime mi *Cordate*, non fatis fcio. Nam et bona et laeta ad te fcriberem, quam libentiffimo animo, cum tu fis mihi inter meos fummos amicos non poftremus, ut quem expertus fum, et certo fcio fideliffimum fuiffe femper, effe, et fore amatorem noftrae doctrinae, id eft, verbi illius, qui eft filius Dei et virginis. Hunc cum tu nobiscum et fideliter et pure femper et cognovifti et docuifti, non fine maxima invidia, quae eft merces noftra in hoc feculo, et odio, ficut ipfe dicit: *eritis odio omnibus hominibus propter me,*

fed

sed gaudete et exsultate, dicit idem ipse verbum patris;
merces vestra copiosa est in coelis. Hic fructus, haec
merces, haec gloria sufficit. Immo nimis copiosa est
retributio pro ista momentaneo labore nostro, quem pro
ipso facimus. Quid est mundus? quid est furor eius?
immo quid princeps eius? scilicet fumus et bulla, ad
illum Dominum, qui nobiscum est, cui servimus, hoc est,
qui in nobis operatur. Sed haec tu melius ipse dicere potes. Caeterum doleo, te viribus destitutum. Rogo Dominum, ut te sustentet et roboret. Facile credo, Marchiam exercere tuam patientiam, cum tu illi
cupias quam maxime etiam vita et salute tua consultum. Sed gaudeamus in tribulationibus, et mitte vadere, sicut vadit. Gloria nostra, etiam tua, hac parte
est, quod impio et ingrato mundo nostrae doctrinae solem facimus oriri sine nubibus, ad exemplum patris
nostri, qui istum solem suum facit oriri super bonos et
malos. Cumque et nostrae doctrinae sol suus sit, quid
mirum, si domesticos oderunt. Ach wir leben ins Teu-
fels Reich ab extra, darumb sollen wir nichts gutes
sehen noch hören, ab extra: sed vivimus in regno Christi ab intra, ubi videmus divitias gloriae et gratiae
Dei. Und heisset, dominari in medio inimicorum tuorum. Regnum est, ergo gloria est. Inter inimicos est,
ergo confusio est. Sed transeamus per gloriam et ignominiam, per bonam famam et infamiam, per odia et
amores, per amicos et inimicos, donec perveniamus
ad solos amicos et in regno patris. Amen. In Domino bene vale. 3 Decembris. anno 1544.

.T.

Mart. Lutherus. D.

26.

26.

Vom 5ten Dezemb.

Luther unterhält sich und seinen Freund mit Sterbensgedanken, theils in Absicht auf sich selbst, indem er einer baldigen Auflösung mit Gelassen- heit entgegen siehet, theils in Absicht auf seine kranke Tochter, deren bal- digen Abschied er zwar befürchtet, aber doch seinen Willen in den Wil- len Gottes übergiebet.

Aus **Aurifabers** ungedruckter Sammlung.

Iacobo Probstio.

Gratiam et pacem in Domino. Brevius, mi *Iacobe*, scribo, ne omnino nihil scriberem, quasi tu vel oblitus, vel negligens. Sane piger, fessus, frigidus, id est senex et inutilis sum. Curfum meum confummavi; reliquum est, ut congreget me Dominus ad patres meos, ac putredini ac vermibus tradatur portio sua. Vixi fatur; si vita dicenda est. Tu ora pro me, ut fiat hora transitus mei Deo grata et mihi salutaris. De Caesare et toto imperio nihil curo, nisi quod pre- cibus Deo commendo. Videtur mihi mundus venisse etiam ad horam sui transitus, et prorsus ut vestimen- tum veterasse, (ut Psalmus ait.) mox mutandus. Amen. Nihil in principibus est amplius heroicae virtutis, sed infanabilia odia et diffidia, avaritia, et cupiditates propriae. Ita respublica nullos habet viros, et caput currit 3 *Efaiae* pleno cursu. Quare nihil boni fpe- rari potest, nisi ut reveletur illa dies gloriae magni Dei et redemtionis nostrae. Filia *Margaretha* agit gratias pro munusculo tuo, passa est morbillos cum omnibus fratribus, sed illis iamdudum restitutis, ipsam excepit febris satis dura et dira, fere 10 hebdomadi- bus et adhuc dubia cum vita et valetudine conflicta- tur. Nec irascar Domino, si eam tulerit ex hoc fata- nico tempore et feculo, e quo cuperem et me et omnes
meos

meos eripi velociter, quia defidero illum diem et finem furentis Satanae et fuorum. Bene in Domino
Iefu Chrifto vale. Saluta carnem tuam et te ipfum
nomine *Kethae* meae et omnium noftrum. Ora pro
nobis. Die 5. Decembr. 1544.

T.

Martinus Lutherus. D.

26.

Vom 27ften Dezemb.

Luther bezeuget feine Zufriedenheit über **Medlers** vortheilhafte Verfetzung; und weil er glaubt, daß eine kleine Reife feiner Gefundheit zu-
träglich feyn werde: fo wünfcht er, fich mit feinem Freunde entweder
bey ihm felbft oder an einem dritten Orte unterreden zu können.

Aus der Sammlung des Predigers Niemeyer zu Herffgen.

Reverendo in Chrifto Domino *Nicolao*, Ecclefiae Numburgenfis Epifcopo vero et fideli, fuo in Domino Maiori fufpiciendo.

G. et P. Scribo has litteras ad *D. Medler*, Reverende in Chrifto Epifcope, de Lectura ifta Theologica, de qua facit mihi mentionem tua humanitas. Et
fuadeo, ut acceptet, quas litteras meas T. D. facilius
eo mittet, quam ego; qui fortuitos nuncios non habeo.

Ceterum ftatui omnino, (fi fieri poffit) in iftis
nundinis Lipfienfibus proximis ad te exfpatiari. Nam
caput et pedes mei fatis firmi funt pro ifta aetate.
Concionatus fum bis in his feftivitatibus, fine omni difficultate et moleftia (Dei gratia!) praeter fpem meam
et omnium. Narrantur mihi fane pericula ab illis de
Aratro, quos arbitrantur fucceffu rerum Caefaris auda-
ciores factos, etiam invito principe aliquid poffe tenta-

re,

re, et omnia effe plena perfidiarum ex noftra quoque parte. Sed fi non potero venire in nurdinis, fignificabis mihi, quo loco tibi occurrere poffim adventuro, vel in Eilenburgenfi arce (quod facile impetrabitur a principe) vel apud *D. Theodorum* a Schönfelt in Wilßow inter Lipfiam et Dibon. Vel fi tu alium commodiorem locum fcies, indicato mihi. Lipfiam fortaffe ego vellem, tu ex caufis nolles. Nam in vicinia noftra ut in Preß vel Pretyn vel. Schmißberg facile effet nos fieri voti compotes. Sed ita fcribo, quum impediendus effet curfus meus, (quod nollem) ad te, ut in tempore nos invicem faciamus de loco et die certiores. Vale, mihi in Chrifto chariffime frater, et multo maiore officio in Ecclefia Dei longe digniffime Epifcope. Die S. Iohannis (ut dicitur) in Natalitiis Chrifti. 27. Decembr. 1544.

T.
Martinus Luther
ex animo.

Aus

Aus dem Jahr 1545

bis zu Luthers Tode am 18ten Februar 1546.

1.

Vom 1ſten Januar.

Luther bedient ſich der Gelegenheit, da des Jonas hoffnungsvoller Sohn nach Halle abreiſen wollte, daß er dem mit Recht erfreuten Vater Nachricht von einem Briefe ertheilet, den der römiſche Pabſt an den Kanſer geſchrieben haben ſollte. Er ſetzt hinzu, es habe ſich das Gerücht verbreitet, daß der Kanſer eine Reformation nach der Richtſchnur der Nicäniſchen Kirchenverſammlung in Vorſchlag bringen wolle, die freylich dem Pabſte nicht gefallen könne.

Aus Aurifabers ungedruckter Sammlung.

Iuſto Ionae.

Gratiam et pacem in Domino, et feliciſſimum annum. Amen. Admonuit me filius tuus *Iuſtus Io-nas*, non quidem magiſter noſter, ſed noſter potius magiſter, ut ad te ſcriberem, mi *Iona*. Aiebat enim, id te cupere, et tibi gratum fore. Scribo itaque, n c quid ſerio ſcribam, habeo, cum tu ſemper antevertas rebus novis ſcribendis, niſi forte id ignoras. Circumfertur epiſtola papae, quam e Venetiis fratres miſe-runt *Vito Theodoro*, ſatis ſuperba et concitata, ad *Carolum* Quintum imperatorem, in qua multo et magno planeque Italico ſupercilio expoſtulat cum eo, cur audeat permittere et promittere colloquia de religione, cum non ſit ſuae functionis docere, ſed potius audire et diſcere de matre eccleſiarum et magiſtra fidei. (Haec ſunt verba tibi ſatis nota, ut Apoſtatae iuri-

riftae.) Multi dubitant, an res fit feria, vel pafquilli
ludus, fed mihi tamen nonnihil omnino videtur. Praeterea vox eft iaĉtata, *Carolum* velle Reformationem
in comitiis futuris proponere ad exemplum Ecclefiae,
quae fuit tempore Nicaeni concilii. O feftivam reformationem! Si vera funt, tum res papae plane ad
reftim redierit, vel fi infidiae funt, ut nos hac fpe
alliciant ad confenfum (ut magis credo) tum papa pro-
miffor nos captos pulchre illuferit. Nam promiffioni-
bus papae eft idem, quod ipfi patri (cuius ipfe eft ip-
fiffimus filius) mendaci credere, tamen vellem, papam
cogi ad exemplum Nicaeni concilii. Deus bone, ubi
tum tuus coadiutor, tuus carnifex, item cardinalis?
Sed nos orabimus ferio, dum illi ludunt et illudunt
Deo, et toti creaturae eius. Erit, cum ludere definent, ut ferio tum plorent in inferno. Habes, quae
potui fcribere, ne nihil fcriberem. Vale et ora pro
me. 1 Ianuar. 1545.

Martinus Luther.

2.

Vom 4ten Januar.

Luther beklagt seinen Freund Cordatus, daß er bey Gelegenheit einiger theologischen Zänkereyen in neue Verdrießlichkeiten verwickelt worden wäre. Ehe er selbst in dieser Sache ein entscheidendes Urtheil zu
fällen waget, wünscht er zuvor von dem Urheber dieser Zänkereyen und
dessen Gesinnungen, die ihm zweydeutig schienen, nähere Nachricht zu
erhalten.

Aus Aurifabers ungedruckter Sammlung.

Conrado Cordato.

Gratiam et pacem in Chrifto. Doleo vehementer
mi *Cordate*, et tibi compatior toto corde, quod
ite-

iterum tibi negotium facit Satan Marchicus. Confule-
rem, fi poffem, fed oratione tamen tibi praefens fum,
et fimul te rogo, ut patientia poffideas animam tuam,
ut dominus docet. *Dabit Deus his quoque finem.*
Scripfiffem illi *Ioachimo Mullero*, fimul fi fcif-
fem, quid effet hominis, an papifta, vel nofter utcunque,
vel neuter: adverfarium tamen effe intelligo. Si nofter effet, vel fimularet fe effe, dicerem ei, ut propter
ifta verba, Chriftum effe afinum, non moveret hanc
tragoediam, et in me derivarem peccatum. Si alienus
effet, manifeftiffimum effet, eum effe deterrimum ca-
lumniatorem, cum fciat, haec nos non velle, quod ipfe
fingit. Patiens igitur efto, et noli maledictis eius refpondere. Sine illum ad tempus frui fua infania, donec refcifcam, aterne fit an albus, vel utrum effe velit. Satan eft, qui nos tentat, fed non perficit. Chriftum occidit, fed refurgentem cogitur ferre, tantum
aeterno opprobrio dominum et Deum, tantum longani-
mitate nobis opus eft, brevianimitate nihil efficimus.
Brevi plura, ubi rem plenius cognovero. Nam quod
de decalogo praedicari, facile forte eluferit, fefe Chriftum Deum intelligere. Quare diligenter explora,
quid profiteri velit, papam vel evangelium. Bene in
Domino vale. 4. Ianuar. 1545.

T.

Martinus Lutherus.

3.

Vom 9ten Januar.

Den Anfang des Briefes macht eine freundschaftliche Ermunterung, daß
Amsdorf bey der bevorstehenden Kirchenvisitation sich durch nichts irre
machen, sondern Entschlossenheit beweisen solle. Er versichert hierynächst,
daß er die gewünschte Aenderung in der Vorrede zu den Visitationsarti-
teln besorgen wolle, glaubt aber doch, daß die Beschleunigung der Ausgabe des Buchs weder möglich noch rathsam sey, weil es nicht geschehen
könne

könne, daß die Visitation selbst noch mehrere Aenderungen veranlassen
würde. Er fället endlich über die neueste päbstliche Bulle ein wenig
vortheilhaftes Urtheil, an deren Aechtheit er nicht länger zweifelt, weil
man beschäftigt wäre, sie an allen fürstlichen Höfen zu vertheilen.

Aus dem Original.

Reverendo in Christo Patri et Domino *Nicolao*, Episcopo
Numburgensis Ecclesiae, vero et syncero suo in Christo
Maiori venerabiliter suspiciendo.

Gratiam et pacem in Christo. Benedicat te Dominus
ex Zion et det tibi petitiones cordis tui. Reverende in Christo Pater, perge in nomine Domini, ministerium tuum imple, opus fac Episcopi, ad quod vocatus es; et visita Ecclesias, saltem in ditione tua. ubi
pleno iure diocesin habes. Erit Dominus tecum. Quodsi
Centauri illi vel illi resistent, ut visitare non possis, tu
excusatus es. Viderint ipsi, excute pulverem de pedibus tuis in eos, ut Evangelion docet.

In me non erit mora ulla, in praefatione mutan-
da super librum visitationis. Sed in tam brevi tempore absolvi non potest. Mox, ut ex nundinis redierint,
agam cum *Ioh. Lufft* et Bibliopolis, ut rem aggre-
diantur. Deinde etiam hoc fortasse continget inter vi-
sitandum, ut quaedam aliter, pro ista diocesi Numburgensi propter inaequalitatem rerum et personarum vel
ordinanda vel omittenda sint. Sic enim post visitationem demum nostri libelli visitationum sunt editi. Nec
parochis adeo incommodum fuerit, si non mox exemplaria illis exhibeantur; res ipsa docebit omnia.

Bullam seu Breve papale vidi. Sed pasquillare
putavi. Nunc aliud cogito, postquam spargitur per
omnes aulas. Ego prorsus sic sentio, si verum est hoc
Breve, Papistas alere magnum aliquod et insigne mon-

strum. Hoc eſt, Turcam adorabit Papa et ipſum Satanam publice; ſicut ex *Virgilio* aliquoties dixi:
Flectere ſi nequeo ſuperos, Acheronta movebo; potius
quam ſinat ſe in ordinem redigi, ſeu verbo Dei reformari. Et ſunt eius rei non obſcura argumenta. Sed
Dominus Ieſus, qui interficit adverſarium ſuum ſpiritu
oris ſui, deſtruet eum illuſtratione adventus ſui. Amen.
Non tamen feriabor, quin illam bullam ſuis pingam coloribus, ſi valetudo et otium permiſerit. In Chriſto
quam rectiſſime vale et age. Amen. 6 poſt Epiphan.
diem. 1545.

T.

Martinus Luther. D.

4.

Vom 27ſten Januar.

Luther erfreuet einen bisher in Ungewißheit gelaſſenen Bräutigam mit
der zuverläſſigen Nachricht, daß ſeine Wünſche nun bald gekrönet werden
ſollen, weil die Hinderniſſe, welche ſeiner ehelichen Verbindung bisher im
Wege geſtanden, glücklich gehoben wären. Er lobt die redliche Entſchloſ-
ſenheit der Braut und ihrer Schweſter, und erwartet die Ankunft des
Bräutigams, damit die Vollziehung der Verbindung nicht länger aufge-
ſchoben werden möge.

Aus dem Original.

Optimo adoleſcenti, *Caſparo Baiero*, Svobacenſi, ſuo
chariſſimo amico.

Sibylla tua eſt, mi *Caſpar*, et ſponſa et uxor.
Res eſt finita pleno conſenſu ſuorum. Quare matu-
rabis, quantum fieri poteſt, adventum tuum. In hoc
enim hunc nuntium ad te mitto, quia nolui differri
rem longius. Quantum intelligo, puella nunquam
alieno fuit animo in te, ſed coacta fuit loqui, quod
vellent, qui tibi invidebant. Nam et ſoror *Barbara*
hone-

honeſtiſſime ſe oſtendit in hac re, ita, ut mihi videtur,
hoc in cauſa fuiſſe, ut iuramento terreretur, quod ur-
gebatur ſutia Principis. Sed laeta arripuit ipſa et ſoror
ſententiam, ut facile intelligerent, te amari et amatum
ſemper fuiſſe. Tu ergo viciſſim reſponde amori te
amantis et anxie exſpectantis, nihil moratus Satanae et
Satanicorum verba, quorum mundus plenus Sed in
Deo delecteris, et in puella, quam tibi dedit. Nos te
cupide exſpectamus, et precantur tibi convivae ômnes
felicitatem. Vale in Domino. Fer. 3 poſt Pauli Converſ.
1545.

T.

Martinus Lutherus.

5.

Vom 6ten Februar.

Luther bekennet ſelbſt, daß er dieſen Brief in einer kleinen Aufwallung
des Gemüths geſchrieben habe, weil ihm die Zögerung bey den bisherigen
Dreſniſchen Unterhandlungen nach gerade unerträglich wurde. Er verſi
chert, daß insbeſondre die vielen rabuliſtiſchen Sophiſtereyen ſeinen Unwil
len erregen, weil man in Abſicht auf die Worte ſich ſo vieler Wendun
gen bediene, gerade, als ob man die Verwirrung der Sprachen bey dem
babyloniſchen Thurnbau wieder erneuren wolle.

Aus dem Original in dem Archiv zu Anſpach.

Clariſſimo Viro D. *Philippo Melanchthoni*, ſervo
Dei fideli, ſuo fratri chariſſimo.

G. et P. Hic ſedemus et iacemus otioſi et negotioſi,
mi *Philippe*. Otioſi, dum nihil efficimus, negotioſi, dum infinita patimur, exercente nos nequitia
Satanae. Inter tot vias tandem pervenimus ad viam,
quae ſpem oſtendit. Hanc rurſus impedivit Satan.
Aliam ſubinde ingreſſi, ubi iam confecta omnia puta-
vimus. Hanc rurſus impedivit Satan.

Y 2 Tertia

Tertia coepta eſt, quae videtur certiſſima et non poſſe fallere, ſed exitus acta probabit. Vellem et oro te, ut cum doctore *Pontano* agas apud principem, ut me literis revocet domum propter neceſſarias cauſas, ſi forte hoc modo queam extorquere, ut maturent concordiam. Sentio enim, eos non poſſe ferre abitum meum, infectis rebus. Dabo illis adhuc hanc hebdomadam, poſt minari eis volo literis principis. Hodie decimus fere dies eſt, quo coepimus novam civitatem moderari. Credo multo facilioribus curis conditam eſſe, quam a nobis moderari poſſit. Tanta eſt animorum utrinque diffidentia, ut in omni ſyllaba ſuſpectum ſibi ſit venenum proponi. Dicas hanc eſſe logomachiam vel logomaniam. Haec gratia debetur iuriſtis, quam docuerunt et docent orbem, tot aequivocationes, cancellationes, calumnias, ut. certe loquela multo ſit confuſior omni Babylone. Illic enim nullus alterum potuit intelligere, hic nullus alterum vult intelligere. O ſycophantas, o ſophiſtas, peſtes generis humani. Iratus ſcribo, neſcio ſi ſobrius rectius ſim docturus. Sed ira Dei inſpicit peccata noſtra. Iudicabit dominus populum ſuum, ſed in ſervis ſuis placabilis ſit, Amen. Wenn das Juriſtenkunſt iſt, ſo wäre nicht noth, daß ein Juriſt ſo ſtolz ſeyn ſollt, wie ſie alle ſind. *Ieſaiae* cap. 3. regnat: *auferet Dominus a Iuda et Ieruſalem virum* &c. Vale et ora pro me. Die Dorotheae. 1545.

Martinus Lutherus. D.

6.

Vom 14ten April.

Luther verſichert, ob er gleich bey ſeinen Schriften nicht nach dem Beyfalle vieler Leſer geize, daß er doch gegen den Beyfall der Kenner nicht gleichgültig ſey, und daß er es gern gehört, das Amsdorf ſeine Schrift wider das Pabſtthum mit Zufriedenheit geleſen habe. Er erzählet hiernächſt.

nåchß, daß die Zürchischen Gottesgelehrten wider ihn eine Schrift in lateinischer und deutscher Sprache vertheilet hätten; und er selbst sey noch unschlüssig, ob er ihnen eine Antwort oder sein Stillschweigen entgegen setzen wolle, weil er sich über die Lehre vom h. Abendmahl schon so oft und so deutlich erkläret habe, und es ohnedem bedenklich sey, sich mit Leuten einzulassen, die da erndten wollten, wo sie nicht gesået hätten. Er berichtet endlich, daß neue Stürme der Verfolgungen über die evangelischen Christen ausgebrochen wåren, so daß es schiene, als ob man den Sieg wider die Türken mit dem Blute der unschuldigen Mårtyrer von Gott erkaufen wolle.

Aus einem von dem Prediger Niemeyer in Herſingen mitgetheilten Original.

Reverendo in Chriſto Patri et Domino *Nicolao*, Epiſcopo Eccleſiae Numburgenſis vero et ſyncero, ſuo in Domino Maiori ſuſpiciendo.

G. et P. in Domino. Gratias ago tibi, Reverende in Chriſto Pater, pro tuo inſigni teſtimonio ſuper libello meo contra papatum. Non omnibus aeque placet. Principi tamen ita placuit, ut pro XX floren. exemplaria diſperſerit. Sed noſti meum morem: Non me ſolere ſpeҫtare, quid diſpliceat multis. Modo ſit pium et utile, idque placeat paucis et bonis. Neque illos arbitror eſſe malos, ſed vel non intelligere ſubſtantiam, quantitatem, qualitatem, et omnia praedicamenta, genera, ſpecies, propria, differentias et accidentia, ſive omnia horrenda et horribilia monſtra papalis abominationis. Nullius enim eloquentia aut ingenium poteſt ea aſſequi et aeſtimare, vel metuere iras regum. Scripſerunt contra me Latine et Germanice Tigurenſes Sacramentarii, propter libellum meum Kurzes Bekenntniß. Nec dum conſtitui, an illis reſpondere velim, cum toties a me ſint damnati antea et nunc. Homines ſunt fanatici, ſuperbi, deinde otioſi. Qui cum in principio cauſae cum ſolus ſudarem in ſuſtinenda furia papae, fortiter timuerunt et ſpeҫtarunt ſucceſſum

meum

meum vel periculum. Mox papatu aliquantulum
fracto et spatio facto libertatis: tum erumpebant. Sic,
sic alius laborat. alius fruitur. Denique in me ver-
tunt impetum, a quo fuerunt liberati. Ignavum fuci
pecus! Mella comedere doctum alieno labore parta.
Inveniet eos iudicium suum. Si respondere visum
fuerit, breviter faciam, et sententiam damnationis con-
firmabo. Nam institui reliquum libellum contra Papatum absolvere. dum vires sinunt. Caesar in Belgico,
Gallos in Gallia crudeliter saeviunt in Evangelium.
Nec mitius agit *Ferdinandus* in Hungaria et Au-
stria. Sic *Caiphas* consuluit, ne locum et gentem
amitterent, filium Dei esse mactandum. Ita Turcam
vincere non possunt, nisi sanguine martyrum et fratrum
Christi manus impleverint. Venit ira Dei super eos
in finem. Dominus acceleret diem redemptionis nostrae Amen. In quo bene valeat Reverentia tua.
Die Tiburtii. 1545.

T.

Martinus Lutherus. D.

7.

Vom 24sten April.

Luther bezeuget einem Freunde, der sein kaum gebohrnes Kind durch
den Tod wieder verlohren hatte, sein innigstes Beyleid. Er räumet es
ein, daß ein Verlust von der Art schmerzlich sey, glaubt aber doch, daß
auch bey dem gerechtesten Schmerze die Mäßigung statt finden müsse, zumal bey dem Falle, auf welchen die Worte der Schrift angewendet werden können: Er wird hingerückt, damit nicht die Bosheit seinen Verstand verkehre, noch falsche Lehre seine Seele betrüge; er ist bald vollkommen worden, und hat viel Jahre erfüllet.

Aus der Schelhornischen Sammlung zu Memmingen.

Casparo

Casparo Heidenreich.

Gratiam et pacem in Domino. Audio tibi natum
esse filiolum, mi charissime *Caspare*; sed eundem, absente te, simul et natum, et defunctum; id
quod te ferre aegerrime dicunt, quod scilicet fructum
carnis tuae non videris. Sed define contristari, gaude
potius, in Christo eum esse renatum, quem visurus sis
in gloria, quem hic non videris in ista miseria, ut dicitur Sapient. 4, 11: *Raptus est, ne malitia mutaret
sensum eius, aut defectio deciperet intellectum illius;
consummatus brevi explevit tempora multa.* Sed haec
omnia ipse nosti, qui talia docere alios et potes, et
debes. Quanquam non turpiter facis, si carnali et na-
turali affectu patris (quod nomen est dulcissimum,) ex
parte moveris. Non enim saxa sumus, nec esse debemus. Sed modus est in rebus. Bene in Christo vale. 8 Cal. Mai. 1545.

M. L. D.

8.

Vom 24sten April.

Luther wünscht von der Zudringlichkeit eines Menschen befreyet zu
werden, der die Gunst des Myconius verscherzet hatte, die er durch
Luthers Fürsprache wieder zu gewinnen hoffete. Er wünscht diese Aussöhnung um desto mehr zu befördern, weil er Zeugnisse von der Unschuld
des Menschen gelesen hatte.

Durch Mittheilung des Bischofs **Erich Bengellus** in Lincoping.

Venerabili in Domino Fratri *D. Friderico Myconio,*
Ecclesiarum Gotens. et Thuring. Episcopo fideli, in Domino charissimo.

Gr. et P. in Domino. Obsecro te, mi *Friderice*
per Christum, ut hunc hominem, quantum potes,

qui

quietum reddas et consoleris. Venit ad me iam secundo, querulans suam miseriam. Dedi autem iam semel pro eo ad te litteras. Ve, mihi saltem hoc significes, quid meruerit, ut apud te nullam possit invenire gratiam, ut narrat. Postulat a me litteras ad Principem, sed cum sit hoc frustraneum, volui potius ad te dare, et totam rem tibi commendare. Ostendit duorum testimonium Gotensis tuae Ecclesiae ministrorum, qui innocentem testantur. Fac obsecro, ut me libere ab istorum hominum incursu. Alia nunc mihi seni et moribundo sunt, quae agam, cum nunc totus sim Papista, denuo factus, nehm nuch keiner Sache mehr an ut Papistae solent. Bene vale in Domino. Fer. 6. p. Georg. 1545.

T.

Martinus Luther.

9.

Vom 2ten May.

In diesem kurzen und doch reichhaltigen Briefe billigt Luther das von A e o orf in dem Fall einer Ehescheidung gefällte Urtheil, er erzählet die Ankunft zweyer verdächtiger Prediger zu Wittenberg, er spottet über die Thorheit der Goldmacher bey Gelegenheit einer von ihnen entdeckten Betrügerey, und wünscht, daß der Kayser bey Verfolgung der evangelischen Christen seine Hände nicht mit unschuldigem Blute beflecken möge.

Durch Mittheilung eines Predigers Niemeyer zu Herssingen.

Reverendo in Christo Patri et Domino *Nicolao*, Episcopo Ecclesiae Numburgensis syncerissimo et fidelissimo, suo in Domino Maiori suspiciendo.

Gr. et P. in Domino. Reverende in Christo Pater. Propositum tuum in casu *Michaelis Hartbeck* valde probo, scilicet ad vitandum et tollendum scandalum, Episcopali imo et seculari sententia. Separetur

a muliere. Vel fi nolit, ad principem referatur. Idem
nos facturi, fi ad nos venerit. Hat der Teufel die Welt
inne? Sind nicht sonst mehr Frawen und Jungfern
allenthalben übrig genug, daß er solche Unlust stiften
muß? Sed Satan est Satan.

Sunt hic Wittembergae ambo illi Marchionis Concionatores Meister Grickel u. Doct. Jeckel. Et M. Grickel habet ad me mandatum seu (ut vocant) Credentiam
a Marchione, ut mecum loquatur. Sed ego mandatum
reverenter accepi: Ipsum vero Grickel nec visum nec
auditum volo, simulatorem pessimum et impoenitentem.
Quid fiet, nescio Alter Jeckel dicitur a Marchione di-
missus et alium quaerere nidum. T. Dominatio, fi velit eum vocare, forte facilem se praebebit. Sed haec
ioco. Alkumistae Marchionis, illuso ipso aufugerunt.
Unum tamen cepit et habet in vinculis Iutterboccae,
insignem. Doleo pro M. *Francisco Burkardo*
in aula nostra. Nam huius est frater ille Alkumista.
Quamquam principes iuste patiuntur damnum, dum
creaturam credunt aliam fieri posse per mendacia humana, quam est condita in genere suo, ut *Moses* scribit. Gen. 1. De saevitia Caesaris et Lovaniensium So-
phistarum articulis credo te audisse, vel etiam legisse.
Avertat Deus iram suam a Caesare, ne manus suas pol-
luat sanguine innocenti. Amen. Valeat T. D. in Domino. Secunda Maii. 1545.

T. R. P. deditus

Martinus Luther. D.

10.

Vom 2ten May.

Luther bittet seinen Freund Buchholzer in Berlin, daß er einen ein-
geschlossenen Brief an den Churfürsten zu Brandenburg abliefern möge,
weil

weil er von diesem Fürsten ein gnädiges Schreiben erhalten habe, dessen Ueberbringer, einen verdächtigen Prediger, er selbst zu sprechen Bedenken gefunden hätte.

Aus der Herzoglich Sachsen Gothaischen Bibliothek.

Venerabili Domino *Georgio Buchholzero*, PraepositoBarolinensi, ministro Christi fideli, suo fratri charissimo.

Gratiam et pacem in Domino. Griekel totum octiduum hic est, mi *Georgi*, et velut mutus in hospitio sese ostentat quendam non hominem. Magister Grikel huc advenit cum uxore et filia *Magdalena*, habens mandatum, seu credentiam (ut vocant) ad me, sed ego hominem nec audire velim, nec videre. Accessit me tamen uxor cum filia, et mihi satis fuere molesti, et filia plus, quam decuit virginem, audacula et loquacula. (Es ist unmässige Hoffarth in dem Blute.) Hodie misi has literas ad hospitium, ut referret principi responsum, sed mane abierant, ideo ad te eas mitto, ut reddas principi, non dubito, quin excitabunt tragoediam contra me, et ero tunc demum peccator incredibilis, sed tu nihil pro me agas neque dices. Cupio enim vehementer ab ipso monstro damnari, si forte hoc modo liberari possim ab eius conversatione et communione, et omnium suorum amicorum. Tu perge, ut facis, Christum pure docere, et sinas Satanam furere et gloriari. Grikel est Grickel et manebit Grickel in aeternum. Vale in Domino. d. 2 Mai. 1545.

Martinus Luther.

II.

Vom 7ten May.

Bey der Gelegenheit, da Luther über die vielen falschen Gerüchte klaget, unter deren Last die historische Glaubwürdigkeit beynahe ersticket würde, legt er selbst in dem ersten Theil des Briefes ein freudiges Bekennt

fenntniß ab, daß er wiſſe, an wen er glaube. In dem zweyten Theil
redet er von ſeinem Vorhaben, daß er noch einmal wider das Pabſtthum
ſchreiben wolle, ob er gleich durch die Kränklichkeit ſeines Körpers und
durch die Menge der Briefe, die er zu ſchreiben gezwungen wäre, in dieſer Abſicht ſehr oft geſtöhret und aufgehalten würde.

Aus der Sammlung eines Predigers Niemeyer in Heſſingen.

Nicolao Amsdorfio.

G. et P. Quamquam nihil erat, Reverende mi in
Chriſto Pater, quod ſcriberem, atque ſi quam maxime aliquid eſſet, tamen tanta eſt libido mentiendi,
fingendi, audendi, ut etiam vera non libeat credere.
Clades illa apud Suſatum fuit primo 4000 caeſorum,
poſt 1500, poſt 300. Et antea erant Hiſpani. nunc
ſunt Germani. Turca dicitur in venatu corruiſſe in
ſuum gladium et mortuum, filios eius inter ſeſe bella-
re. Hoc ſaltem certum eſſe glorior, filium Dei ſede-
re ad dexteram Patris, et nobiscum in terris ſuaviſſi-
me loqui per ſpiritum ſuum, ſicut cum Apoſtolis locutus eſt. Nos autem eſſe eius diſcipulos, et verbum ex
eius ore audire. Benedictus Deus, qui nos indigniſſi-
mos peccatores elegit ad hanc gloriam benedictionis
ſuae, ut eſſemus auſcultatores Maieſtatis ſuae per verbum Evangelii. Gratulantur nobis Angeli et tota crea-
tura Dei; Luget et pavet papa, monſtrum Satanae,
et omnes portae inferorum tremunt. Gaudeamus
omnes in Domino. Appropinquat illorum dies et
finis.

Ego meditor alterum librum contra papatum.
Sed differt me capitis valetudo, imo epiſtolarum ſcri-
bendarum infinitas, quae mihi otium indignis modis
furatur, etiam violenter rapit. Sed pergam tamen
adſpirante Deo quam potero primum. Ora pro me,
ut quantocyus ſolvar et ſim cum Chriſto, aut ſi diutius
vivendum, ſeu verius aegrotandum eſt, det mihi robur
cor-

corporis et impetum fpiritus, ut adhuc unam cum
Samfone vindictam ab iftis meis Philiftinis capiam.
In Domino quam optime vale, 7 Maii. 1545.

T.

Martinus Luther.

12.

Vom 8ten May.

Dieſer Brief enthält die Erklärung eines Gemäldes, vermöge deſſen
Luther die Feinde des Evangelii mit den drey höllischen Furien aus der
Götterlehre des fabelhaften Alterthums verglichen hatte. Er bezeuget,
daß er dieſe Vergleichung blos in der Abſicht angeſtellet habe, weil zwiſchen beyden nur gar zu viele Aehnlichkeiten anzutreffen wären.

Aus der Sammlung des Predigers **Niemeyer** zu Herſlingen.

Reverendo in Chrifto Patri ac Domino *D. Nicolao*, Epifcopo Ecclefiae Numburgenfis vero et fideli, fuo in Domino Maiori fufpiciendo.

G. et Pacem in Domino. De furiis tribus, Reverende in Chrifto Pater, nihil habebam in animo, cum
eas Papae appingerem, nifi ut atrocitatem dominationis papalis, atrociffimis verbis in Lingua Latina expri-
merem. Latini enim ignorant, quid fit Satan vel diabolus, ficut et Graeci et omnes gentes. Ideo a pofte-
riori et effectu finxerunt ifta nomina. *Megaera* dicitur ab invidia et odio. Haec eft diaboli malitia, qua
invidet humano generi (Hindert das Gute,) falutem
aeternam et temporalem, ficut et Papa facit, imitator
et fimia Satanae. *Alecto* dicitur quafi inceffans, indefi-
nens. Hanc poetae omnium peffimam et luctificam
faciunt, (Treibt alles Böſe,) quae ifta horribilia in mundo perpetrat, ut parricidia, matricidia. Hinc diabolum
nos Chriftiani poffumus appellare ferpentem antiquum,

qui

qui in Paradiſo genus hominum aeternis et temporalibus per infinita genera miſeriarum malorumque luctibus perdidit, et adhuc quotidie novis luctibus, per Papam,. Mahomet, Cardinales, Moguntinum Epiſcopum
mundum replet, nec poteſt ceſſare aut moderari ſuas
luctificas calamitates. *Tiſiphone* dicitur ultrix cae-
dium. Ea fingitur eſſe peſſima furia (Reizet ſeinen
Zorn) i. e. Ira Dei, qua puniuntur tyranni et mali pro
effectibus duarum priorum furiarum. Qualem patieba-
tur: *Cain, Saul, Abſolon, Ahitophel;* et
apud gentes: *Oreſtes, Aiax* et multi. Hanc
nos Chriſtiani proprie diceremus iſtos daemones, quibus obſeſſi tenentur et inſani furunt, qui etiam blas-
phemant Deum. Haec regnat praecipue in papae et
haereticorum opinionibus et dogmatibus' blasphemis,
digna mercede erroris ſui damnatis. Alia non habes.
Statui phanaticis Tygurenſibus non reſpondere, niſi
breviter et oblique. Abunde eſt a me ſcriptum contra *Cinglium* et *Ecolampadium;* Illa enim
nondum attigerunt, et nolo tempus huius aetatis meae
perdere cum ſuperbis et otioſis illis latratoribus. Nec
legere dignabor eorum ſcripta, contentus eo, quod eorum teſtimonio probatur, me eſſe alieniſſimum ab eorum furore. Id quod agebam proxima confeſſione.
Vale in Domino. 8 Mai. 1545.

T. D. deditus

Martinus Lutherus. D.

13.

Vom 3ten Junii.

Luther beantwortet zuerſt aus dem Munde der Jäger eine Frage, die
ihm in Abſicht auf einen auſſerordentlichen Fuchs vorgeleget worden war.
Er verſichert hiernächſt, daß er ſich von dem Reichstage und von den
Kirchenverſammlungen wenig Heilſames und weſentlich Vortheilhaftes
bes:

verſpreche? Er tadelt endlich den Mahler Lucas Cranach, wegen eines anſtößigen Gemähldes, den er wegen dieſes gegebenen Aergerniſſes einen groben Mahler nennet.

Durch Mittheilung eines Predigers Niemeyer zu Herſingen.

Reverendo in Domino Patri *D. Nicolao,* Epiſcopo vero et
ſanéto Ecclefiae Numburgenfis, Miniſtro Chriſti ſyncero,
ſuo Maiori ſuſpiciendo.

G. et P. in Domino.   Propoſui quaeſtionem tuam,
Reverende in Domino Pater, de monſtro illo vul-
pium, peritis et exercitatis in arte et uſu venandi,
planeque Magiſtris eius artificii. Qui primo dicebant,
non poſſe verum eſſe, quod dicerem.   Mox tuis literis oſtenſis, ultra modum mirati ſunt.   Una voce aſ-
ſerebant, Vulpem, pro aſtutia ſua non praedari eo loco, quo nidulatur. Allegata eſt *Koten,* ubi in foſſata (ut
vocant) oppidi nidulantur vulpes, ſed nulli nocent in
iſto loco.   Quid portendat ignoro, niſi fortaſſe rerum
omnium inſtet mutatio, quam petimus et expeétamus.
Amen. De comitiis et conciliis nihil curo, nihil credo,
nihil ſpero, nihil cogito.   Vanitas vanitatum! Nurm-
bergenſes ceperunt quemdam nobilem, ſpe iſta, quod
ſuum *Baumgartnerum* ſint viciſſim liberaturi.
Niſi Deus medius ſit, videtur haec ſcintilla eſſe alicuius incendii futuri in poenam Germaniae, ſed prius
tollat nos et noſtros ex hac miſeria.   Nulla eſt iuſti-
tia, nullum regimen imperii.   Eſtque imperium ſine
imperio, id eſt, faex et finis imperii.   Nepos tuus
Georgius oſtendit mihi piéturam Papae, ſed Meiſter
Lucas iſt ein grober Mahler.   Poterat ſexui femini-
no parcere propter creaturam Dei et matres noſtras.   Alias formas Papa dignas pingere poterat,
nempe magis diabolicas.   Sed tu iudicabis.   Bene

ne in Domino vale, in Chriſto. Tertia Iunii.
1545.

T.

Martinus Luther.

14.

Vom 15ten Junii.

Luther klagt über heftige und beynahe unausſtehliche Steinſchmerzen,
und wünſcht, wenn er an dieſer ſchmerzlichen Krankheit ſterben ſollte,
daß ſolches, wenn nicht in einer ſanften, doch männlichen und geſetzten
Gemüthsfaſſung geſchehen möge. Er ſetzt hinzu, daß durch eben dieſe
Krankheit die Ausfertigung der unter Händen habenden Streitſchriften
verzögert würde, und er verſpricht, Sorge zu tragen, damit das anſtöſſi-
ge Gemählde durch die Hand des Lucas Cranach entweder geändert oder
doch gemildert werden ſoll.

Aus der Sammlung eines Predigers Niemeyer zu Herſingen.

Reverendo in Chriſto Patri et Domino *D. Nicolao,*
Epiſcopo Eccleſiae Numburgenſis vero et ſyncero, ſuo in
Domino Maiori reverenter ſuſpiciendo.

G. et P. Ago gratias, mi Reverende in Chriſto Pater, pro donato vino. Ego hac tota nocte nihil
dormivi neque quievi, a doloribus carnificis mei et Satanae mei, calculi. Ideo hoc die inutilis ſum. Nec
dum abiit, ſed intra corpus latet, non ſine ſignificatio-
ne ſui ſtimulus iſte carnis meae. Neſcio quam ſim
enixurus hunc foetum odibilem. Mori cupio, ſed iſtos
cruciatus deteſtor. Tamen ſi etiam voluntas Dei
optimi ſit, in tantis cruciatibus evolare, gratiam dabit
ferendi, etſi non ſuaviter, tamen fortiter moriendi. De
hoc ſatis. Agam diligenter, (ſi ſuperſtes fuero) ut
Lucas pictor foedam hanc picturam mutet honeſtio-
re. Ego iam inſtitueram ſecundam partem contra papam, et breve illud contra Sacramentarios. Et ecce
ir-

irruit Calculus meus, meus, utinam non meus, sed etiam
papae et Comorraeorum Cardinalium, quo haberent,
quod esse eos diceret homines. Sed tu in Christo
optime vale. Die S. Viti 1545.

T. R. D. deditus

Martinus Luther, D.

15.

Vom 1sten Julii.

Auch Jonas in Halle besorgte den Anfall von Steinschmerzen, und Luther wünscht, daß diese Krankheit mehr in der Einbildung seines Freundes als in der That gegründet seyn möge. Er spöttelt hiernächst über
die Tridentinische Kirchenversammlung, und den Stoff zum Spötteln muß
ihm der Name Trident verschaffen. Er redet zuletzt von den Friedensun-
terhandlungen zwischen den Christen und Türken, und beklaget es im
Ernst, daß die vielen zum Türkenkriege bewilligten Steuren der Christen so
übel angewendet würden.

Aus der Sammlung des Casp. Sagittarius zu Jena.

Iusto Ionae.

G. et P. Meliora, precor, det Deus, quam quae tu
scribis, de tuo calculo, mi *Iona*; quin missum
facis tuum Faliscum, et similes, ne imaginationes, quod
dicitur, tam diras tibi fingant. Deus misereatur nostri. Legatos Moguntini ad Concilium ridendos misi,
sed monstrum ridet nos et Papam simul. Concilium
vere est Tridentii e. germanice zertrennet, lacerum et
dissolutum. Deus enim dissipat et dissipabit illud cum
legatis. Facile credo, eos nescire, quid agant, aut
acturi sint. Maledixit illorum consiliis Deus, sicut
scriptum est: *Maledictus vir, qui confidit in hominem
et ponit carnem brachium suum.* Audisse te puto nam
haec vera sunt) solvisse e Venetiis 21 Iunii Legationem
Cae-

Caefaris, Galli, Papae, Ferdinandi fplendidam et pre-
tiofis muneribus fuffarcinatam ad Turcam pro petenda
pace; et, quod honorificentiſſimum et memoria aeterna digniſſimum eſt, ne a Turca faſtidiantur, muta-
tis veſtibus patriae fuae, quisque Turcicis i. e longio-
ribus ornantur. Sic bella gerunt contra eum, quem
tot annis hoſtem Chriſtiani nominis clamaverunt, contra quem Satan Romanus tantam exhauſit pecuniam
indulgentiis, annatis et infinitis rapacitatibus. Vides
ruinam imperii, vides diem illum falutis noſtrae inſtare. Gaudeamus, laetemur, exultemus. Finis mundi
adeſt. Deo laus et gloria per omnia fecula feculorum,
Amen. 1 Iul. 1545.

T.

Martinus Luther.

16.

Vom 5ten Julii.

Ein junger Menſch, eines Predigers Sohn aus Maren, war nach Wittenberg gekommen, und hatte ſich um die Hand einer jungen Wittwe, die
Luthers nahe Verwandtinn war, beworben. Luther findet bei dieſer ge-
ſuchten Verbindung viele Bedenklichkeiten, und bittet ſeinen Freund Lauterbach, ſich bey der Familie nach den näheren Umſtänden der Sache zu
erkundigen, auch allenfalls hinzuſetzen, daß der unbeſonnene junge Menſch
das Jawort noch nicht erhalten hätte, auch wol ſchwerlich erhalten könnte.
Der beſte Rath ſey, daß er zurückberufen und die mißliche Unterhandlung
je eher je lieber abgebrochen würde.

Aus der von Ludwigſchen Sammlung in Halle.

Venerabili in Chriſto viro, Domino M. *A. Lauterbach*,
 Pyrnenſis eccleſiae et vicinarum eccleſiarum Paſtori et
 epiſcopo fideliſſimo, ſuo in Domino cariſſimo fratri.

Gratiam et pacem in Domino. Eſt hic adoleſcens
 quidam, mi *Antoni*, qui nomen fuum profite-

tur *Ernst Reuchlin* ex oppido ultra Dresden sito, nomine Genfing. Hic adortus est viduam illam, meam neptem, *Magdalenam M. Ambrosii Bernhardi*, et eam lactavit hactenus multis et magnis verbis, ut videatur non aliud quaerere, quam pecuniolam eius praetextu coniugii. Ego id refciscens commotus sum, quod homo ignotus et tam iuvenis (nam viginti annos nondum est egrestus,) mihi per diabolum videtur struere insidias, ut qui nec me, nec familia mea consultis, neque suae parentis aut parentelae ullam significationem afferens miseram et stultam mulierem circumducit.

Quare te oro per nostram fidem, digneris te onerare hac caufa, et mihi explorare parentelam illius, et fi poteris, vel parentem, vel familiam eius, quae fit, aut quid valeat, maxime vero, an fciant, hoc agere filium fuum aut cognatum. Nam fi forte fcripferit ad eos, fefe habere confenfum et voluntatem meam, vel familiae meae, id conftanter dicito esse mentitum. Nam nos fummis viribus diffuademus, quia neque pro ipfo, neque pro ipfa valet hoc inftitutum. Et vellem revocari adolefcentem a fuis parentibus, antequam cogar durius in illum agere. Ferre enim meum officium non poteft, ut ille abfque fcitu parentis fui tentet coniugium in hac ecclefia, multo minus cum mea nepte, cum iam biennio contra iuriftas hoc exemplum damnarim. Summa: videtur mihi *Erneftus* omnia mendaciter agere, et ftultam mulierculam fudibrio habere, per diaboli malitiam in meam ignominiam practicantis. Diligenter igitur omnia ad me fcribas. Nam has nuptias vel hoc nomine impediam, quod hactenus fui patris voluntatem non oftenderit, et fimul cum ipfa meam auctoritatem contemferit. Et ridebo Satanam (Deo volente) me rifurum cum ecclefia mea.

Bene

Bene vale, et fac quod de te confido. Dominica post
visitationem Mariae. 1545.

T.

Martinus Luther. D.

Der Inhalt dieses Briefes wird durch die Nachricht ergänzet, daß
Lauterbach Luthers Auftrag pünktlich ausgerichtet habe. Dieß bezeuget Lauterbachs eigenhändige Nachschrift zu Luthers Briefe.

Has literas Reverendissimi Patris quam primum per-
legissem, ego una cum D. *Christophoro Iusti* Diacono et fratre meo *Balthasaro Lauterbach* illico in Maxen ad D. *Georg Reuchel,* Pastorem ecclesiae, patrem huius adolescentis me recipie-
bam, qui modesto responso se et filium suum nihil acturum contra D. *Martini* voluntatem affirmabat, mon-
strans literas filii sui, qui significabat, se a D. *Phil.
Melanchthone* graviter admonitum in die Ioannis, ne
talia tentaret cum vidua. Addidit haec verba in literis: ich will mit dieser Witwe gerne zufrieden seyn, so
ich von ihr los werden mag. Denn sie will mich nicht
lassen ꝛc. Pater promisit, se primo mane literas missurum et filium revocaturum.

17.

Vom 9ten Julii.

Luther findet es sehr befremdend, daß der Kayser die Berichtigung des
Evangelii in eine allgemeine Kirchenversammlung eben so ernstlich einge-
schlossen, als der Pabst sie, als Ketzer, davon ausgeschlossen wissen will. Er
macht sich von diesem eingefleischten Widerspruche die Vorstellung, daß
man die Freunde des Evangelii zu berücken suche, und in Absicht auf
künftige Gefahren, beruhigt er sich mit der über die Kirche Christi wachenden göttlichen Vorsehung.

Z 4   Aus

Nicolao Amsdorffio.

G. et P. in Domino: Scriberem, si haberem, quod scriberem, Reverende in Christo Pater. Nam suspicor omnia tibi esse notiora quam nobis. Ex comitiis scribitur, Caesarem valde urgere, ut nostri consentiant in Concilium. Quod cum nolint nostri indignari eum dicunt. Ego quid hoc monstri sit, non intelligo. Papa nos clamat haereticos, non debere locum habere in Concilio. Caesar vult nos consentire concilio et suis decretis. Fortasse Deus infatuat eos, imo Satana regente, prorsus infaniunt omnes, ut qui nos damnent et simul nos rogent pro consensu. Sed videtur haec esse eorum furiosa sapientia. Quia hactenus suam pessimam causam sub nomine Papae, Ecclesiae, Caesaris, Comitiorum non potuerunt terribilem facere, cogitant nunc Concilii nomen praetexere, ut habeant, quod clament contra nos: Scilicet nos esse tam perditos, ut nec Papam, nec Ecclesiam, nec Caesarem, nec Imperium, nunc etiam nec Concilium quidem, a nobis toties postulatum, audire velimus. Vide sapientiam Satanae contra stultum illum Deum, qui quomodo evadere poterit tam astuta consilia? Sed Dominus est, qui deludet illusores. Si in Concilium nobis tale consentiendum est: Cur non ante 25 annos in dominum conciliorum Papam consensimus et in eius bullas? Agnoscat prius Papa concilium esse supra se, et audiat Concilium contra se, sicut conscientia sua contra se testatur. Tum disputabimus de tota quaestione. Sie sind toll und thöricht. Deo gratias. Pax quaeritur apud Turcam a Caesare, *Ferdinando* et Gallo et putatur Caesar contra nos moturus arma. Sed *David* dicit: *ego autem orabam; fiat voluntas Domini.*

mini. Vale in Domino, Reverende mi Pater. Senes
ambo fumus, brevi forte fepeliendi. Carnifex meus calculus in die Iohannis occiderat me, nifi Deo aliud vifum fuiflet. Opto mortem potius quam talem tyrannum. Iterum vale. Fer. 5. poft Kiliani. 1545.

> R. D. F. deditus
>
> ## Martinus Lutherus.

18.

Vom 28ſten Julii.

Luther redet von dem Türkenkriege als einer göttlichen Zornruthe, welche zu fühlen die Deutſchen wohl verdienet hätten, wie er dießes in einer
öffentlichen Schrift zu zeigen entſchloſſen wäre.

Aus Aurifabers ungedruckter Sammlung.

Georgio Spalatino.

Plura tibi fcripfiffem, fi nuntius non ita feftinaffet,
praefertim de bello Turcico, quod Germaniam tur-
bat merito. Nam et nos meruimus hanc iram Dei, et
qui meruerunt, neque poenitent, neque emendant, fed
pergunt. Ego fermonem exhortatorium edo, Eine
Predigt wider den Türken. Tu fac, ut tui duri, incre-
duli, et pertinaces Cygnei ferio credant, metuant, tre-
pident a facie iftius virgae et irae Dei; non erit io-
cus, fed finalis furor Dei, in quo fimul mundus finie-
tur, et Chriftus veniet, hunc Gog et Magog deftru-
èturus, fuosque liberaturus. Nam funt impleta in
fcripturis, nifi quod certi, preces noftras humiles aliquid poffe etiam contra Turcam iftum, qui non hie-
me, fed usque in finem mundi nos Germanos vexa-
bit egregie, ut dicitur *Daniel.* 7. Vale in Domino,
et ora pro me. Ego usque ad mortem luctor adver-

ver-

verſus Turcas, et Turcarum Deum. Iterum vale. 28
Iulii. Anno. 1545.

T.

Mart. Lutherus.

19.

Vom 19ſten Julii.

Luther beurtheilet zuförderſt einen in ſtreitige Rechtsfragen eingehüll=
ten Eheproceß; er wünſcht hiernächſt, daß ein mögliches Aergerniß bey
Privatkommunionen verhütet werden möge; und glaubt endlich, es könne
nicht ſchaden, wenn die Zwickauer wegen ihrer Undankbarkeit gegen die
Lehre des Evangelii des evangeliſchen Lehramts auf eine Zeitlang ganz und
gar entbehren müßten.

Aus Aurifabers ungedruckter Sammlung.

Nicolao Hausmanno.

G. et P. Mi *Hausmanne*, legi tuas literas de ea.
ſu matrimonii, et promiſi me velle de hac re
ad te ſcribere, quod et facio; et quod *Peßoldo*
poteris narrare, primo quando in eo loco eſt, ubi ma=
giſtratus vel non poteſt, vel non vult uxorem ipſius co=
gere ad eum, aut ſaltem expellere. Sed eccleſiaſtici
eam defendunt, (uti narrant) fieri non poteſt, ut aliam
ducat in eodem loco. Neque illi hoc ferrent. Idea
fruſtra tentaret hoc. Quare alterum iſtorum eſt fa=
ciendum, ut vel locum mutet, vel aliam ducat, vel du=
cem, vel officialem urgeat ad reſtituendam vel elicien=
dam uxorem adulteram, aut ad licentiam dandam du=
cendi aliam. Inter haec duo non video medium. Sic
ſentio. Concionatori principis meo nomine ſalutem di=
cas plurimam, et dicito, ne ulla modo tentet λυχαρι
ςίαν clam porrigere, cum non ſit vocatus miniſter ad
hoc opus, ne detur adverſariis occaſio, ſeu iis (ut
Paulus dicit) qui extra ſunt, blaſphemandi, ferant
utrin=

utrinque, quod ferunt. Deus dabit tandem his quoque
finem. Certe me ita cogitationes ex huiusmodi cafi-
bus agitant, ut bene optem tuis Cygneis fabbathum,
id eft, aliquandiu careant univerfi minifterio verbi, et
tam paftore, quam concionatore. Si forte faturi et
indomiti ifti porci fame et inopia verbi poffint curari,
qui faturitate et copia fic infolefcunt. Utinam igitur
tu difcedas quoque. Ego, fi potero, *Cordatum*,
amovebo. Poftea rogatus agam, ut nullum habeant.
Arbitrantur enim, mundum effe plenum ociofis miniftris
verbi, ut facile obtineant, quales ipfi velint. Sed alias
plura. Vale. 29 Iulii. Anno 1545.

T.

Martinus Luther.

20.

Vom 2ten Auguſt.

Der Fürſt Georg zu Anhalt, bisheriger Domprobſt zu Magdeburg,
war auf eine geſetzmäſſige Art zum Coadiutor im Bisthum Merſeburg erwählet, und Luther nebſt Jonas und Pfeffinger waren berufen worden, um dieſen neuen Coadiutor zu ſeiner geiſtlichen Würde feyerlich einzuweyhen. Dieß iſt die feyerliche Ordinationshandlung, über welche
Luther, Jonas und Pfeffinger ein beglaubtes Zeugniß ausgeſtellet
haben.

Aus der Herzoglichen Bibliothek zu Gotha.

Teſtimonium Ordinationis, Dn. *Georgio* Anhaltino, Epifcopo Merſeburgenfi datum.

Gratias agimus Deo aeterno Patri Domini noftri Iefu
Chrifti, quod immenfa bonitate et inftituit inde
usque a conditione et reftitutione generis humani, et
fervat omnibus faeculis usque ad refurrectionem mortuorum, minifterium Evangelii, et excitat fubinde idoneos doctores, ac mandata dedit Ecclefiae fuae, ut
vocet

vocet idoneos miniſtros, et promittit, ſe per eorum
vocem daturum remiſſionem peccatorum, Spiritum S.
vitam et iuſtitiam aeternam. Et oramus eum, ut lucem Evangelii ſui non ſinat exſtingui, ſed nunc quoque excitet purae et ſalutaris doctrinae Evangelii pro-
pagatores et ſideles cuſtodes; et colligat ſibi etiam
nunc in his regionibus Eccleſiam a qua in omni aeter-
nitate celebretur. Cum autem ad hoc miniſterium
Evangelii Reverendiſſ. et illuſtris Princeps, Dn GE-
ORGIUS, Princeps in Anhalt, Comes Aſcaniae, et Dominus in Bernburg, Praepoſitus Eccleſiae Magdebur-
genſis, rite et pie vocatus fuiſſet ad functionem mu-
neris Eccleſiaſtici adiuvandum in Epiſcopatu Mersburgenſi, accerſiti ſunt veteri primarum Eccleſiarum more
viri docti et graves, qui vicinas Eccleſias gubernant,
quorum nomina infra adſcripta ſunt, ut in ipſa Eccleſia Mersburgenſi ad hanc vocationem adderetur publicum teſtimonium Ordinationis. Nos igitur convocati quia certo ſciebamus, hunc illuſtrem principem
Georgium recte intelligere, et conſtanter amplecti
puram Evangelii doctrinam, quam Eccleſiae harum regionum una voce et uno ſpiritu cum Catholica Eccleſia Dei, profitentur, et eximiam eius virtutem, et morum ſanctitatem, teſtimonium noſtrum de eo, ritu Apo-
ſtolico, impoſitione manuum declaravimus, et ei miniſterium docendi Evangelium et adminiſtrandi Sacramenta commendavimus. Cumque *Paulus Tito*
praeceperit, ut Presbyteros paſſim conſtitueret, ſciat
hic ordinatus, voce Apoſtolica ſibi quoque praecipi in
hac functione, ut Sacerdotes ad docendas et regendas
Eccleſias ordinet, et eorum doctrinam et mores inſpi-
ciat, et meminerit ſibi quoque praecipi a Filio Dei:
Et tu converſus confirma fratres tuos. Et cum ſilius
Dei ſedeat ad dexteram aeternam Patris, ut ſit efficax
per hoc miniſterium, precamur, ut in tota gubernatione

regat

regat et adiuvet hunc ordinatum, ficut promifit, inquiens: *Si quis diligit me, fermones meos fervabit, et Pater meus diliget eum, et veniemus ad eum, et manfionem apud eum faciemus,* et ut hac fe confolatione fuftentet ordinatus ipfi hortamur. Etfi enim multa et magna funt in gubernatione pericula, nec ulla eft fapientia humana par tanto oneri, tamen fciat, Deum vere adeffe, et in ea Ecclefia habitare, ubi vox Evangelii fonat, eamque defendi et fervari a Deo. Huc fiducia fufcipiendi et perferendi funt tanti minifterii labores. Dat. die 2 Augufti a. 1545 in oppido Mersburgi.

Convocati Miniftri Evangelii ex vicinis Ecclefiis.

D. Marrinus Lutherus
D. Iuftus Ionas, Hallenf. Ecclef. Superint.
D. Io. Pfeffinger, Lipfienf. Ecclef. Superint,

21.

Vom 6ten Auguſt.

Luther theilet ein Exemplar von feiner neueſten Schrift mit: das Pabſtthum feinem Freunde mit, und begleitet daſſelbe mit einer kurzen Vorſtellung, daß theologiſche Streitſchriften nach Beſchaffenheit der Zeitumſtände als nothwendig betrachtet werden müſſen.

Aus Aurifabers ungedruckter Sammlung.

Matthiae Razenbergio D.

G. et P. in Domino. Clariffime domine Doctor. Mitto hic per tabellarium principis tibi et *Marco Croedelo* exemplar fcripti mei irati contra papale monftrum. Sed mihi, et magnitudini irae meae nec fatisfeci, nec fatisfacere me poffe confido. Tanta eft infinitas monftri papalis! Nifi quod credo, nos effe tubam illam noviffimam, qua praeparatur et praecurritur adventui Chrifti. Ideoque utcunque fumus infirmi,

et

et parum fonamus coram mundo: tamen magnum
fonamur in conventu angelorum coeleftium, qui fe-
quentur nos et tubam noftram, et fic finem facient,
Amen. Uxori tuae, commatri, deinde affini et Lan-
desmanninae meae fimul parvulum hoc donum, libellum precum mitto, fac, ut gratum fit munus. Nos
pauperes fumus, fed divites fumus, imo domini coeli
et terrae in Chrifto immortales. Vale in Chrifto,
6 Augufti. Anno 1545.

T.

Martinus Luther.

22.

Vom 12ten Septembr.

Von der theologiſchen Facultät zu Wittenberg ſollte ein würdiger Gottesgelehrter Hegemon die theologiſche Doktorwürde erhalten. Luther,
als Dechant der Fakultät, fündigt dieſe Feyerlichkeit an, und ermahnt die
akademiſchen Bürger, daß ſie der Feyerlichkeit mit Sittſamkeit beywohnen,
die zu haltende Reden mit Aufmerkſamkeit anhören, und die Ausbreitung
des Evangelii von Gott erbitten ſollen.

Aus der vormaligen Palmiſchen Sammlung in Hamburg.

Invitatio B. *Mart. Lutheri* ad renuntiationem *M. Pe-*
tri Hegemonis in Doctorem Theologiae publice affixa.

Agnofcendum eft, et non folum grata voce praedican-
dum, fed etiam omni officio fovendum, tuendum,
et ornandum ingens beneficium Dei, quod minifterium
Evangelii, quo colligitur Ecclefia aeterna, fervat in
mundo, nec delere finit. Id autem fervat ita, ut velit
ftudia doctrinae coeleftis coli, et ex hoc ipfo difcen-
tium numero, et ex hac noftra militia fcholaftica ex-
cerpat miniftros. Ideo femper ecclefiis frequentiori-
bus adiutae fuerunt fcholae Evangelii, ut Antiochiae,

Alexan-

Alexandriae, Ephesi. Hanc voluntatem Dei inventus
cogitet, ac discat, has scholas non esse palaestras li-
centiae ac petulantiae, ut fuerunt ethnica gymnasia,
sed esse coetus congregatos in nomine filii Dei, imo
esse templa, in quibus vere habitet Deus. Ut igitur
atrox scelus esset, turbare congressus in templum, ita
sciant scholastici, vere scelus esse, exemplum edere in
scholis indigna bene moratis hominibus. Praecipue
autem venerentur studia Evangelii, propter quae Deus
reliquas artes servat. Cum igitur proximo die XVII
Septembris publice renunciabitur testimonium Collegii
nostri de studiis et gradu Viri venerabilis *M. Petri
Hegemonis* hortamur omnes honestos et veneran-
tes ministerium Evangelii ut ad eam renunciationem
gradus usitato loco conveniant ubi adolescentes et e-
ruditas commonefactiones audiant et ardentibus votis
petant a Deo, ut propter suam gloriam haec nostra
literarum et Evangelii studia et honestarum discipli-
narum quae sunt summa huius vitae bona, regat ac
defendat, sicut in *Esaia* clementer promittit: *Propter
nomen meum, et propter laudem meam reprimam in-
dignationem meam, ne pereas; propter me, propter
me faciam, ne blasphemer.* In hanc promissionem mentes nostrae defixae sint, et eius cogitatione precatio-
nem accendant. d. 12 Sept. Anno 1545.

Martinus Luther.

28.

Vom 23sten Sept.

Luther unterredet sich mit seinem abwesenden Freunde von neuen
Schriften, die er theils unter Händen habe, theils noch künftig zu schreiben gedenke: beklagt aber dabey, daß so wol die Schwächlichkeiten, die
sein Alter begleiten, als auch die vielen Geschäfte, die ihn umringen, ihm
bey seinen Arbeiten keine schnelle Schritte verstatten.

Aus

Aus der **Börnerschen** Sammlung zu Leipzig.

Vito Theodoro.

Etsi nihil erat, mi *Vite*, quod scriberem, cum tamen Doctor N. *Pfiug* ad vos migraret, nolui eum inanem literarum mearum venire. Tu vide, ut eum tibi habeas et aliis omnibus facias quam commendatissimum. Digniſſimus eſt pro ſua integritate et pietate omnium favore et honore. Apud nos sunt rumores belli, nescio, quorsum spectent, nisi forte Papistas ſua premit scelere parta pecunia. Det Deus, ut exonerentur ea ſuo malo Sempiterno! Amen. Exiſtimo, *M. Hieronymum* Propoſitiones meus contra Noſtrolles ad te miſiſſe. Sum in opere contra eos ſingulari, fed valetudo et ſenectus me tardant, et impeditur negotium negotio. Contra Papam item de Cinglianis eſſet ſcribendum, ſed non omnibus ſufficit unus. Saluta D. *Veneſtum* et D. *Oſiandrum* reverenter. Scripſiſſem et aliis ſed vides occupationes, et noſti aetatem. Bene in Domino vale; ora pro me, et *Baumgartnerum* ſaluta. Die 23 Septemb. 1545.

Mart. Lutherus.

24.

Vom 14ten Oktober.

Luther empfiehlt einen ehrlichen Schulmann, deſſen dürftre Umſtände Mitleiden verdienten, weil er mehrere Kinder verſorgen mußte, ſeinem Freunde in der Abſicht, damit er durch deſſen Vorſorge aus dem Schulamte ins Predigtamt verſetzet werden möge.

Aus der **Krafiſchen** Sammlung zu Huſum.

Auguſtino Hymel.

Get P. in Domino. Cum eſſem reverſus ex Mansfeldia, mi *Auguſtine*, literas tuas domi inveni cum literis ſenatus Aldenburgenſis, quibus ſignificaltis,

etiam

etiam illum Rochlicenſem concionatorem vobis placere
loco *M. Eberhardi.* Deinde utile eſſe, ut ludimagiſter loco ſuo maneat, propter donum, quo valet in
iuventute inſtituenda. Quae ſi ita ſunt, quid opus
eſt, ut me conſulatis? Cum tui ſit officii, ut Super-
attendentis, talia curare et deſinire. Caeterum ſi Col-
dicenſis Eccleſia vacat, velim iſtuc vocares etiam mea
interceſſione *M. Chriſtophorum Strasburgen-
ſem,* qui aliquando ibi fuit ludimagiſter, illis ſatis notus: doctus, pius, et omnibus nominibus Chriſtianus
eſt, quem, ſi vacaret, conditio nullis rationibus dimiſſum
vellemus e Wittenberga. Denique conſilium agimus,
ut retineamus tantum, quia fere octo liberorum pater
eſt, ut interim haberet, ubi ſuſtentaretur. Tu fac, ut
quamprimum reſpondeas mihi. Vale in Chriſto. Die
Calixti. 1545.

Martinus Luther.

25.

Vom 20ſten Oktob.

Luther entſchuldigt zuvörderſt die ſpäte Beantwortung der Briefe ſeines
Freundes mit dem Alter und mit der Menge der Geſchäfte. Er unterredet ſich hiernächſt von gottesdienſtlichen Gebräuchen, in Abſicht auf welche er ſich ſehr nachgebend erkläret, weil man doch nach dem Beyſpiel
Pauli ſuchen müſſe, Allen Alles zu werden; und den Beſchluß des Briefes machen häusliche und Familiengeſchäfte.

Aus der von Ludwigſchen Sammlung in Halle.

Venerabili in Chriſto fratri Domino Mag. *Antonio Lauter-*
bach, Paſtori et Epiſcopo Pyrnenſis et vicinarum Eccleſiarum, in Domino cariſſimo.

G. et P. Quod non ſcripſi aut reſpondi tuis iam bi-
nis litteris, mi *Antoni,* ſpero me facile excuſa-
ri

ri apud te, qui noris quam fim occupatiffimus Deinde piger Senex, et cupidus mortis. Deinde quod
mentem meam in hac caufa certiffime notam habes.
Sed fi petatur a nobis aliquod concedi ceremoniis non
iure fed caritate libertatis, praefertim in tali tam pio
epifcopo, qualis eft Mersburgenfis optimus princeps
(nam apud Deum et apud me verus eft epifcopus,
etiam fi tituli varient, qui ad rem nullius funt pon-
deris,) nos debere fervire invicem fecundum doctrinam
Paulli, qui fuit omnibus omnia, Iudaeis Iudaeus, gen-
tilibus gentilis, fecus ficubi fenfit fe cogi in fervitutem
ac neceffitatem, ibi plane nulli cedebat. Quare non
eft quidem, quod dubites aut quaeras in hac re amplius.
Unitas fpiritus longe eft praeferenda, ut quae ad vitam aeternam pertinet, iftis temporalibus et indifferentibus rebus, quae cum vita finiunt tantum, ut in illis pro unitate vel infirmitate fratris ad horam ferviamus, ficuti coguntur parentes fervire infantibus in
cunis aut aegrotantibus. Cetera intelligis. Gratias
ago pro pomis donatis; fed viciffim etiam aliquid a
nobis pofce, quo tibi poffimus gratificari. Suffundis
nos pudore, dum tot modis nobis fervis gratis et nimis officiofe. Sed audi! neptis mea *Magdalena*
propter quam te follicitavi, ut *Ernefti* patrem
Reuchlinum explorares, videtur incantata ab ipfo,
non poteft defiftere ab eo. Et palam loquitur, te falfo fcripfiffe, quae de patre eius fcripfifti. Sic invito
me infatuatur. Sed fi nolit audire, mitte vadere, ficut vadit. Vale in Chrifto Domino cum tuis. Feria 2
poft Lucae. 1545.

T.

Martinus Lutherus. D.

26.

26.

Vom 21sten Oktober.

Im ersten Theil des Briefes beurtheilt Luther einen Menschen, der den Werth seiner übrigen guten Eigenschaften durch unruhige Ueberhebung über andre verringerte, dabey aber doch einer Zurechtweisung fähig schien; und im zweyten Theile überschreibt er die Nachrichten, die er von den damaligen grossen Kriegsrüstungen erhalten hatte. Er nennt den Krieg einen Pfaffenkrieg, und glaubt, daß die Feinde des Evangelii sich nach Unruhen von dieser Art schon seit mehreren Jahren gesehnet hatten.

Aus der Sammlung des Predigers Niemeyer zu Herssingen.

Reverendissimo in Christo Patri ac Domino *D. Nicolao,* Episcopo vero Numburgensis Ecclesiae, suo Maiori et Domino clementissimo.

Gratiam et Pacem in Christo. Accepimus nummos argenteos, Reverendiss. Pater et Domine, gratiasque agimus omnes et pro dono et pro benevolentia. *Antonius Musa*, ut ipsum Mersburgae cognovi, bonus vir videtur, qui et sese per omnia nobis suppliciter commendavit. Habet autem hoc vitii quod aliquoties erumpit verbis incommodis. Sed animum credo sincerum, ideo ferenda videtur infirmitas ea, qua pronus est disputare contra sese iuniores, velut impatiens ab eis regi. Nec dubito, quin admonitus a sese maioribus cederet per omnia, sicut et mihi promisit coram. Sic est homo. Caput habet Musicum.

De bello Brunsuicensi, ut antea scripsi, miri sparguntur rumores. In principio habuit tantum 6000 millia peditum sine machinis bellicis et 1200 equitum. Crevit interea numerus, ut nunc spargatur, habere eum 20000 peditum electorum, et 2500 equitum. De nostris nihil scimus, quid agant, aut patiantur, nisi quod

ex

ex literis D. Brucken 6 Octobris datis, intellexi, principem electorem habere in armis 9000 milites, 1300
equites, totidem Ducem *Mauritium*, totidem Landgravium i. e. 27000 milites et 3900 equites, et
adhuc confluere ex omni parte. Nisi frigus diremp-
serit, videtur bellum hoc Pfaffense futurum, quod iam
plusquam XX annis parturiunt. Deus confundat Papam tandem. Non obscurum est Collegiatas Ecclesias pecuniam contribuere. Heintzen Caesarem suspe-
ctum habeo, et frater eius *Ferdinandus* nebulo
pessimus. O Deus! quantum hic pecuniae, et temporis perditur! Faciat Dominus, quod bonum est et servet Ecclesiam suam et verbum nobis, in salutem multorum. Amen. Bene in Christo valeat tua Dignitas.
Die 11000 Virginum. 1545.

T.

Martinus Luther. D.

27.

Vom 26sten Oktober.

Luther findet sich in seinem Vertrauen auf die göttliche Vorsehung dadurch sehr gestärket, daß Herzog Heinrich zu Braunschweig, ein Feind
des Evangelii, nicht nur statt des gehoften Sieges eine starke Niederlage erlitten hatte, sondern auch selbst von den smalkaldischen Bundesgenos-
sen gefangen genommen war. Die von diesem großen Siege erhaltene
Nachrichten theilet Luther seinem Freunde Jonae mit, und ermuntert
ihn zum gemeinschaftlichen Danke gegen Gott und zur gemeinschaftlichen
Freude.

Aus der Sammlung des Casp. Sagittarius zu Jena.

Iusto Ionae.

G. et P. Alias plura: nunc paucis, mi *Iona*. Quam
laetam nobis Deus, precum auditor, dedit victoriam.
O! credamus et oremus! Verax est, qui promittit.

Res

Res eſt ineſſabilis et incredibilis, quae geſta eſt tam
breviter, tam ſubito. Quam triſtes ſunt quidam etiam
ex nobilitate, multi, qui certiſſimi fuerunt de victoria
Mezentii ſui. O Deus, conſerva nobis haec gau-
dia, imo hanc gloriam tuam. De re et tempore omnes
ſcribunt, quae tu, ſed de modo, et aliis circumſtantiis
variant rumores. Accipiemus brevi ex aula noſtra literas, Nam Dominus *Pontanus* am Mittwoch,
quo geſtum eſt bellum, nihil ſcribebat, niſi noſtros eſſe
inſtructos, et maxima alacritate, et fore, ut am Dien-
ſtaq impreſſio fieret, quae am Mittwoch facta eſt.
Mezentium cum filio et comite à Ritburg et Weiſ-
burg cum potioribus ductos eſſe in arcem Zapfenburg
prope Caſſel ſervandos. Id ſcribit et Dominus *Bern-
hardus de Mila*; Die wackern Schützen habens
gethan, und den reißigen Zeug des Heinßen diſſipave-
runt. Milites mox dilapſi. Reliqua autem audiemus.
Bene vale, et gratias age Deo noſtro; benedicto in
ſecula. Amen. Montag nach Criſpini. a. 1545.

T.

Martinus Luther.

28.

Vom 5ten Novemb.

Auch dieſer Brief handelt größtentheils von der Niederlage des Herzogs
Heinrich zu Braunſchweig, den Luther abermals einen Mezentius unter ſeinen Zeitgenoſſen nennet. Er theilet einen hieher gehörigen Brief
des Cordatus dem Amsdorf mit, und es iſt ihm lieb, daß er ſich in
ſeinem Mißtrauen, das er geſchöpfet hatte, geirret habe.

Aus der Sammlung des Predigers Niemeyer zu Herſingen.

Reverendiſſimo in Chriſto Patri ac Domino, Dño. *Nicolao*, Epiſcopo vero Numburgenſis Eccleſiae, ſuo in Domino Maiori colendo.

G. et Pacem in Domino. De Abbate Pofnenfi, Reverendiffime in Chrifto Pater, fcripfi, ut liberarem fidem meam. Non poftulo nec peto alia fieri, quam quae tu fcribis. Mitto ad te epiftolam *Cordati*, ex qua videbis, quae ego valde cupide credo. Nam ego aliquot dubiis tentatus fum in corde meo, ne forte inter *Mezentium* et noftros aliqua collufio effet; ita illam fubitam deditionem interpretabar. Sed *Cordatus* hac epiftola fedavit hanc meam tentationem. Sed miror, cur ita celent hanc gloriam Dei, qua voluit innotefcere; an futuram quaerunt aliam infigniorem cladem et ignominiam? In aula nihil fcitur, neque ab ipfo principe. Rogo itaque, dignctis, ubi, ubi poteris explorare. Habitas enim inter inimicos principis et amicos *Mezentii*, fi quid odorari queamus, quo *Cordati* teftimonium roboraretur. Ego ea de re mihi epiftolam, quam nunc excudendam dedi, ad principem noftrum et Landgravium, ne *Mezentium* dimittant, ftatueram incraffare et dilatare, ideo aulam interrogavi. Sed ifti mihi fabulam ex ea re faciunt, quamquam credo, noftrum exercitum non audiviffe talia. Hoftes enim folet Deus ita terrere. Sed illi celare ignominiam fuam volunt, ut vides. Vale in Domino, Reverende Pater. Quinta Novembris 1545.

T. D. obfequentiff.

Martinus Lutherus. D.

Remitte literas *Cordati*, poftquam defcripferis, fi ita voles; nam mihi videntur ifta figmentis non fimilia.

Zur Erläuterung des vorhergehenden Briefes dienet das Schreiben des
Cordatus, auf welches sich Luther beruft und seinem Briefe an Amsdorfen als einen Einschluß beygeleget hatte.

Aus der Sammlung des, Caspar Sagittarius zu Jena.

Vere claro, erudito et pie *D. Philippo Melanthoni*, Compatri et Praeceptori suo charissimo S. D. *Cordatus.*

Non tantum, ut postulasti, optime *Philippe*, precati sumus pro vestra Ecclesia, quin etiam ut certissimae forent preces nostrae, Iesum Christum intercessorem constituimus, et nos certissime exauditos esse a solis mutis audimus. Omnes enim, Marchita pariter ac Papista, qui etiam manibus et pedibus victoriam clamaverunt ante victoriam, nunc acri et plus quam intento silentio silent. Ego tale silentium nunquam expertus sum in re tam celebri, omnibus diebus vitae meae.

Porro, quod hodie audivi a quodam nostrorum civium, qui Christo credit, non possum non ad T. D. scribere. Is istis diebus peregre profectus venit ad quendam veteranum militem Caesaris, sibi a multis annis notissimum, qui et ipse unus est ex illis, qui subvertere voluerunt Ecclesiam. Is rogatus a nostro cive, ut per veterem amicitiam ei saltem aliquid dignaretur dicere de his, quae acta crederentur adversus illum Ducem, ei dixit: Was soll ich sagen? ich habe nichts anders gesehen noch gehöret, als daß Himmel und Erde zusammen fielen. Von Menschen aber habe ich nichts gehört, als Stichschlag u. s. f. Darumb auch, wer eine Höhle hat mögen finden, der hat sich verkrochen. Et noster ille ex pietate silentium rumpens dixit: Ja, lieber Jacob, wo die Engel helfen, da gehts

Aa 2 also

also. Et ille horrendo clamore respondit: Ja Engel! Ich meyne, 100000 und alle Teufel sind da gewest. Nec aliud verbum addidit. Nostro autem interrogante de Caesare, in haec verba prorupit: Der Kayser ist ein Christlicher Herr, und wirds wol hinaus führen, das ich mehr denn zwanzigmal von ihm hab gehöret, die deut= schen Herren muß er an grüne Bäume hängen. Ex verbis autem, quae dixit de habita strage, puto vera di- xisse de terrore. Solet enim Deus eum immittere suis adversariis, cui sit gloria in secula per Christum. Amen. Ex Stendalia huius anni 1545 huius mensis, 17 festi- nantissime.

M. L. D.

29.

Vom 16ten Novemb.

Ein alter Abt sehnte sich aus Liebe zum geselligen Leben nach einer ehelichen Verbindung, in so fern diese mit der Beybehaltung seines Amts vereiniget werden könne, und Luther ist der Meynung, daß dieser Wunsch nichts Widersprechendes in sich fasse. Er behauptet hiernächst, daß Ams= dorfens Wahl zum Bischof zu Naumburg durch die Folge genugsam ge= rechtfertigt worden sey, und er beschließt seinen Brief mit dem possierli= chen Wunsche, den ein Feind des Evangelii vor der Niederlage des Her= zogs Heinrich zu Braunschweig in öffentlicher Predigt geäussert hatte.

Aus der Sammlung des Predigers Niemeyer in Herslingen.

Reverendissimo in Christo Patri et Domino *D. Nicolao*, Episcopo Ecclesiae Numburgensis vero et fideli, suo in Domino Maiori colendo.

G. et Pacem in Domino. Reverendissime in Christo Pater et Domine. Videor mihi meminisse, cum essem Ciezae, Abbatem Posensem aliquid petiisse, nem- pe (ut opinor,) ne administratione Monasterii privare- tur, si forte ducturiret uxorem, et accepisse consolatio- nem.

nem. Deinde M. *Georg. Mohr* fuit hic apud me gemens et querens, fefe adhuc vacare, cui dedi literas ad principem pro eleemofyna aliqua. Sed de Abbate fum rogatus, ad tuam Rev. Dignitatem fcriberem, & peterem licere ei nunc feni et probe de monafterio merito, ad vitam fuam retinere gubernationem. Dicitur fane utilis et fidelis oeconomus. Et indignum videtur, fi abiiceretur, cum vivere diu non poffit. Si ducit uxorem, forte habet caufam, nam voluptas effe non poterit. Solitudo movet eum fufpicor, fed utinam non fallatur. Amen. Mirum et quod non credibilem, odium Myffenfium tuorum in noftrum principem Electorem, proinde quotidie mihi magis ac magis placet confilium principis, quo te voluit contra *Aratrum*, in ifto loco Epifcopari, ut peccator, videat et irafcatur, fremat dentibus fuis et tabefcat, & defiderium impiorum pereat. Es ift doch nu geſche⸗ hen, der Teufel ift erzürnet. Neque enim, fi etiam cum illo *Ruftico* diceremus levatis manibus: Jhr ſeyd mein gnädiger Herr der Teufel, uno pilo mitior effet futurus. Dominus, qui coepit, perficiat. Amen. Fuit hac hora mecum *Hans Schotte*, duos filios noftrae fcholae commendans, is mihi narrabat in oppido Haffurt fuiffe quendam Papiftam hoc modo concionatum: Nu helfft mir Gott bitten, daß der H. ju Braunſwig obliege; ligt er ob, ſo wird man drey Herzogen umb einen Pfenning geben. Ligt er unter, ſo wird man vierzehn Pfaffen umb einen Heller geben. Sed haec fortaffe iam dudum audifti. Vale in Chrifto in aeternum. 16 Novemb. 1545.

T. R. D. addictus

Martinus Lutherus, D.

30.

30.

Vom 26sten Dezemb.

Luther und Melanchthon hatten eine Reise nach Mansfeld übernehmen müssen; und weil die Peste zu Eisleben anfieng: so besorgte der Erste, daß sie zu einer baldigen Rückreise gezwungen werden mögten. Er entschuldiget es also im Voraus bey dem Bischofe zu Merseburg Georg, wenn diese Rückreise vor der bestimmten Zeit erfolgen würde.

Aus Aurifabers ungedruckter Sammlung.

Reverendo in Christo Patri et illustri principi, domino, domino *Georgio*, Episcopo Mersburgensi, principi ab Anhalt, comiti Ascaniae, domino Bernburgens. suo in Domino maxime colendo.

Gratiam et pacem in eo, qui natus est Emanuel homo. Illustris princeps, Reverende in Christo pater. Breviter scribo occupatissimus alienissimis occupationibus, id est, ministerio mensae et ventris. Caeterum *M Philippum* valetudo adversa cogit, nos quam primum redire domum, ne periculo nos exponamus voluntario. Itaque fidem meam excusatam nunc volo, sed nondum liberatam, si dominus alio tempore velit dare gratiam. His quam rectissime valeat — V. R. Dignitas in filio nobis nato, et puero nobis dato. In arce Mansfeld. Anno 1545.

R. D. T. addictissimus

Martinus Luther. D.

31.

Vom 8ten Januar 1546.

Luther besorget daß sich ein neues Kriegsfeuer in der Nachbarschaft entzünden möge; und er besorget dies um destomehr, weil ein öffentlicher Feind des Evangelii zum Canzler nach Dresden berufen war, und

es

er äuffert feine Meynung dahin, daß man den neuen Unruhen ein eif=
riges Gebet zu Gott entgegen setzen müffe.

Aus der Sammlung des Casp. **Sagittarius** zu Jena.

Nicolao Amsdorffio.

G. et P. in Chrifto. Reverendiffime pater in Chrifto. Quamquam multa videntur certo futura, nihil tamen poffum certi fcribere. Verum hoc certum
eft, principi noftro, electori, horribiliter irafcitur Satan et eius regnum, in quo et tui Mifnenfes hominum
omnium, qui vivunt, perditiffimi, quorum Lipfia ava-
riffima fuperbiffima, et fuper omnem Sodomam peffima
eft, Sie wollen verdampt feyn, fo gefchicht ihnen auch,
was fie haben wollen. Caefar eft averfus, et quidem
hactenus diffimulavit, nunc prodit. Nos oremus, ut
vivat Chriftus in nobis. Novum malum cogitat contra nos Satan, et follicitat multos principes et comites,
et feditio periculofa agitatur, et fpiritus Munfterianus
poft rufticos nunc nobiles invafit. Gott wehre und
fteure, er meynets wahrlich böß. Sed totum contra nos
et noftrum principem. Noffe te puto Doctorem *Turcam*, filium Diaboli, magnum, futurum Cancellarium
Dresdenfis aulae, ubi Moguntinus, qui Turca bis tete-
rior erat, in Misnia regnabit. Nunc dux *Georgius*
et Moguntinus etiam mortui regnabunt. Dresdae.
Helff Gott unferm gnädigen Herrn, es gilt ihm einen
Strauß. Sed fperamus, quod Deus noftra oratione
confundet eos in fua fapientia. Amen. Ich hätte nicht
gemeinet, daß folche verzweifelte böfe Leute in Meiffen
wären, qui quamquam abundant opibus et omnibus fuper nos quam longiffime, tamen nec halitum iftum miferum nobis favere poffunt. Satanica funt haec, fed
Deus, quem rident, ridebit eos fuo tempore. Vale
in Domino, et quod facis orationem tuam cum noftra
con-

coniunge, ut intret in confpectum Dei, qui iudicium facit in iniuriam patientibus.   Datum Wittembergae,
Anno 1546. die 8 Ianuar,

T.

Martinus Lutherus,

32,

Vom 10ten Januar,

Luther hatte gehört, daß die Stiftskanzler Stelle in Naumburg erle-
digt werden würde, und zu dieser erledigten Stelle bringt er einen Candidaten in Vorschlag, der ihm wegen vorzüglicher Talente angepriesen
worden war.   Diesen empfiehlt Luther auf den Fall, wenn nicht schon ein
ander zu der erledigten Stelle ausersehen worden wäre,

Aus der Sammlung des Predigers Niemeyer zu Herslingen,

Reverendisſimo in Chriſto Patri ac Domino D. Nicolao,
Epiſcopo vero Eccleſiae Numburgenſis, in Domino Maiori ſuſpiciendo,

Gratiam et Pacem in Chriſto.   Reverendiſſime in
Chriſto Pater et Domine,   Memini cum eſſem
tecum in Cieca D. Pfeil tuum Cancellarium in eo
eſſe, ut mutare velit locum, et alium tibi eſſe quae-
rendum,   Quod cum hic inter amicos narraſſem, erant
aliquot tuae D. ſtudioſi, qui prompti eſſent, alium
iſthuc promovere, et inter alios M. Nicolaus Rein-
hold gener Osvaldi Loſen Magiſtri Civium Zwic-
cavienſium mihi laudabatur   Hic ego ſubieci, fortaſſe
iam dudum tuae dominationi eſſe proſpectum de aliquo
idoneo, facturum tamen me officium meum, et T. D.
ſcripturum, ſi forte opus eſſet T. D. eiusmodi perſona,
ut haberet, quid cogitaret aut faceret,   Nam multis
modis laudatur iſte vir. M. Nicolaus, ita ut ſi non
eſſet D. T. aliquis alius prae manu melior, hunc T. D.
vellem favere, ao unice commendatum habere, T. D. ſi
non

non est opus isto viro, nihil respondeas. Sin est opus,
significet mihi brevibus et quantocyus. Vale in Domino, 10 Ianuarii 1546.

T. D.

Martinus Luther. D.

33.

Vom 19ten Januar.

Luther verſichert, daß er ſich von den neuen Religionsunterhandlungen zu Regensburg und Trident ſehr unvortheilhafte Vorſtellungen mache. Er berichtet hiernächſt als eine Neuigkeit, daß die Feinde des Evangelii in den Niederlanden öffentlich darüber wider Gott murren, daß es
den vermeynten Ketzern den Sieg wider den Herzog Heinrich zu Braunſchweig verſtattet hätte, da ſie doch durch die vielen Meßopfer das Gegentheil hätten erzwingen wollen. Er redet endlich von neuen Streitſchriften, die er unter Händen habe, und wobey ihm bey der Kürze der Win-
tertage und bey der Menge von andern Geſchäften die Arbeit langſam
von ſtatten gienge.

Aus der Sammlung des Predigers Niemeyer zu Haßlingen.

Reverendissimo in Christo Patri ac Domino D. Nicolao,
Episcopo vero Numburgensis Ecclesiae, suo in Domino
Maiori suspiciendo,

Gratiam et pacem in Christo. Quanquam nihil erat,
quod scriberem, Reverendissime in Christo Pater,
tamen cum nepos tuus *Georgius* indicaret, sese
missurum nuntium, nolui literis meis inanem abire,
et saltem felicem novum annum T. D. precari. D.
Philippus aberat Torgae, cum tuae literae veni-
rent. Agebatur, ut ad colloquium mitteretur Regen-
spurgam, sed interpellavi pro eo, ut hic maneret. Ita
vadunt loco eius D. *Georgius Maior* et D. *Laurentius Zech*, scilicet ut perdant iterum tempus,
sumptus et operas. Dicitur Caesar urgere Concilium
Tri-

Tridentinum, et multa alia moliri.   Haec sive vera,
sive vana, nihil moror.   In Belgico indignantur et im-
patienter murmurant sacrificuli et monachi, contra
Deum, quod *Mezentium* passus est vinci et capi,
cum tot millia Missarum pro eius salute, singulis diebus per totam terram illam sacrificarint.   Expostulant
itaque cum Deo, cur contempserit tam fideles et sanctos suos servos et tot missas, per quas non dubitas-
sent impetratam victoriam contra nos haereticos. Mi-
rantur, quod missarum gloria adeo nihil, imo contraria operata sit, quam solita fuit.   Sed pereat, qui perit, dum filium Dei audire non vult.   Nos oramus et
expectamus illum diem redemptionis nostrae, et perditionis mundi, cum sua pompa et malitia.   Fiat, fiat,
brevi et cito. Amen Ego exerceo me scribendo contra Asinos Parisienses, Lovaniensesque.   Et satis valeo, pro tanta senectute: sed dies breves et negotia
multa tardant mihi opus.   In Domino bene valeat
D. T. et pro me oret. Fer. 3. post Antonii. 1546.

T. D.

Martinus Luther. D.

34.

Vom 4ten Februar.

Luther entschuldigt sich bey dem Fürst Bischofe Georg, daß er ein ihm
aufgetragenes Geschäfte noch nicht nach Wunsch ausgerichtet habe, weil er
bey der jetzigen Lage der Sachen nicht sein eigner Herr sey. Er verspricht aber, alle seine Aufmerksamkeit anzustrengen, und fället zugleich
über die Eröffnung der Tridentinischen Kirchenversammlung sein Urtheil,
von deren Folgen er sich schlechte Hoffnung machet.

Aus Aurifabers ungedruckter Sammlung.

Re-

Reverendiſſimo in Chriſto Patri ac domino *D. Georgio*, Ecclesiae Merſeburgenſis epiſcopo vigilantiſſimo, principi ab Anhalt illuſtriſſ. Comiti Aſcaniae generoſo, et Dom. Bernburgae inclyto, Domino ſuo venerabiliter ſuſpiciendo.

G et P. in Domino. Illuſtriſſime Princeps. Accepi litteras D. V. ad *M. Philippum* et me datas. Sed *M. Philippi* valetudo adverſa retinuit domi. Ego ſum ſolus hic cum D. *Iuſto Iona*, ſatis memor ſum fidei datae et nondum liberatae, ſed currus æt equites non ſunt in mea poteſtate, ſatis numeroſo equite evocaverunt et eduxerunt comites Mansfeld, cum quibus eſt eundum et redeundum via et itinere ab ipſis definito. Dabo tamen operam, ſcilicet ut ad verum tempus aliquando liberem fidem meam. Spero enim tutiora tunc omnia fore. Quare Celſit. V. interim hoc impedimentum boni conſulat. Nova nulla habeo. Credo enim Celſ. V. audiſſe, concilium eſſe per papam apertum (ut vocant,) id eſt inchoatum. Sed medium erit tardum, et finis nullus, tamen ut Romanae Syrenes vexent populum, ſicut eſt moris, ſtyli, naturae, et inveteratae iam olim nequitiae in iſta Babylone. Exſurgat dominus, et diſſipet inimicos ſuos. Amen, Amen, Amen; in quo valeat Celſ. V. cui me commendo in pias preces. Quarto Calend. Februarii. Ex Eisleben. Anno 1546.

Celſ. V. Devotus

Martinus Lutherus. D.

35.

Vom 10ten Februar.

Luther schickt eine von dem Bischofe zu Merseburg Georg erhaltene Schrift mit seinen am Rande geschriebenen Anmerkungen zurück, und lobt es sehr, daß dieser Fürst die Kirchendisciplin aufrecht zu erhalten suche; weil die Sicherheit der damaligen Zeitgenossen mit der Sicherheit der ersten Bewohner der Welt vor der Sündfluth sehr viel Aehnliches zu haben schiene, und folglich einer Zurechtweisung und Besserung gar sehr bedürfe.

Aus Aurifabers ungedruckter Sammlung.

Reverendissimo et illustrissimo principi ac domino *D. Georgio*, Episcopo Merseburg. ecclesiae et praeposito Magdeburgensis ecclesiae, principi ab Anhalt, comiti Ascaniae, domino in Bernburg. D. illustriss. et inclyto.

G. et P. Reverendissime in Christo pater et princeps Illustrissime. Signavi in margine sententiam meam, ut potui breviter, promptus alio tempore et otiosiore plura quamquam quae est V. C. intelligentia summa, pluribus non sit opus. Occurrendum certe scandalis, in quae praeceps et indomitum vulgus ruit, quasi nullis legibus oporteat vivere, ne tandem fiat, quod ante diluvium factum esse scribit *Moses*, scilicet, accipiebant uxores quascunque elegissent, etiam sorores, matres, et raptas maritis. Et certe aliquot similia exempla occulta esse audio. Deus prohibeat, ne publice regnent, ut in *Herodo* visum est, et regibus Aegypti. Anglicus rex infelix fuit maritus, semper ideo eius exemplum figuretur, quia etsi cum eo dispensabatur, conscientia tamen vincebat dispensationem, ut quid homines accersunt sine omni necessitate conscientiae confusionem, quae per se satis nobis facit

cit negotii, etiam in re bene gefta. Sed alias plura,
fi Deus volet, in quo bene valeat Celf. V. illuftriff. 10
Februar. Anno 1546.

Celf. Veftr. illuftr. Deditus

Martinus Luther. D.

36.

Vom 14ten Februar.

Diefen letzten Brief hat Luther wenige Tage vor feinem Tode gefchrie=
ben. Er hatte fich am Schienbeine ein Fontanell fetzen laffen, das fich
während feiner Reife gefchloffen hatte; und diefer unerwartete Vor=
fall mußte ihm nothwendig bedenklich fcheinen. Weil er nun vergeffen
hatte, auf die Reife nach Eisleben dasjenige mitzunehmen, was zur
Offenhaltung des Fontanells nöthig war, und fich überdies wegen der
vielen Gefchäfte nicht fleißig genug verbunden hatte: fo bittet er fei=
nen Freund Melanthon, ihm dasjenige Mittel auf der Rückreife ent=
gegen zu fchicken, das in ähnlichen Fällen als bewährt befunden war.
Daß aber die Reife felbft durch Luthers Krankheit und Tod zu Eisleben
unterbrochen worden fey, das lehrt die Gefchichte feines Lebens.

Aus Aurifabers ungedruckter Sammlung.

Philippo Melanthoni, Fratri in Chrifto digniffimo.

G. et P. Accepi gratiffimas literas hodie principis
vocantis me domum, mi *Philippe,* et feftino
abire, fatur plus quam fatis iftarum rerum. Tamen
cura, quaefo, ut mihi occurrat faltem, fi forte in itinere fuero, nuncius, qui afferat modiculum corrofivae
iftius, quo crus meum aperiri folet. Nam paene totum fanatum eft, quod Wittembergae apertum eft vulnus, quod quam fit periculofum, nofti. Atque hic
non habetur eiusmodi corrofiva, *Ketha* mea novit,
quo loco in hypocaufto meo pofitum eft hoc genus
cauterii tam neceffarii. Papa *Paulus tertius* tertia
Ianuarii mortuus et fepultus eft, id quod certo huc fcribitur

bitur esse verum. Episcopus Coloniensis literis vocat
Albertum comitem ad comitia comitum Northu-
siam prima Martii, acturus ibi cum illis de rebus ad
comites pertinentibus. Nam excludi sentit Comites
ex episcopatu Coloniensi. Caetera Deo volente coram brevi. Nam abrumpere me literis volo. Vale
in Domino. 14 Februar. Anno 1546.

T.

Martinus Luther.

II.

Deutsche
Briefe und Urkunden.

Zwanzig
deutsche Briefe und Urkunden.

I.
Vom Jahr 1512.

Luthers eigenhändige Quittung über 50 Fl. die ihm zur Erhaltung des Doktorats ausgezahlet worden.

Aus der Börnerischen Sammlung zu Leipzig.

Ich *Martinius*, Bruder Einsiedlerordens zu Wittenberg. Bekenne mit dieser meiner Handschrift, daß ich von wegen des Priors zu Wittenberg empfangen habe von dem Gestrengen vnd Vesten Pfuffinger vnd Johann Doltzue, meynes gnädigsten Herrn Cammerier 50 Gulden auf Sonnabend nach Micha. Francisci, an. Dom. 1512.

Dieser eigenhändigen Quittung waren noch zwey andre eigenhändige Quittungen von Staupitzen und Linck beygelegt von 1510. und 1512.

Ich Bruder, *Johannes* von Staupitz, Doctor, Augustinus Vicarius, bekenne mit dieser meiner Handschrift, daß der Glantzman hie zu Wittenberg uff Dynstag nach Allerheyl. Tag ins Closter überausworth hat XX fl. reynsch zu eyn vnd zwanzig gr. für einen Gulden. von wegen des Durchlaucht. Chur Fürsten Hertzog Friedrich von Sachsen rc. Sage ihn derselbigen hiemit quitt vnd ledig. Dat. Sontag nach Nicolai 1510. unter meinem gewöhnlichen Petschaft.

Ich Bruder Wenzeslaus Linck, Einsiedler Ordens S. August. des Closters zu Wittenberg Prior bekenne, daß ich von dem vorſichtigen N. Gleiczmann zu Wittenberg entfangen habe ſechs fl. von wegen vnſers Gn. Herren vm Gottes willen, vnſerm Convent zu einer Tonne Hering gegeben. Geſcheen vnd ohne Gefahr. Dienſtag nach Conception Mariae im 1512 Jahr.

2.

Vom Jahr 1523.

Luther empfiehlt einen jungen Menſchen ſeinem Freunde in der Abſicht, damit er durch deſſen Vorſorge zum völligen Beſitz der ihm beſtimmten Erbſchaft gelangen möge.

Aus der Wernsdorfiſchen Sammlung zu Wittenberg.

Dem fürſichtigen Georgen Romer, meinem beſondern günſtigen Freunde.

Gnad und Fride ynn Chriſto. Lieber Jörge Romer. Es hatt mich Philipps Glumſpies angeregt, für yhn an euch zu ſchreyben, nemlich um des teſtament willen euers Vatters ihm beſcheyden, daß yhr woltet gönnen yhm daßelb gantz zu folgen laßen, wie die andern alle ſchon vergonnet haben. Angeſehen, daß die Pfafferey, ſo auf Meßen und vigilien ſtehet, gantz fehrlich und ſchedlich iſt, wie ich hoffe yhr zum guten theil auch wol wißet. Wie wol ich ein ſolcher Fürbitt an euch nicht nöhtig geachtt, als der ich weyß, daß yhr ihm ſonſt gönſtig gnug ſeyd, hab ichs doch yhm nicht wißen zu verſagen. Und bitte freundlich, wollet euer Vollwort auch dazu geben, auf daß der gute Geſelle ſonſt eyne andere ehrliche Narunge mag anfahen. Hiermit Gott befolen. Am Tage Aſſumtionis Mariae 1523.

Mart. Lutherus.

3.

Vom Jahr 1524.

Ohne Anzeige des Tages, an welchem er geſchrieben worden. Luthers Bedenken an Wolfgang Stein über Carlſtads Beruf zum öffentlichen Lehramt zu Wittenberg.
Aus

G. et P. Scripſi et dixi Iuniori Principi, quid vocato *Andreae Cariſtadio* obiiciendum eſſet. Nunc ad iſtas quoque literas vel vocato, eo vel ſcripto ad eum in hunc modum reſpondeatur. Lieber Her Doctor. Ihr habt, ehe ihr uns erſuchet, die Sach angefangen, und den Gulden von *D. Martin* empfangen. Was iſts nu, daß ihr uns zuletzt, wann ihr zuvor gethan habt, was euch geluſt, umb Gnad oder Gunſt erſucht. Macht ihrs nu gut, ſo werdet ihrs gut finden.

Aufs ander, daß er ſich zu verhören und diſputiren erbeut, ſoll man ſo laſſen ſagen: es nehme meinen gnedigſten Herrn faſt wunder, ſintemal Carlſtad ſo oft gefoddert iſt gen Wittenberg ſein Amt nach zu diſputiren, leſen und predigen, wie er Fürſtlichem Lohn verpflicht, und nu allererſt aufblaſe ſein diſputiren, als hätte man ihm ſolches gewehret oder geſparet, das er doch weiß, wie ihm niemand bisher hat dahin mögen zwingen, daß er hinfort mit ſolchen Spiegelfechten meinen gnädigſten Herrn wolte zufrieden laßen, und handeln, wie ers wiße zu verantworten. Quia ſtulta ſunt illa, quae de Deo praeſumit, primo Principes conſulit. Si Deo inſpirante facit, quod facit, cur moratur? cur differt? cur homines requirit? Vides hic, quam certus ille nequam ſpiritus ſeſe ſic agit. O furorem! Sed ſine, ut veniat. Vale cum omnibus. Velociter Wittenbergae. 1524.

M. L. D.

4.

Vom 13ten Novemb. 1530.

Luther eifert wider den Eigenſinn der Sächſiſchen Amtsbedienten, die in Abſicht auf die Prediger einen ſchwer zu befriedigenden Geſchmack verrathen, und erbittet ſich hiernächſt von ſeinem Freunde eine umſtändliche Nachricht von einem zweymal verſtorbenen Jünglinge, weil es

plante,

glaubt, daß Nachrichten von dieſer Art eine beſondre Aufmerkſamkeit verdienen.

Aus der Kraftiſchen Sammlung zu Huſum.

Friderico Myconio, Gothenſi epiſcopo, ſuo in Dno. fratri.

Gnad und Fried in Chriſto. Aberat *Bernardus Do-
len,* mi *Friderice,* cum veniret tuae literae. Sed
etſi reverſus ad me fuerit, non ſinam eum redire ſub
praefecti iſtius tyrannidem.

Wenn die Amptleute ſo viel gelehrter und gewaltiger ſind, denn der Landsfürſt ſelbſt, daß ſie ſich unter-
ſtehen zu urtheilen und zu ändern, was Ihnen ihr
fürſt zuſchickt, ſo will ich ſie hinfürt laßen prediger ſchaffen, und keinen mehr ſchicken. Man muß den Schart-
hanſen Pfarherrn ſchicken ihres gefallens. Darumb
will ich ſtille halten und das Volck laßen ſchreyen über
die ſchindfeßel und Hofeſchrantzen biß im Himmel.
Idem conſulo, ut tu facias. Ich kann nicht eitel Luther
und Pommer ſchicken, ſo iſts auch nicht noth. Bern-
hardt iſt ſo gelehrt, daß er allen ſchindfeßeln wohl ze-
hen jahr prediger genug iſt. Wolan ſie ſollen wol
geringer prediger mit der Zeit noch anbeten müßen.

Oro, ut hiſtoriam adoleſcentis bis mortui, quam
Philippo ſignificaſti, nobis nominatim diligenter perſcri-
bas, expreſſis nominibus, temporibus et aliis circumſtantiis. Digna eſt, quae aliquando a nobis celebretur. Saluta *Iuſtum Menium,* et patienter fertote nequitiam
praefectorum et nobilium. Nam idem vel amplius ab
ipſis nos quoque ferre cogimus. Es heißt patienz.
Breviter ſcribo obrutus negotiis. Vale cum carne tua
tota et ora pro me. Dominica poſt Martini 1530.

Martinus Luther. D.

5.

5.

Vom Jahr 1532 Dienstags nach Reminiscere.

Luthers Schreiben an seine Frau über den Einkauf zu Geschenken an seine Kinder.

Meiner herzlieben Hausfrawen Katharin Lutherin zu eigen handen.

G. v. F. yn Christo. Meine herzliebe Kethe. Ich hoffe, wo Doctor Bruck wird vrlaub kriegen, wie er mich vertröstet, so wil ich mit yhm kommen morgen oder vbermorgen. Ich kan ynn dieser stad, wiewol izt Jarmarckt ist, nichts finden zu kauffen für die Kinder. Wo ich nichts brechte sonderlichs, So schaffen wir da etwas vorraths. Dienstags nach Reminiscere 1532.

D. Martinus Luther. R.

6.

Vom Jahr 1533 den 2ten Oktob.

Die evangelischen Prediger zu Erfurt, denen man die Rechtmässigkeit ihres Berufs zum Lehramt streitig zu machen suchte, hatten sich von Luthern und seinen Gehülfen einen gewissenhaften Rath und Bedenken erbeten, wie sie sich bey diesen mißlichen Umständen verhalten sollten. Diesen Rath und dieses Bedenken erhalten sie, und sie werden angewiesen in pflichtmäßiger Verwaltung des Lehramts vor wie nach fortzufahren, weil sie sich von der Rechtmässigkeit ihres Berufs leicht überzeugen, und dabey den göttlichen Schutz und Beystand ohnfehlbar erwarten könnten.

Aus der Schlegelischen Sammlung zu Gotha.

Doctiss. et fideliss. Christi Praeconibus Dn. *Io. Lango*, Doctori, et Dn. *M. Petro* et reliquis Evangelii ministris Erphurdiae, amicis et Fratribus in Christo chariss.

Gnad und Fried Gottes in Christo. Ehrwürd. Hochgel. würdige, besondere, günstige Herren und Freunde. Auf euer Schreiben, welches ihr neulich vertrau=

treulich ganz guter Meinung an uns, gethan, auch
auf mündlich Anzeigen, ſo uns der *Aegidius* nach Inn=
halt eurer Schrift und inſtruction weiter bärnchen
vermeldet, haben wir uns, ſo viel Gott in der Eil Gna=
de verliehen, unterredet und dieſer Sachen Gelegenheit
erwogen, und geben euch zu erkennen, daß wir, nach=
dem ihr unſern Rath und Bedencken vertraulich bit=
tet und begehret, in keinen Weg für gut anſehen oder
zurathen wiſſen, daß ihr euch des Orts zum theil oder
alle hinweg begeben ſollet. Denn was Er. *Aegidius*
de vocatione anzeigt, welches euch bekümmern möcht,
ſoll euch nichts irren. Denn eure vocation iſt geſche=
hen eidlich mit wißen des Magiſtrats, Rähte und Vor=
munden, welche ſolches ratificirt und zugeſagt zu hand=
haben, wie das, wo es Noth, zu beweiſen iſt, oder ihr,
wenn es gleich jetzund von Wiederwärtigen aus Haß
geleugnet worden, gewiß vor Gott wahr iſt, daß euer
Gewißen frey und ſicher ſeynd. Und wenn gleich der
papiſtiſche Theil des Rahts oder hoſtes Evangelii eu=
re vocation nun leugnen oder anfechten, ſo iſt es doch
nit der ganze Raht oder Gemeine, ſondern allein ett=
che, welche dem Evangelio entgegen ſeyn. Nichts de=
ſto weniger beſtehet euer Beruf, welcher öffentlich un=
verhohlens nicht Meuchelnsweiſe geſchehen. Nichts
deſto weniger ſeyd ihr rechte Hirten der Schaafe Chri=
ſti, welche eure Lehre und Predigt lieben, die Stimme
des wahren Hirten Chriſti in euch kennen und derſelbi=
gen folgen. Wir wollen ſetzen, daß ein gottloſer Va=
ter 30 oder 40 Kinder hätte, welche alle electi und
Chriſten Gottes Lämmer und Schaafe wären: wann
der Vater, welcher doch iure divino quarti praecepti im
Magiſtrat wäre, ihnen das Evangelium verböte, möch=
ten ſie ihnen wieder des Vaters willen einen Prediger
und Hirten erwählen; wiewol das Gleichniß nit gar
ſtatt hat. Es hat bis anher der ordentliche Magiſtrat
euch

euch predigern nicht verboten, auch keine Gewalt an
euch gelegt. Ob sie nun zum theil, als die Papisten
unter ihnen euch verfolgen durch allerley Zuschube und
böse Tücke euch gerne wolten arges thun: ob sie auch
wol eure Besoldung sparlich und schmahl genug reichen, auch gar nach, den lieben Herrn Christum in
euch ganz verachten, Hunger, Elend und Noth leiden
laßen. Sehet ihr, lieben Herren und Brüder, was
jetzund für eine böse Welt ist, und daß solche Verachtung auch der frommen treuen Pfarherren und Prediger so gemein ist, daß es wie ein häßlicher gräulicher
Gubbick der lezten Zeit und des lezten Grimms und
Zorns des Satans gleich schrecklich ist anzusehen und
zu hören. Aber, lieben Herren, es ist warlich zu der
Apostel Zeit und bald hernach sehr übel gestanden aller bösen Ottern und Feinde. Sie sind endlich unter-
gangen: Christus aber und das Evangelium ist blieben. Derhalben, lieben Herren und Brüder, wir haben eures Anliegens und gegenwärtiger Betrübniß ein
herzliches Mitleiden, und womit wir euch tröstlich
oder hülfflich seyn können mögen, solt ihr und eure Kirche zu Erfurth uns willig finden. Habet ihr so weit
durch Gottes Gnad und Stärckung Gedult gehabt, und
euch mit dem Evangelio gelitten, habt noch ein Jahr
oder die kleine Zeit Gedult. Gott der Herr wird gegen das alles, das ihr um des Evangelii willen, und
wir mit euch und mit vielen andern leiden, euch stär-
ken mit reichem Göttlichen Trost. Gott wird den un-
danckbaren, desgleichen den Verfolgern ihren gewiffen
unverfäumten rechten Lohn geben. Ihr wißt, womit
fich die Apostel haben trösten müssen. Deus est Deus
non solum tristitiae, tentationis, afflictionis, sed etiam
Deus consolationis, gloriae, pacis &c. Haec est victoria, inquit Iohannes, quae vicit mundum h. e. haec
omnia tot et tanta mala satanica, et pericula et scan-
da-

dala infinita, (fides noftra). Chriftum, quem non videmus, diligimus et exfpectamus, adverfarii oderunt
Chriftum et nos.

Was belanget die Zweispaltung der Lehre, wollen
wir mit treuen Fleiß zu gelegener Zeit unfern gnädigen Herrn den Churf. zu Sachsen erinnern, daß seine
Churf. Gn. sich der Sache anzunehmen nit unterlaffen,
damit es nit ein Ansehn habe oder den argen Schein,
wie ihr etwas meldet. Denn seine Churf. Gnaden
ohn allen Zweifel des heillosen Barfüßer Münchs Lehre und der Papiften Gottesdienst wenig Gefallen tragen. Interim valete in Domino. Vittembergae 3 post
Michaël 1533.

Mart. Luther.
Philipp Melanthon.
Iuftus Ionas D.

7.

Vom Jahr 1533 den 12ten Decemb.

Luther ftattet einem Prediger in Cöthen für ein erhaltenes häusliches
Geschenk freundschaftlichen Dank ab, und weil dieser sich mit schwermü-
thigen Gedanken ängstigte: so verweiset ihn Luther auf Chriftum,
den besten Menschenfreund, den er ihm mit recht evangelischen Zügen
vor die Augen mahlet.

Aus der Raupachischen Sammlung zu Hamburg.

Venerab. in Chrifto Viro *D. Io. Steinhauffen,* Paftori
Cötenfi, fideli Verbi miniftro, fuo fratri.

Gnad und Friede in Chrifto. Mein lieber Herr
Pfarrherr. Ich dancke euch für ewer Geschen-
cke die Meßpeln, und wiewol diß Land solche Fengen
trägt, eße ich sie doch lieber dann alle Welsche Fengen, wenn sie nur ein wenig jünger sind, doch reif
müssen sie seyn. Ungern höre ich aber, daß ihr zuwei-
len noch betrübt seyd, so doch Chriftus euch so nahe
ist, als ihr euch selbst, und will euch ja nicht fressen,
wei-

weil er sein Blut für euch vergoßen hat. Lieber thut
dem frommen treuen Mann die Ehre, und glaubt, daß
er euch lieber habe und günstiger sey dann *D. Luther*
und alle Christen. Was ihr euch zu uns versehet,
das versehet euch vielmehr zu ihm. Dann was wir
thun, das thun wir von ihm geheissen; aber er, der
es uns heißt thun, der thuts von natürlicher Güte und
ungeheißen. Hiemit eylend und Gott befohlen samt
den euren. Amen. 1533. Vigilia Luciae.

Martinus Luther.

8.

Vom Jahr 1534 Sonnabends nach Galli.

Luthers Erklärung an den Landgrafen Philipp den Großmüthigen
zu Hessen über die von ihm sehr gewünschte Beylegung der Streitigkeiten in der Lehre vom h. Abendmahl.

Aus der Sammlung des Caspar Sagittarius zu Jene.

Gnade und Friede gottes in Christo, Durchleuchtiger
Hochgeborner Fürst. Ich habe V. F. G. schrifft
empfangen, darinne V. F. G. begeren Ich solle die sachen des sacraments halben in christlichs und tiewes bedencken nehmen, damitt eine bestendige einigkeit möcht
we ben zwischen uns und den oberlendischen predigern.
Nun wissen V. F. G. ia woll das Ich freilich auch allzeit aufs höchste begeret einigkeit zu haben, weil mir
verdrißlich (und dem reich Christi schedlich,) gnug ist
der Vbermachte trotz der Papisten, so durch solch Vn-
einigkeit also gesterdet, das er ann das lengst woll were demütiger worden wen nur V. F. G. bey M. Bucero
und den seynen erlangen, wes sie doch hierinne gesinnet
weren zu thun und zu geben oder nicht, Wolt Ich doch
ia auch was Ich immer für mein gewissen reumen möcht
gerne mich finden lassen. Lieber gott Ich komme schwerlich zu den sachen, die nicht Ich sondern andere angefangen, und mich düncket das unter ihnen selbst den
Vber-

Vberländischen prebigern wenig sind die auch dem
Bucero volgen vnd er nach vieleicht wider beide solten schreyen. Meinem Hertz ist nichts liebers, den eine
bestendige einigkeit, Wen es aber solt im grund gebrech-
lich vnd vngewis seyn so ist doch die trew verloren.
Was V.F.G. hierin helffen vnd rathen kan, bitt Ich
vmb gottes willen wollen fortfahren, kan Ich etwas
tun wider die morder vnd bluthunde die Papisten die
doch nicht können noch wollen auffhören, sie haben den
christen verstöret oder selbst do nieder ligen, so feilets ja
nicht vnd soll nicht feilen an meinem armen gebet,
thun leiden reden vnd schreiben. Christus vnser Herr
sterke V.F.G. zu thun seinen willen Im gnaden seiner
kirche zum Zorn über die Papisten. Amen. Amen.
Wittenberg Sonnabend nach Galli. MDXXXIIII.

E.F.G.   williger
                     D. Martinus Lutherus.
Dem Durchleuchtigen Hochgebornen Fürsten vnd
Herrn *Philipsen* Landgraven In Hessen Graven
zu Katzen Elnbogen meinem Gnedigen Herrn.

9.
Vom 21sten März 1536.

Dieser halb deutsch und halb lateinisch geschriebene Brief enthält mit
Einmischung einiger launigten Einfälle Luthers Bitte an seinen Freund
Linck, daß dieser die neuesten dichterischen Spielwerke zu Nürnberg für
ihn sammlen und überschicken wolle.

Aus der Sammlung des Caspar Sagittarius zu Jena. *)

Clariss. et Ornatiss. Viro *Wenceslao Linco*, Theologo et
Ministro Christi, suo in Domino fratri.

Gnad vnd Fried in Christo. Quia iam dudum aliquot secula sunt, daß ich nicht lateinisch schreibe
                                          noch)

*) Dieser Brief wird hier so geliefert, wie ihn Luther selbst bey guter
Laune geschrieben hat. Völlig ins deutsche übersetzt hat ihn jüngsthin
Herr Pastor Strobel abdrucken lassen in der Sammlung einiger auserlesener Briefe des s. D. Mart. Luthers. N. 35. Nürnberg 1780.
m s.

noch redt, optime *Wenceslae*, ut metuam, ne etiam meum antiquum Latinum ignorem, niſi quod te credo ſimili periculo laborare; ideo ſpero, quod iſta fides me iuſtificabit coram te fine operibus malis et bonis: quia tu es erga tantos peccatores propitius deus, ſicut velles tibi fieri in peccatis ſimilibus. Amen. Nihil erat, quod ſcriberem, niſi quod iſtas Evangeliſtas hóneſtiſſimas nolui ſine literis abire, ſcilicet Dominam *Detzelinam* cum filiabus. Miſiſſem quoque aliquot montes aureos, ſed Albis noſter iſtis annis ſaepius inundavit et ſecum tulit totam arenam auream et reliquit calculos et ſilices nobis, ex quibus in lateribus *Iuſti Ionae* haeſerunt aliqui atomi, cum tamen ille mirus ſit hoſtis Epicureorum, qui de atomis diſputant. Sed ita iocatus ſum, ſatis aeger et ſanus, infirmus et fortis, peccator et iuſtus, propediem mortuus et vivus in Chriſto. Tu qui ibi es inter flumina aurea et argentea, quaeſo mihi mitte non ſomnia ea ſed ſemina poetica, quae mihi vehementer placent. Non intelligis?

Ich will deutſch reden, Mein gnädiger Herr Wenzel, wo es euch nicht zu ſchwer, noch zu viel, oder zu lang, oder zu weit, oder zu hoch, oder zu tief und dergleichen ꝛc. wäre, ſo bitte ich euch, ihr wollet irgend einen Knaben laſſen ſammlen alle deutſche Bilder, Reimen, Lieder, Bücher, Meiſtergeſäng, ſo bey euch diß Jahr ſind gemahlet, getichtet, gemacht, gedruckt durch eure teutſche Poeten und Formſchneider oder Drucker: denn ich Urſach habe, warum ich ſie gerne hätte. Lateiniſche Bücher können wir hie ſelbſt machen. An teutſchen Büchern zu ſchreiben lernen wir hie fleißig, und hoffe, daß wirs ſchier ſo gut wolten machen, wo mirs nicht bereits gethan, daß es niemand gefallen ſolle. Vale in Chriſto et ora pro me. Dominus tecum et tota carne tua, et ſaluta omnes noſtros. Feria ſecunda poſt Oculi. 1536.

D. Mart. Luther, ſo wol Doctor als ihr ſelbſt.

10.

10.

Vom Jahr 1536. den 16ten April.

Luther empfiehlet ein paar junge Studirende, damit sie bey ihrer Dürftigkeit durch Fürsprache seines Freundes die Verlängerung eines akademischen Stipendii erhalten mögen.

Aus der Schöttgenschen Sammlung zu Dresden.

Dem gestrengen und Ehrenvesten Johann Riedt Eßel, kurfürstlichen zu Sachßen Kammerer und zum newen Margkt, meinem gönstigen Herrn und lieben Gevatter.

G. b. F. Gestrenger und Ehrnvester, lieber Herr, freuntlicher lieber Gevatter. Es haben mich die zwen son Michael von der Stroße weiland Gleitsman zu Borna demütiglich gebeten, nachdem sie jrers Vaters leben ein stewer zu studiis von einer prebenden bey M. G. H. erlanget und einer III Jar gebraucht, damit jr studirn zwm guten anfang gebracht, und weil Jr Vater sie In großen schulden gelassen, das sie solch studirn von dem Iren nicht wol füren mochten, und doch schade wer solchen guten anfang fallen zu lassen. Ich wolte sie vorbitten, das solche stewer noch ein drey Jar mocht erstreckt werden. Weil ich dann weis und gnugsam erfaren hab das E. S. gereizt ist, zu solcher guter sach, das die liebe Jugent löblich und christlich erzogen werde, so bitt ich freundlich E. S. wolt bey M. G. H. das beste thun, und den armen Kindern forderlich erscheinen, das ich mich zu E. S. tröstlich vorsehen will. Hiemit Got bevolen und grüst mir ewre liebste. Jr wißt wol welche, wenn sie es auch, so ist mirs desto lieber. Dat. Wittenberg XVI Aprilis anno MDXXXVI.

Martinus Luther. D.

11.

Vom Jahr 1538.

Ohne Anzeige des Tages, an welchem er geschrieben worden.

Jo-

Johann Cruſe, der zur Zeit des Bauerkrieges auf dem Kloſter Walkenried vertrieben worden war, hätte ſich bey Luthern über die Unbarmherzigkeit des Abts zu Walkenried Johann Hokagel, beklagt, von welchem er ſich bey ſeiner Dürftigkeit eine Unterſtützung aus den Kloſtergütern erbeten, und abſchlägige Antwort erhalten hatte. Luther eifert ſo wol wider dieſe als wider des Burgermeiſters zu Nordhauſen, Michael Meyenburgs, unnatürliche Härte des Herzens; und iſt der Meynung, daß ein unbarmherzig Gericht über beyde ergehen werde, weil ſie nicht Barmherzigkeit bewieſen hätten.

Aus dem Gräflich Stolbergiſchen Archiv zu Wernigerode.

Mein lieber Johna. Ich hätte die andern Briefe kaum verſiegelt, da kam M. Philippus, und bringet mir die offenen Briefe, welche von unſern wegen ſolten dem M. Iohanni Cruſio gegeben werden, dem armen Lazaro, und ohne Zweifel einem aus den allergeringſten Chriſten, auf daß er derſelbigen genieſen möchte zu betlen wo er könte, nachdem er mit ſo viel ſchrifften lauffen, arbeiten, ruffen und ſchreyen vergebens begehret hat, die broſamen, ſo von des fraßes tiſche zu Walckenreden fallen. Man kans nicht gnugſam ausreden noch ſchreiben, wie ich ſo zornig worden bin über den unbilligen Handel, und ich habe ganz und gar geflucht allem ſegen nicht allein des Apis, ſondern auch Michels Meienburgs, die da wohl leben und freßen von den Cloſtergütern, davon doch ſolte dieſem alten blinden und armen betler gegeben werden. Was iſt das? wir beten wieder den türcken, verſünen Gott, unterrichten das Volck, weil indes diejehnigen, ſo da Evangeliſch wollen ſeyn, mit geiz, beraubung der Kirchen und armer leuth, ſo ſicher den Jorn Gottes erregen, gleichwie der gemeine Man thut, der läßt uns predigen und lehren, beten, und heuffet indes eine ſünde über die andere. Derohalben bitte ich dich, mein Johna, daß du dich der geſelſchafft, die du etwa mit ihnen haſt, entſchlagen wolleſt, umb Chriſti willen, und wolleſt dich ja nicht mit unter ihre ſünde und fluch mengen, denn Chriſtus achtet den Cruſen, den armen

La.

Lazarum, ohn allen zweifel viel höher denn die gantze
welt, ich geschweige der zweyer waßerblasen, Michels
und des Apts. Wie fein were es gewesen, weil
Michael so viel geschenck vom Apt empfehet, daß er
an diesen Lazarum gedacht und dem Apt eingesagt hette und gesprochen, mein lieber herr, ich wils gerne ent-
peren, damit der Lazarus etwas von euren brosamen be-
komme, aber also thun wir, Gottes vergeßen wir fein,
auf daß unser wieder billig bey Gott vergessen werde.
Das habe ich dir ganz zornig schreiben wollen, auf daß
du wissest, daß ich aus einem rechten göttlichen eifer
haße Micheln und den Apt, und will auch nicht aufhören allen beyden zu fluchen, dieweil der arme Lazarus
betteln gehet. Gott fluche ihren guitern, und es gehe
ein feuer aus Walckenreden, und verzehre auch zugleich die guiter, die man sonst mit recht gebrauchen
könte. Amen, Amen.

Diesen Brief hat Luther ursprünglich lateinisch geschrieben, und so hat
ihn *Io. Ge. Leuckfeld* in antiqu. Walckenredens. P. II.
c. 5. p. 93. bekannt gemacht: er ist aber von Justus Jonas
zu Halle, an welchen der Brief gerichtet war, in die deutsche Sprache übersetzt worden, und die Handschrift des Jonas ist im Jahr
1577 aus Hohenstein nach Wernigerode gebracht worden.

12.

Vom Jahr 1539.

Luthers Schreiben an einen Freund in Torgau, eine lateinische Empfehlung und ein deutscher ökonomischer Auftrag.

Aus der Löscherischen Sammlung zu Wittenberg.

G. et pacem in Christo. Rogavit me *Iohannes
Milde*, mi *Gabriel*, ut pro se intercederem, si
qua per tuam operam posset succedere parochus in
Neyden. Satis diu in rusticatione et vexatione rusti-
corum est detortus et difficilis est in tanta malitia ru-
sticorum rusticatio pastoribus. Potandi aviditas in eo
aliquando fuisse dicitur. Sed quottidianum hoc est,
non

non poterit permittere penuria, uti noſti. Et ſpero meliorem futurum. Quare ſi integrum eſt et fieri poteſt, habeas eum tibi commendatum, ſi forte et lectionibus et orationibus vacandi otium habere poſſit. Von dem Kaſten und Sedeln heiſt mich mein Herr Ketha alſo ſchreiben, daß ſie wundert, wie ein Kaſte ſo theuer als vier Fl. ſolte ſeyn. Denn es ſolt ein reinlich Kaſte ſeyn für leinen Gerete drein zu legen, da nicht eiſen durchgeſchlagen das leinen Gerete eiſenmalicht machte. Denn einen ſchatzkaſten haben wir bereit, und iſt uns wol tauſendmal zu weit zu unſern ſchatz. Darum beſchreibt uns den Kaſten mit holtz, form, eiſen, wie er ſey. Denn yhr habt mir einen geſchenckt, wie yhr wiſſet. Wenn derſelb nicht ſo boſe wurmſtichig Holtz hette, daß eitel würmemehl ym Kaſten, ſo were er gut genug zu leinen Gerete. Iſt dieſer auch alſo, oder gleich ein wenig beßer, ſo were er recht. Sonſt mag ſie hie einen laſſen machen. Hiemit Gott befolhen. Ich hette wol mehr zu thun gehabt, denn von Kaſten ſchreiben, wo Er Johann Milde mich nicht yen das Papier geführt hette. f. 2 poſt Appoloniae 1539.

Martinus Luther.

Venerabili in Chriſto Viro *M. Gabriel Zwilling*, Epiſcopo Torgenſis eccleſiae fideli, ſuo fratri chariſſimo.

13.

Vom Jahr 1540.

Luthers Bugenhagens und Melanthons Fürbitte an den Churfürſten zu Sachſen Johann Friedrich für einen Prediger zu Pouerſtorf Callixtus, um Vermehrung ſeines Gehalts.

Aus einer Bugenhagenſchen Handſchrift.

Dem Durchlauchtigſten Hochgebornen Fürſten und Herrn Herrn Johann Friederichen, Hertzogen zu Sachſſen, des heiligen Romiſchen Reichs Ertzmarſchall vnd Churfürſten, Landgraven in Thoringen, Marggraven zu Meiſſen vnd Burggraven zu Magdeburgk. Vnſerm gnedigſten lieben Herrn.

Durch-

Durchlauchtigster, Hochgeborner Fürst vnd Herr Ewere
Churfl. gnaden sind zu Gott vnnser gebet mit vn=
derthenigen gehorsamen Diensten allzeit mit vleis zu=
voran bereit. Gnedigster Herr, mit hir Jnnlig nder
schrifft hat Er *Calixtus* pfarrer zu pollerstorf Jm Ampt
Wittenberg vns angesucht, vnd sein nodt angezeig: de=
mutiglich doneben bittend, das wir solch sein armut vnd
nodt zu hertzen nemen vnd Jne bey E. Churf. G. vor=
bitten wolten das Jm ein gnedige zulag von XV. fl. ir=
gent Jerlich mocht zugelegt werden. Nu wissen wir,
wie dann in beden Visitation befunden, das solch pfarr
ein einig gering dorf vnd kein filial hat die leuth des
orts vnvormogend sein vnd der acker auch nicht so ge=
hiesslich das ein pfarrer den selber treyben vnd gesinde
vnd pferd daruf halten möcht, wir auch auf die leuth
derwegen nicht haben einich zulag legen können. Weyl
wir dann jetzt vber das bie registracion selbs vbersehen
vnd das einkomen vberlegt vnd befinden, das alles zu=
samen gerechnet nicht vil vber zwentzigk gulden Jerlichen
lauffen thut. So bitten wir in vnderthenikeit vund De=
mut E. Churf. G. wolle dem armen man irgent auß
der Sequestracion Jerlich ein gulden oder funffzehen zu
geben gnediglich verschaffen, Jn ansehung das solch
pfarr sunst in der nahe zu keiner andern pfarr Jn ewer
Churf. G. Chur zu Sachssen füglich mag gesiagen wer=
den, vnnd dieser pfarrer nu ein betagt man ist, der bil=
lich vnverruckt bleiben solt. E. Churf. G. wolle sich der=
wegen hit Jnn gnediglich erzeigen. Das wollen vmb
dieselbe E. Churf. G. wir gem Got vmb ein selig regi=
ment vnnd wolfart zu bitten vnd in vnderthenigem ge=
horsam zu vordienen allzeit geflissen sein. Dat. Wittemberg
Suntags nach Assumptionis Mariae. Anno MDXXXX.

    E. Churf. G.   vnderthenige gehorsame
Visitatores Martinus Luther, Joannes Bugenhagen,
   Doctores, vnd Philippes Melanchton.

        14.

14.
Vom 3ten Octob. 1541.

Dem gutherzigen Luther war ein armer Knabe zur Versorgung aufge-
drungen worden; und weil dieser annoch einer näheren Aufsicht und
Pflege bedurfte: so empfiehlt ihn Luther seinem Freunde in der Absicht,
damit er durch dessen Fürsprache in die Versorgungsanstalt für die Fünd-
linge in Nürnberg aufgenommen werden möge.

Aus der Thomasischen Sammlung zu Leipzig.

Clariss. Viro *D. Hieronymo Baumgartnero*, Patricio et
Senatori Norimbergensi, suo in Domino amico charissimo.

Gnad und Fried und mein arm Pater noster. Er-
bar, fürsichtiger lieber Herr und guter Freund. Auf
gut Vertrauen, so ich zu euch habe, schicke ich hie einen
Knaben, der mir aus Engelland ist schalcklich aufge-
logen, durch *D. Osianders* Zeugniß an mich bracht, denn
Osiander auch betrogen ist. Nu ihr aber wisset, was
für ein bettelstadt unser stadt ist, dazu der Bube noch
wol darff einer Magd, die sein wärte mit waschen und
lausen 2c. mein Zinß aber nicht vermügen. Ist mein
ganz freundtliche bitte, wollet bey den Herrn zu Nürnberg guter fugge seyn, daß er ins Fündlie Haus mocht
versehen werden. Wir sind sonst on das, und ich sonderlich hie fast hoch genug beschwert, und über vermügen beladen. Gott behüt mich, daß ich nicht mehr
so betrogen werde. Fac, oro, quantum potes, ut me
leves hoc onere, quo perfidiose sum oneratus. Salutat
te reverenter ignis *) olim tuus, iam te ob praeclaras virtutes tuas novo amore diligens et nomini tuo ex animo
bene volens. Bene vale in Domino. Tertia Octobr.
1541.

T.
Martinus LutheR.

*) Daß hier von der **Catharina von Bohra** die Rede sey, um deren
Liebe sich vormals **Baumgartner** vergeblich beworben hatte, er-
hellet aus der Vergleichung mit einem andern Briefe an diesen
Mann in den Unschuldigen Nachrichten 1730. S. 529 f.

15.
Vom Jahr 1541.
Ohne Anzeige des Tages, an welchem der Brief geschrieben worden.

Luther legt bey dem Herzoge Moritz zu Sachsen eine Fürbitte für ei=
nen seiner Landsleute in der Absicht ein, damit dieser durch die mächtige
Fürsprache des Herzogs bey dem Grafen Albrecht zu Mansfeld gegen un=
natürliche Bedrückungen geschützet werden möge.
Aus dem Original in der Gözischen Sammlung zu Hamburg.

Gnad und fryd in Christo. Hochgeborner Furst Ge=
nediger Herr, Ich beschwere E. F. G. gantz unger=
ne mit meynem schreyben sonderlich Jezt, so sunst Im
regiment vnlust genung vorfallen, Aber not ist not e. f. g.
wissen vielleichte woll, wie e. f. g. vater seliger Hertzog
Heinrich muste sich als landsfurst zwuschen Graff
Albrechten von Mansfeld vnd Wilhelm einlegen vnd
schutzher sein, dann Ich das mit grossem leidt meines
Hertzens muß schreyben, das sich genanter graff, den Ich
sonderlich lieb bißher gehabt, vnd einen genedigen hern
gehalten, So geschwinde vnd hart gegen seinen unter=
thanen erzeigtt, das sie mußten clagen vnd schreyen,
der einer ist auch dießer gutter man Barthel Drach=
stedt Burger zu Eyßleben ber bitteth vnd Ich neben ih=
me untherthenigklich E. F. G. wolten In genedigklich
befohlen haben, vnd als der landsfurst gegen Graff
Albrechten vorschreybene das ehr genediger vnd sanff=
ter mit solichenn frommen getrewen untherthanen wolt
handeln, denn es ist Ja der adel vnd weltlich herschafft
von Gott gesetzt die frommen zu schutzenn und boßen
zu straffen Rom. 13. Sollts nhu dahin kohmen das
die herschafften Tirannen wolten sein, vnd mit den
leuthen als weren sie hund vnd sew vmbgehen, wie
sich etzliche anlassen, So wers vmb schrecklich tzeichen
gottlichs tzornes vber den adell, Als ehr bereit an be=
roubet hette nicht allein des Christlichen vorstands, der
vns leret alle fromme Christen ehren vnttereinander,
Als die mit dem blutt Christi geadelt sein zum ewigen
reich

reich da gegen dieſſer zeitlicher adell ein lautter nichts
iſt, mit dieſſem weltlichen ellenden reich, Sondern auch
des natürlichen vorſtands, das ſie nicht gedenken, wie
alle menſchen In gleichem vnadell, das iſt, In ſondern
ſtandt vnd thathen geboreen, vnd hie kein vnterſcheidt
iſt, vnd ſie doch als weren ſie vor Gott beſſer, das
nicht war iſt, ſich zieren, als hette ſie gott alleine Men=
ſchen geſchaffen, vnd muſten alleine ſein, das mier off=
te dieße ſchwere gedancken einfallen, wo der adell ſo
fortt will faren, So iſts geſchehen vmb Deutſchlandt,
vnd weren dann baldt erger wieder die Spanier vnd
Türken. Aber das badt wird außgehen vber ſie, Bit=
te derhalben abermal E. F. G. als der noch ein Jun=
ger furſt iſt, vnd Gottes wort vnd werck bey zeit ler=
nen kan, wolten ſich da wol vorſehen vor ſolchen Tir=
ranniſchen vnd geitzigen radtſchlegen, vnd ſonderlich
dieſe meine bitthe mier genedigklich zu guth halten,
Ich will m. g. h. graff Albrechten auch ſchreiben, es
gerathe wie gotth will, Iſts vngenade, ſo iſt Gott be=
ſto gnediger, auff den ich bowe vnd demſelben E. F. G.
mit rechtem gebethe vnd trewe befehle. Amen.

M. L. D.

16.

Vom Jahr 1544 Montags nach der Heimſuchung Mariä.

Luthers Bedenken über die rechtmäſſige Anwendung eingezogener Klo=
ſtergüter.

Aus der Sammlung des Caſp. Sagittarius zu Jena.

G. und Fr. im Herrn. Erbare, Fürſichtige, liebe Her=
ren, und Freundte. Euren caſum der 2 Clöſter hal=
ben habe ich durch Euren Geſanbten empfangen und für=
nummen. Darauf Ihr begehredt, kurtze ſchriftliche Be=
richt, nach der heil. Schrift zu geben. Nu iſt wahr, daß
wir Theologen bisher gelehret und noch lehren, daß ſol=
che verledigte Kloſtergüter ſollen zum Brauch der Kir=
chen und armer Leute angelegt werden, fürnemlich und
für allen Dingen. Denn das iſt billig auch Görtlich,

Cc 2

wie

wie ihr ſelbſt auch bekennet in Eurem caſu. Aber welchen Perſonen ſolches zuſtehe, oder gebüren wolle, da
haben wir Theologen nichts mit zu thun, weil es uns
nicht befohlen, auch die Gelegenheit nicht wiſſen können.
Sondern ſolches muß durch die Iuriſten geurtheilt werden, da part gegen part fürhöret wird. Was nu hier
die Iuriſten ſprechen werden oder geſprochen haben, da
laßen wirs bey bleiben. Denn ſolches ghar weltlich
Ding betrift, welches den Iuriſten befholen iſt. Und
unſer Theologia leret das Weltliche Recht zu halten, die
Frommen zu ſchützen und die Böſen zu ſtrafen. Derhalben mügen E. W. ſich bey den Iuriſten ſolches und
dergleichen befragen. Denn wir Theologen können
nicht dazu kummen, als die nicht können part gegen part
verhören. Und auf eines parths reden oder Sache
nichts kan geſprochen werden. Hiemit dem lieben Gott
befohlen. Amen. Montags nach Viſitationis Mariae 1544.

Martinus Luther. D.

17.
Vom Jahr 1544.

Luthers öffentliche Ermahnung an die Studenten in Wittenberg, daß ſie
die Geſellſchaft der Huren fliehen, und ſich der Zucht und Ehrbarkeit des
Heiſſigen ſolten.

Aus dem Original mitgetheilt von Wetſtein zu Amſterdam.

Es hat der Teuffel durch unſers glaubens Widerſacher
und ſonderliche Feind etliche Huren hieher geführet, die arme Jugend zu verführen und zu verderben.
Den zuwider iſt mein, als eines alten Predigers an
euch Kinder mein Vätterliche Bitt, ihr wollet je gewißlich glauben, daß der böſe geiſt ſolche Huren hieher ge-
ſchikt hat, die da krätzig, ſchäbig, garſtig ſtinckent und
franzöſiſch, wie ſich ſolches leider täglich in der Erfahrung erfindet. Daß doch ein gut Geſell den andern
warne, dann ein ſolche franzöſiſche Hur 10, 20 oder
100 guter Leut Kinder vergifften kan. Iſt derohalben zu rechnen als eine Mörderin und viel ärger dann
ein

ein Vergiffterin, helffe doch in solchem gifftigen Ge-
schmeiß einer den andern mit treuem Raht und Warnen, wie du dir selbst woltest gethan.   Werdet ihr
aber solche vätterliche Vermahnung von mir gethan
verachten, so haben Wir Gottlob einen solchen löblichen Landsfürsten, der züchtig und ehrlich, aller untu-
gend und unzucht Feind ist, darzu eine schwehre Hand
hat mit dem Schwerdt gewapnet, daß er seinen Pfade
und Fischerey, dazu die gantze statt wohl wird wißen
zu reinigen, zu Ehr des Worts Gottes, das sein F. G.
mit Ernst angenommen, biß hieher mit großer Gefahr
und Unkost dabey geblieben ist.   Darum raht ich euch
Spedestudenten, daß ihr bey Zeit euch trollet, ehe es
der Lands Fürst erfährt, daß ihr mit Huren treibet.
Dann Mein K. F. G. habens nicht wollen leiden im
Lager zu Wolffenbüttel, viel weniger wird er es leiden
in seinem holtz, statt und lamb.   Trollet euch, das raht
ich euch, je ehe je beßer, wer nicht ohne Huren leben
will, der mag hinziehen, wo er hin will, hie ist ein
Christliche Kirch und Schul, da man soll lernen Gottes Wort und Tugend und Zucht.   Wer ein Hurentrei-
ber seyn will, der kan es wohl anders wo thun, unser
gnädiger Herr hat diese Vniversität nicht gestifftet zu
Huren Häuser, da wißt euch nach zu richten; und ich
muß reden.   Wenn ich ein Richter wäre, so wolt ich
ein solche französische gifftige Hur rädern und ädern
laßen, dann es ist nicht auszurechnen, was schaden ein
solche vergiffte Hure thut bey dem jungen blut, das sie
so jammerlich an ihn verderbt, ehe er recht ein Mensch
worden, und in der Blüte sich also verderbt. Die jungen Narren meinen, sie müßen nichts leyden, so bald
sie ein Brunst fühlen, soll ein Hur da seyn, die alten
Väter nennen es impatientiam libidinis heimlich leyden,
es muß ja nit so bald gebüßet seyn, was einen lüst,
es heißt mehre dich Ecclef. 18 post concupiscentias tuas
non eas, kan doch im ehelichen Stand nit so gleich zu
                                                gehen.

gehen. · · Summa hüte dich vor Huren, bitt Gott, der dich geſchaffen hat, daß er dir ein Fromm Kind zufüge, es wird noch mühe gnug haben.   Dixi, wie du wilt, ſtat ſententia Dei.   Non fornicemur, ſicut quidam ex ipſis fornicati ſunt et ceciderunt eo die 23000 1 Cor. 10.

18.

Vom Jahr 1546 am Sontage nach Dorotheen Tag.

Luthers Troſtſchreiben an ſeine Frau Catharina von Bohra, bey ſeiner Abweſenheit von Wittenberg, nebſt beygefügter Nachricht von ſeinen äuſ ſern Umſtänden und von Mansfeldiſchen Neuigkeiten. ·

Aus der Sammlung des Caſpar Sagittarius zu Jena.

Meiner lieben Hausfrouwen Catharin Lutherin, Doctorin Stromackerin zu Wittenberg, meiner gnädigen Frouwen zu Händen und Füßen.

Gnad und Friede im Herrn.   Lieſe, du liebe Kethe, den Iohannem und den kleinen Catechiſmum, da= von du zu demmal ſorgteſt.   Es iſt doch alles in dem Buche von mir geſagt.   Denn du wilt ſorgen für dei nen Gott, grade als wäre er nicht allmächtig, der da könnte 10 Doctor Martinus ſchaffen, wo der einige alte erſöffe in der Saal, oder im Ofenloche oder auf Wolfs Vogelherd.   Laß mich zufrieden mit deiner Sor= ge, ich habe einen beßern Sorger, denn du und alle Engel ſind.   Der lieget in der Krippen und henget an einer Jungfrauwen Zißen, aber ſißet gleichwol zur rech ten Hand Gottes des allmächtigen Vaters: darum ſey zu frieden. Amen.

Ich dencke, daß die Hölle und gantze Welt muß jeßt lebig ſeyn von allen Teufeln, die vielleicht alle um meinen willen hier zu Eisleben zuſammen kommen ſind: ſo feſt und hart ſtehet die Sache.   So ſind auch hie Juden bey 50 in einem Hauſe, wie ich dir zuvor ge ſchrieben.   Jeßt ſagt man, daß zu Rißdorf hart vor Eisleben gelegen, daſelbſt ich krank war im einfahren, ſollen aus und einreiten bey 400 Juden.   Graff Al= brecht, der alle Gräntze um Eisleben her hat, der hat
die

die Juden, ſo auf ſeinem Eigenthum ergriffen, preiß
gegeben, noch will ihnen niemand nichts thun. Die
Gräfinn zu Manßfeld, Wittwe von Solms, wird geachtet als der Juden Schützerinn. Ich weiß nicht, obs
wahr ſey; aber ich hab mich heute laßen hören, wo
mans mercken wollte, was meine Meynung ſey, gröb-
lich genug, wenns ſonſt helffen ſollte. Bittet, bittet,
bittet und helft uns, daß wirs gut machen. Denn
ich heute im Willen hatte, den Wagen zu ſchmieren
in ira mea: aber der Jammer ſo mir für fiel, meines
Vaterlandes hat mich gehalten. Ich bin nun auch
ein Juriſt worden, aber es wird ihnen nicht gedeihen.
Es wäre beßer, ſie ließen mich einen Theologen bleiben. Komme ich unter Sie, ſo ich leben ſoll, ich macht
ein Vergleich, der ihren Stolß durch Gottes Gnade
hemmen möchte: ſie ſtellen ſich, als wären ſie Gott,
davon möchten ſie wohl und billig bey Zeit abtreten,
ehe dann ihre Gottheit zur Teufelheit würde, wie
Lucifero geſchah, der auch im Himmel für Hoffart
nicht bleiben konnte. Wolan Gottes Wille geſchehe!
Du ſolt M. *Philipps* dieſen Brief leſen laßen: denn
ich nicht Zeit hatte, Ihm zu ſchreiben, damit du dich
tröſten kanſt, daß ich dich gern lieb hätte, wie ich
könnte, wie du weiſt, und er gegen ſeine Frau vielleicht
auch weiß, und alles wol verſtehet. Wir leben hier
wol, und der Raht ſchenckt mir zu jeglicher Mahl-
zeit ein halb Stübigen Reinfall, der iſt ſehr gut. Zu-
weilen trincke ichs mit meinen Geſellen. So iſt der
Landwein hier ſehr gut, und Naumburgiſch Bier ſehr
gut, ohn daß mich dünckt, es machet mir die Bruſt
ſehr voll von phlegmate mit ſeinem Pech. Der Teuffel
hat uns das Bier in aller Welt mit Pech verderbet und
auch den Wein mit Schwefel. Aber hie iſt der Wein
rein, ohne was des Landes Art giebet. Und wiße, daß
alle Briefe, die du geſchrieben haſt, ſind anher kommen,
und heut ſind die kommen, ſo du am nächſten Freytag
ge-

geſchrieben haſt mit *M. Philips* Briefe, damit du nicht irreſt. Am Sontag nach Doratheen Tag 1546.

Dein lieber Herr

M. Luther.

19.

Ohne Anzeige des Jahrs und Tages, an welchem dieſer Brief, der die Empfehlung eines jungen Studirenden zur Erlangung eines akademiſchen Stipendii enthält, geſchrieben worden.
Aus der Cyprianiſchen Sammlung zu Gotha.

Gnad und Fried. Lieben Herren und Freunde. *Philipp* Glüenſpleß bittet für einen frommen Geſellen um Steur und hülf zu ſtudiren, und mich anlänget, ſamt ihm an euch zu ſchreiben. Weil es denn da wohl angelegt iſt, und nach unſers reichen Herrn Gottes gaben, daß ihrs ohne Schaden und Fähr thun könnet, bitt ich für ihn, wiewol ich weiß, daß ſolche bitt nicht noth iſt an euch, welchen genug iſt, die Noth anzeigen. Denn die Liebe und Chriſtlich Gemüth lehret euch ſelbſt das Beſte allezeit. Hiemit in Göttliche Gnaden befohlen. Und bittet auch für mich.

20.

Ohne Anzeige des Jahrs und Tages, an welchem dieſer Brief, der die Empfehlung der Angelegenheiten eines Predigers bey der bevorſtehenden Kirchenviſitation enthält, geſchrieben worden.
Aus der Cyprianiſchen Sammlung zu Gotha.

Zu Handen Herrn Hans von Sternberg, Ritter.

Gnad und Fried in Chriſto. Mein lieber Herr und Freund. Wo ſichs begebe, daß mein G. herre wurde Ew. Geſtrengheit Befehl thun, die Viſitation zu handhaben, dann ich diß Stück hart getrieben habe; ſo bitte ich freundlich, wollet euch den Pfarrherr zu Helpurghauſen laßen mit ſeinen Sachen befohlen ſein. Hiemit Gott befohlen. Amen.

Ende des erſten Bandes.

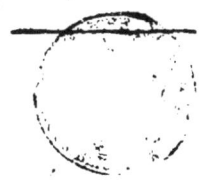